现代经济与管理类规划教材

现代企业管理

主 编 秦 勇 陈 爽 庞仙君

扫描二维码，下载 App，
可获取本书相关电子资源

清华大学出版社
北京交通大学出版社
·北京·

内 容 简 介

本书从企业管理的基本职能入手，系统地介绍企业管理的计划、组织、领导和控制等基本的理论知识，在此基础上着重强调了现代企业管理中的实务性内容。本书内容翔实，体系完备。每章开篇均设有导读和开篇案例，以引导读者学习。文中穿插了丰富的阅读材料以拓展读者的学习视野。每章之后均有多种形式的思考题和与该章内容高度契合的案例讨论。本书适宜作为高等院校本专科企业管理课程的授课教材，也可作为各类成人高等教育的教学用书和企业在职人员的培训参考书。

图书在版编目（CIP）数据

现代企业管理 / 秦勇，陈爽，庞仙君主编 . — 北京 ：北京交通大学出版社 ：清华大学出版社，2017.2

（现代经济与管理类规划教材）

ISBN 978 - 7 - 5121 - 2130 - 0

Ⅰ. ①现… Ⅱ. ①秦… ②陈… ③庞… Ⅲ. ①企业管理-高等学校-教材

Ⅳ. ①F272

中国版本图书馆 CIP 数据核字（2017）第 076034 号

现代企业管理

XIANDAI QIYE GUANLI

责任编辑：张利军　　助理编辑：陈建峰

出版发行：清 华 大 学 出 版 社　　邮编：100084　　电话：010 - 62776969　　http：//www. tup. com. cn

　　　　　北京交通大学出版社　　邮编：100044　　电话：010 - 51686414　　http：//www. bjtup. com. cn

印 刷 者：北京时代华都印刷有限公司

经　　销：全国新华书店

开　　本：185 mm×260 mm　　印张：20.75　　字数：518 千字

版　　次：2017 年 2 月第 1 版　　2017 年 2 月第 1 次印刷

书　　号：ISBN 978 - 7 - 5121 - 2130 - 0/F · 1684

印　　数：1～2 500 册　　定价：39.00 元

本书如有质量问题，请向北京交通大学出版社质监组反映。对您的意见和批评，我们表示欢迎和感谢。

投诉电话：010 - 51686043，51686008；传真：010 - 62225406；E-mail：press@bjtu. edu. cn。

前　言

　　企业是现代社会的基本细胞，是创造财富的最主要源泉，也是吸纳就业人口最多的单位。同时，国家的繁荣富强、科学技术的进步、社会的安宁，以及公民的幸福安康都有赖于企业良好的经营状况。可以毫不夸张地说，企业的兴衰成败与我们每一个人的工作和生活都息息相关。因此，认真学习现代企业管理的知识，积极探索、研究企业管理问题，努力提高企业的经营管理水平是从事企业管理实践活动和理论研究工作者的重要职责和使命。

　　我国具有真正意义上的企业是在改革开放之后。在此之前，由于实行计划经济体制，企业生产什么、如何生产、为谁生产都是由政府指定的。当时的企业没有经营自主权，也不存在所谓的竞争压力，企业完全是政府的附属机构。在这种环境下，学习企业管理知识对于经营管理者来说既无意义也无动力。党的十一届三中全会之后，伴随着我国改革开放政策的不断深入，企业才真正拥有了独立自主的经营权。面对新环境下企业所遇到的生存与竞争压力，管理者必须要用科学的方法解决经营中的一系列新问题，这在客观上促进了企业管理知识在我国的发展与普及。

　　如今，管理的重要性已为越来越多的企业所重视，不断涌现的身价过百万、千万的职业经理人活跃于我国职场之中便充分说明了这一点。但就整体而言，目前我国的企业经营管理水平还落后于欧美国家，企业管理知识的普及与提高仍然还有很长的路要走，因此需要企业界和教育界不断努力，争取早日探索出一个符合我国国情的企业管理人才培养机制。

　　企业管理是一门实践性很强的学科，单纯的理论知识学习存在很大的局限性。在校学习期间，学生们又不太可能到企业里体验管理工作，这就对我们的教材编写提出了新的要求。为了解决理论与实践脱节的问题，本书在注重讲述理论知识的同时，着力引入大量贴近企业管理实践的案例，通过引导学生分析案例，加深他们对企业管理的理解和认识。

　　作者结合当前企业管理环境的新变化，本着简洁、实用的指导思想开展编写工作。全书从企业管理的基本职能入手，系统地介绍企业管理的计划、组织、领导和控制等基本的理论知识，在此基础上着重强调了现代企业管理中的实务性内容。本书内容翔实，体系完备。每章开篇均设有导读和开篇案例，以引导读者学习。文中穿插了丰富的阅读资料以拓展读者的学习视野。每章之后均有多种形式的思考题和一个与该章内容高度契合的讨论案例。这些模块的设立，既可激发读者的学习兴趣，又便于巩固每章的学习成果，同时也可有效降低授课教师的教学负担。本书适宜作为高等院校本、专科企业管理课程的授课教材，也可作为各类成人教育的教学用书和企业在职人员的培训参考书。

本书由秦勇、陈爽和庞仙君担任主编，赵志强、麻菁菁、于洁、方俊涛、梁丽军和杨继彤参编。具体分工为：秦勇负责起草编写大纲，并承担第1章（与陈爽合作）、第2章、第4章、第5章、第6章、第7章、第8章（与麻菁菁合作）和第9章（与于洁合作）的编写工作；庞仙君承担第10章、第12章、第14章的编写工作；杨继彤承担第3章的编写工作；梁丽军承担第11章的编写工作；方俊涛承担第13章的编写工作；赵志强承担第15章的编写工作；全书最后由秦勇、陈爽定稿。

本教材为南开大学远程学院教材建设的系列成果之一。在编写过程中，远程学院的领导和同事们给予了极大的支持，在此深表感谢。在编写过程中，我们参考和借鉴了众多学者的研究成果，在此表示诚挚的敬意。同时，还要感谢辛苦为本书做文字校对工作的芦明月同学。

由于编者学识有限，书中定会有疏漏和不足之处，敬请各位专家和广大读者批评指正，以便今后再版时修订。

陈　爽

2016 年 12 月于南开园

目　录

第 *1* 章

企 业 概 论

本章导读

  企业是社会经济的细胞，是推动人类进步与繁荣的动力之源。学习企业学的基本知识，对于每一个现代人来说都具有积极的现实意义；不管其今后是否从事企业管理的实际工作，都能从企业管理的知识中汲取有益的营养，以便更好地规划未来和促进自我管理。本章是全书的开篇章节，主要介绍企业的含义与特征、企业的产生与发展、企业的创立、创业机会的识别与初创期的管理等基础知识。本章的内容能够使读者对企业及企业管理有一个概括性的认识，从而为进一步深入学习企业管理知识奠定良好的基础。

知识结构图

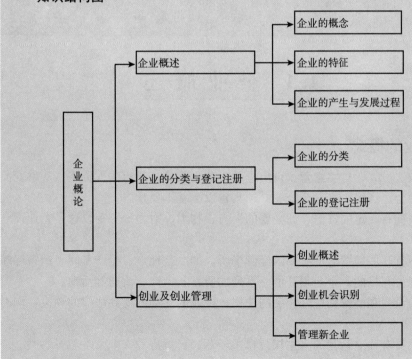

善于把握创业机会的牛仔裤大王

100多年以前，美国加利福尼亚发现了金矿，由此掀起了西部淘金热，成群结队的人从东部地区涌到西部淘金。为生计发愁的李维·斯特劳斯（Levi Strauss）也加入了这个人群，但他不想去淘金，而是看好了这个庞大的消费群，他打算经营干货，赚淘金人的钱。到了旧金山，李维发现，金矿在沙漠附近，气候很干旱，人们需要每天去很远的地方取水。矿工能挣很多钱，却不能随意离开矿区，饮水自然是很大的问题。李维打消了经营干货的念头，开始卖起水来，先是一个水车，然后再扩大自己的生意。果然，卖水的生意如李维预想的一样好。可是好景不长，卖水的人很快就多了起来，并开始为摊位而争执。李维的水车被无赖们砸烂了，并被强迫退出了卖水行业。李维没有为此绝望而离开矿区，他相信这么大的市场，总是有很多新的需求存在。于是李维又开始推销从纽约运来的帆布，做起了帐篷和车棚的生意。可出乎意料的是，他的产品少有人问津。有一次，李维听到有矿工抱怨他买的裤子不耐穿，才下了几次井，就破了。李维很快意识到商机来了，为什么不拿做帐篷的帆布做成裤子呢？虽然当时还没有人做过，但李维决定按照矿工们的要求去设计，用经过漂洗的帆布把裤子做成紧身、裤裆短平、有利于下井的样式。这就是后来的牛仔裤。牛仔裤在矿场上受到欢迎，以后更是风靡整个世界，并成为美国的象征之一。李维也因此被誉为"牛仔裤大王"。

（资料来源：杨安，兰欣，刘玉. 创业管理：成功创建新企业［M］.

北京：清华大学出版社，2009：32.）

1.1 企业概述

1.1.1 企业的概念

企业是指依法设立、自主经营、自负盈亏、独立核算、具有法人资格、从事商品生产和经营的营利性社会经济组织。一个企业必须具备以下基本要素。

（1）企业须拥有一定的资源，如必要的人力、物力、财力资源等，这是企业设立和运营的基础。

（2）企业须有开展经营活动必要的经营场所，如办公地点、生产车间、销售终端等。

（3）为实现盈利目的，企业须开展一系列的研发、生产、流通等活动。

（4）企业的设立和经营须遵守相关的法律，企业的活动要受到法律的约束，同时也受到法律的保护。

（5）企业须具有独立运营的自主权，自主经营、自负盈亏。

1.1.2 企业的特征

与其他类型的组织相比较，企业主要具有以下 4 个特征[①]。

1. 企业是一个营利性组织

企业是社会经济的细胞，从其生产的原始动机到现在人们创立、经营企业，主要的目的是获取利润。

财富是人们生活的物质基础，人们要生存，就需要物质财富。从一定意义上讲，拥有财富的多寡对人们的生活质量起着决定性的作用。为了取得财富，人们需要开展生产活动。生产活动中产生的对原材料、工具、能源、人工等要素的耗费，构成生产成本。如果生产出的产品的价值超过成本，超出的盈余部分就是利润。利润意味着财富的增加。企业作为一个经济组织，将人们和其他生产要素组织起来，就是为了提高生产效率，降低成本，更多地创造利润，从而获取更多的财富。

2. 企业是一组资源的集合

企业为了获得利润，需要将资金、设备、劳动力、管理才能等生产要素组织起来。这些要素就是企业用于生产经营的资源。

资源是经济学的一个基本范畴，一般分为有形资源和无形资源。有形资源就是能被看到且易于测量的资源，如物化资源（包括生产设备、原材料、办公用具等）、财务资源（资金、有价证券等）、组织资源（企业的组织结构及其管理系统），等等。无形资源则既包括专利权、商标权、版权等智力所有权，又包括个人所掌握的或较为主观的有关技术诀窍、网络技术、组织文化和良好的声誉，以及组织特有的公共关系（如与公司内部员工之间、与外部供应商及顾客之间的关系）等。有形资源和无形资源对企业来说都很重要，但单独的任何一种有形资源或无形资源都不能创造出产品，只有把各项有形资源和无形资源整合在一起，形成公司特有的资源，才能为企业构建竞争优势，创造出价值和利润。

3. 企业是一组利益关系的集合

企业是各方利益相关者，如股东、经理人和企业员工等，所组成的一个系统。由于出发点和目的的不同，这些利益相关者构成了错综复杂的利益关系，如：股东与经理人之间的委托代理关系，企业高层决策者与基层管理人员的利益关系，企业管理者与工人之间的管理与被管理、监督与被监督的制衡关系。这些错综复杂的利益关系必须得到妥善处理，才能使企业上下一心，共同为企业的发展而努力。

4. 企业是依法设立的经济组织

企业作为社会的基本经济细胞，其行为对社会有着重大的影响。除了企业内部的利益关系外，企业与银行等债权人、与税务局等国家机构、与消费者等客户、与同行竞争者之间，等等，存在着更多的各种复杂关系，如果这些关系得不到恰当的处理，将会给社会造成极大的混乱。所以，国家对企业的设立有严格的法律要求。企业必须按照国家法律的规定设立，才能取得从事生产经营活动的合法资格，得到国家相关法律的保护，享有其独立的企业权益，并承担相应的义务。

---

① 王全喜. 企业学导论［M］. 天津：南开大学出版社，2001：3-5.

1.1.3 企业的产生与发展过程

从家庭式的手工作坊到今天全球化运作的跨国企业，企业形态不断地演化。在对经济、社会、文化的作用与反作用等一系列问题中都可以看出，企业的产生与发展同人类社会的历史进程密不可分，企业发展过程从自身演变的历史条件、企业组织制度的变革等角度分析可以分为三个阶段：早期企业、近代企业、现代企业。早期企业大致是从罗马帝国时期到 15世纪的末期；近代企业大致是从 15 世纪末期到 19 世纪后半叶；现代企业大致是从 19 世纪后半叶直到现在。企业的产生与发展历程可详述如下。①

1. 早期企业的形态

早期企业的起源和发展首先是与贸易的兴旺、分担风险的要求联系在一起的。在中世纪的欧洲，地中海沿岸各城市海商繁荣、都市兴旺、商业较为发达，个体商人在中世纪社会经济生活中占有十分重要的地位，共同经营先辈遗传下来的家族企业成为公司制企业的前身。同时，海上交易的巨大风险催生了船舶共有的经营方式，这种方式成了合伙企业或者合营、入股制度的雏形。因而早期企业的诞生，从经济上来说，同商业的发展密切相关；从地理位置上来说，地中海地区是中世纪时期海洋贸易和陆上贸易的主要集中地。

2. 近代企业的兴起

15 世纪末期，随着荷兰、英国的航海贸易和经济的迅速发展，在荷兰和英国产生了适应这种发展需要的特许贸易公司的组织形式，使得早期的合资贸易组织逐渐向特许公司过渡。近代企业的兴起主要分为两个时期：一个是从 15 世纪后期的合资贸易组织到 17 世纪的特许公司，另一个就是从 18 世纪的合股公司到 19 世纪中期公司制的确立。

随着 15 世纪航海技术的发展，远洋贸易迫切需要大型的贸易企业作为支持。在西欧各国重商主义政府的支持下，建立了一批特许贸易公司。由于当时西欧各国限制贸易自由，要进行贸易就必须取得政府的特许，所以称为特许贸易公司。早期的特许贸易公司往往带有中世纪合资贸易组织短期和松散的特点，如英国东印度公司在建立之初的十多年中，一直是按一次航行集资，航程结束后结算。后来的荷兰东印度公司是世界上第一个永久性公司，已经具有了近代公司制度的基本特征：募集股金建立，具有法人地位，由董事会领导下的经理人员来经营等。特许贸易及后来出现的特许专营公司（营业方向不适合航海贸易而主要为公用事业的特许公司）都不能被看作是真正意义上的公司，因为它们都是靠政府或者皇家授权建立，用相应的义务来换取贸易的垄断权。

18 世纪到 19 世纪中叶，特许贸易公司和特许经营公司获取的高额利润使得商人们发现在没有取得"特许状"的情况下，通过合股公司这种类似于特许贸易公司的组织形式可以招商引资，股东可以自由转让手中的股票，公司由被股东集体授权的人员来管理。但是当时的欧洲各国并没有赋予这种合股公司以法人地位，直到 1837 年美国的康涅狄格州颁布第一部一般公司法。1844 年英国议会也通过了公司法，这样公司制度的基本框架才确立了起来。

3. 现代企业的成长

在企业从事多方面经营活动的情况下，企业的经营管理只能交由专业经营人员来负责，于是公司制企业就从旧时的企业主企业演变为现代的经理人员企业了。现代企业的成长过

---

① 陈晓坤，蔡成喜. 企业管理学 [M]. 北京：清华大学出版社，2007：2-4.

程：一是企业规模的扩张过程；二是资本所有者与管理权的分离过程。

钱德勒认为，现代企业的原型是通过把大量生产过程和大量分配过程结合在一起形成的一个单一公司。这种结合最早发生在美国工业企业中。通过大量生产和大量分配的结合，一个单一的企业就能完成制造和销售一个系列产品所涉及的许多交易和作业程序。这种结合的意义在于管理指导的有形的手取代了市场力量的无形的手，从而协调着从原料和半成品的供应者，直到零售店和最终消费者的货物流动，降低了交易成本和信息成本。更为重要的是，这种结合实现了规模经济，减少了资本成本。现代企业是通过两种途径完成大量生产和大量分配的结合的：一是纵向结合，即企业直接建立自己的销售网络和采购渠道；二是横向结合，通过收购或者兼并小企业来实现生产延伸，企业规模的扩张及技术与管理的专业化使得专业管理人员的作用不断加强。现代企业的成长起源于铁路企业的兴起，美国的铁路企业几乎一开始就是所有权和管理权分离的企业。这既源于铁路的筹资方式，也源于铁路的管理要求专门的技能和训练。修筑铁路需要的大量资本通过股份公司来募集完成，而管理人员必须是具备专业技术和管理才能的复合人才。

纵观企业产生与发展的历程，现代企业与传统企业已经有了很大的不同，其所担负的职能也发生了较大的变化。在全球一体化的进程中，企业的发展在国家的政治、经济、文化中已起到了越来越重要的作用。

1.2　企业的分类与登记注册

1.2.1　企业的分类

企业的形式多样，划分方法各异。例如，按照资产所有制性质来分，可以分为国有企业、集体企业、私营企业和混合所有制企业；按照资本来源的国别来分，可分为中资企业、外资企业、中外合资企业和中外合作经营企业；按照企业生产经营业务的性质来分，可分为工业企业、农业企业、商业企业、金融企业、建筑企业、交通运输企业，等等。以上几种分类都易于理解，下面详细介绍一下较为复杂的、按照企业制度的形态构成来分类的企业形式。

1. 个人独资企业

个人独资企业是按照《中华人民共和国个人独资企业法》在中国境内设立的，由一个自然人投资，财产为投资个人所有，投资人以其个人财产对企业债务承担无限责任的经营实体。《中华人民共和国个人独资企业法》中所讲到的自然人是指中国公民。《中华人民共和国个人独资企业法》规定，设立个人独资企业必须具备以下条件。

（1）投资人必须是一个自然人，且只能是作为自然人的一个中国公民。

（2）有合法的企业名称。个人独资企业名称不得使用"有限""有限责任""公司"字样，个人独资企业名称可以叫作厂、店、部、中心、工作室等。

（3）有投资人申报的出资。对于出资数未作限制，只是规定要有出资；设立个人独资企业可以用货币出资，也可以用实物、土地使用权、知识产权或者其他财产权利作价出资，但不能用个人劳务作价出资，也不能用个人信誉或者名誉作价出资。采用实物、土地使用权等作价出资时要折算成货币数额，投资人申报的出资也要与企业的生产经营规模相适应；投资人可以以个人财产出资，也可以以家庭财产作为个人出资，但要在设立或变更登记说明书上予以注明。

（4）有固定的生产经营场所和必要的生产经营条件。

（5）有必要的从业人员，即要有与生产经营范围、规模相适应的从业人员。人员招聘是一项复杂、系统而又具有连续性的工作，需要组织内部多个部门的参与与协作，同时也容易受到各种环境因素的影响。因此，将复杂的招聘活动规范化、程序化不仅会大大提高招聘活动的效率，而且还会给应聘者以严谨、公平的印象，从而使其对组织产生好感。

个人独资企业的优点在于设立门槛较低，工商部门对资金没有什么要求，对经营场地的要求较为宽松；企业主拥有完全的自主权；税负较低，企业主可独享全部净利润；同时，企业信息一般不被要求公开，以利于保守商业秘密。

个人独资企业的主要缺点有四个方面。一是要负无限连带责任。《中华人民共和国个人独资企业法》第十八条规定："个人独资企业投资人在申请企业设立登记时明确以其家庭共有财产作为个人出资的，应当依法以家庭共有财产对企业债务承担无限责任。"该法的第三十一条又规定："个人独资企业财产不足以清偿债务的，投资人应当以其个人的其他财产予以清偿。"二是个人独资企业信誉不高、地位较低。三是由于资金来源单一，一般个人独资企业实力不强。四是企业的寿命有限。企业的存在完全取决于企业主，一旦企业主终止经营，如市场竞争失败或自然死亡（除非有子女继承），企业生命也会由此终止。

2. 合伙制企业

合伙制企业是指由两人以上按照协议投资，共同经营、共负盈亏的企业。合伙制企业的财产由全体合伙人共有，共同经营，合伙人对企业债务承担连带无限清偿责任。2007年6月1日后，我国施行了新的《中华人民共和国合伙企业法》，对原有的法规进行了修订，增加了有限合伙企业。新法中规定：普通合伙企业由普通合伙人组成，合伙人对合伙企业债务承担无限连带责任；有限合伙企业由普通合伙人和有限合伙人组成，普通合伙人对合伙企业债务承担无限连带责任，有限合伙人以其认缴的出资额为限对合伙企业债务承担责任。

设立普通合伙企业，应当具备下列条件。

（1）有二个以上合伙人。合伙人为自然人的，应当具有完全民事行为能力。

（2）有书面合伙协议。

（3）有合伙人认缴或者实际缴付的出资。

（4）有合伙企业的名称和生产经营场所。

（5）法律、行政法规规定的其他条件。

设立有限合伙企业，应当具备以下条件。

（1）有限合伙企业由二个以上五十个以下合伙人设立；但是，法律另有规定的除外。

（2）有限合伙企业至少应当有一个普通合伙人。

（3）有限合伙企业名称中应当标明"有限合伙"字样。

（4）合伙协议中，还应当载明下列事项。

① 普通合伙人和有限合伙人的姓名或者名称、住所。

② 执行事务合伙人应具备的条件和选择程序。

③ 执行事务合伙人权限与违约处理办法。

④ 执行事务合伙人的除名条件和更换程序。

⑤ 有限合伙人入伙、退伙的条件、程序，以及相关责任。

⑥ 有限合伙人和普通合伙人相互转变程序。

合伙制企业的优点在于组建较为简单和容易、扩大了资金来源和信用能力、提高了经营水平与决策能力。其缺点主要有普通合伙人承担无限连带责任、稳定性差、易造成决策上的延误。无论是个人制还是合伙制，都有一个共同的特点，即企业不具有法人资格。一般把这两类企业统称为自然人企业。

3. 公司制企业

公司制企业一般是指以营利为目的，向社会提供商品或服务的经济组织。根据我国公司法规定，其主要形式为有限责任公司和股份有限公司。两类公司均为法人组织，投资者可受到有限责任的保护。公司制企业的优点主要有以下几个方面。

（1）永续经营。一个公司在最初的所有者和经营者退出后仍然可以继续存在。

（2）有限债务责任。公司债务是法人的债务，不是所有者的债务。所有者的债务责任以其出资额为限。

（3）所有权的流动性强，股权转让容易。

（4）具有较高的信用，在资本市场上更易融资。

公司制企业的缺点主要有以下几个方面。

（1）双重课税。公司作为独立的法人，其利润需交纳企业所得税；企业利润分配给股东后，股东还需交纳个人所得税。

（2）组建公司的成本高。公司法对于建立公司的要求比建立独资或合伙企业高，并且需要提交各种报告。

（3）存在委托代理问题。经营者和所有者分开以后，经营者称为代理人，所有者称为委托人，代理人可能为了自身利益而伤害委托人利益。

1.2.2 企业的登记注册

开办企业必须要到工商行政部门登记，只有依照相关程序进行登记注册，企业经营活动才是合法的，才能受到法律的保护，否则属于非法经营，一旦被查处，企业要付出很高的代价。

个人独资企业和合伙制企业的登记注册相对比较简单，下面主要介绍公司登记注册时应注意的问题。

1. 公司设立登记所要提交的文件

公司设立登记所要提交的文件主要有：公司董事长或执行董事签署的公司设立登记申请书，全体股东指定代表或者共同委托代理人的证明，公司章程，具有法定资格的验资机构出具的验资证明，股东的法人资格证明或者自然人身份证明，载明公司董事、监事、经理姓名、住所的文件及有关委派、选举或者聘用的证明，公司法定代表人的任职文件和身份证明，企业名称预先核准通知书，公司住所证明等。

2. 公司登记注册程序

公司登记注册程序包括两种具体程序：一是公司进行的申请登记注册程序，二是公司登记机关对公司进行的核准登记注册程序。

法律、行政法规对设立公司规定必须报经审批的，在公司登记前应依法办理审批手续；公司的经营范围中属于法律、行政法规限制的，应当依法经过批准。因此，公司登记注册程序有时包括第三种程序，即设立审批程序或审批程序。

(1) 有限责任公司设立登记。设立有限责任公司，应当由全体股东指定的代表或者共同委托的代理人向公司登记机关申请设立登记。设立国有独资公司，应当由国家授权投资的机构或者国家授权的部门作为申请人，申请设立登记。法律、行政法规规定设立有限责任公司必须报经审批的，应当自批准之日起 90 日内向公司登记机关申请设立登记；逾期申请设立登记的，申请人应当报审批机关确认原批准文件的效力或者另行报批。

申请设立有限责任公司，应当向公司登记机关提交有关文件和证件。

(2) 股份有限公司设立登记。设立股份有限公司，董事会应当于创立大会结束后 30 日内向公司登记机关申请设立登记。

申请设立股份有限公司，应当向公司登记机关提交有关文件和证件。

(3) 分公司设立登记。公司设立分公司的，应当自决定做出之日起 30 日内向公司登记机关申请登记；法律、行政法规规定必须报经有关部门审批的，应当自批准之日起 30 日内向企业登记机关申请登记。分公司的经营范围不得超出公司的经营范围。设立分公司，应当向公司登记机关提交有关文件和证件：公司法定代表人签署的设立分公司的登记申请书；公司章程及由公司登记机关加盖印章的《企业法人营业执照》复印件；营业场所使用证明；公司登记机关要求提交的其他文件，如经营范围中有法律、行政法规规定必须报经审批的项目、应提交国家有关部门的批准文件等。

1.3　创业及创业管理

所有的企业都要经历从无到有的过程，在这个过程中无不凝聚着创业者的智慧与心血。本节主要讲述创业的含义、特点与类型，以帮助读者对企业的创立有一个较为全面的认识，为进一步学习企业管理知识奠定基础。

1.3.1　创业概述

1. 创业的含义

"创业"一词由来已久。《孟子·梁惠王》中就有："君子创业垂统，为可继也。"诸葛亮的《出师表》中有："先帝创业未半，而中道崩殂。"这里的"创业"与现代社会中我们所普遍理解的创业的含义有着较大的区别，多是指"事业的基础、根基"，如《辞海》的解释就是"创立基业"。

如今，创业被普遍用于描述开创某项新事业的活动，与其联系最多的词汇往往是"开始、创建、创造；新事业、新企业、新产品、新市场"等。此外，与之相联系的还有"追逐机会、风险承担、追逐利润、创造价值等"。表 1-1 列出了创业定义中包含的关键词。

表 1-1 创业定义中包含的关键词

序 号	对创业定义的不同理解
1	开始、创建、创造
2	新事业、新企业
3	创新、新产品、新市场
4	追逐机会
5	风险承担、风险管理、不确定性
6	追逐利润、个人获利
7	资源或是生产方式的新组合
8	管理
9	统帅资源
10	价值创造
11	追求成长
12	活动过程
13	已有企业
14	首创活动，做事情、超前认知与行动
15	首创变革
16	所有权
17	责任、权威之源
18	战略形成

资料来源：MORRIS M，LEWIS P，SEXTON D. Reconceptualizing entrepreneurship：an input-output perspective [J]．SAM advanced management journal，1994（1）：21-31.

由表 1-1 不难看出，由于理解问题的角度不同，人们为创业所下的定义也有较大的不同。关于创业，常见的定义有以下几个。

（1）"创业是一个发现和捕捉机会并由此创造出新颖的产品或服务和实现其潜在价值的过程。"

（2）"创业是一种无中生有的历程，是创业者依据自己的想法及努力工作来开创一个新企业，包括公司的创立、组织中新单位的成立，以及提供新产品或者新服务，以实现创业者的理想。"

（3）"创业是创业者通过发现和识别商业机会，组织各种资源提供产品和服务，以创造价值的过程。"

（4）"创业是一种创建企业的过程，或者说是创建企业的活动。"

（5）"社会上的个人或群体为了改变现状、造福后人，依靠自己的力量创造财富的艰苦奋斗过程。"

（6）"创业是一种思考、推理和行为方式，这种行为方式是机会驱动、注意方法和领导平衡。创业导致价值的产生、增加、实现和更新，不只是为所有者，也是为所有的参与者和利益相关者。"

（7）"创业是不拘泥于当前资源条件的限制对机会的追寻，将不同的资源组合以利用和开发机会并创造价值的过程。"

尽管上述对于创业的定义描述各异，但归纳起来，可概括为以下几点：首先，创业是一个创造价值的过程；其次，创业是一个创新的过程；再次，创业是一个承担风险的过程；最后，创业还是一个创造财富的过程。

2. 创业者

1880 年，法国经济学家萨伊（Say）首次给出了创业者的定义。萨伊将创业者描述为将经济资源从生产率较低的区域转移到生产率较高区域的人，并认为创业者是经济活动过程中的代理人。著名经济学家熊彼特（1934）则认为创业者应为创新者。当前，国内外学者将创业者的定义分为狭义和广义两种。狭义的创业者是指参与创业活动的核心人员，广义的创业者是指参与创业活动的全部人员。在创业过程中，狭义的创业者将比广义的创业者承担更多的风险，也会获得更多的收益。

创业是一项极具风险性的活动，其成功与否不仅与创业环境密切相关，还与创业者本身有着最为直接的关系。一般而言，创业者需要具备以下几个方面的优秀素质。[①]

（1）心理素质。所谓心理素质，是指创业者的心理条件，包括自我意识、性格、气质、情感等心理构成要素。作为创业者，他的自我意识特征应为自信和自主；他的性格应刚强、坚持、果断和开朗；他的情感应更富有理性色彩。成功的创业者大多不以物喜，不以己悲。

（2）身体素质。所谓身体素质，是指身体健康、体力充沛、精力旺盛、思路敏捷。现代小企业的创业与经营是艰苦而复杂的，创业者工作繁忙、工作时间长、压力大，如果身体不好，必然力不从心、难以承受创业重任。

（3）知识素质。创业者的知识素质对创业起着举足轻重的作用。创业者要进行创造性思维，要作出正确决策，必须掌握广博知识，具有一专多能的知识结构。具体来说，创业者应该具有以下几个方面的知识，做到用足、用活政策，依法行事，用法律维护自己的合法权益；了解科学的经营管理知识和方法，提高管理水平；掌握与本行业、本企业相关的科学技术知识，依靠科技进步增强竞争能力；具备市场经济方面的知识，如财务、会计、市场营销、国际贸易、国际金融，等等。

（4）能力素质。创业者至少应具有如下能力：①创新能力；②分析决策能力；③预见能力；④应变能力；⑤用人能力；⑥组织协调能力；⑦社交能力；⑧激励能力。

当然，这并不是要求创业者必须完全具备这些素质才能去创业，但创业者本人要有不断提高自身素质的自觉性和实际行动。创业者提高素质的途径：一靠学习，二靠改造。要想成为一个成功的创业者，就要做一个终身学习者和改造自我者。

1.3.2 创业机会识别

创业的成功或许有一些偶然的因素，但不能将此归结为所谓的运气。事实上只有那些勇于冒险并善于把握机遇的创业者才会成为最后的胜利者。

1. 创业机会的定义

创业机会属于广义的商业机会的范畴，但又不同于一般的商业机会。创业机会在于能经由重新组合资源来创造一种新的目的与手段（服务什么，以及如何服务）之间的关系。有关

---

① http://baike.baidu.com/view/2309.htm.

创业机会的定义很多，如美国百森商学院的蒂蒙斯教授认为，创业机会是可以为购买者或者使用者创造价值或增加价值的产品或服务，它具有吸引力、持久性和适时性；英国雷丁大学的卡森教授则认为，创业机会是可以引入新产品、新服务、新原材料和新组织方式，并能以高于成本价出售的情况。

相比较而言，纽约大学柯兹纳教授的定义则要更为全面一些。柯兹纳认为，创业机会是未明确市场需求或未充分使用的资源或能力，它不同于有利可图的商业机会，其特点是发现甚至创造新的方法-手段关系来实现创业租金，对于"产品、服务、原材料或组织方式"有极大的革新和效率的提高。

2. 创业机会的分类

创业机会的分类方法很多，下面简要介绍按照创业机会的来源和目的-手段关系的明确程度两种标准进行的创业分类。

1) 根据创业机会的来源分类

按照创业机会的来源进行分类，可将创业分为问题型机会、趋势型机会和组合型机会三种。

问题型机会是指现实中存在的未被解决的问题所产生的一类机会。例如，罗红创办好利来蛋糕店就源于此类机会。1990 年，身在四川雅安的罗红为了给妈妈过生日，寻遍了整个城市也没能买到生日蛋糕，由此萌生了开一家蛋糕店的想法。

趋势型机会，就是在变化中看到未来发展的方向，预测将来的潜力和机会。这种机会一般容易产生在环境动荡的时期，如经济变革、政治变革、人口变化、社会制度变革、文化习俗变革等。美国米勒啤酒公司就是基于对消费者饮用啤酒习惯变化的前瞻性预测，率先成功推出了口味清淡的啤酒，一举占领了全国市场。

组合型机会是指将现有的两项以上的技术、产品、服务等因素组合起来，通过实现新的用途和价值而获得的创业机会。例如，风靡全球的芭比娃娃就是一个典型的成功案例。

2) 根据目的-手段关系的明确程度分类[①]

根据目的-手段关系的明确程度，可以将创业机会划分为识别型（目的和手段关系明确）、发现型（目的和手段中有一方不明确）和创造型（目的和手段均不明确）三种类型。

识别型机会是指当市场中的目的-手段关系十分明显时，创业者可以通过目的-手段关系的连接来识别机会。例如，当供求之间出现矛盾或冲突，供给不能有效地满足需求或者根本无法实现这一要求时辨别出新的机会。常见的机会大都属于这一类型。发现型机会是指目的或手段任意一方的状况未知，等待创业者去发现机会。而创造型机会指的是，目的和手段皆不明确，因此创业者要比他人更具先见之明，才能创造出更有价值的市场机会。

在商业实践中，这三种类型的创业机会有可能同时存在。一般来说，识别型机会多半处于供需尚未平衡的市场，创新程度较低。这类机会并不需要太繁杂的识别过程，只要拥有较多的资源，就可以进入市场获利。但把握创造型机会非常困难，它依赖于新的目的-手段关系，而创业者拥有的专业技术、信息、资源规模往往都相当有限，更需要创业者创造性的资源整合能力和敏锐的洞察力，同时还需要承担巨大的风险。而发现型机会最为常见，也是目前大多数创业研究的对象。

---

① 张玉利. 创业管理 [M]. 北京：机械工业出版社，2011：43 - 44.

3. 识别创业机会的常见方法

创业机会无处不在，但很少有人能够真正抓住它，因为这不仅需要我们有一双发现机会的慧眼，而且还需要我们具备发现机会时能够迅速采取正确行动的能力。正如马克·吐温所说的："我极少能够看到机会，往往在我看到机会时，它已不再是机会了。"由此可见，成功的创业者的确在某些方面具有常人所不具有的一些禀赋。随着研究的不断深入，人们发现其实创业机会的识别是有一定的规律和技巧的，掌握一些必要的有关创业机会的知识，虽然不能保证发现创业机会，但确实能给人们的行动提供有益的思路和指导。

1）影响创业机会识别的因素

影响创业机会识别的因素主要有以下 3 种。

其一是创业者的先前经验。在特定产业中的先前经验有助于创业者识别出商业机会，创业者一旦投身于自身所熟悉的产业进行创业，将比那些从产业外观察的人更容易看到产业内的新机会。

其二是认知因素。对机会不同寻常的敏感性是成功创业者不同于常人的又一重要因素。有些人认为，创业者有"第六感"，使他们能看到别人错过的机会。多数创业者以这种观点看待自己，认为他们比别人更具警惕性。

其三为社会关系网络。个人社会关系网络的深度和广度影响着机会识别，能够为创业者带来更多的承载创业机会的有价值的信息。调查显示，有近半数的首次创业的创业者说，他们通过社会关系得到了商业创意。

2）识别创业机会的常见方法

（1）用新的眼光去调查。首先可以通过对现有文献、资料的调查，找到创业者所需要的相关信息，从中发现感兴趣的问题，并进一步通过与顾客、供应商、销售商交谈或对他们进行的采访，直接与这个世界互动，了解正在发生什么，以及将要发生什么。

这种调查可以提供解决问题的新方法，通过调查来接受新的想法、新的信息、新的统计数据、新人和这个日益变化的世界。同时，要注意观察，把想法记录下来；想法越多，就越有可能找到最适合的业务和目标市场。

（2）通过系统分析发现机会。实际上，绝大多数的机会都可以通过系统分析得到发现。人们可以从企业的宏观环境（政治、法律、技术、人口等）和微观环境（顾客、竞争对手、供应商等）的变化中发现机会。借助市场调研，从环境变化中发现机会，是机会发现的一般规律。

问题分析从一开始就要找出个人或组织的需求和他们面临的问题，这些需求和问题可能很明确，也可能很含蓄。一个有效并有回报的解决方法对创业者来说是识别机会的基础。问题分析需要全面了解顾客的需求，以及可能用来满足这些需求的手段。

（3）从顾客建议发现机会。一个新的机会可能会由顾客识别出来，因为他们知道自己究竟需要什么。因此，顾客就会为创业者提供机会。顾客建议多种多样，最简单的，他们会提出一些诸如"如果那样的话不是会很棒吗?"这样的非正式建议，留意这些，有助于发现创业机会。

（4）通过创造获得机会。这种方法在新技术行业中最为常见，它可能始于明确拟满足的市场需求，从而积极探索相应的新技术和新知识，也可能始于一项新技术发明，进而积极探索新技术的商业价值。索尼公司开发随身听（Walkman）就是一个很好的例子。索尼公司觉察到人们希望随身携带一个听音乐的设备，便利用公司微缩技术的核心能力从事项目研究，最终开发出划时代的产品——随身听，30年来卖出了几亿台，获得了空前的成功。

1.3.3 管理新企业

1. 企业创立初期容易出现的问题

在企业初创阶段，往往会出现以下问题。

首先是资金紧张。创立初期创业者往往会低估对现金和经营资金的需求，这与创业者过于乐观、目标制定得过高有关。另外，企业在初创期，各方面都需要较大的投入，尤其是当销售快速增长时，为支撑这种增长，就需要大量的资金，这时初创企业难免会遇到资金周转方面的困难。

其次是制度有待完善。企业创立初期，许多制度还不尽完善。有不少问题是伴随着经营活动而不断产生的，因此企业要不时面对毫无准备的各种例外情况，如客户投诉、员工消极怠工、竞争对手恶意竞争、经销商不履行承诺等。这些问题很难在企业初创时都被考虑到，企业需要在实践过程中不断发现问题，进而完善各项管理机制。

最后是因人设岗。在初创期的企业，由于经营规模普遍较小，很多人的角色是重叠的。例如，一个小餐馆的老板可能既是所有者、管理者，同时又是采购员、服务员、会计兼出纳，甚至还会是厨师。这时企业是围绕人而不是围绕工作本身进行组织建设的。随着企业规模的扩大，创业者的精力和能力都不再适应现有的经营需求，需要适度放权或是进行组织再设计，因事设人。如果创业者不能很好地接受这种角色的转变，很可能使企业的发展遇到严重的瓶颈。

表1-2列举了创立初期企业出现的正常与非正常现象。

表1-2　创立初期企业出现的正常与非正常现象

正常现象	非正常现象
所承担的义务没有因风险而丧失	风险使承担的义务消失殆尽
短期内现金支出大于收入	长期内现金的支出大于收入
辛勤的工作加强了所承担的义务	所承担的义务丧失
缺乏管理深度	过早授权
缺乏制度	过早制定规章制度和工作程序
缺乏授权	创业者丧失控制权
"独角戏"但愿意听取不同意见	刚愎自用，不听取意见
出差错	不容忍出差错
家庭支持	缺乏家庭支持
外部支持	由于外部干预而使创业者产生疏远感

资料来源：爱迪思．企业生命周期［M］．北京：中国社会科学出版社，1997：40.

宜家创始人英格瓦·坎普拉德的早期创业历程

宜家，一个全世界熟知的名字，在很多人心目中是一个家具购物天堂。这家 1943 年由一名瑞典中学生创办的个人企业的创业基因是什么？借助《宜家创业史》，我们一道回顾创始人英格瓦·坎普拉德（Ingvar Kamprad）的创业历程。

英格瓦·坎普拉德从小就拥有商人的特质，爱做交易。上中学时，英格瓦·坎普拉德与他所能接触到的任何人进行交易。在学校，他的床底下有一个纸板盒，里面放着腰带、皮夹、钟表和铅笔等物。因为生意很好，所以他决定在中学毕业时创办一家企业。于是，他便以书面形式向管理部门申请了一家店铺；因为当时刚满 17 岁，还算未成年人，他便拜托舅舅给他签字。

1943 年 7 月 28 日，他的贸易公司的名字被登记在案了。他取了自己姓名、艾尔姆塔里德农庄和阿根纳瑞德牧区的首字母，这样就构成了公司的名字：IKEA。

1947 年，英格瓦·坎普拉德必须服兵役，但他又不想放弃他的邮购生意，于是征得上级同意，不必每天晚上待在兵营。他在一个独户人家的地下室租了一个位置，并把它布置成可以睡觉的地方。不久他还有了一部自己的电话。那时宜家的货品主要包括缝纫用品、尼龙袜、贺卡、种子、钢笔和皮夹等，后来又增加了便宜的相框、钟表和低廉的化妆品。

服完基础兵役后，英格瓦·坎普拉德在 1948 年被调到了一所军官学校。在那里，他成功地成为一家文具公司驻瑞典的总代理人，负责把他们的圆珠笔和钢笔卖给瑞典的零售商。

通过军官考试后，英格瓦·坎普拉德搬回到父母身边。从那时起，他就想以艾尔姆塔里德农庄为据点经营自己的生意。首先，他继续从国外进口商品，再把它们卖给零售商。他还印刷了多份标题为"宜家新商品"的广告单，他的父母则帮助他处理雪片般涌来的订单。

最初几年，这一小型企业的总部就设在艾尔姆塔里德农庄。宜家公司在创始初期是一家真正的家族企业，父亲费奥德负责管理订单和账单，母亲负责接电话并帮忙包装。他们很忙碌，即使在晚上也忙个不停。后来，英格瓦·坎普拉德亲手盖了一座小屋，用于储存包裹。他后来写道："我的第一个邮购室，总面积不过一平方米，但却是全行业最经济的。"

英格瓦·坎普拉德购进的第一件家具，是一把无扶手的简易沙发椅。英格瓦·坎普拉德能很好地记住价格和账户号码，却难以记住商品号；此外，在销售过程中，他会很直观地与顾客进行情感上的交流。于是一个想法冒了出来：为这把沙发椅起一个好听的女孩名。就这样，"露德"诞生了，顾客需求量也随之迅速增大。

受"露德"成功的激励，英格瓦·坎普拉德顺利地扩大了家具生意。早期客户订得最多的是睡椅或床椅，吊灯的销路也不错。莫肯湖周边林木茂盛，有许多家具加工厂，因此不愁找不到产品制造商。他从一开始就把自己的想法体现在家具的外形设计上。为此，他从瑞典一家知名纺织厂购买了用作填充物的布料，家人和农场助手花了多个日夜来剪裁这些布料。

1948 年，这位 22 岁的宜家创始人雇用了第一位职员——一位名叫恩斯特·埃克斯特罗姆的男士做会计工作。英格瓦·坎普拉德想要把自己的企业做大，为了做产品宣传，他在农场阅读率很高、发行量达 28 万多份的《农民邮报》上刊登了产品的简介。

英格瓦·坎普拉德下决心要做一名更大意义上的企业家。他觉得，只有商品的定价低才能够获得成功。

在产品简介中，他写给顾客的一段序言指出：商店里的东西之所以这么贵，是因为有中间商的存在。他很灵活地结合农民们的日常经验说道："请你们比较一下自己宰一头猪得到一公斤猪肉和在商店里买同样重量猪肉的价格吧。"英格瓦·坎普拉德的广告宣传取得了成功，订单数量飞涨。

低价策略并不能获得决定性的胜利，宜家刚推出价格特别低廉的柜子和烫衣板时，其他邮购商便立即以更低的价格应对。随着价格的下降，产品质量也下降了，收到的投诉信也越来越多。

经过长时间的思考，英格瓦·坎普拉德想到一个办法，即把商品拿出来展览，让顾客参观家具店，借此赢得顾客的信任。"人们可以去现场看那些家具，并比较不同定价的产品的质量。"英格瓦·坎普拉德如是说。宜家的这场长期展览在位于铁路枢纽上的瑞典第二大城市阿尔姆胡特举行。

第一场宜家博览会于 1953 年 3 月 18 日开幕，家具摆满了两层楼。这家年轻的企业凭借崭新的理念迎来了它的辉煌时代。第一次家具展开幕后的那段时间，被晚年的英格瓦·坎普拉德形容为"一份持久而有趣的工作所带来的沉醉状态"，就像他记忆中的那样，"每到周末便会来一群人在我们家具展上疯狂抢购，晚上我们则全体围坐在办公室的书桌旁清点运费单和账单"。

宜家不断进行着实验，在其早期的产品目录中，就有一种需要顾客亲手组装的桌子，它有个名字叫"马克斯"。

英格瓦·坎普拉德在一生中几乎抵挡住了对于一个亿万富翁来说所有物质上的诱惑。除了在 20 世纪 70 年代开的一辆保时捷，英格瓦·坎普拉德一生中添置的最值钱的物品就是在法国购买的一个葡萄园。英格瓦·坎普拉德从不参加社交，洛桑最大的日报《24小时》从未拍到过他参加派对或庆典的照片。

2. 创立初期的企业管理

前文已分析了企业创立初期存在的各种问题，企业要据此制定出相应的管理策略。下面分别从人力资源、市场营销等方面进行介绍。

1）创立初期的人力资源管理

创立初期人力资源管理的特点主要是组织结构简单，权力高度集中。决策权主要集中在创业者手中，因而决策简单，效率高，行动迅速，能够对外界环境变化做出快速反应。但当组织规模扩大时，决策者应适当分权，否则会阻碍企业的进一步发展。

2）创立初期的市场营销管理

在创立初期，将产品或服务快速出售是企业最重要的任务，如此才能为企业的生存或进一步成长奠定基础。在此阶段，企业即使是不赚钱也要保证较快的销售增长速度，所以往往会出现销量很大却没有利润的情况。此时，企业应该运用所有的资源，优先投入到营销活动中。随着企业的逐步成熟，创业者要对先前的销售行为进行规范，进一步整合相关资源，尽快实现销售利润与收入同步增长，实现由销售向营销阶段的转化。

　　3）创立初期的其他职能管理

　　创立初期的企业系统相对集权，这有可能使子系统之间严重失衡；缺乏计划和控制系统下高度的灵活性甚至是随机性，没有实施专业化的土壤；另外，如果各个部门之间协调不好，就会降低工作效率。因此，在计划方面，创立初期的企业应更多注重的是对市场机会的开发和把握，通过市场机会来确定经营方向。在领导方面，应充分发挥创业者的人格魅力并采用有效的激励手段，率领员工朝着共同的目标努力。在控制方面，应尽量减少计划执行中的偏差，同时要根据环境的变化适时调整计划，使控制工作更加科学、有效。

　　企业初创期的管理并没有所谓的定式，适合的就是最好的。创业者在不断探索过程中，通过管理经验的不断积累，并结合企业的实际情况最终会逐步形成符合自身特点的管理风格。

思 考 题

一、单选题

1. 钱德勒认为，现代企业的原型是通过把大量生产过程和大量分配过程结合在一起形成的一个单一公司。这种结合最早发生在（　　　）的工业企业中。
   A. 中国　　　　　　B. 美国　　　　　　C. 英国　　　　　　D. 德国
2. 个人独资企业的设立门槛（　　　），工商部门对资金没有什么要求，对经营场地的要求较为（　　　）。
   A. 较低，严格　　　B. 较低，宽松　　　C. 较高，严格　　　D. 较高，宽松
3. 创业是与为别人打工相对的，是（　　　）。
   A. 合伙开创事业　　B. 个体经商　　　　C. 自我雇佣　　　　D. 他人雇佣
4. 开办企业必须要到（　　　）登记，只有依照相关程序进行登记注册，企业经营活动才是合法的。
   A. 税务部门　　　　B. 审计部门　　　　C. 工商管理部门　　D. 综合执法部门
5. 企业（　　　）人力资源管理的特点主要是组织结构简单，权力高度集中。
   A. 创立初期　　　　B. 成长期　　　　　C. 成熟期　　　　　D. 创立末期

二、多选题

1. 企业的形式多样，划分方法各异。按照资产所有制性质来分，可以分为（　　　）。
   A. 国有企业　　　　B. 集体企业　　　　C. 私营企业　　　　D. 股份制企业
   E. 混合所有制企业
2. 创业定义中包含的关键词有（　　　）。
   A. 追逐机会　　　　B. 管理　　　　　　C. 价值创造　　　　D. 所有权
   E. 统帅资源

3. 成功的创业应该具备的特点主要有（　　）。

　　A. 机会导向　　　　　B. 价值创造　　　　C. 超前行动　　　　D. 顾客导向

　　E. 财富导向

4. 设立普通合伙企业，应当具备的条件有（　　）。

　　A. 有二个以上合伙人　　　　　　　　B. 有书面合伙协议

　　C. 有合伙人认缴或者实际缴付的出资　　D. 有担保的企业

　　E. 股东不能超过 5 人

三、名词解释

1. 企业　2. 个人独资企业　3. 合伙制企业　4. 公司制企业　5. 创业

四、简答及论述题

1. 企业主要有哪些特征？

2. 公司制企业的主要优点有哪些？

3. 试论述企业的产生与发展过程。

4. 试论述企业创业初期容易出现的问题。

5. 试论述企业创立初期的市场营销管理。

案例讨论

王永庆卖米的故事

　　王永庆是台湾最受推崇的企业家和管理大师。他从小家境贫寒，只读了几年书就辍学了。1931 年，15 岁的王永庆来到嘉义一家米店做学徒小工。第二年，他靠着东拼西凑的 200 元资金开了自己的米店。当时小小的嘉义已有米店近 30 家，竞争非常激烈。王永庆只能在一条偏僻的巷子里租一间小铺面。他的米店开办最晚，规模最小，而且由 3 个未成年的小孩打理，能站稳脚跟并获得盈利吗？

　　面对这些不利条件，王永庆并没有怨天尤人，而是开动脑筋想办法。最后他祭出 3 招，竟然后来居上，打得那些老店无还手之力。

　　第一招：改善产品质量。因为那时稻谷粗放式的收割与加工技术，米里经常会掺杂进小石子之类的杂物，所以人们在做饭之前，都要淘好几次米，大家都已习以为常，见怪不怪。有些米店老板甚至认为，那些杂质还可以多卖些钱呢。王永庆却从这司空见惯之中发现了机会，他和两个弟弟一齐动手，仔细地将米里的秕糠、砂石之类的杂物拣出来，然后再卖。一段时间之后，王永庆的米最好，已经口口相传得尽人皆知了。

　　第二招：让顾客感动的优质服务。别的米店下午 6 点关门，王永庆的半店却一直开到晚上 10 点多。当时人们经济都不宽裕，他就先赊账，然后约定发薪的日子去收账。那时候因为年轻人都忙于工作，来买米的顾客以老年人居多。王永庆于是主动送米上门，开创了"送货上门"服务的先河，赢得顾客的称赞和感情分。王永庆送米，并非放到门口了事；如果米缸里还有陈米，他就将陈米倒出来，把米缸擦洗干净，把新米倒进去，再将陈米放回上层。如此一来，陈米就不至于因存放过久而变质。这一细致而超越期望的服务令顾客印象深刻，且深受感动，从此以后更成为雷打不动的忠诚顾客。

第三招：建立客户数据库。王永庆的商业意识超越了时代，只不过记录客户数据库用的不是今天的笔记本电脑，而是真正的笔记本。如果给顾客送米，王永庆就细心记下这户人家的米缸容量，通过聊天了解家里有几个大人、几个小孩，每人饭量如何，据此估计下次买米的大概时间，认真记在本子上。届时不等顾客上门，他就提前一两天主动将米送到客户家里。按今天的看法，王永庆当时还是一个娃娃，不折不扣的未成年人，但小小年纪就展现出的精明与心计，让人觉得他之后能成为台湾首富一点也不足为奇。

精细务实的服务使嘉义人都知道有一个卖好米并送货上门的王永庆。从此王永庆的生意日渐红火，经过一年多的资金积累和客户积累，他便投资开办了碾米厂，并向周边地区开设米店。就这样，他的生意由弱变强，鸟枪换了炮。

之后王永庆创办台塑集团，进入石油化工行业。台塑集团几乎年年都是台湾最赚钱的企业。王永庆选择的都是很普通的行业，技术上并无过人之处，但他一直是同行里成本控制和绩效最好的。原因何在呢？秘诀就在于他的管理风格——不断问为什么，逼迫自己和下属不断去搜集事实、分析数据，不厌其烦地在细节上下功夫，不断优化作业流程。他提出的"鱼骨图管理"，把主要问题列出来，然后讨论列出相关次要问题，像一根鱼刺一样加在主要问题两侧，当讨论越深入，鱼刺越长越多，这样不断衍生出问题，最终进行归纳，提出解决方案。

台塑集团的员工，工作强度和压力很大，但离职率却很低，原因在于王永庆的人性化管理——他几乎不裁员，不景气时他更严格要求员工控制成本，而不是以减少人力来降低成本。

（资料来源：http://www.795.com.cn/wz/98916_2.html.）

?**思考讨论题**

1. 王永庆身上体现了企业家的哪些精神？
2. 本案例给我们的启发是什么？

第 **2** 章

管理学基础

本章导读

　　管理是组织为了实现特定目标而进行的一系列活动的过程。这其中涉及管理者、被管理者、管理环境、内外部资源、管理职能等诸多因素。企业管理的成败有赖于以上各种因素的有效整合。本章主要介绍管理学的基础知识，内容包括管理的概念、管理的职能、管理者的角色与技能及管理理论的形成与发展。通过本章的学习，将有助于对管理及管理学这门学科有一个较为全面的认识。

　　知识结构图

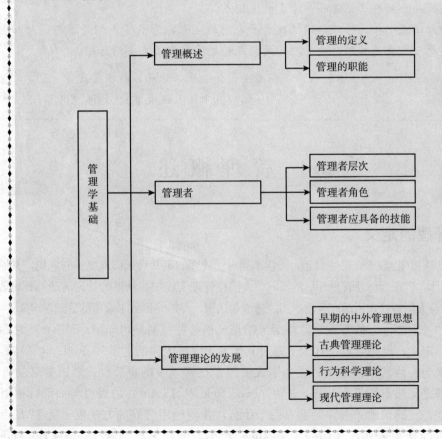

美国管理运动的三次高潮

从 19 世纪末期至 20 世纪 30 年代，美国兴起了一场以科学管理为主要内容的管理运动。这一运动中出现的三次高潮大大促进了人们对管理重要性的认识，也对美国乃至世界经济发展产生了重大影响。

第一次高潮是 1911 年东方铁路公司提高票价的意见听证会和 1912 年美国国会为泰勒举行的听证会。当时东方铁路公司要提高货运价，遭到货主和公众的反对。马萨诸塞州州际商业委员会为此举行了一次听证会，公众方的律师布兰代斯（Brandeis）邀请泰勒等 11 位工程师作证，主张只要采用科学管理的技术和方法，东方铁路公司不必提高票价同样可以盈利。结果公众方胜诉，同时也使得科学管理这一提法广为人知。

第二次高潮是 1920 年美国通用汽车公司的改组。当时该公司濒临倒闭，小艾尔弗雷德·斯隆（Alfred Sloan, Jr.）就任总经理，对公司进行了大刀阔斧的改组，实行了"集中控制下的分权制"，建立了多个利润中心。这也意味着事业部制组织形式的诞生。通过这些改革，公司很快恢复了元气，他们依靠的不是技术，而是管理与组织。这也使人们认识到，管理的范围并不仅仅是生产管理。

第三次高潮是 1924—1932 年在美国西方电气公司霍桑工厂进行的研究，这可以看成是管理发展的一个里程碑，是一个重要的转折点。

前后持续四五十年的管理运动，改变了人们的观念，影响了人们的思想，对社会经济的发展发挥了重要的作用，为管理学的形成和发展奠定了重要的基础。

（资料来源：杨文士，焦叔斌，张雁，等 . 管理学 ［M］. 3 版 .

北京：中国人民大学出版社，2009：32 - 33.）

2.1 管理概述

2.1.1 管理的定义

虽然管理理论的出现至今已逾百年，但学术界对于管理的定义尚未形成统一的认识，其原因在于，因管理主体、管理客体及管理环境的不同，人们在管理实践中所从事的管理活动具有显著的差异性，从而导致人们对管理活动产生出不同的理解和认识，并最终形成了众多的管理学定义。

被誉为"管理之母"的管理学者玛丽·帕克·福莱特（Mary Parker Follett）为管理下了一个经典的定义，她把管理描述为"通过其他人来完成工作的艺术"（Follett，1942）。福莱特将管理视为一种艺术的定义，强调了人的因素在管理中的重要性。美国著名的管理学家，科学管理之父弗雷德里克·W. 泰勒（Frederick W. Taylor）的观点与福莱特相似，他认为，管理就是"确切地知道你要别人去干什么，并使他用最好的方法去干"。持有相近观点的学者还有约瑟夫·马西（Joseph Massie）和小詹姆斯·唐纳利（James H. Donnelly, Jr.）等人。马西认为，"管理就是通过其他人来完成工作"；小詹姆斯·唐纳利等人认为，

"管理是由一个或更多的人来协调他人活动，以便收到个人单独活动所不能收到的效果而进行的各种活动"。

著名管理学家哈罗德·孔茨（Harold Koontz）的观点与上述几位管理学者有所不同，他认为"管理就是为在集体中工作的人员谋划和保持一个能使他们完成预定目标和任务的工作环境"；法国古典管理学家亨利·法约尔（Henri Fayol）从管理职能的角度指出，"管理是人类组织所共有的一种活动，管理就是实行计划、组织、指挥、协调和控制"；美国管理学家、诺贝尔经济学奖获得者赫伯特·A.西蒙（Herbert A. Simon）强调了决策在管理中的重要作用，并为管理下了一个经典的定义，即"管理就是决策"；现代管理学大师彼得·F.德鲁克（Peter F. Drucker）给出了较为全面的定义，在其经典名著《管理——任务、责任、实践》一书中，德鲁克指出"管理是一种工作，它有自己的技巧、工具和方法；管理是一种器官，是赋予组织以生命的、能动的、动态的器官；管理是一门学科，一种系统化的并到处适用的知识；同时管理也是一种文化"。

国内管理学者也从不同的角度对管理的概念进行了界定。我国管理学教育的开拓者、南京大学周三多教授认为，"管理是指组织中的如下活动过程：通过信息获取、决策、计划、组织、领导、控制和创新等职能的发挥来分配、协调包括人力资源在内的一切可以调用的资源，以实现单独的个人无法实现的目标"。此定义可以进一步理解为：管理是组织的载体；管理的本质是活动或过程，而不是其他；管理的对象是包括人力资源在内的一切可以调用的资源；管理的职能是信息获取、决策、计划、组织、领导、控制和创新；管理的目的是为了实现既定的目标，而该目标仅凭个人的力量是无法实现的。周三多教授的定义比较全面地反映了管理概念的内涵和外延。

另一位管理学者徐国华教授认为，管理是"通过计划、组织、控制、激励和领导等环节来协调人力、物力和财力资源，以期更好地达成组织目标的过程"。这一定义有三层含义：第一层含义说明管理包括几种管理措施（或职能）——计划、组织、控制、激励和领导；第二层含义是第一层的目的，即通过采取上述措施来协调人力、物力和财力资源；第三层含义又是第二层含义的目的，即通过协调人力、物力和财力资源来更好地达到组织目标。

除了上述比较有代表性的定义外，国内诸多学者也给出了自己对管理学概念的理解，限于篇幅，本书不再一一介绍。

基于上述学者对管理的研究和界定，不难看出人们对管理的众多解释之间并不矛盾。透过不同的解释，我们可以发现管理的诸多基本点，如管理的目的性、管理的职能，等等。

综合国内外学者对管理的众多解读，本书将其定义为：管理是在特定的组织中，在内外环境的约束下，为了有效实现组织目标而充分利用组织的各种资源所进行的计划、组织、协调、领导、激励和控制等一系列工作的总称，如图2-1所示。

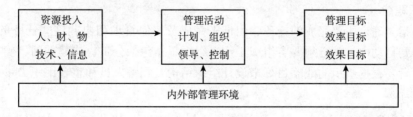

图2-1 管理示意图

从上述定义中，我们可以明确以下问题。

首先，管理的目的是为了实现组织的目标。这就要求组织在开展管理活动时必须制定明确的、可行的目标。这不仅为组织指明了努力的方向，同时也会对组织成员产生一定的激励作用。

其次，组织的管理活动要受到内外部环境的制约和影响。组织不是在真空中存在，有利的环境会促进组织的发展，不利的环境也会制约管理目标的实现。因此，对环境进行分析是管理活动的重要组成部分。组织应该采取各种有效措施，尽量去适应环境的变化，为组织赢得有利的生存空间。

再次，在管理活动中需要有各种资源的投入。这些资源包括人力、物力、财力、技术和信息资源。在当今的管理环境下，资源外取已经成为重要的管理理念，即企业通过整合活动来获取希望得到的各种资源。

最后，管理是由一系列的活动组成。这些活动包括计划、组织、协调、领导、激励、控制等。这些活动并非孤立存在，而是相互联系、相互渗透，周而复始，循环不息。

2.1.2 管理的职能

管理到底应包括哪些职能？哪些是管理最为重要的职能？时至今日仍是众说纷纭。1916年，法国工业家法约尔提出，所有的管理者都履行五种管理职能（management functions）：计划（plan）、组织（organize）、指挥（command）、协调（coordinate）和控制（control）。自从法约尔提出管理的五项职能以来，学者们对此争议颇多，有学者认为应是六项或七项，也有学者坚持管理职能应是三项甚至两项。20世纪50年代中期，加利福尼亚大学洛杉矶分校的两位教授哈罗德·孔茨和西里尔·奥唐奈，采用计划、组织、人事、领导和控制五种职能作为管理教科书的框架。如今，最普及的管理教科书仍按照管理职能来组织内容，不过一般已将这五个职能精简为四个：计划、组织、领导和控制。下面我们具体地阐述一下管理的4个基本职能的内涵。

1. 计划职能

计划的任务主要是制定目标及目标的实施途径。帕米拉·S. 路易斯，斯蒂芬·H. 古德曼和帕特西亚·M. 范德特（Pamela S. Lewis, Stephen H. Goodman, Patricia M. Fandt, 1998）认为，计划就是"制定目标并确定为达成这些目标所必需的行动"。[①] 具体来说，计划工作主要包括：①描述组织未来的发展目标，如利润增长目标、市场份额目标、品牌地位目标等；②有效利用组织的资源实现组织的发展目标，也就是如何利用资源来实现组织目标，并兼顾效率和效果；③为实现目标所要采取的行动。可以看出，计划是管理的首要职能，管理活动从计划工作开始。

2. 组织职能

组织是指"确定所要完成的任务、由谁来完成及如何管理和协调这些任务的过程"。要把计划落实到行动中，就必须要有组织工作，组织工作包括分工、构建部门、确定层级和协调等。管理者要根据组织的战略目标来设计组织结构，配备人员和整合组织力量，提高组织

---

① LEWIS P S, GOODMAN S H, FANDT P M. Management：challenges in the 21st century. 2nd E-d. Illinois：South-Western College Publishing, 1998.

的应变能力，其目的就是构建一种工作关系网络，使得组织成员在这种关系网络中更有效地开展工作。通过有效的组织工作，管理人员可以更好地协调组织中的人力和物力资源，更好地实现组织目标。

3. 领导职能

领导是指激励和引导组织成员，以使他们为实现组织目标而做贡献。组织目标的实现需要全体成员的努力和合作，因此仅仅靠计划和组织工作并不能保证组织目标的实现。组织成员因分工、层级、利益，以及价值观和性格的不同，在相互合作过程中必然会产生各种对组织有害的冲突。这就需要管理者履行领导职能，在了解个人和组织行为的动态特征的基础上进行协调、沟通、指导和激励，对组织成员施加影响，使他们对组织目标做出贡献。只有通过卓有成效的领导，才能有效地实现组织目标。

4. 控制职能

控制工作包括衡量组织成员的工作绩效和组织绩效，发现和分析偏差，采取矫正措施，保证工作按照计划要求进行。为了保证目标和计划得以实现，就需要控制职能，控制的实质就是使实践活动符合计划，所以计划是控制的标准。管理者必须对组织的运行状况及战略计划的实施情况进行监督，并对实际取得的成果和计划所期望的结果之间的偏差进行识别，然后采取纠偏行动。纠偏行动可以是采取强有力的措施以确保原计划的顺利实现，也可以对原计划进行调整以适应环境。控制是管理过程中不可缺少的一个环节，同时它也在不断和其他三项职能进行着信息交换和反馈，以保证计划的顺利实施和组织目标的实现。

计划、组织、领导和控制是最基本的管理职能，但管理职能并不止这四种。作为管理工作的手段和途径，随着管理对象的变化和科学技术的发展，管理职能也在不断地完善和丰富，比如决策（decision making）、指挥（commanding）、指导（directing）、协调（coordinating）、沟通（communicating）、用人（staffing）和创新（innovating）等更为具体的管理职能是对上述四项职能的深化和补充，是管理实践的理论总结。其中决策、协调和沟通职能始终伴随着管理工作的循环过程，并渗透在四项基本管理职能之中。每项管理职能都要从众多方案中进行比较并确定可行的方案，即要形成决策方案。任何一项决策方案都需要组织内部进行沟通和协调，才能形成组织成员的行动。

管理的实际情况并不像我们所描述的管理职能那么简单，现实中不存在简单的、界限清晰的、纯粹的计划、组织、领导和控制的起点和终点。当管理者履行他们的职能的时候，他们会发现他们同时在做计划、组织、领导和控制工作，所以将管理者所履行的职能描述为一种过程的观点更为符合实际情况。管理过程（management process）是一组进行中的决策和工作活动，在这个过程中管理者从事计划、组织、领导和控制。当管理者进行管理时，他们的工作通常以连续的方式也就是以过程的方式体现出来。

2.2 管 理 者

管理者是管理活动的主体，其主要职责是制定整个组织或分支机构的目标，并创造出良好的工作环境，通过协调他人活动而实现组织的既定目标。

2.2.1 管理者层次

管理者是组织中的一员，我们可以将组织成员划分为两种类型，即操作者和管理者。操作者（operator）是直接从事某项工作或任务、不具有监督其他人的职责的组织成员。例如，汽车装配线上的作业工人，快餐店中的厨师和服务人员等。而管理者（manager）是指挥别人工作的人，他们处于操作者之上的组织层次中，当然管理者也可以承担某些作业职责。在组织中，我们可以将管理者划分为三个层次，即基层管理者、中层管理者和高层管理者，如图 2-2 所示。

图 2-2　管理者层次

在组织中，基层管理者（first-line manager）是最低层的管理人员，他们管理着操作者所从事的工作。在企业中，这样的基层管理者通常被称作领班、主管或工长等。中层管理者（middle manager）包括所有处于基层管理者和高层管理者之间的各个管理层次的管理者，他们管理着基层管理者，可能是部门经理、项目主管、工厂厂长或者事业部经理等。处于或接近组织顶层的是高级管理者（top manager），他们承担着制定广泛的组织决策、为整个组织制定战略计划和目标的责任。他们典型的头衔是执行副总裁、总裁、管理董事、首席运营官或董事会主席等。虽然不是所有的组织都具有这样的结构，为了更全面地讨论和研究，我们以这种典型的金字塔式的组织结构和管理者层次来讨论管理者和组织。

不同组织层次的管理者在管理职能上存在明显的差异。各个层次的管理者都要执行计划、组织、领导和控制职能，但他们在管理职能实践的重点、依据的信息、占用的时间和对组织的影响上都存在差异。图 2-3 从时间角度描述了这种差异。高层管理者在计划和控制职能上花的时间要多于基层管理者，而基层管理者在领导职能上花的时间要多于高层管理者。即使是同一职能工作，不同层次的管理人员从事的管理工作的内涵也不完全一样。

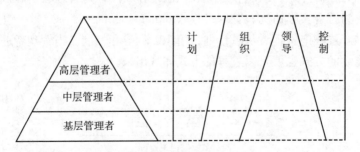

图 2-3　不同层次管理者在各个管理职能上使用的时间

资料来源：MAHONEY T A, JERDEE T H, CARROLL S J. The job(s) management [J]. Industrial relations, 1965, 4 (2): 97-110.

2.2.2 管理者角色

管理的成功取决于管理者对管理职能的实施情况。为了有效地履行各种管理职能，管理者必须明确自己所扮演的角色，并通过角色之间的配合和协作来完成任务。管理学者亨利·明茨伯格（Henry Mintzberg）在大量观察和研究的基础上，指出管理者扮演着10种不同但高度相关的角色。管理角色（management role）即是指特定的管理角色范畴。亨利·明茨伯格将10种管理角色组合成三个方面，即人际关系、信息传递和决策制定（见表2-1）。

表2-1 亨利·明茨伯格的管理角色理论

管理角色		描 述	特征与活动
人际关系	1. 代表人	象征性的代表人，履行法律和社会义务	迎接来访者，签署法律文件
	2. 领导者	负责激励、人员配备、培训	从事所有有下级参与的活动
	3. 联络者	维护自行发展起来的外部关系和信息来源，从中得到帮助	从事公关活动
信息传递	4. 监督者	寻求和搜集内外信息，为决策提供服务	阅读期刊和报告
	5. 传播者	将有价值的信息传递给相关组织人员	举行信息交流会
	6. 发言人	向外界发布组织的计划、政策和结果等	召开董事会，向媒体发布消息
决策制定	7. 企业家	寻求组织和环境中的机会，制定新的方案	组织战略制定会议
	8. 变革者	当面对组织危机时，充当纠正和变革的角色	对危机进行分析并采取行动
	9. 资源分配者	负责分配组织的各种资源	调度、授权、预算和控制
	10. 谈判者	在谈判中作为组织的利益代表	参加各种合同谈判

资料来源：MINTZBERG H. The nature of management [M]. New York. Harper & Row, 1973: 93-94.

2.2.3 管理者应具备的技能

管理者的职责是动态和复杂的，管理者需要特定的技能来完成他们的职责和活动。根据罗伯特·卡茨（Robert Katz，1974）的研究，他发现管理者需要三种基本的技能或素质，即技术技能、人际技能和概念技能。

（1）技术技能（technical skill）。技术技能是指熟悉和精通某种特定专业领域的知识，如工程、计算机、财务、设计或研发等。对于基层管理者来说这些技能是十分重要的，因为他们直接管理操作者，经常需要处理操作者所从事的工作。尽管管理者未必是技术专家，但他们必须具备足够的技术知识和技能，以便卓有成效地指导员工工作、组织任务和把工作小组的需要传达给其他小组。

（2）人际技能（human skill）。人际技能是指成功地与他人进行沟通的能力。人际技能包括对下属的领导能力和处理不同小组之间关系的能力。人际技能对于管理者是十分重要的，具有良好人际技能的管理者能够使员工做出更大的努力，能够更好地与员工沟通，对员工进行充分的激励和引导。这些技能对于各个层次的管理者都是必备的。

（3）概念技能（conceptual skill）。概念技能是管理者对复杂情况进行抽象和概念化的技能。具有概念技能的管理者能够深刻识别组织中的问题，制定有效的行动方案并且进行有效的实施。他们往往把组织看作一个整体，能够把握各个部分之间的关系，能够正确行使管理职能。同时，他们还能够清晰地认识组织外部的环境，使组织适应动态环境并获得发展。对于高层管理者来说，这种技能更加重要。

从上述分析中可以看出，处于不同层次的管理者应掌握和运用的技能是有一定差异的。一般来说，高层管理者应该掌握更多的概念技能，而基层管理者则应该掌握更多的技术技能，人际技能则是对于所有层次的管理者都同等重要。图 2-4 直观地表达了这些技能和管理者层次之间的比例关系。

图 2-4　各层次管理者所需要管理技能的比例关系

在如今迅速变化的工作环境中，管理者需要不断地更新管理技能，包括掌握特定职位之外的技能。毫无疑问，管理技能是描述管理者做什么的又一种重要方式，这些管理技能和管理职能同样存在着对应关系，有时一种技能对多项管理职能都是重要的。

2.3　管理理论的发展

管理理论产生于人类社会的实践活动之中。随着社会化生产的不断发展，在长期的管理实践活动过程中，早期的管理思想经过后人不断地丰富与发展，逐渐形成系统的管理理论。这些管理理论的形成与发展凝聚着人类智慧的结晶，它们的出现对于丰富管理内涵、促进人类社会管理水平的提高具有重要的意义。

2.3.1　早期的中外管理思想

虽然系统的管理理论直到 19 世纪末 20 世纪初才在西方社会产生，但是人类有关管理的观念与实践却由来已久，有文字记载的中外古代管理实践可以追溯到几千年以前。可以说，凡是有人群的地方，就会有管理的存在。管理活动的出现必然会促使一些人对其进行研究和探索，中外早期的管理思想就在这种管理实践的过程中逐渐萌发。

1. 中国早期的管理思想

我国是一个历史悠久的文明古国，人们在社会实践中形成的管理思想源远流长。在我国历史上曾经涌现出一大批杰出的管理思想大家，他们的管理思想至今仍然深刻地影响着我们的管理活动。在今天的管理者看来，早在 2 500 年前的《孙子兵法》就是一部战略管理巨著。此外，周公关于组织方面的管理思想、管仲和范蠡等关于经营方面的管理思想、老子关于以人为本的管理思想、孔子和孟子所倡导的儒家管理思想都是这一时期管理思想的重要代表。

中国早期的管理实践和管理思想有下列特点：第一，历史悠久，可追溯到几千年前的春秋战国时代；第二，涵盖内容广，涉及经济、军事、政治、文化、工程等各个领域；第三，影响范围大，广泛流传海内外，主要集中在东亚及东南亚地区；第四，适用层次多，既可应用于家庭、家族的日常事务管理，亦可作为"治国平天下"之文韬武略；第五，思想凝练精，如"孙子兵法"的战略思想早就被日本、美国等发达国家应用于企业管理，被一些企业家奉若神明，视为"商界竞争必胜之武器"。

总之，我国古代的管理思想极为丰富，它是古人留给我们的宝贵遗产，其中的许多观点至今仍然深刻地影响着我们的管理实践。

2. 西方早期的管理思想

西方的管理实践和管理思想同样有着悠久的历史。古代西方的管理实践和管理思想主要体现在指挥军队作战、治理国家和管理教会等活动之中。古代埃及、古代巴比伦、古代希腊和古代罗马在这些方面都有过重要的贡献。埃及的金字塔、古代巴比伦王国的《汉谟拉比法典》，以及亚里士多德的《政治学》都是这一时期管理实践和管理思想方面的杰出成果。

1）古埃及的管理思想

古代埃及修建了举世闻名的金字塔，成为人类文化的宝贵财产。其实古代埃及兴修水利系统的技术与修建金字塔一样，都是人类历史上不可思议的壮举。如果没有严密的组织与管理，要取得如此巨大的成就在当时完全是不可能的事情。

埃及人很早就懂得了分权。法老作为"赖神之子"享有至高无上的神权，在法老之下设置了各级官吏，最高为宰相，辅助法老处理全国政务。宰相集"最高法官、宰相、档案大臣、工部大臣"等职衔于一身，但军权仍由法老直接掌管。宰相之下设有官员，分别管理财政、水利建设，以及各地方事务。在古代埃及，上至宰相，卜全书吏、监工，形成了以法老为最高统治者的管理机构。

埃及人也是"管理幅度"原则最早的实践者。根据研究发现，在古代埃及，"每一个监督者大约管理 10 名奴仆"。所以，后来希伯来人在《圣经》里提出的以 10 为限的管理思想即来源于此。

2）古代巴比伦王国的管理思想

巴比伦在重新统一幼发拉底河和底格里斯河流域之后，建立了古代巴比伦王国。国王汉谟拉比建立了强大的中央集权国家。国王任命各种官吏，管辖行政、税收和水利灌溉，总揽国家的全部司法、行政和军事权力，各级官吏是推行国王政令的工具。为了巩固其统治地位，汉谟拉比编制了《汉谟拉比法典》，作为国家行为的准绳。这部法典共分为引言、法典本文和结语三个部分。法典本文共 282 条，内容涉及财产、借贷、租赁、转让、抵押、奴隶等各个方面，较全面地反映了当时的社会情况，并以法律的形式来调节全社会的商业交往、个人行为、人际关系、工薪、惩罚及其他社会问题。

3）古代希腊的管理思想

古希腊是欧洲文明的摇篮。恩格斯曾经说过，没有希腊文化和罗马帝国所奠定的基础，也就没有现代的欧洲。由此可见，古希腊曾经取得了巨大的成就。

在古希腊的荷马时代，部落管理实行军事民主制，氏族部落采取的是"一长两会"制。"一长"即军事首领，"两会"即长老会和民众会。军事首领是公举出来的部落领袖，平时管理宗教事务与裁决争讼，战时则为全体成年男子的统帅。长老会由各氏族的长老组成，有广泛的权利。民众会由成年男子亦即全体参战战士组成，原则上拥有全部落的最高权力。但事实上，由于贫富日益悬殊，军事首领和氏族长老的权利越来越大，由普通成员组成的民众会也逐渐失去了原先的作用，重大问题多由贵族事先决定，民众会表决成为形式。虽然如此，我们还是可以从古希腊的部落管理体制上看到"议会制"的某些端倪。

古希腊涌现出了一批对管理有着许多精辟见解的思想家，苏格拉底、色诺芬、柏拉图和亚里士多德就是其中最出色的代表。无论从哪个层面来讲，这些人的思想都对后人有着巨大的影响。

4）古代罗马的管理思想

古罗马最初是古意大利北部的一个奴隶制城邦，到公元前 3 世纪逐渐强大起来。在征服了希腊后，经过连年征战和吞并，古罗马逐渐成为一个庞大的帝国。在管理这个国家的过程中，古罗马人显示了高超的管理方法和技能。

古代罗马的管理思想概括起来主要有以下几点[①]。

（1）古罗马人首先意识到了现代企业的某些性质。古罗马人发展了一种类似工厂的体制，并且用建立"公路"体系的办法来保障军事调动和商品分配。

（2）在古罗马帝国的建立过程中，古罗马人具有集权、分权到再集权的实践经验。在这个过程的不同阶段，古罗马人建立了相应的管理机构和政治体制。

（3）古罗马人在长期的军事生涯中具备了遵守纪律的品格，又具备了以分工和权力层次为基础的管理职能设计能力。正因如此，古罗马帝国才能在它所处的历史时期势不可当，所向披靡。

（4）奴隶主思想家贾图、瓦罗等对管理人员选择标准的论述，丰富了古代的经济管理思想。

3. 工业革命时期西方的管理思想

18 世纪 60 年代开始的工业革命，是以手工技术为基础的资本主义工厂手工业过渡到采用机器的资本主义工厂制度的过程。工业革命的出现，促使西方社会在工业技术和社会关系方面均发生了巨大的变化，它大大加速了资本主义生产的发展。在这一时期，手工业受到机器大生产的排挤，社会的基本组织形式迅速从以家庭为单位转向以工厂为单位。出现这种以工厂为主体的社会生产组织形式，必然会产生许多新的管理问题，如协作劳动的组织和配合问题，在机器生产条件下人与人、人与机器的协调问题，以及所有者、管理者与劳动者的关系问题等。这使得传统的管理方式和手段遇到了前所未有的挑战。许多新的管理问题需要人们去思考与解决。在这种情况下，管理得到了相应的发展，出现了不少对管理理论的建立和发展都具有深远影响的管理思想。

（1）亚当·斯密的管理思想。亚当·斯密（1723—1790）是英国古典经济学家，他在1776 年出版的《国民财富的性质和原因的研究》一书中，系统阐述了资产阶级古典政治经济学原理，为资本主义经济的发展奠定了理论基础。

亚当·斯密对管理理论发展的第一个贡献是他的分工理论。他以制针为例说明了劳动分工的好处。他的劳动分工的观念，不仅符合当时工业革命发展的需要，而且也成为管理理论

---

① 郭咸纲．西方管理学说史［M］．北京：中国经济出版社，2003：12-13．

中一条最基本的原理。亚当·斯密的另外一个贡献是他的"经济人"观点，即经济现象是具有利己主义的人们的活动所产生的。亚当·斯密认为，人们在经济行为中，追求的完全是私人利益。亚当·斯密的"经济人"观点是当时资本主义生产关系的反映，它对于后来的管理实践与理论，都产生了极为重要的影响。

（2）罗伯特·欧文的管理思想。罗伯特·欧文（1771—1858）是 19 世纪英国著名的空想社会主义者，他最早注意到了企业内部人力资源的重要性。他曾在自己的纺织工厂中进行过一系列的改革试验，实验内容主要包括改进工人的劳动条件、缩短工作日、提高工资、提供免费的工作餐、改善工人的住宿条件等。通过改革不仅改善了工人的生活条件，而且也使工厂所有者获得了丰厚的利润。因此，他认为重视人的因素和尊重人的地位可以使工厂获得更多的收益。由于罗伯特·欧文率先在人事方面做了许多试验和探索，他也因此被后人称为"人事管理之父"。

（3）查尔斯·巴贝奇的管理思想。查尔斯·巴贝奇（1792—1871）是英国剑桥大学教授，著名的数学家和机械学家。早在泰勒提出"科学管理"之前，查尔斯·巴贝奇就将科学的研究方法应用于管理实践之中。在 1832 年发表的《机器与制造业经济学》一书中，查尔斯·巴贝奇对专业分工与机器、工具的使用、均衡生产、成本研究等都进行了专门的论述。此外，查尔斯·巴贝奇也非常重视管理中人的作用，他认为消除工人与工厂主之间的隔阂有助于实现双方共同的利益。

除了以上三人之外，詹姆斯·瓦特、安德鲁·尤尔，以及威廉·杰文斯等人也对这一时期管理思想的发展做出了积极的贡献。这一阶段管理思想的不断积累，为后来系统管理科学理论的诞生奠定了基础。

2.3.2　古典管理理论

古典管理理论形成于 19 世纪末 20 世纪初，主要包括科学管理理论和古典组织管理理论两大部分。科学管理理论是由美国的管理学家弗雷德里克·W. 泰勒首先提出，并在泰勒及其追随者的共同努力下所形成的一个完整的理论体系。而古典组织管理理论则由法国管理学家亨利·法约尔的组织管理理论和德国管理学家马克斯·韦伯的行政管理理论所组成。下面就这三种有代表性的管理理论分别进行介绍。

1. 泰勒的科学管理理论

1）泰勒及其对科学管理的贡献

弗雷德里克·W. 泰勒（1856—1915），美国费城人，出生于一个富裕的律师家庭。泰勒小时候就很爱好科学研究和试验，对任何事情都想找到"一种最好的方法"。泰勒 18 岁进入费城一家小机械厂做工，4 年后进入米德维尔钢铁厂当技工，由于工作出色，很快被提升为工长、总技师。泰勒一生做过大量的科学试验，在试验的基础上，他提出了大量有关提高生产效率的原则和方法，这为他以后创建科学管理原理奠定了基础。1901 年以后，泰勒开始免费从事管理咨询工作，不断地进行咨询、演讲和撰写文章，推广他的科学管理理论和方法。

泰勒一生工作勤奋，提高生产效率是他毕生的追求目标。他喜欢把工作看成享受，而且认为工作比享乐更有意义。泰勒的著作较多，主要有《车间管理》《计件工资制》《科学管理原理》等。其中《科学管理原理》一书被人们视为管理理论产生的里程碑。1906 年泰勒担任了声誉很高的美国机械师协会主席，9 年后病逝，终年 59 岁。在他的墓碑上刻着"科学管理之父：弗雷德里克·温斯洛·泰勒"，以此来纪念他对科学管理理论的巨大贡献。

泰勒的科学管理理论对管理界的影响是广泛而又深远的，不愧为管理学发展史上的一座丰碑。科学管理促进了当时工厂管理的普遍改革，使得科学管理方法逐步取代了单凭经验的传统工作方法，大大提高了管理的科学性和有效性。在不断探索的基础上，泰勒的科学管理思想形成了一整套切实可行的管理制度，这对于当时美国企业的发展具有重要的意义。

2）科学管理的内容与方法

泰勒所倡导的以科学为依据的管理理论，其内容和方法主要体现在以下几个方面。

（1）提高劳动生产率是科学管理的中心问题。泰勒认为当时劳资矛盾的根本原因是效率低下，工人和工厂主对工人一天干多少活心中无数，而提高生产效率的潜力是很大的。正是基于这一认识，泰勒的科学管理研究都是围绕着如何提高工作效率而展开的，并且主要集中在定额研究及工人与劳动手段的匹配上。

（2）企业需要科学地挑选工人并制订培训工人的科学方法。泰勒认为，为了提高劳动生产效率，必须挑选"第一流"的工人，即找出最适合干这项工作的人。同时，还要通过培训和教育来最大限度地挖掘其工作的潜力，这样就可能达到最高的工作效率。

（3）动时研究与工作标准化可以提高劳动效率。动时研究是泰勒科学管理的基础。管理者通过对工人操作的基本动作要素进行科学的分解、取消或合并，以实现简化工人劳动过程、提高生产效率的目的。此外，泰勒还建立了各种明确的规定、条例、标准，促使工人作业工具的标准化、作业环境的标准化，以及日工作量的标准化。

（4）激励性的报酬制度有助于刺激工人努力工作。泰勒认为，原有的工资制度存在很大的缺陷，不能满足效率最高的原则。他在 1895 年提出了一种具有很大刺激性的报酬制度——差别工资制。其基本做法是按照工作定额，确定两种不同的工资率，如果工人达到或超过定额，以较高的工资率计件支付工资。对完不成定额的工人，则将全部的工作量按照较低的工资率支付，并给予警告；如不改进，就要被解雇。实行差别工资制度，有效地克服了工人磨洋工的现象，使工人在竞争中自发地加强劳动强度，提高劳动生产率。

（5）实行职能工长制度，加强对工人的指导和监督。泰勒在工厂的基层管理层设立了 8 种职能工长，如生产工长、质量工长等来代替原来的一个工长，每个工长只承担一种管理职能。这些工长的任务是"负责把科学的工作方法教会给工人，保证工人按科学的方法从事工作，更重要的是监督和敦促工人工作，防止工人偷懒和磨洋工"。

（6）在管理上实行例外原则，解放高层管理者。按照泰勒的例外管理原则，企业的高级管理人员应该将一般事务的处理权下授给下级管理人员，而自己保留对例外事项即重要事项的决策权和控制权。管理例外原则可以使高层管理者从日常的管理事务中解脱出来，专心处理组织的重大问题。

3）科学管理的局限性

泰勒的科学管理是管理学历史上的一座丰碑，时至今日，其管理思想仍在发挥着巨大的作用，可以说现代管理学派是科学管理思想的必然延伸。但同时我们也应该认识到，与历史上的所有事物一样，泰勒的科学管理理论也存在一定的局限性。其局限性主要表现在以下几个方面。

（1）泰勒的科学管理主要侧重于对生产作业的管理，因此它的研究范围比较小，内容也比较窄。泰勒对于现代企业的经营战略、市场营销及财务管理都没有涉及，这显然是该理论的一大缺陷。

（2）泰勒过分强调职能管理的作用，忽视直线部门的功能，这使得部门之间的关系难以协调，进而影响企业总目标的实现。

（3）泰勒将计划与执行的职能分开，把工人仅仅看作是接受监督人员命令的工具。这种忽视计划和执行两者统一性的管理方法是泰勒理论的严重缺陷之一。

（4）泰勒的"经济人"假设将追求经济利益看成工人工作的唯一动机，这种假设显然是不科学的。事实上，工人的需求是多方面的，仅仅采取经济利益上的刺激并不能对工人产生良好的激励效果。

4）泰勒的追随者对科学管理理论的贡献

科学管理理论体系的建立并非由泰勒一个人完成，事实上泰勒的忠实追随者，如卡尔·乔治·巴思、亨利·劳伦斯·甘特、吉尔布雷斯夫妇（弗兰克·吉尔布雷斯和莉莲·吉尔布雷斯）、哈林顿·埃莫森等人都对此做出了巨大的贡献。他们为丰富科学管理的内容、传播科学管理的原理付出了辛勤的努力。提起泰勒的科学管理，我们不能忘记上述管理学家的工作。下面重点介绍一下亨利·劳伦斯·甘特和吉尔布雷斯夫妇。

亨利·劳伦斯·甘特（1861—1919），科学管理的先驱者之一，出生于美国马里兰州一个富裕的农场主家庭。在 26 岁的时候，甘特作为工程部的助理工程师开始与泰勒在米德维尔钢铁公司一起工作。他既是泰勒的合作者，也是泰勒的追随者。甘特对科学管理的主要贡献在于计划和管理技术方面。他发明了一种生产计划进度表，被称为"甘特图"。甘特图也叫生产计划进度图或线条图，它是通过对生产日期和产量图示来控制计划和生产的进行。甘特用图表来帮助管理者进行计划和控制的方法，无疑是当时管理思想上的一场革命。此外，甘特的另一贡献是提出了"计件奖励工资制"，即除了按日支付工人有保证的工资外，对超额完成的部分另给奖金；完不成定额的，也可获得原定的日工资。相对于泰勒的"差别计件工资制"，甘特的这种制度使工人感到收入有了保障，劳动积极性也因此提高。

吉尔布雷斯夫妇是科学管理运动的创始人之一，他们在动作研究和工作简化方面做出了杰出的贡献，并闻名于世。为了提高效率，吉尔布雷斯夫妇把工人操作时手的动作分解成 17 个基本动作，他们称之为"动作的基本要素"（therbligs）。通过对动作的分解，吉尔布雷斯夫妇剔除了不必要的动作，并由此形成新的工作方法。吉尔布雷斯夫妇不仅在动作研究、疲劳研究和制度管理方面取得了出色的成就，而且他们对企业中人的因素的重视与研究也对后来的行为科学的兴起产生了重要的影响。

2. 法约尔的组织管理理论

亨利·法约尔（1841—1925）出生于法国一个资产阶级家庭，他是欧洲历史上最杰出的经营管理思想家之一。1860 年，法约尔以优异的成绩毕业于圣艾蒂安国立矿业学院，并以采矿工程师的身份进入科芒特里—富香博公司。此后法约尔一直都在为该公司工作，直到他 77 岁时退休。法约尔在科芒特里—富香博公司做了 26 年的工程师，47 岁时他被任命为总经理，其卓越的管理才能才得以显现出来。

法约尔在组织管理方面做出了许多开创性的工作。他侧重于从中高层管理者的角度去剖析具有一般性的管理，1916 年出版的《工业管理与一般管理》一书集中体现了他的管理思想。

法约尔把企业的全部经营活动划分为六大类（见图 2-5）。

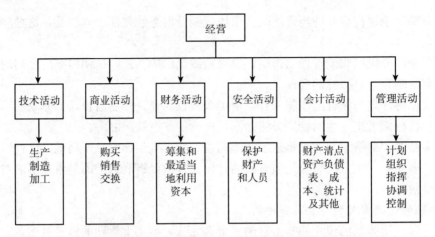

图 2-5 法约尔的企业经营活动示意图

在法约尔的管理实践中，他强调了管理活动的独立性和重要性，这对管理理论的深入研究和管理实践的繁荣起到了重要的促进作用。法约尔认为经营和管理是两个不同的概念，管理活动在企业经营活动的六个方面中居于核心地位。法约尔指出，管理活动包括计划、组织、指挥、协调和控制 5 种职能。其中，计划是管理的首要职能。法约尔第一次对管理的一般职能做了明确的分工，从而使其形成了一个完整的管理过程。他也因此被称为管理过程学派的创始人。

法约尔在他的著作《工业管理与一般管理》一书中首次提出了管理的 14 项原则。这 14 项原则是法约尔一生管理实践的结晶，对管理学界产生过巨大的影响。法约尔的 14 项管理原则具体如下。

（1）劳动分工。法约尔认为劳动专业化必然导致分工，分工是组织运转和发展的前提。通过在技术工作和管理工作中进行专业化分工，可以提高工作效率。

（2）权力与责任。法约尔认为管理者在行使权力的同时，必须承担相应的责任，不能出现有权无责或有责无权的情况。法约尔认为权力可以分为管理者的职位权力和个人权力，管理者应将这两种权力互为补充，并使权力与责任对等。

（3）统一指挥。组织中的任何一位员工只服从一个上级并接受他的指挥。

（4）统一领导。法约尔强调为达成同一目标而从事的组织活动只能在一个领导和一个计划下进行。

（5）个人利益服从整体利益。法约尔强调任何个人的利益都不能置于组织整体利益之上。

（6）集权与分权。法约尔认为集权与分权本身并没有好坏之分，合适的集权与分权比例将决定管理的效果。集权与分权的程度应该由组织的性质、条件、所处的环境，以及人员的素质来决定。

（7）等级链与"法约尔跳板"。等级链是组织机构从最高层到最底层管理人员的等级系列。它是自上而下和自下而上确保信息传递的必经途径。为了保证命令的统一，下级的请示要逐级进行，上级的指令也要逐层下达。但是在实践中，往往由于组织规模的扩大、管理层次的增加而使信息的传递延误。为了解决这一问题，法约尔设计了一种"跳板"，即同级之间在一定条件下可以通过协商解决问题，只有在双方不能达成协议时才由高一层级的管理者做出决定。

（8）秩序。法约尔认为秩序是一种对应关系，即一个职务需要一个合格的人员，一个人员也需要一个合适的职务；有地方放置每一件东西，而每件东西都放在该放置的地方。

（9）公平。法约尔认为公平包括人与人之间的"亲切、友好和公正"，在对待下属上，管理者必须做到"善意与公道结合"。

（10）人员稳定。法约尔认为人员尤其是管理人员的经常变动，对企业不利。因此，保持人员稳定是管理部门的工作内容之一。

（11）首创精神。法约尔认为不断创造和更新是组织前进的动力，领导者不仅本人要有首创精神，还要激发下属的首创精神。

（12）集体精神。法约尔强调组织要有凝聚力，在组织内部要形成团结、和谐和合作的气氛。

（13）报酬合理。法约尔认为公平的报酬、恰当的薪酬奖励制度是管理的基本准则。

（14）纪律。法约尔认为全体员工必须服从和遵守组织运作中的各种规则。

除了提出著名的 14 项管理原则外，法约尔还认为管理能力可以通过教育获得。他大力提倡在高校中讲授管理学，这也体现了他将管理学视为一门科学的思想。

法约尔关于管理的职能、管理的原则及组织管理方面的研究，弥补了泰勒科学管理思想过于强调生产效率的不足，表明了他对现代管理问题的非凡见解。

3. 韦伯的行政组织理论

马克斯·韦伯（1864—1920），德国人，出生于爱尔福特的一个富裕家庭。韦伯于 1882 年进入海德堡大学学习法律，以后又就读于柏林大学和哥丁根大学。他曾于 1883 年至 1888 年间参加过四次军事训练，因而对德国的军事生活和组织制度有相当深的了解，这对他日后建立行政组织理论有很大的影响。韦伯曾经先后从事过教师、政府顾问、编辑、作家等多种职业，他对社会学、经济学、历史、宗教等许多问题都有自己的观点和独到的见解。

韦伯对管理理论的主要贡献是提出了理想的行政组织体系理论（见图 2-6）。这一理论集中反映在他的代表作《社会组织理论与经济组织理论》一书中。所谓理想的行政组织体系理论，原意是通过职务和职位，而不是通过个人或世袭地位来从事管理。至于所谓"理想的"，不是指最合乎需要，而是指现代社会最有效和合理的组织形式。

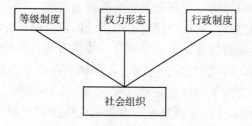

图 2-6　理想的行政组织体系

韦伯的理想的行政组织体系理论主要有以下特点。

（1）任何组织机构都应该有确定的目标，人员的一切活动，都必须遵守一定的程序，其目的是为了实现组织目标。

（2）为了实现组织的目标，必须实行劳动分工。

（3）按照等级制度对各种公职或职位进行法定安排，形成一个自上而下的指挥链或等级体系。

（4）人员实行委任制。除个别需要通过选举产生的公职外，所有的管理人员都是任命的。

（5）人员的任用要完全根据职务的要求，要通过正式的考试来选拔员工。

（6）管理人员是"职业的"管理人员，有固定的薪金和明文规定的升迁制度。

（7）管理人员的行为靠规则和纪律来约束，组织中的人员关系完全以理性的原则为指导。

韦伯认为理想的行政组织体系最符合理性的原则，其在精确性、稳定性、纪律性和可靠性方面优于其他组织形式。所以，行政集权组织理论能够适用于各种管理工作和各种大型组织，如教会、军队、政党和其他团体等。韦伯的许多关于经济组织和社会组织方面的独特思想，对后来组织理论的研究和发展产生了重要的影响。

4. 古典管理理论的系统化

人们在研究古典管理理论学派各种管理思想的时候，发现它们有许多相同和相似之处。以厄威克和古克利为代表的学者对古典管理理论进行了较为全面的总结，并且在总结过程中加入了自己的管理思想，创造出了一些新的体系。

1）厄威克和古克利古典管理理论系统化的贡献

厄威克（1891—1983），英国人，著名的管理史学家、顾问和教育家，是公认的管理学权威。他于1933年首先提出"组织的纯理论"的概念。在1938年发表的《组织的科学原则》一书中，他又将这一概念概括为可以应用于所有组织的8条原则。

（1）目标原则。所有的组织都应该规定明确的目标。

（2）责权相符原则。权力和责任必须相符，拥有一定的权力就必须承担相应的责任。

（3）职责原则。上级对直接下级工作的责任是绝对的。

（4）组织层级原则。组织由上而下划分为若干个层级。

（5）管理幅度原则。一个管理者的直接下属不应超过5～6人。

（6）专业化原则。组织中每一个人均应尽可能地行使单一的职能。

（7）协调原则。在工作中使下属人员发生横向联系，在一个共同首长的名义下行事。

（8）职务明确原则。对于每一项职务都要有明确的规定。

除了提出上述管理原则外，厄威克还对组织设计问题有深入的研究。当然，厄威克的最大贡献还是在于他对古典的管理理论进行了综合。他把泰勒的科学管理和科学分析方法作为指导一切管理的基本原则，将法约尔的14项管理原则放在管理职能之下，并将法约尔提出的计划、组织和控制三个管理要素作为管理过程的三个主要职能。

古克利（1892—1993），美国管理学家。古克利把关于管理职能的理论系统化，提出了著名的"管理7职能论"，正是通过对这7种职能的分析，古克利实现了古典管理理论的系统化。

古克利提出的管理7种职能包括：计划、组织、人事、指挥、协调、报告和预算。他的7职能论代表了古典管理理论的职能理论研究的范畴。此外，古克利还根据古典的管理理论提出了10项管理原则。

2）古典管理理论的基本原则

通过厄威克和古克利对古典管理原则所进行的归纳，我们可以看出古典管理理论在管理原则上的一些基本观点。

（1）劳动分工与工作部门化原则。古典管理理论认为，分工是组织运转和发展的前提，无论是泰勒及其追随者，还是法约尔等人，都强调劳动分工和工作部门化在管理实践中的重要作用。

（2）职权相符原则。管理者在行使权力的同时，必须承担相应的责任，不能出现有权无责或有责无权的情况。在各级管理人员中，责任和权力必须是相称和明确的。

（3）统一指挥与领导原则。组织中的任何一位员工只服从一个上级并接受他的指挥，为达到同一目标而从事的组织活动只能在一个领导和一个计划下进行。

（4）为组织机构配备合适的人员。

（5）授权原则。授权不仅可以使管理人员从日常事务中解脱出来，而且还有助于调动下属的工作积极性，增强其工作责任感。因此，授权是高级管理人员进行有效工作的最重要的条件。

（6）管理幅度原则。管理幅度容易受到工作性质、管理者自身能力、下属的成熟程度等诸多因素的影响，因此一个管理人员直属的下级人员数量是有一定限度的。古典管理理论认为，每一个上级领导人所管辖的相互之间有工作联系的下属不应超过 5～6 人。

（7）参谋人员的使用原则。参谋人员的存在对于许多组织来说是必要的，他们可以弥补直线人员在管理方面专业技能知识的不足。但是，参谋权力的存在往往会增加管理的复杂性，如容易出现直线人员与参谋人员的矛盾问题等。这就要求企业正确处理直线与参谋的关系，充分发挥参谋人员的合理作用。

2.3.3 行为科学理论

行为科学是研究人的行为的一门综合学科，它研究的对象是人的行为产生的原因和影响行为的因素。行为科学产生于 20 世纪二三十年代，正式命名于 1949 年在美国芝加哥大学召开的一次跨学科的科学会议上。1956 年，随着《行为科学》杂志的问世，"行为科学"被正式当作社会科学大家族中一门独立的学科。

行为科学是由人际关系学说发展起来的，它和工业心理学有着密切的联系。其内容涉及心理学、社会学、社会人类学等多门学科，而现代的管理心理学和组织行为学是行为科学的主要组成部分。

1. 人际关系学说

人际关系理论是建立在霍桑试验的基础之上的，因此，在讲述人际关系学说之前，有必要对霍桑试验做一下简单的介绍。

1）霍桑试验

霍桑试验开始于 1924 年，历时 8 年，直到 1932 年才结束。它是在美国芝加哥的西方电器公司下属的霍桑工厂进行的。之所以选择在该工厂进行试验，是因为当时在该厂出现了许多令管理人员感兴趣的现象：这个工厂有比较完善的娱乐设施、医疗制度和养老金制度，良好的工作环境和物质条件本应使该厂有较高的生产效率，但事实上工人并没有良好的精神状态，工作成绩也不佳。为探明原因，1924 年美国科学院组织了一个包括各方面专家在内的研究小组，对该厂的工作条件和生产效率的关系进行了全面的考察和多种实验。

霍桑试验主要采取"控制组"和"实验组"对比的方法，是一项以科学管理的逻辑为基础的试验。霍桑试验前后共进行了两个回合、四个阶段。其中，第一个回合是从 1924 年 11 月至 1927 年 5 月，在美国科学委员会赞助下进行的；第二个回合是从 1927 年至 1932 年，是在哈佛大学教授埃尔顿·梅奥的主持下进行的。

霍桑试验的第一个阶段是"照明试验"，其目的是为了弄清楚照明强度对生产效率所产生的影响。试验在被挑选的 12 名绕线女工中间进行。这些女工被分成两个组，每组 6 人，分别在两个房间里工作。其中一组叫作"控制组"，其照明条件始终保持不变；另一组为"实验组"，照明条件可以变化。两个组的工作性质是一样的，都是一些高度重复而又单调的工作。开始时，两个组的照明条件一样，在实验过程中，实验组不断降低照明强度，并一直减弱到近似月光的程度。两个组工作条件的差距产生了，但试验结果却表明，两个组的产量均大大增加了，而且增加量几乎相同。这说明照明情况与生产效率之间并不存在着正相关的关系。后来试验者们又尝试通过改变工资报酬、工间休息、每日工作长度、每周工作天数等因素来研究它们对生产效率的影响。但实验结果也看不出这些因素与生产效率的直接关系。至此，试验似乎是失败了，许多人都想退出试验。

霍桑试验的转机发生在 1927 年哈佛大学教授埃尔顿·梅奥应邀主持之后。在他的领导下，霍桑试验进入了第二个阶段。

梅奥等人首先挑选了一些继电器装配工人，让他们脱离工头而独立工作，进一步试验改变工资支付方式和改善工作条件对生产效率的影响。在试验过程中，生产量一直保持上升趋势。后来梅奥等人突然取消试验措施回到试验前的工作条件，他们以为这种剧烈的改变会给工人带来一种极大的消极心理影响而降低产量。结果却并非如此，事实上生产不仅没有下降反而继续上升。梅奥等人经过深入的研究发现，产量上升源于职工积极性的提高。这是因为工人由原来的工头监督改为由研究人员领导，他们受到了研究人员的重视和各方面的广泛注意，在研究人员和工人之间形成了一种融洽的人际关系，使实验组成员在精神方面产生了巨大的变化。这说明，在调动职工积极性方面，人际关系比经济刺激更为有效。

在此之后，梅奥等人又相继进行了大规模访谈计划——"访谈试验"，以及继电器组的工作组试验——"群体实验"。这些试验进一步表明了人与人之间社会关系的重要性，同时也证实了企业中"非正式组织"的存在。这些试验结果为人际关系理论的产生奠定了坚实的基础。

2）人际关系学说

在霍桑试验后，梅奥等人对试验结果进行了总结，并陆续出版了《工业文明的人类问题》《工业文明的社会问题》《管理和士气》等管理学著作，形成了人际关系学说。其主要观点包括以下几个方面。

（1）员工是"社会人"，而非"经济人"。科学管理理论认为人是"经济人"，刺激员工积极性的唯一动力是金钱。但是，霍桑试验则证明人是"社会人"，影响人的劳动积极性的因素除了物质利益外，还有社会心理方面的诸多因素。员工并不单纯追求经济收入，他们还有社会方面和心理方面的需要，即追求人与人之间的友情、安全感、受人尊重和归属感的需要。因此，管理者必须从社会和心理方面尽力满足人的需要，才有可能提高生产效率。

（2）企业中存在着"非正式组织"。"非正式组织"是指人们在组织内共同工作的过程中，由于情感交流和兴趣爱好相投等原因而形成的一种非正式团体。这种组织在企业的组织结构图中是找不到的，但却是实实在在存在的。非正式组织的作用是"不仅能有效地保护组织成员免受组织内部成员的疏忽所造成的损失，如产量的过多和过少，而且还能有效地保护组织成员免受外部管理者的干涉所造成的损失，如降低工资或提高产量标准等"（喻晓航，1997）。梅奥等人认为，非正式组织与正式组织相互依存，它可以通过影响工人的工作态度来影响企业的生产效率和目标的达成。管理人员应正视非正式组织的存在并采取恰当的措施，引导非正式组织为正式组织的活动和目标服务。

（3）新型的领导能力在于提高员工的满意程度。梅奥等人从"社会人"和"非正式组织"的观点出发，认为企业的管理者不能再把员工当成机器的附属品而采取"胡萝卜加大棒"的管理方式，应该了解他们的真实意愿，进而提高他们的工作积极性。人际关系学说认为，生产效率的高低主要取决于工人的士气，而工人的士气则取决于他们的各种需求的满足程度。因此，新型的管理人员应该认真分析员工的需求，通过各种有效的策略来尽量满足员工的这些需求，以便充分激励员工，进而达到提高劳动生产率的目的。

人际关系学说运用多学科的理论真正开始了对"人的行为"的研究，它开创了管理理论的又一个崭新的领域，为行为科学理论的发展奠定了基础。

2. 行为科学理论

20 世纪 40 年代以后，随着人际关系理论的产生，行为科学理论逐渐兴起。这一理论流派众多，各个流派的侧重点主要集中在以下三个领域：对个体行为的研究、对群体行为的研究和对组织行为的研究。下面分别就这几个方面进行论述。

1）对个体行为的研究

研究人的基本行为规律是行为科学理论的基础，因为人是组成组织的最基本的单位，也是组织活动的具体制定者和执行者。对个体行为的研究主要关注人的需要、动机和激励等要素。众多管理学家通过对个体行为的研究，取得了一系列具有代表性的研究成果。这其中以马斯洛的需求层次理论和赫茨伯格的双因素理论最为著名。

2）对群体行为的研究

群体行为理论的代表人物是美籍德国心理学家库尔特·卢因，他曾任德国柏林大学心理学教授，因躲避纳粹对犹太人的迫害，于 20 世纪 30 年代移民到了美国。卢因先后在美国爱荷华大学、麻省理工学院和密执安大学从事群体行为理论的研究。卢因首次应用"群体力学"一词对团体中人与人的相互关系和影响所形成的结构进行了描述。他是在社会心理学方面对群体的研究带来革命性变化的人。卢因的群体动力学思想主要体现在以下几个方面。

（1）群体不是静止不动的，而是处于一种相互作用、相互适应的"相对静止"的环境中。团体行为正是受到这种错综复杂、相互影响的力的影响而产生的。

（2）非正式组织（群体）与正式组织一样，都是由活动、相互影响和情绪这三个要素组成。这些活动密切相关，它们相互影响、相互作用并且共同地接受投入和共同地对外提供产出。

（3）群体的目标、内聚力、规范、结构和规模等因素不仅对正式组织是必需的，而且对非正式组织也是不可忽视的。

（4）领导方式有专制、民主和自由放任三种，其中民主的领导方式是最有效的群体领导方式。

（5）群体中存在着群体压力，这种压力的存在容易使群体成员产生从众心理。

3）对组织行为的研究

组织行为是行为科学所研究的最高层次的行为，其核心问题是如何领导。西方管理学家对于组织行为有着比较深入的研究，这其中最有代表性的理论是美国行为科学家亨利的领导品质理论、坦嫩鲍姆和施密特的连续统一体理论、加拿大学者明茨伯格的经理角色理论，以及美国管理学家威廉·大内的 Z 理论。由于本书后面章节有专门的论述，这里就不再介绍。

2.3.4 现代管理理论

现代管理理论是指从第二次世界大战以来一直到 20 世纪 80 年代初这个历史阶段所形成的西方管理理论。在西方古典管理理论和行为科学理论出现以后，特别是第二次世界大战以后，由于社会生产力和科学技术的迅速发展及市场竞争环境的改变，导致了许多新的管理理论的出现，从而形成了众多的学派。这些理论相互影响、相互作用、相互渗透，形成了盘根错节、竞相繁荣的局面。下面就对其中有代表性的 6 种学派予以重点介绍。

1. 社会系统学派

社会系统学派是以组织理论为研究的重点，从社会学的角度来研究管理问题。这一学派的创始人是美国的管理学家切斯特·巴纳德，其经典著作是 1938 年出版的《经理的职能》一书。

1）社会系统学派的代表人物

切斯特·巴纳德（1886—1961），出生于美国的马萨诸塞州，哈佛大学经济学专业毕业。巴纳德长期在企业从事管理工作。他于 1909 年进入美国电话电报公司（AT&T）统计部工作，专门研究欧洲的一些国家中电话电报的收费问题，很快就成为这方面的专家。1915 年巴纳德被提升为公司的商业工程师，1922 年担任公司所属的宾夕法尼亚贝尔电话公司的副总经理助理，1926 年担任这个公司的总经理。1927 年后，巴纳德长期担任规模庞大的新泽西州贝尔电话公司总经理。

在巴纳德的职业生涯中，前 10 年他主要担任参谋人员职务，以后长期担任直线人员的领导职务，这种丰富的经历对他以后创立社会系统学理论提供了巨大的帮助。

巴纳德把组织看作是一个社会协作系统，他认为这个系统的存在取决于以下三个条件：第一，协作效果，即组织的目标能否顺利实现；第二，协作效率，即在实现目标的过程中，协作的成员损失最小而心理满足较高；第三，组织目标应和环境相适应。同时，巴纳德还指出，要在一个正式组织中建立这种协作关系，必须满足以下三个条件：共同的目标、组织中每一个成员都有协作的愿望及组织内部能够彼此沟通的信息系统。

2）社会系统学派理论的主要观点

概括起来，社会系统学派的理论观点主要有以下几个方面。

（1）社会系统学派认为，管理人员所拥有的职能及如何行使这些职能是由组织的本质、特性和过程决定的。

（2）社会系统理论把决策而不是作业作为主要的研究对象。社会系统理论着重研究的是组织决策过程，这与科学管理的侧重点有着很大的不同。

（3）社会系统理论属于描述性的管理理论，即通过对组织的本质（组织中人的行为）的描述来研究管理学的问题。

2. 经验主义学派

经验主义学派又称案例学派、经理主义学派，这一学派以向西方大企业的经理提供企业的成功经验和科学方法为目标。其代表人物是美国管理学家彼得·德鲁克、欧内斯特·戴尔、艾尔弗雷德·斯隆和亨利·福特。经验主义学派认为，管理学就是研究管理的经验，通过研究管理中的成功和失败，就能了解到管理中存在的问题，从而学会如何进行有效的管理。

1）经验管理学派的主要代表人物

（1）彼得·德鲁克。德鲁克是当代最著名的经验主义管理学家，他1909年出生于奥地利首都维也纳，1931年获得法学博士学位。为了逃避纳粹德国的迫害，他于1937年移民到了美国，并且成了美国公民。德鲁克曾经担任过美国通用汽车公司、克莱斯勒汽车公司、IBM公司等大企业及一些外国公司的顾问，并于1945年成立德鲁克管理咨询公司。

德鲁克于1942—1949年期间担任本宁顿学院政治和哲学教授，1950—1972年期间从教于纽约大学工商管理研究生院，1972年后成为纽约大学的高级教授。德鲁克的著作很多，被誉为当代最高产的管理学家。

（2）欧内斯特·戴尔。戴尔也是美国管理学家，曾担任美国和一些国际性的大公司的董事和顾问，是欧内斯特·戴尔协会的主席。

2）经验主义学派的主要观点

以德鲁克为代表的经验主义学派认为，"归根到底，管理是一种实践，其本质不在于'知'而在于'行'，其验证不在于逻辑而在于成果；其唯一权威就是成就。"因此，管理理论"自实践产生而又以实践为归宿。"[①] 归纳起来，经验主义学派的主要观点有以下几个方面。

（1）管理是管理人员的技巧，是一个特殊的、独立的活动和知识领域。

（2）提倡实行目标管理。该管理方法把以作业为中心的管理理论和方法同以人为中心的管理理论和方法综合起来，使个人在完成分目标的同时也保证了组织总体目标的完成。

（3）管理的任务在于取得经济成果、满足工作人员的成就感并能够妥善处理企业对社会的影响及企业承担对社会的责任问题。

3. 系统管理学派

系统管理学派是运用系统科学的理论、范畴及一般原理，全面分析组织管理活动的理论。其代表人物主要有理查德·约翰逊、弗里蒙特·卡斯特、詹姆斯·格黑尔·米勒和梅·萨洛维奇等。

系统管理学派的主要理论要点有以下两个方面。

（1）组织是一个由相互联系的若干要素组成的人造系统。

（2）组织是一个受环境影响，并反过来影响环境的开放系统。组织不仅本身是一个系统，同时又是一个社会系统的分系统，它在与环境的相互影响中取得动态的平衡。组

---

① 郭咸纲．西方管理学说史［M］．北京：中国经济出版社，2003：365．

织同时要从外界接受能源、信息、物料等各种投入，经过转换，再向外输出产品。[①]

系统管理学派的理论基础是系统科学，他们认为，要进行成功有效的管理，就应该对企业系统的基本问题进行系统的分析，以便找出关键所在。

系统管理学派的研究内容和成果在很大程度上是符合社会化大生产的发展规律的，尤其是在当今新技术革命和产业革命的条件下更具有现实的意义。

4. 决策理论学派

决策理论学派是以社会系统理论为基础，吸收了行为科学和系统论的观点，运用现代计算机技术和运筹学的方法而发展起来的，是当代西方影响较大的管理学派之一。决策管理学派的代表人物是著名的诺贝尔经济学奖获得者、美国管理学家赫伯特·西蒙和美国斯坦福大学的管理学教授詹姆斯·马奇。

西蒙认为，决策程序就是全部的管理过程，管理就是决策。决策过程从确定的目标开始，然后找出为达到该目标可供选择的各种方案，经过比较做出优选决定。在优选过程中要认真执行控制，以保证既定目标的实现。西蒙等人认为，决策包括一系列的过程，而不是仅仅从一组备选方案中选择一个的过程。决策的过程包括收集情报、拟订计划、选定计划和对方案进行评价这四个阶段。同时，上述四个阶段中的每一个阶段本身也是一个复杂的决策过程。

决策管理学派提出，以"令人满意的原则"代替传统决策理论的"最优化原则"，这无疑是一种较为切实可行的理论。西蒙等人认为，不论从个人生活经验中，还是从各类组织的决策实践中，寻找可供选择的方案都是有一定限制条件的，因此要找到最佳的方案是不现实的。

5. 管理科学学派

管理科学学派，又称数量科学管理学派、数量学派，是对泰勒的科学管理理论的继承和发展。管理科学学派正式作为一个管理学派是在第二次世界大战之后产生，并在 20 世纪 70 年代后随着运筹学的日趋成熟而在工商界得到广泛应用的。管理科学学派的代表人物是英国的兰彻斯特和希尔，以及美国哈佛大学工商管理学院教授埃尔伍德·斯潘塞·伯法。科学管理学派的经典著作主要有《现代生产管理》《生产管理分析》《运筹学》等。

管理科学学派的特点是利用有关的数学工具，为企业寻找一个有效的数量解，着重于用数学模型来解决管理的问题。科学管理学派的模型法可用图 2-7 表示。

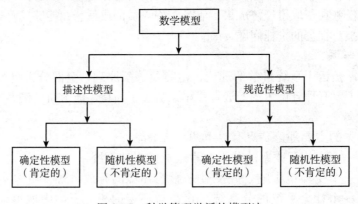

图 2-7　科学管理学派的模型法

① 郭咸纲. 西方管理学说史［M］. 北京：中国经济出版社，2003：309.

管理科学理论强调用先进的技术成果和科学研究成果对管理学进行研究，为现代管理决策提供了科学的方法。它使管理理论研究从定性研究向定量研究前进了一大步，具有很大的意义。但是我们同时也应该看到，管理活动非常复杂，许多管理活动都很难正确量化，因此完全采用科学管理的定量分析方法去解决所有的管理问题是不可能的，同时也是不现实的。

6. 权变理论学派

权变理论产生于 20 世纪 60 年代末 70 年代初，它是在美国经验主义学派的基础上进一步发展起来的。其核心是组织管理要根据组织所处的环境和内部条件的变化而权宜变化。权变理论认为，没有什么一成不变、普遍适用、"最好"的管理理论和方法。权变管理就是"依托环境因素和管理思想及管理技术因素之间的变数关系来确定的一种最有效的管理方式"（郭咸纲，2003）。有关权变理论的具体内容请参阅本书第 6 章"领导与激励"中的相关介绍，此处不做展开论述。

思 考 题

一、单选题

1. 管理的首要职能是（　　）。
   A. 计划　　　　　　B. 组织　　　　　　C. 领导　　　　　　D. 控制

2. 管理起源于（　　）。
   A. 国家的产生　　B. 私有制的出现　　C. 工商活动　　　D. 人类的共同劳动

3. 管理者是指（　　）。
   A. 组织的所有者　　　　　　　　　B. 组织的员工
   C. 对他人工作负责任的人　　　　　D. 总经理

4. 对于高层管理者而言，最重要的管理技能是（　　）。
   A. 人际技能　　　B. 概念技能　　　C. 技术技能　　　D. 沟通技能

5. "确保事情按要求进行"指的是管理的（　　）职能。
   A. 计划　　　　　　B. 组织　　　　　　C. 领导　　　　　　D. 控制

6. 从时间顺序看，下列四种管理职能的排列方式中，（　　）更符合逻辑。
   A. 计划、控制、组织、领导　　　　B. 计划、领导、组织、控制
   C. 计划、组织、控制、领导　　　　D. 计划、组织、领导、控制

7. 认为管理就是"实行计划、组织、指挥、协调和控制"的管理学家是（　　）。
   A. 哈罗德·孔茨　　　　　　　　　B. 亨利·法约尔
   C. 约瑟夫·马西　　　　　　　　　D. 赫伯特·西蒙

8. 泰勒的代表著作是（　　）。
   A.《科学管理原理》　　　　　　　B.《机器与制造业经济学》
   C.《国富论》　　　　　　　　　　D.《工业管理与一般管理》

9. 亨利·法约尔认为，管理就是（　　）。
   A. 要确切地知道要别人干什么，并注意他们用最好、最经济的方法去干
   B. 实行计划、组织、指挥、协调和控制

    C. 决策

    D. 通过他人实现组织目标

10. 被称为"组织理论之父"的学者是（　　）。

    A. 弗雷德里克·温斯洛·泰勒　　　　　　B. 亨利·法约尔

    C. 马克斯·韦伯　　　　　　　　　　　　D. 埃尔顿·梅奥

二、多选题

1. 管理学的四个基本职能是（　　）。

    A. 组织　　　　　　B. 协调　　　　　　C. 计划　　　　　　D. 控制

    E. 领导

2. 按照管理的层次来分，一般一个组织通常被分为（　　）。

    A. 战略层　　　　　　B. 高层　　　　　　C. 战术层　　　　　　D. 中层

    E. 基层

3. 通过霍桑实验得出的结论有（　　）。

    A. 职工是"社会人"

    B. 职工是"经济人"

    C. 企业中存在"非正式组织"

    D. 新型的领导能力在于提高职工的效率

    E. 存在着"霍桑效应"

4. 弗雷德里克·温斯洛·泰勒的科学管理理论建立的人性论基础是（　　）。

    A. 经济人假设　　　　　　　　　　　　B. 社会人假设

    C. 复杂人假设　　　　　　　　　　　　D. Y 理论

    E. X 理论

5. 下列属于科学管理学派的管理学家是（　　）。

    A. 吉尔布雷斯夫妇　　　　　　　　　　B. 弗雷德里克·温斯洛·泰勒

    C. 亨利·法约尔　　　　　　　　　　　　D. 亨利·劳伦斯·甘特

    E. 马克斯·韦伯

三、名词解释

1. 管理　2. 管理者　3. 技术技能　4. 人际技能　5. 概念技能

四、简答及论述题

1. 管理的基本职能有哪些？它们之间的关系如何？

2. 对不同管理层次管理者的管理技能的要求有何差异？

3. 西方早期的管理思想主要有哪些？

4. 试分析泰勒科学管理理论的贡献及局限性。

5. 试论述霍桑试验得出的主要结论。

升任公司总裁后的思考

郭宁最近被一家生产机电产品的公司聘为总裁。在准备去接任此职位的前一天晚上，他浮想联翩，回忆起他在该公司工作 20 多年的情况。

他在大学时学的是工业管理，大学毕业获得学位后就在该公司工作，最初担任液压装配单位的助理监督。他当时感到真不知道如何工作，因为他对液压装配所知甚少，在管理工作上也没有实际经验。他几乎每天都感到手忙脚乱。可是他非常认真好学，他一方面仔细阅读该单位所制订的工作手册，努力学习有关的技术知识；另一方面监督长也对他主动指点，使他渐渐摆脱了困境，胜任了工作。经过半年多时间的努力，他已有能力独担液压装配的监督长工作。可是，当时公司没有提升他为监督长，而是直接提升他为装配部经理，负责包括液压装配在内的四个装配单位的领导工作。

在他当助理监督时，他主要关心的是每日的作业管理，技术性很强。当他担任装配部经理时，他发现自己不仅需要关注当天的装配工作状况，而且还得做出此后数周乃至数月的规划，还要完成许多报告和参加许多会议，因此他没有多少时间从事他过去喜欢的技术工作。当上装配部经理不久，他就发现原有的装配工作手册已基本过时，因为公司已安装了许多新的设备，吸收了一些新的技术，所以他不得不用整整一年时间修订工作手册，使之切合实际。在修订工作手册过程中，他发现要让装配工作与整个公司的生产作业协调起来是需要有很多讲究的。他还主动到几个工厂去访问，学到了许多新的工作方法。由于该公司的生产工艺频繁发生变化，工作手册也需要经常修订，郭宁对此都完成得很出色。他工作了几年后，不但自己学会了这些工作，而且还学会如何把这些工作交给助手去做，教他们如何做好，这样他就可以腾出更多的时间用于规划工作和帮助他的下属工作得更好，以及花更多的时间去参加会议、批阅报告和完成自己向上级的工作汇报。

在他担任装配部经理 6 年后，正好遇到该公司负责规划工作的副总裁辞职应聘于其他公司，郭宁便主动申请担任此职务。在同另外 5 名竞争者较量之后，郭宁被正式提升为规划工作副总裁。他自信拥有担任此新职位的能力，但此高级职务工作的复杂性仍使他在刚接任时碰到了不少麻烦。例如，他感到很难预测一年之后的产品需求情况。可是一个新工厂的开工，乃至一个新产品的投入生产，一般都需要在数年前做出准备。而且，在新的岗位上他还要不断处理市场营销、财务、人事、生产等部门之间的协调运作，对这些工作他过去都不熟悉。他在新岗位上越来越感到：越是职位上升，越难于仅仅按标准的工作程序去进行工作。但是，他还是渐渐适应了，做出了成绩，以后又被提升为负责生产工作的副总裁，而这一职位通常是由该公司资历最深的、辈分最高的副总裁担任的。

到了现在，郭宁又被提升为总裁。他知道，一个人当上公司最高主管时应该相信自己有处理可能出现的任何情况的才能，但他也明白自己尚未达到这样的水平。此时，他不禁想到自己明天就要上班了，今后数月的情况会怎么样？他不免为此而担忧。

（资料来源：于莉，王吉方．企业管理［M］．北京：电子工业出版社，2012：51-52．）

思考讨论题

1. 郭宁要胜任公司总裁的工作，必须具备哪些技能？职位的提升对郭宁的管理技能要求有何变化？

2. 我们从郭宁的成长经历中能够得到哪些启示？

第 3 章

企业战略管理

本章导读

　　战略是企业高层对未来所做的系统性决策，是对企业的整体发展方向进行指导和谋划，着重解决企业经营中所涉及的有关营销、技术、组织、财务等职能领域的综合性决策问题。本章主要介绍战略管理的构成要素、管理过程、战略环境分析、战略选择与评价及战略实施与控制等内容，通过对本章的学习，有助于读者掌握战略管理的基本思路和方法。

　　知识结构图

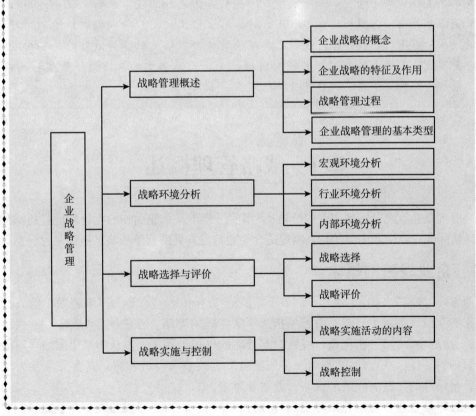

格兰仕的成本领先战略

格兰仕前身是梁庆德在 1979 年成立的广东顺德桂洲羽绒厂。1991 年由于羽绒服装及其他制品的出口前景不佳，该厂决定转移到一个成长性更好的行业。经过市场调查，该厂确定了把微波炉作为进入小家电行业的主导产品（当时，国内微波炉市场刚开始发育，生产企业只有 4 家，其市场几乎被国外产品垄断）。1996 年到 2000 年，格兰仕先后 5 次大幅度降价，每次降价幅度均在 20％以上，每次都使市场占有率总体提高 10％以上。

格兰仕在微波炉及其他小家电产品市场上采取的是成本领先战略。格兰仕的规模经济首先表现在生产规模上。据分析，100 万台是工厂微波炉生产的经济规模，格兰仕在 1996 年就达到了这个规模。其后，格兰仕每年以两倍于上一年的速度迅速扩大生产规模。到 2000 年年底，格兰仕微波炉生产规模达到 1 200 万台，是全球第 2 位微波炉生产企业的两倍多。生产规模的迅速扩大带来了生产成本的大幅度降低，这成为格兰仕成本领先战略的重要环节。格兰仕规模每上一个台阶，价格就大幅下调。当自己的规模达到 125 万台时，就把出厂价定在规模为 80 万台的企业的成本价以下。此时，格兰仕还有利润，而规模低于 80 万台的企业，多生产一台就多亏一台。除非对手能形成显著的品质技术差异，在某一较细小的利基市场获得微薄赢利，但同样的技术来源又连年亏损的对手又怎么搞出差异来？当规模达到 300 万台时，格兰仕又把出厂价调到规模为 200 万台的企业的成本价以下，使对手缺乏追赶上其规模的机会。格兰仕这样做目的是要构成行业壁垒，要摧毁竞争对手的信心，将散兵游勇的小企业淘汰出局。格兰仕虽然利润极薄，但是凭借着价格构筑了自己的经营安全防线。

3.1　战略管理概述

战略管理是企业经营管理实践的产物[①]。当前形势下，企业面临的竞争环境日益激烈，因而根据环境的变化及企业内部的特点制定适合企业自身发展的竞争战略已显得尤为重要。

3.1.1　企业战略的概念

在西方，"战略"（strategy）一词源于希腊语"strategos"，意为军事将领、地方行政长官；后来演变成军事术语，指军事将领指挥军队作战的谋略。在中国，"战略"一词历史久远，"战"指战争，"略"指谋略。春秋时期孙武的《孙子兵法》被认为是中国最早对战略进行全局筹划的著作。在现代，"战略"一词被引申至政治和经济领域，其含义演变为泛指统领性的、全局性的、左右胜败的谋略、方案和对策。

企业战略是企业在对内外部环境进行分析的基础上，为了形成和维持竞争优势，对企业的主要发展目标、未来发展方向及实现这些目标所采取的途径与方法进行的具有长久性、全

---

① 赫连志巍，张敬伟，毛清华. 企业战略管理 [M]. 2 版. 北京：机械工业出版社，2010：1.

局性的谋划。企业战略是对企业各种战略的统称，涉及企业日常活动的各个方面，主要分为竞争战略、营销战略、发展战略、品牌战略、融资战略、技术开发战略、人才开发战略及资源开发战略，等等。

在理解企业战略的概念时，要注意以下几点。

第一，企业在制定战略时，应该把企业未来生存和发展的问题当作战略的出发点和最终归宿。一个好的企业战略应该有助于企业在激烈的市场竞争中走得更加长远。因此，企业需要在了解自身过去及现在状态的基础上，放眼未来，制定具有发展性的战略。

第二，企业战略的目标应该明确。企业战略对企业的整体发展方向具有强烈的指导作用，企业应在仔细分析所处的内外部环境的基础上，合理指导各种资源的配置，协调不同部门和个人之间的活动，增强企业内组织间的凝聚力，保证各利益相关者的期望相一致①。

第三，企业战略的核心是帮助企业建立并保持竞争优势。要使企业长期生存下去，并且保持一定的市场竞争地位，必须使企业拥有竞争对手难以模仿和进入的竞争优势，为自己创造较高的进入壁垒，这样才能保持已有的竞争优势，使竞争对手难以超越。

3.1.2 企业战略的特征及作用

企业战略作为确定企业发展目标与方向的整体性战略，具有目标性和策略性的双重特征。企业战略的作用可以总结为以下几点。

第一，市场经济的大环境，要求制定企业战略。市场经济中，企业的基本特征是自主经营、自负盈亏，想要在竞争激烈的市场中生存与发展下去，企业需要合理的评估市场经济给自身带来的机会与威胁，着眼长远利益，为企业制定发展战略。

第二，经济全球化的发展要求企业进行战略管理。企业必须通过合理的战略管理，分析国际竞争形势，了解竞争对手动态，从中寻找核心竞争力，巩固竞争优势与市场地位，这样企业才不会在激烈的竞争中消失。

第三，现代企业之间的竞争是企业素质的竞争，主要包括人员素质、技术素质和管理素质等。通过制定企业战略，进行企业战略管理，可以清楚地认识企业自身的各种能力，发挥优势，弥补劣势，从而使企业的综合素质得到进一步的改善与提高，以达到有利的行业竞争地位。

第四，企业自身的资源有限，要求有效地进行战略管理，以合理分布与利用资源。进行战略管理有利于发现企业发展过程中最值得投资与关注的重点环节，以便有效地利用与配置企业有限的人力、物力、财力资源，从而为企业带来经济收益。

综上所述，企业战略管理涉及企业发展中带有全局性与根本性的问题，是企业进行其他管理活动的基础。一般来说，企业战略具有以下几个特点。

（1）全局性。企业战略是以企业整体为研究对象，进行分析、评价之后制定的行动方案和谋划，其目标和最终衡量均以企业的总体结果为标准。

（2）长远性。企业战略制定的是未来很长一段时间的行动方案，按照时间划分，企业战略多数为3～5年的中期战略，甚至还可以是5年以上更长久的战略计划。

（3）纲领性。企业战略一旦制定，企业各方面的活动都需要遵循企业战略的指导方向进行。它指导着企业各部门员工有条不紊地为实现企业各阶段的目标努力工作。

---

① 宋克勤．企业管理教程［M］．上海：格致出版社，2008：69．

（4）竞争性。企业战略的根本目的是为企业创造与维持市场竞争力。一个好的企业战略，能够为企业打造一个竞争对手难以超越的竞争力，以保持自己在竞争中的优势地位。

（5）经济性。企业战略对企业有限的资源进行配置与利用，资源具有经济性，因此合理分配资源的过程就是企业创造价值与收益的过程。

（6）风险性。企业战略是对企业未来发展方向的规划，是在对未来与企业相关的各种环境进行预测的基础上进行的，因此具有一定的不确定性。

（7）相对稳定性。企业战略一经制定，就不能随意改变，它是企业其他各阶段战略的指导，因此在相当长的时间内具有一定的稳定性，这样才便于各部门努力贯彻执行。

3.1.3　战略管理过程

战略管理具有统领大局的作用，因此整个战略管理的过程必须具有科学性与可操作性。企业战略管理的过程主要分为以下 3 个阶段。

（1）战略环境分析。在此阶段，企业要在综合分析企业目前和今后所处的内外部环境的基础上，总结企业自身拥有的优势、劣势及存在的机会和威胁，以此确定企业的使命和目标，指导企业战略的制定。

（2）战略选择与评价。该阶段，企业首先需要制定战略选择的方案，根据集权程度的不同，可以采取自上而下、自下而上或是上下结合的方法制定；其次，对备选的战略方案进行评估，考虑该战略是否为企业带来了强有力的竞争力，以及是否被企业的利益相关者接受；最后，评价结束后，选择该战略准备实施。

（3）战略实施与控制。该阶段，企业需要将战略转化为实际行动。企业所做的主要工作是对所拥有的内外部资源进行合理的配置与利用，协调各组织部门之间的关系，以实现企业的目标。

3.1.4　企业战略管理的基本类型

不同的企业制定的企业战略具有很大的区别。下面简单介绍按照企业经营战略态势划分的企业战略管理的类型。

1. 拓展型战略

拓展型战略又称发展型战略，是指企业采取相对积极的态度，充分利用外部环境带来的机会与自身的优势，在未来谋求企业的进一步发展。该类型的战略主要适用于已经具有一定市场地位，相对成熟的企业或是准备进入市场的新兴企业，需要投入大量的资源，以进一步提高现有产品的市场占有率或新产品的知名度。

2. 稳健型战略

相比拓展型战略，稳定型战略需要企业投入的资源数量较少，目的是保持现有的市场占有率。采取该战略的主要原因是企业面临的内外部环境不能为其提供有力的竞争优势。

3. 紧缩型战略

紧缩型战略投入的资源在三种战略中最少，主要适合市场经济状况差、产品处于衰退期或企业经营状况惨淡等情况。采取该战略的企业面临的结果可能是退出现有市场，转向小市场，甚至直接进入清算期，企业进行结构重整，以便未来更好地发展。

3.2 战略环境分析

环境分析是企业战略管理的第一步，也是最为关键的一步。只有充分了解企业所面临的各种环境因素、把握环境变化的趋势与走向，才能在激烈的市场竞争中赢得主动。正所谓"知彼知己，百战不殆"。下面分别从宏观环境因素、行业环境因素、企业内部环境因素三个层面对企业的战略环境进行介绍和分析。

3.2.1 宏观环境分析

宏观环境是指任何时候对所有组织都会产生影响的因素，主要包括七个方面的内容，即政治环境、法律环境、经济环境、科技环境、人口环境、文化环境和自然环境。常用的宏观环境分析工具为 PEST 分析法，即从政治法律、经济、社会文化和科学技术方面进行环境分析与研究。

1. 政治法律环境

政治法律环境因素主要包括一国的政治制度、政策方针、法令法规、政治形势、党派斗争、社会秩序等。政治环境对企业的发展，尤其是对于企业的长远发展具有显著的影响，有些政策会给企业带来一定的生存机会，有些则可能制约企业的顺利运营与发展。因此，企业必须密切关注国家政治环境的变化，紧随国家政治发展的步伐。在法律环境因素方面，要求企业所有的运营活动必须严格按照国家法律的相关规定，在法律规定的范围内开展合法正当竞争，同时也要充分利用法律赋予企业的权力，争取赢得公平竞争的机会。

2. 经济环境

经济环境是指构成企业生存和发展的社会经济状况和国家经济政策，是影响消费者购买能力和支出模式的因素，它包括收入的变化、消费者支出模式的变化等。相比其他环境因素，经济环境对企业的影响更加直接而广泛，因为企业的根本目的是获取利润，具有很强的经济性。

在经济环境中，对企业的经营活动影响最大的是社会购买力。社会购买力是指在一定时期内全社会各方面用于购买产品或劳务的货币支付能力[①]。它直接影响企业的销量，进而影响利润。影响企业发展的经济环境有很多，除社会购买力外，还包括国民经济发展情况、货币供应、通货膨胀及个人可支配收入等大大小小各种方面。通常一个国家的经济基础决定了企业的运营成本及效率，因此经济环境对企业的影响直接而全面。

阅读资料 3—1

经济环境不好，电商反而发展更迅猛

如果注意观察中国电子商务的发展历程，会发现一个很有意思的现象——从 20 世纪 90 年代末至今，有三个时间点称得上是中国网络购物非常重要的年份，分别是 2003 年、2008 年和 2012 年。

---

① 赫连志巍，张敬伟，毛清华. 企业战略管理 [M]. 2 版. 北京：机械工业出版社，2010：1.

2003 年是"非典年",也是国民经济发展的困难年,但民众不外出的结果导致网络成了休闲消费的重要方式,很多人第一次上网、第一次进行网上购物就发生在这一年。

2008 年是世界经济危机年,中国经济也受影响较大,但这是中国电商历史上非常重要的一年。这一年中国网络购物交易规模首次突破 1 000 亿大关,并且增长速度超过 100%,网络购物占中国社会商品零售总额的比重也首次突破 1%。

2012 年中国 40 000 亿经济刺激政策的效果消退,部分负面影响开始显现,国民经济整体表现不佳。在这一年,中国网络购物市场却如火如荼,阿里巴巴发动的"双 11"真正改变了线下传统零售商的三观,京东引发的价格战也吸引了足够的眼球,中国网络购物市场交易规模在这一年首次突破 10 000 亿大关。经济环境不佳时,电子商务反倒能更快速发展。这个现象背后到底有什么原因呢?

便宜是第一驱动力。便宜是驱动中国网络购物发展的最大动力。经济环境不好,居民普遍有不安全感,省钱的意识会更加强,而整体上来说网购会比线下购物更节省。如果说 2003 年很多人触网不是因为"便宜",而更多是因为"便捷"(实际上当时的物流速度不快,但在当时特定的环境下是一种便捷)的话,那 2008 年和 2012 年经济环境不佳,消费者更加是基于省钱的考量。在中国,经济危机使人们更加追求性价比,便宜永远是第一驱动力。

电商作为渠道被借重。一般来说,经济环境好,各品牌厂商业绩压力较小,传统的线下渠道更被重视;而经济环境不佳,线下渠道反应慢、效率低的弊病将突显,品牌厂商为了维持业绩增长,开拓包括电商在内的新兴渠道成为必然选择。电商渠道的话语权增大,能够以更低的价格得到货源,提供给消费者的实惠也将更多。一个典型例子是,国家出台了限制三公消费的政策后,加上经济大环境不好,有饮酒习惯的人越来越多地通过网络渠道购买酒类产品;而经济不佳的大环境下,受制于传统渠道的不畅,越来越多的酒类厂商寻求和电商网站的合作,促进了酒类电商的大发展。

(资料来源:http://column.iresearch.cn/u/huangyuanpu/660104.shtml.)

3. 社会文化环境

社会文化环境是指企业所处的社会结构、社会风俗和习惯、信仰和价值观念、行为规范、生活方式、文化传统、人口规模与地理分布等因素的形成和变动。任何企业都处于一定的社会文化环境中,企业营销活动必然受到所在社会文化环境的影响和制约。因此,企业必须充分认识所处的社会文化环境,但相比其他的环境因素,社会文化环境因素需要企业投入的关注要更多,因为它所涉及的内容都以隐性的而不是显而易见的方式影响着企业的经营发展。

社会文化涉及社会中不同成员的情感模式、思维模式及行为模式,企业可以在分析社会文化因素的基础上,了解消费者的需求、欲望及购买行为,从而选择正确的目标市场,制定切实可行的营销方案。对于进入少数民族甚至国际市场的企业来说,社会文化的分析尤其重要。

4. 科学技术环境

科学技术环境是指与企业生产经营活动相关的科学技术要素的总和[①]，主要包括社会总体科技水平的发展及变化趋势，以及科技的变革与企业、社会和经济的相互作用。科学技术对企业的影响可以分为两个方面：一是直接影响，即直接影响企业的生产效率，正所谓科学技术是第一生产力就是这个意思；二是间接影响，科学技术通过影响消费者间接影响企业，科学技术的发展会影响人们的生活习惯及对产品的需求，这就需要企业从这些微妙的变化中寻找机会，以在快速发展的科学技术环境中继续前行。

阅读资料 3-2

当巴西遇上百度"科技无国界"梦想成真

和地球村一样，"科技无国界"也是人类的一个共同理想。甚至可以说，"科技无国界"是地球村真正实现的前提。没有"科技无国界"，就不可能真正缩小乃至抹平信息鸿沟，也就不可能实现真正的地球村。昨天不是一般的昨天，一切都还历历在目。百度牵手巴西，或者说，巴西遇到了百度这个技术派"白马王子"，有关"科技无国界"的剧情遐想瞬间激活，只能说，下一集更精彩，下一季更震撼。

首先，百度大数据功力不浅，拥有全球首个开放大数据引擎。作为天然的大数据企业，百度拥有完整、领先的大数据技术，通过对全网大数据进行处理，百度在国内已成功推出百度指数、百度商情、百度司南等一系列大数据商业化应用，以及"百度迁徙""景点舒适度预测""城市旅游预测"等大数据社会化产品，便于公众和企业使用百度开放的大数据资源。

其次，海量、庞杂的大数据分析挖掘需求使得百度加速了对人工智能的研究布局。依赖于百度公司的技术基因，基于"深度学习"的计算机模拟人脑项目"百度大脑"，融合了全球领先的深度学习算法、数据建模、大规模 GPU 并行化平台等技术，实现了无时无刻不在学习与成长。它拥有 200 亿个参数，构造起世界上最大的深度神经网络。

最后，也是更重要的一点，百度有人！通过少帅计划等，百度真正践行了以人为本的人才发展战略，包括"谷歌大脑之父"、世界顶级人工智能专家吴恩达在内的高精尖人才齐聚百度，为百度的技术实力、国际化战略及用技术驱动"科技无国界"打下了坚实的基础。

当越来越多的世界人民和我们的老百姓一样，用上百度搜索、hao123 导航、百度安全软件、百度移动搜索，和我们一样尽享百度大数据、"百度大脑"为经济、社会、生活各方面提供的便利，"科技无国界"也就不再是遥不可及的梦想。

（资料来源：http：//www. pcpop. com/doc/1/1025/1025857. shtml. ）

3.2.2 行业环境分析

行业环境又称产业环境，是指对处于某一特定产业内的企业，以及与该产业存在业务关

[①] 宋克勤. 企业管理教程 [M]. 上海：格致出版社，2008：69.

系的企业产生影响的因素的总称。行业环境的分析主要包括两个方面：一是行业中竞争的性质和该行业中的潜在利润，一般是运用迈克尔·波特教授的五力模型分析法；二是该行业内部企业之间在经营上的差异及这些差异与它们的战略地位的关系，主要采用战略集团分析法。

下面重点介绍一下五力模型分析法，如图 3-1 所示。

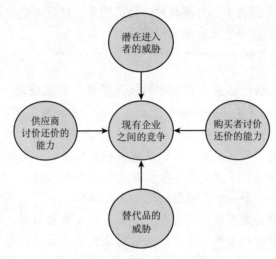

图 3-1　波特的五力模型分析法

1. 潜在进入者的威胁

潜在进入者是指除行业内现有竞争者外，随时可能进入本企业所在行业并将成为其竞争对手的企业。由于行业内的市场规模和各种资源都是有限的，潜在竞争者进入后必然会抢占市场份额和有限资源，从而威胁企业的生产经营。这种进入威胁的大小主要取决于行业进入壁垒的高低（进入壁垒是指新入企业进入某一行业所付出的各种代价的总和，进入壁垒的高低受到产品差异与转换成本的影响，其他因素还包括与产品相关的销售渠道、投入资本及生产规模等），以及现有企业的反应程度。

2. 现有企业之间的竞争

现有企业之间的竞争是指行业内不同企业之间的竞争关系和程度。不同行业之间竞争的激烈程度是有差异的。如果一个行业内主要竞争对手实力相当，无论行业内企业数目是多少，行业内部都必然存在着激烈的竞争。在这种情况下，某个企业要想成为行业的领导者或保持原有的高收益水平，就要付出较高的代价；反之，如果行业只有少数几个大的竞争者，形成半垄断状态，企业间的竞争便趋于缓和，企业的获利能力就会增大。

决定行业内企业之间竞争激烈程度的因素有：竞争者的多寡及力量对比、市场增长率、固定成本和库存成本、产品差异性及转换成本、行业生产能力的增加幅度、行业内企业采用策略和背景的差异，以及竞争中利害关系的大小和退出壁垒等。

3. 替代品的威胁

替代品是指那些与本企业产品具有相同功能或类似功能的产品。决定替代品压力大小的因素主要有：替代品的盈利能力、替代品生产企业的经营策略、购买者的转换成本。

4. 供应商讨价还价的能力

供应商是指企业从事生产经营活动所需要的各种资源、配件等的供应单位。它们往往通过提高价格或降低质量及服务的手段，向行业链的下游企业施加压力，以此来榨取尽可能多的行业利润。

决定供应商讨价还价的能力的因素主要有：供方行业的集中度、交易量的大小、产品差异化程度、转换供方成本的大小、前向一体化的可能性、信息的掌握程度。

5. 购买者讨价还价的能力

作为购买者（顾客、用户）必然希望所购的产品物美价廉，服务周到，且从行业现有企业之间的竞争中获利。因此，他们总是为压低价格、要求提高产品质量和服务水平而同该行业内的企业讨价还价，使得行业内的企业相互竞争残杀，导致行业利润下降。

影响购买者讨价还价的能力的因素主要有：购买者的集中度、购买者从本行业购买的产品在其成本中所占的比重；购买者从行业购买产品的标准化程度、转换成本、购买者的盈利能力；购买者后向一体化的可能性、购买者信息的掌握程度。

3.2.3 内部环境分析

企业内部环境是指企业内部的物质、文化环境的总和，包括企业资源、企业能力、企业文化等因素，也称企业内部条件。企业内部环境分析是一个自我认知、自我剖析的过程，而前面提到的两类外部环境因素的分析过程是"知彼"的过程。在分析完内部环境后，企业才能做到知己知彼，才能在激烈的竞争战中"百战不殆"。

企业内外部环境的关系如图 3-2 所示。

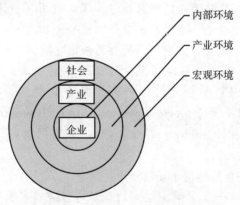

图 3-2　企业内外部环境的关系

企业内部环境分析是企业制定一切目标与战略的基础，是企业战略管理的根本。企业只有充分分析自身拥有的优劣势，才能与外部环境带来的机会或威胁相比较，以扬长避短，发挥优势，把握机会，在市场竞争中占据有利地位。

企业的内部环境主要细分为以下几个方面：财务状况、现有竞争地位、设备状况、营销能力、研发能力、人员配备情况、组织结构及企业过去和现在的目标和战略等。在进行内部环境分析时，企业不仅要在时间上分析自身状况，即过去阶段、现阶段及未来阶段，还要将企业本身同行业内的竞争者相比较，从而寻找竞争点，更清楚地认识自己。

在对外部宏观环境、产业环境与内部环境单独分析后，企业可以运用 SWOT 分析法将内外部环境进行综合分析，即内部环境的优势与劣势、外部环境的机会与威胁，以此作为备选战略方案的评价标准，为实施企业战略管理打下基础。

SWOT 分析法

进行 SWOT 分析时，主要有以下几个方面的内容。

1. 分析环境因素

运用各种调查研究方法，分析出企业所处的各种环境因素，即外部环境因素和内部环境因素。外部环境因素包括机会因素和威胁因素，它们是外部环境对企业的发展直接有影响的有利和不利因素，属于客观因素；内部环境因素包括优势因素和劣势因素，它们是企业在其发展中自身存在的积极和消极因素，属于主动因素。在调查分析这些因素时，不仅要考虑到历史与现状，而且更要考虑未来发展问题。

2. 构造 SWOT 矩阵

将调查得出的各种因素根据轻重缓急或影响程度等排序方式，构造 SWOT 矩阵。在此过程中，将那些对企业发展有直接的、重要的、大量的、迫切的、久远的影响的因素优先排列出来，而将那些间接的、次要的、少许的、不急的、短暂的影响因素排列在后面。

3. 制订行动计划

在完成环境因素分析和 SWOT 矩阵的构造后，便可以制订出相应的行动计划。制订计划的基本思路是：发挥优势因素，克服弱势因素，利用机会因素，化解威胁因素；考虑过去，立足当前，着眼未来。运用系统分析的综合分析方法，将排列与考虑的各种环境因素相互匹配起来加以组合，得出一系列公司未来发展的可选择对策。在 SWOT 分析之后，需用 USED 技巧来产出解决方案。USED 如用中文的四个关键字表示，就是"用、停、成、御"。USED 分别是：如何善用每个优势？（How can we Use each strength?），如何停止每个劣势？（How can we Stop each weakness?），如何成就每个机会？（How can we Exploit each opportunity?），如何抵御每个威胁？（How can we Defend against each threat?）。

成功应用 SWOT 分析法的简单规则如下。

（1）进行 SWOT 分析时，必须对公司的优势与劣势有客观的认识。

（2）进行 SWOT 分析时，必须区分公司的现状与前景。

（3）进行 SWOT 分析时，必须考虑全面。

（4）进行 SWOT 分析时，必须与竞争对手进行比较，比如优于或者劣于竞争对手。

（5）保持 SWOT 分析法的简洁化，避免复杂化与过度分析。

（资料来源：http：//www.purise.com/article/9284.html.）

3.3 战略选择与评价

在企业战略管理过程中，第二个阶段是战略的选择与评价。在这个阶段，所选战略的好坏直接影响下一阶段战略实施与控制，因而尤为关键。

3.3.1 战略选择

战略选择的类型主要有以下 3 种。

1. 总成本领先战略

总成本领先战略是指企业的成本状况在全行业范围内处于领先地位，即企业产品的总成本低于竞争对手产品的总成本。成本优势的来源因产业结构不同而异，它们可以包括追求规模经济、专利技术、原材料的优惠待遇和其他因素。如果一个企业能够取得并保持全面的成本领先地位，那么它只要能使价格相等或接近于该产业的平均价格水平，它的低成本地位就会转化为高收益。

2. 差异化战略

差异化战略是指通过为产品融入顾客需要的独特个性而使产品在顾客心目中升值，赢得顾客的消费偏好，从而以较高的产品价格占领市场，赢得超过产业平均水平的收益。实施差异化战略的企业，在客户广泛重视的某些方面力求在本产业中独树一帜。差异化的手段因产业不同而异，它可以建立在产品本身的基础上，也可以以产品销售的交货系统、营销手段及其他种种因素为基础。一个能够取得和保持其差异化形象的企业，如果其溢价超过了为做到差异化而发生的额外成本，就会成为其产业中高于平均水平的佼佼者。

3. 专一化战略

这类战略是主攻某个特殊的细分市场或某一种特殊的产品。其前提是企业业务的专一化能够以更高的效率、更好的效果为某一特定的战略对象服务，从而在某一方面或某一点上超过那些有较广泛业务范围的竞争对手。

3.3.2 战略评价

战略评价的目的是检验与评估企业战略的有效性与正确性。其评价的标准主要包括以下几个方面。

（1）适应性。企业战略是在综合分析企业面临的内外部环境的基础上制定的，因此必须具有很好的适应环境变化的能力，否则就不能当作备选方案。评价企业战略的适应性要考虑其是否与组织的使命和宗旨相一致，如果盲目追求利益而损害企业形象，那么这样的战略也不能作为备选方案。

（2）竞争性。企业战略管理的根本目的是为企业创造并维持竞争优势，在评价战略方案时，应关注该方案是否有助于提升企业的竞争实力。

（3）经济效益。企业存在的根本目的是为了赚取利润，因此经济效益是战略评价的重要指标，主要包括市场占有率及市场份额、投入产出比，以及盈利能力等。

（4）可行性。企业战略的制定必须建立在可执行的基础上，战略的目标必须与企业现有的或短时间内即将拥有的人力、物力、财力资源相匹配，既不能盲目夸大，也不能降低标准，浪费企业资源。

战略评价在企业战略管理中的作用是为企业实施与执行战略提供依据并为企业进一步提升业绩奠定基础，因此是一个非常重要的环节。

3.4　战略实施与控制

战略实施与控制阶段是企业战略管理的最后阶段，也是企业战略成果显现的阶段。一旦企业已经选择了某一战略，企业战略管理活动的重点就是战略实施与控制。

3.4.1　战略实施活动的内容

战略实施就是将企业战略付诸实践的过程。为了确保战略的实效性，实施活动必须紧随战略制定。它涉及各种有关资源配置与工作安排的活动，因此战略实施不是一个简单的"做"的过程。战略实施的具体活动主要包括以下几项内容。

（1）根据选定战略的要求，调整组织结构。

（2）根据调整后的组织结构，安排各部门工作人员，特别是管理层人员。

（3）按照相对完善的组织结构，确定各部门目标与组织经营战略。

（4）根据组织目标制定与企业实力相匹配的预算。

（5）对员工进行激励与教育，激发员工积极性，感知企业文化。

（6）制定严格的企业监管制度，形成良好的激励机制与约束机制[①]。

（7）建立战略控制体系，以确保各阶段战略的顺利实施。

（8）指导企业战略实施的全过程，保证战略实施的成功率。

阅读资料 3-4

解析企业战略管理实施对策

由于企业自身在经济市场中要达成的战略目标不同，因此企业对于战略管理的实施对策也会有所不同。企业在执行战略管理体系时，需要了解其不同的实施措施有哪些，进而选择出适合自身的战略管理实施对策。

1. 指令型

这种方法的特点是高层管理人员或者其委托者制定战略，下属的主要任务是实施，高层往往不参与实施。其优点是在原有战略或常规战略变化的条件下，企业实施战略时不需要有较大的变化，实施的结果比较明显。其缺陷是不利于调动企业职工的积极性。

2. 转化型

转化型也称变革型。这种方法的特点是高层管理人员重点研究如何在企业内实施战

---

① 王德中.企业战略管理［M］.3版.成都：西南财经大学出版社，2009.

略，并且要为有效地实施战略而设计适当的行政管理系统。因此，企业要进行一系列变革和转化，如建立新的组织结构、优化业务流程等，以增加战略成功的机会。

这种方法的优点是从企业行为角度出发考虑企业战略实施问题，可以实施较为困难的战略。其缺点也很明显：一是企业的变革和转换可能来不及适应环境的变化；二是企业的内部流程可能由于经常处于变革中而变得不稳定，甚至无所适从；三是高层主管的时间精力被牵制而不利于企业战略管理。

3. 合作型

这种方法的特点是战略制定者充分调动各方面的积极性，各方在战略制定中可以充分发表自己的意见和方案，战略制定者实际上是一个协调员的角色。这种方法的优点是决策的科学性和民主性，并且能够充分调动人员的积极性。其不足之处一是讨论时间可能过长甚至争执不下，以致错过战略机会，二是战略的稳定性和全局性容易受到职能部门倾向性和局部性的影响。

（资料来源：http：//www.sino-manager.com/201399_262133.html.）

3.4.2　战略控制

企业战略是对企业未来发展方向的谋划，是建立在未来不确定环境分析的基础上的，因此具有一定的风险性。企业所制定的战略在实施过程中可能会出现与战略目标不一致的情况，因而需要建立战略评价与控制体系，以保证企业战略尽可能地满足最初的要求，完成企业战略目标。

1. 战略控制的作用

（1）战略控制作用在企业战略管理的整个过程，可以保证企业战略的顺利实施。随着管理的发展，战略控制已经由反馈控制发展到全方位控制。反馈控制能够有效地保证战略的实施，全方位控制则发挥着全程监控、及时纠正错误的作用。

（2）战略控制能力的高低关系到企业战略实施的有效性程度的高低。如果企业的战略控制力强、效率高，则企业战略管理的整个过程就能有效地实施。

（3）战略控制帮助企业发现不足，提供信息反馈。控制的过程是一个纠错与改错的过程，可以帮助企业决策者制定更符合企业实际的战略目标，提高战略决策的可行性与适应性。

2. 战略控制的特点

（1）渐进性。企业每个阶段面临的环境都有所差异，出现的问题也会不同，战略控制因此会根据每阶段的问题进行改进与控制，具有一定的渐进性。

（2）指导性。战略控制发现的问题会指导企业下一步战略的调整方向。

（3）系统性。进行战略控制时，不能只考虑某一方面因素的影响，必须以全局的眼光进行检测与评价，综合各个部门与系统的因素，才能更好地完成企业整体目标。

战略控制是在管理控制的基础上发展而来的，最早重视的是使用的战略控制工具，现在则重视的是全方位的战略控制，即涉及企业战略管理的全过程。它由严格遵循计划的目标进行的反馈控制发展到前馈控制，再到后来的三阶段控制及四维度控制，可见战略控制在企业战略管理中的重要作用。

阅读资料3-5

战略控制的三要素

战略控制过程有三项基本要素：确定评价标准、评价工作成绩、结果反馈。这三项要素对保证有效的控制是必不可少的。

1. 确定评价标准

评价标准是衡量企业工作绩效的有力尺度，用来衡量战略目标是否达成。一般来说，企业的战略目标是整个企业工作绩效的评价标准。此外，在企业的基层方面，个人制订的目标或生产作业计划也是评价标准。评价标准同战略目标一样，应当是定量的，且易于测量。选择合适的评价标准体系主要取决于企业所确定的战略目标及其战略。

2. 评价工作绩效

评价工作绩效是指将实际成绩（即控制系统的输出）与确立的评价标准相比较，找出实际活动绩效与评价标准的差距及其产生的原因。这是发现战略实施过程中是否存在问题和存在什么问题，以及为什么存在这些问题的重要手段。

3. 结果反馈

对通过评价工作绩效所发现的问题，必须针对其形成的原因采取纠正措施，这是战略控制的目的所在。如果制定了评价标准，并对工作绩效进行了评价，但并未采取恰当的解决行动，那么最初的付出将收效甚微。如果评价标准没有达到，管理人员就必须找出偏差的原因并加以纠正。如果工作绩效恰好令人满意且达到标准，这是最理想的结果。

（资料来源：王德中. 企业战略管理 [M]. 3版. 成都：西南财经大学出版社，2009.）

思 考 题

一、单选题

1. 按照企业经营战略态势划分的企业战略管理的类型不包括（　　）。
   A. 拓展型战略　　　B. 稳健型战略　　　C. 紧缩型战略　　　D. 差异化战略
2. 企业战略的宏观环境不包括（　　）。
   A. 政治法律环境　　B. 经济环境　　　　C. 社会文化环境　　D. 行业环境
3. 企业战略管理的首要步骤是（　　）。
   A. 战略选择　　　　B. 战略控制　　　　C. 环境分析　　　　D. 战略评价
4. 战略控制按时间划分不包括（　　）。
   A. 事前控制　　　　B. 事中控制　　　　C. 事后控制　　　　D. 全方位控制
5. 下列不属于战略控制的三要素的是（　　）。
   A. 制定评价标准　　B. 评价工作绩效　　C. 结果反馈　　　　D. 实施

二、多选题

1. 企业战略的特征有（　　）。
   A. 全局性　　　　　　B. 竞争性　　　　　　C. 经济性　　　　　　D. 多变性
   E. 相对稳定性
2. 战略管理的过程是（　　）。
   A. 战略环境分析　　　B. 战略选择　　　　　C. 战略评价　　　　　D. 战略实施
   E. 战略控制
3. 下列属于战略控制特征的是（　　）。
   A. 渐进性　　　　　　B. 指导性　　　　　　C. 系统性　　　　　　D. 局部性
   E. 独立性
4. 波特的五力模型包括（　　）。
   A. 现有企业之间的竞争　　　　　　　　B. 潜在进入者的威胁
   C. 购买者讨价还价的能力　　　　　　　D. 供应商讨价还价的能力
   E. 替代品的威胁
5. 战略控制的作用有（　　）。
   A. 企业战略管理的整个过程可以保证企业战略的顺利实施
   B. 全方位控制则发挥着全程监控、及时纠正错误的作用
   C. 战略控制能力的高低关系到企业战略实施的有效性程度的高低
   D. 战略控制帮助企业发现不足，提供信息反馈
   E. 严格按照战略的方向执行，默认战略的正确性

三、名词解释

1. 战略　2. 企业战略管理　3. 产业环境　4. 社会购买力　5. 战略实施

四、简答及论述题

1. 什么是企业战略？企业战略的特征是什么？
2. 为什么要对战略环境进行分析？
3. 运用 SWOT 分析法，分析一个你熟悉的企业。
4. 试论述战略评价的方法。
5. 试论述战略实施活动的内容。

案例讨论

亨利·福特的经营战略

　　美国汽车大王亨利·福特（Henry Ford，1863—1947）是一位世界闻名的杰出人物，他对人类的贡献不仅在于他发明的汽车生产流水线使汽车生产走向了规模化，促进了汽车的普及，更在于他的生产实践推动了人们对生产方式和管理科学的研究，使管理从经验走上了科学。然而，福特也有失误之处，并导致了福特公司的兴衰起伏。

福特曾先后于 1899 年和 1901 年与别人合伙经营汽车公司，但均因产品（高价赛车）不适合市场需要、无法销售而失败。

1903 年，福特自己创办了福特汽车公司。第一批福特汽车因实用、质优和价格合理，得到了大众的认可，业务迅速发展。1906 年福特又重蹈覆辙，面向富有阶层推出豪华汽车，结果百姓都买不起，福特汽车的销售量直线下降。1907 年福特总结了过去的经验教训，及时调整了经营指导思想和经营战略，实行"薄利多销"，于是生意又魔术般回升。当时，全美经济衰退已露端倪，许多企业纷纷倒闭，唯独福特汽车公司生意兴隆，赢利 125 万美元。到 1908 年年初，福特按照当时百姓（尤其是农场主）的需要，做出了明智的战略性决策：从此致力于生产规格统一、品种单一、价格低廉，大众需要而且买得起的"T 型车"，并且在实行产品标准化的基础上组织大规模生产。此后十余年，由于福特洗车适销对路，销售迅速增加，产品供不应求，福特在商业上获得了巨大成功。到 1925 年 10 月 30 日福特汽车公司一天就能造出 9109 辆"T 型车"，平均每 10 秒钟生产一辆。在 20 世纪 20 年代前期的几年中，福特汽车公司的纯收入竟高达 5 亿美元，成为当时世界上最大的汽车公司。

到 20 世纪 20 年代中期，随着美国经济增长和人们收入、生活水平的提高，形势又发生了变化。公路四通八达，路面大大改善，马车时代坎坷、泥泞的路面已经消失；消费者也开始追求时髦。可是，简陋而千篇一律的"T 型车"虽价廉，但已不能招徕顾客，因此福特"T 型车"销量开始下降。

面对现实，福特仍自以为是，一意孤行，坚持其经营观念，置顾客需要的变化于不顾。正如他宣称："无论你需要什么颜色的汽车，我福特只有黑色的（卖给你）。"1922 年，他在公司推销员全国年会上听到关于"T 型车"需要根本改进的呼吁后，静坐了两个小时，然后说："先生们，福特汽车的唯一缺点是我们生产得还不够快。"就在福特固守他那种陈旧观念和廉价战略的时候，通用汽车公司（GM）却时时刻刻注视着市场的动向，并发现了良机，意识到有机可乘，及时地做出了适当的战略性决策：适应市场需要，坚持不断创新，增加一些新的颜色和式样的汽车（即使因此须相应提高销售价格）上市。于是，"雪佛兰"车开始排挤"T 型车"。1926 年"T 型车"销量陡降。到 1927 年 5 月，福特不得不停止生产"T 型车"，改产"A 型车"。这次改产，福特汽车公司不仅耗资 1 亿美元，而且这期间通用汽车公司乘虚而入，占领了福特汽车市场的大量份额，致使福特汽车公司的生意陷入低谷。后来，福特汽车公司虽力挽狂澜，走出了困境，但福特汽车公司却从此失去了美国车坛霸主的地位。

（资料来源：http://jtx.hcvt.cn/kecheng/jpkc/download/qiying/anli/08_huanjing.doc.）

思考讨论题

1. 福特"T 型车"大获成功的秘诀是什么？
2. 福特汽车公司 20 世纪 20 年代末衰败的原因是什么？
3. 实施专一化战略应该注意哪些问题？

第 *4* 章

决策、计划与目标、

本章导读

　　本章内容主要涉及决策、计划和目标三个方面。之所以将这三方面内容合为一章，主要是考虑三者之间具有较为密切的逻辑关系：计划和目标密不可分，没有目标，计划就失去了方向；没有计划作保障，目标也就成为一纸空谈。而计划的制订、实施及目标的实现都离不开科学的决策。本章的主要内容包括：决策概述，决策的程序和方法；计划概述，计划的类型，计划工作的程序和编制方法；目标概述，确定目标及目标管理。其中决策的程序和方法、计划工作的编制方法及目标管理是本章的学习重点，须认真掌握。

知识结构图

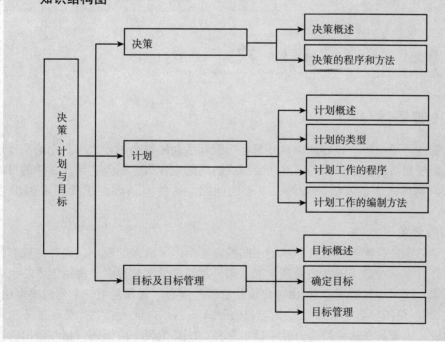

某房地产企业的目标管理

某年，北京一家著名的房地产公司（以下简称公司）由于工期要求很紧，制定了力度非常大的奖罚激励制度，公司从上到下层层实行目标管理，要求必须按时完工。所有员工在强大的压力下，日夜加班，最终按时完成了这栋大楼的建设，成为公司成功目标管理的典范。

但好景不长，半年后该楼房一侧地基下沉了 30 cm，楼体出现了大量裂缝，经技术鉴定是施工单位没有按施工要求施工。事实上，在目标管理的期限内，他们根本不可能用常规施工方法完成地基，再加上冬季施工，所以问题很快就暴露出来了。这栋大楼成了该公司老板一块挥之不去的心病；购买了这栋房屋的住户，心里更不是滋味，他们以各种方式表达他们的愤怒，公司负责这栋楼的一个副总经理的衬衣被撕破了 3 件。

这个房地产公司目标管理的失败说明了以质量和公司长期利益为代价的目标管理是没有意义的，数字目标往往不能反映公司最主要的东西，而且很难制定合理、准确的目标，如果制定的目标超过了系统的能力，并强制人们实现该目标，这时就会出现戴明所说的："人们在无法实现目标时，就会有'移山'的精神，就会出现'亩产万斤的良田'。"

（资料来源：李海峰，张莹．管理学：原理与实务［M］．北京：人民邮电出版社，2010：67.）

4.1 决　　策

4.1.1 决策概述

决策在管理活动中居于核心地位，并贯穿于管理活动的整个过程之中。无论是计划、组织、领导还是控制活动，都要预先明确所要解决的问题是什么、需要达到什么样的目的、采用何种方法、如何去做、怎样去做等一系列的问题。这些问题都要求管理者做出相应的决策。

1. 决策的含义

关于决策的定义有很多，学者们基于不同的理解给出了众多的观点。国外比较有代表性的定义主要有以下几种。美国著名管理学家、诺贝尔经济学奖获得者、决策学派的代表人物赫伯特·西蒙（Herbert Simon）指出"决策是管理的核心，管理是由一系列的决策组成的，管理就是决策"。美国学者亨利·艾伯斯（Henry Albers）则认为："决策有狭义和广义之分。狭义地说，决策是在几种行为方针中做出选择；广义地说，决策还包括在做出选择之间所必须进行的一切活动。"美国管理学教授里基·格里芬（Ricky Griffin）在其经典著作《管理学》中指出："决策是从两个以上的备选方案中选择一个的过程。"

国内有代表性的定义主要有以下几种。南京大学周三多教授认为，"所谓决策，是指组织或个人为了实现某种目标而对未来一定时期的有关活动的方向、内容及方式的选择或调整的过程。"（周三多等，1999）南开大学张玉利教授指出，"决策是决策者个人或群体旨在充分利用资源来解决问题或把握机会、识别、选择和实施行动方案的过程。"（张玉利，2004）有关决策的定义还有很多，但综合起来主要具有以下几个基本要点。

（1）决策要有明确的目的。决策是为了解决管理中遇到的问题，实现管理目标。在做出行动方案之前必须要设定明确的目标，否则决策也就失去了意义，甚至会对组织造成严重的危害。

（2）决策应有多个可供选择的方案。决策是在多种方案中选优的过程，应该有多个可供选择的方案，仅有一个方案则无从选择，当然也谈不上真正的决策。

（3）决策是由一系列活动组成。决策是一个过程，而非瞬间的活动。决策是提出问题、分析问题、解决问题的过程。无论决策问题是简单还是复杂，概莫能外。

（4）决策具有一定的风险性。在管理实践中，确定型的决策较为少见。因受多种条件所限，决策者不可能完全预测未来，作为决策对象的备选方案不可避免地带有某种不确定性。因此，决策具有一定的风险性。

阅读资料 4-1

仓促决策的后果

某城市繁华地段有一个食品厂，因经营不善长期亏损，该市政府领导拟将其改造成一个副食品批发市场，这样既可以解决企业破产后下岗职工的安置问题，又方便了附近的居民。该市政府领导为此进行了一系列前期准备，包括项目审批、征地拆迁、建筑规划设计等。不曾想，外地一开发商已在离此地不远的地方率先投资兴建了一个综合市场，而综合市场中就有一个相当规模的副食品批发场区，足以满足附近居民和零售商的需求。

面对这种情况，市政府领导陷入了两难境地：如果继续进行副食品批发市场建设，必然亏损；如果就此停建，则前期投入将全部泡汤。在这种情况下，该市政府盲目做出决定，将该食品厂厂房所在地建成一居民小区，由开发商进行开发，但对原食品厂职工没能做出有效的赔偿，使该厂职工陷入困境。该厂职工长期向上反映不能解决赔偿问题，对该市的稳定造成了隐患。

该市领导解决问题时是出于好心，此决策既可以解决企业生产不景气的问题，又能为城市居民解决购物问题，对企业职工也有一个比较好的安排，但做出决策比较仓促，没能充分考虑清楚问题涉及的各种因素，在决策失误时又进一步决策失误，造成了非常被动的工作局面，也给企业职工造成了不可挽回的损失。

（资料来源：http：//zhidao.baidu.com/question/124708390.html，有删减．）

2. 决策的原则

决策原则是指在决策过程中必须遵循的指导原理和行为准则。西蒙提出了"有限理性"的原则，即决策追求的是满意而非最优原则。西蒙认为决策不可能避免一切风险，不可能利用一切可以利用的机会，不可能达到"最优化"，而只能要求"令人满意"或"较为适宜"的方案。

西蒙指出，要做出最优决策，必须具备以下条件：①决策者对相关的一切信息能全部掌握；②决策者对未来的外部环境和内部条件的变化能准确预测；③决策者对可供选择的方案及其后果完全知晓；④决策不受时间和其他资源的约束。显然，这四个条件对任何决策者而言都是不可能完全具备的。因此决策不可能是最优化的，而只能要求是令人满意的或较为适宜的。

除此之外，在决策过程中所要遵循的原则还有信息性原则、系统性原则、可行性原则、民主集中制原则和经济性原则等。

3. 决策的类型

依据不同的划分标准，决策可以分为多种类型，常见的主要有以下几种。

（1）按决策所要解决的问题的重复程度来划分，可分为程序化决策和非程序化决策。

① 程序化决策。程序化决策，又称为常规决策或例行性决策，即那些经常出现的问题可以按照过去的经验、程序和规则用常规方法处理，如出版社对印刷不合格的图书的处理、学校对未能按时完成学业的学生的处置等。由于这类问题经常反复出现，通常可将这类问题的决策程序固定下来，制定成规章或标准来加以解决。

② 非程序化决策。非程序化决策，又称非常规决策或例外决策，旨在处理那些不经常发生的或例外的、无法借用过去的经验去解决的新问题。如企业经营战略调整、新产品开发、危机处理等。处理这类决策往往没有固定的模式，主要依靠决策者的洞察力、判断力、知识和信念来解决。随着管理者地位的提升，他们所面临的非程序化决策的数量和重要性都逐步提高，决策的难度也随之加大。对于管理者，尤其是中、高层管理者而言，提高非程序化决策的能力至关重要。

（2）按决策的重要程度来划分，可分为战略决策、战术决策和业务决策。

① 战略决策。战略决策是对组织而言最为重要的决策，是指具有全局性、长期性并影响深远的决策。例如，企业的长期发展战略、新产品开发战略、组织结构改革等均属于战略决策的范畴。战略决策的特点是：影响的时间长、范围广、意义重大，决策的重点在于解决组织与外部环境问题，注重组织整体绩效的提高。战略决策是组织高层管理者的一项主要职责，与组织未来的命运密切相关。

② 战术决策。战术决策又称管理决策，是指在执行战略决策过程中的具体决策，是具体部门在未来较短时期内的行动方案。例如，企业生产计划和销售计划的制订、设备的更新、新产品的促销等。管理决策的特点是：影响的时间较短，范围较小，决策的重点是对组织内部资源进行有效的组织和利用，以提高管理效能。这类决策主要是由组织的中层领导来负责。战略决策是战术决策的依据，战术决策是在其指导下制定的，是战略决策的落实。

③ 业务决策。业务决策，又称为作业决策、执行决策，是日常工作中为提高效率而做出的具体决策，涉及范围较小，只对组织产生局部影响，如工作任务的日常分配和检查、材料的采购和库存控制等。业务决策属于单纯执行性决策，一般由基层管理者负责。

（3）按决策的主体来划分，可分为个体决策和群体决策。

个体决策是指决策主要由管理者个人依靠自身的知识、能力与经验所做出的决策，而群体决策则是指由多人共同做出的决策。个体决策和群体决策各有利弊（见表4-1），因此应在不同的条件下选用不同的决策方式。

表4-1 个体决策和群体决策的优缺点比较

特　征	个体决策	群体决策
时效性	较强	较差
质量性	较差	较强
稳定性	较差	较强
责任性	较强	较差
可执行性	较差	较强
民主性	较差	较强
效益性	较强	较差
冒险性	较差	较强

资料来源：芮明杰. 管理学原理［M］. 上海：格致出版社，2008：108.

如今，越来越多的组织采用群体决策的方式来解决问题，个体决策的比重正在不断下降。但在某些特定的情境下（如在时间紧迫的关键时刻），群体决策无法取代个体决策。

另外，有些卓越企业家的直觉总能高人一筹，他们对不确定环境的准确把握往往让绝大多数决策者望尘莫及。在这种情况下，个体决策反而会优于群体决策。具体而言，到底群体决策与个体决策相比孰优孰劣，这依赖于评价的标准。

（4）按决策问题的性质来划分，可分为确定型决策、风险型决策和非确定型决策。

① 确定型决策。确定型决策是指影响决策的主要因素只有一种状态，每种行动方案在这种状态下是可以计算出来的。确定型决策一般都比较简单，只要根据每个方案既定的结果，在所有备选方案中选择出最佳的即可。确定型决策必须具备以下4个条件。

a）存在着决策者期望实现的目标。

b）决策面临的自然状态只有一种。

c）具有两个或两个以上可供选择的方案。

d）在确定的自然状态下，不同行动方案的损益值可以定量地估算出来。

不过在管理实践中，确定型决策问题并非如上述那样简单。例如，当行动方案数量极大时，要找出最优的方案就比较困难。

② 风险型决策。风险型决策又称随机决策，是指在决策过程中可以出现多种自然状态，这些自然状态出现的概率可以预先估计，每个行动方案在不同的自然状态下会有不同的结果。这时决策具有一定的风险，故称风险型决策。风险型决策问题应具备如下5个条件。

a）存在着决策者期望实现的目标。

b）存在着两个或两个以上的自然状态。

c）具有两个或两个以上的可供选择的方案。

d）不同行动方案在不同自然状态下的损益值可以定量地估算出来。

e）决策者无法确定未来究竟会出现哪一种自然状态，但可以根据经验和相关资料估计出各种结果出现的可能性。

③ 非确定型决策。非确定型决策是指决策在决策过程中可以出现多种自然状态，与风险型决策不同的是，这类问题终不能预先估计出各种自然状态出现的概率。非确定型决策是一种无先例可循的决策，只能依靠决策者的经验、直觉和估计做出决策。

企业的业务决策常属于确定型,而战略性策一般属于风险型或非确定型,战术决策则三者兼而有之。

(5)按决策的层次来划分,可分为高层决策、中层决策和基层决策。

① 高层决策。高层决策是指高层管理者所做的方向目标之类的重大决策,大多数属于非确定型的或风险型决策。

② 中层决策。中层决策一般是由中层管理人员所做的战术决策。

③ 基层决策。基层决策是由基层管理人员所做的执行型决策。

上述三种决策的比较见表4-2。

表4-2 高层决策、中层决策和基层决策的比较

决策种类	高层决策	中层决策	基层决策
性质差别	非定型化多 定型化少	定型化多 非定型化少	基本定型化
层次差别	战略性多	战术性多	执行性多
决策的复杂程度	复杂	比较复杂	比较简单
决策的定量化程度	大部分无定量化,具有风险性	大部分定量化,小部分无定量化	全部定量化
肯定程度	不完全肯定	肯定	很肯定

(6)根据决策的起始点不同来划分,可分为初始决策和追踪决策。

① 初始决策。初始决策是指根据决策目标所做的初始选择,它是在有关活动尚未开展之前进行的决策。

② 追踪决策。追踪决策是指在决策做出后,因主客观条件发生了重大变化,初始决策的实施将严重影响决策的目标实现,因而要对初始决策目标及其方案进行根本性修正的决策。

除上述分类以外,对于决策还可以根据其他角度和标准进行分类。例如,按决策是否可以被量化,分为定性决策和定量决策;按决策所要达到的目标要求可分为最佳决策和满意决策;按决策影响时间的长短可分为长期决策、中期决策和短期决策;按决策目标的多少可分为单目标决策和多目标决策;按决策所涉及的对象范围的大小可分为总体决策和局部决策等。

总之,上述分类都从不同需要出发,有助于决策者对各种决策的性质、范围、内容、作用、条件、前提等的深入了解,以便采用相应的方法,保证决策的质量和效果。

4.1.2 决策的程序和方法

1. 决策的程序

决策是由一系列的活动过程组成,而非瞬间的选择。完整的决策活动可以分为发现问题、确定目标、拟定备选方案、确定方案、实施方案、检查与评估,如图4-1所示。

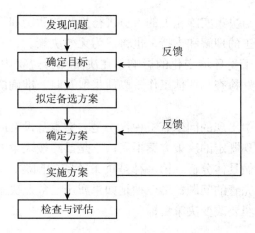

图 4-1 决策的程序

（1）发现问题。这里所说的问题是指那些有可能与决策结果产生偏离的问题。发现问题就是要确定决策的对象（即针对什么进行决策），它是决策的起点，一切决策都是从发现问题开始的。管理者所面临的问题各不相同，有需要立即采取行动的危机型问题，有需要解决但并不十分紧迫的非危机型问题，还有机遇稍纵即逝的机会型问题等。决策者面对纷繁复杂的问题需要经过一系列思维活动，对问题进行归纳、筛选和提炼，只有善于抓住有价值的问题，才能把握其关键和实质。

（2）确定目标。决策目标是指对诸多的决策问题进行分析、研究、归纳，从而找到本次决策所要达到的目的。确定目标是决策中的重要一环，合理的决策是科学决策的前提。在确定决策目标时一定要注意力求准确、具体、并尽可能量化，否则会给决策方案带来困难。

（3）拟定备选方案。没有选择就没有决策。为了更好地实现决策目标，决策者需要设计出尽可能多的备选方案以供评价和选择。仅仅有一个备选方案是不涉及优选的，更谈不上决策了。只有通过对不同备选方案的比较分析，才有可能做出最优或满意的决策。当然，在拟定备选方案时也应该注意到，由于受到时间、经济成本及决策者信息处理能力等的限制，备选方案的数量也不是越多越好。

（4）确定方案。确定方案包括两个阶段性的工作。第一阶段是要对各备选方案进行评估，针对每个方案的优缺点进行比较分析；第二个阶段是对各个备选方案进行排序，从中做出选择。在确定方案过程中，要尽可能采用科学的评估方法和现代决策技术，如可行性分析、决策树、矩阵决策、模糊决策等技术，对预选方案进行综合评价。

（5）实施方案。在决策方案确定之后，即进入决策实施阶段。只有有效地实施，决策目标才有可能实现。本来一项科学的决策，有可能因为实施不力而无法达到预期目标，甚至最后归于失败。要避免决策实施失误，决策者需要做好以下几个方面的工作[①]。

首先，决策者必须宣布决策并为其拟定的行动制订计划、编制预算。

其次，决策者必须参加与决策实施的管理人员的沟通，对实施决策过程中所包括的具体任务进行分配。同时，他们还必须为因出现新问题而去修改实施方案做好准备，通常要制定一系列备选方案以便应对在评价选择阶段和实施阶段所遇到的风险和不确定性。

① 张玉利. 管理学 [M]. 2 版. 天津：南开大学出版社，2004：157.

最后，决策者必须对与决策实施相关的人员进行恰当的激励和培训。因为即使是一项科学的决策，如果得不到员工的理解和支持，也将成为无效决策。

（6）检查与评估。由于受环境变化的影响，在决策执行过程中有可能会偏离既定的目标。因此，决策者必须做好检查和评估工作，以便采取及时、准确的纠偏行动，从而保证决策的顺利实施。

通常在决策执行过程中出现的问题有三种：一是方案本身没有问题，但执行不力；二是执行中遇到新的情况，发现既定的决策方案不妥；三是已经按决策方案执行了，但未达到预定目标。对发生的问题要做具体分析，第一种是决策落实的问题；第二种是需要修正方案，使其更加切合实际、日臻完善的问题；第三种是如果属于已危及决策目标的实现，需要对决策进行根本性的修正，甚至要改变决策目标。

2. 决策的方法

1）定性决策法

定性决策法又称软方法，是一种较早出现的决策方法。这种决策方法更多地依靠决策者的直觉、经验和主观判断，在系统调查研究分析的基础上进行决策。随着现代决策技术的发展，强调精确性的定量决策方法越来越受到人们的推崇，但传统的定性决策依然被广泛应用。这主要是因为现实中大量不确定的环境因素及获取完全信息的困难性，使得决策问题难以模型化和定量化。常见的定性决策方法如下。

（1）德尔菲法。德尔菲法（Delphi method），又称专家群体决策法，是在 20 世纪 40 年代由 O. 赫尔姆和 N. 达尔克首创，经过 T. J. 戈登和兰德公司进一步发展而成的。德尔菲这一名称起源于古希腊有关太阳神阿波罗的神话。传说中阿波罗具有预见未来的能力。因此，这种预测方法被命名为德尔菲法。1946 年，兰德公司首次用这种方法来进行预测，后来该方法迅速被广泛采用。该方法是以匿名方式通过几轮函询征求专家的意见，预测小组对每一轮的意见进行汇总整理后作为参考再发给各专家，供他们分析判断以提出新的论证。几轮反复后，专家意见渐趋一致，最后供决策者进行决策。

德尔菲法的具体程序如下。

第一，由工作小组确定问题的内容，并设计一系列征询解决问题的调查表。

第二，调查表寄给专家，请其提供解决问题的意见和思路，专家之间不沟通，相互保密。

第三，专家开始填写自己的意见和想法，并把它寄回给工作小组。

第四，处理这一轮征询的意见，找出共同点和各种意见的统计分析情况；将统计结果再次返还专家，专家结合他人意见和想法，修改自己的意见并说明原因。

第五，工作小组将修改过的意见进行综合处理再寄给专家，这样反复几次，直到获得满意答案。

（2）头脑风暴法。头脑风暴法（brainstorming method），又称智力激励法、自由思考法，是由英国心理学家 A. F. 奥斯本（A. F. Osbon）于 1939 年首次提出、1953 年正式发表的一种激发性思维的方法。头脑风暴法的特点是，针对需要解决的问题，相关专家聚在一起，在完全不受约束的条件下，畅所欲言地发表自己的看法，通过相互启发、集思广益，使个人的看法趋向一致，做出决策。奥斯本为该决策方法的实施提出了 4 项原则。

① 对别人的意见不做任何评价，将相互讨论限制在最低限度之内。

② 建议越多越好，在这个阶段，参与者不要考虑自己建议的质量，想到什么就应该说出来。

③ 鼓励每个人独立思考，广开思路，想法越新颖、奇异越好。

④ 可以补充和完善已有的建议，使某种意见更具说服力。

头脑风暴法的目的在于创造一种畅所欲言、自由思考的环境，诱发创造性思维的共振和连锁反应，产生更多的创造性思维。

（3）名义小组法。名义小组法（nominal group technique），又称名义群体法、名义群体技术，是指在决策过程中对群体成员的讨论或人际沟通加以限制，但群体成员是独立思考的。像召开传统会议一样，群体成员都出席会议，但群体成员首先进行个体决策。

在群体决策中，如对问题的性质不完全了解且意见分歧严重，则可采用名义小组法。通常管理者先召集一些有知识的人，把要解决的问题的关键内容告诉他们，并请他们独立思考，要求每个人尽可能地把自己的备选方案和意见写下来，然后按次序一个接一个地陈述自己的方案和意见。在此基础上，由小组成员对提出的全部备选方案进行投票，根据投票结果，赞成人数最多的方案即为所要的方案。当然，管理者最后仍有权决定是接受还是拒绝这一方案。

名义小组法的一般步骤如下。[①]

① 针对特定的问题，将对此问题有研究或有经验的人员组成一个决策小组，并事先向他们提供与决策问题有关的信息资料。

② 小组成员在各自独立思考的基础上提出决策建议，并将自己的建议或方案写成文字材料。

③ 每个成员在小组会议上宣读自己的建议或方案，在所有成员的想法都表述完毕并被记录下来之前，不进行任何形式的讨论。

④ 接下来群体成员开始进行讨论，以便将每一种想法或方案都搞清楚，并做出评价。

⑤ 每个成员独立地对所有意见或方案进行排序，最终方案的选择依据综合排序最高的结果。

2）定量决策法

定量决策法，是指在数学模型的基础上，运用统计学、运筹学和电子计算机技术对决策对象进行计算和量化研究以解决问题的决策方法。这种方法的优点是所做决策的质量较高，不足之处是某些因素很难量化，难以适用。常见的定量决策方法如下。

（1）确定型决策方法。确定型决策一般都比较简单，只要根据每个方案既定的结果，在所有备选方案中选择出最佳的即可。确定型决策常用的方法有：量本利分析法和线性规划法等。

① 量本利分析法。量本利分析法（cost-volume-profit analysis），全称为产量成本利润分析，也叫保本分析或盈亏平衡分析，是根据产量、成本、利润三者之间的相互关系，进行综合分析、预测利润、控制成本的一种数学分析方法。通常也称为"盈亏分析法"。利用量本利分析法可以计算出组织的盈亏平衡点，又称保本点、盈亏临界点、损益分歧点、收益转折点等。

量本利分析法基本原理是：当产量增加时，销售收入成正比增加，但固定成本不增加，只是变动成本随产量的增加而增加。因此，企业的总成本的增长速度低于销售收入的增长速度。当销售收入和总成本相等时（销售收入线与总成本线的交点），企业不盈也不亏，这时的产量称为"盈亏平衡点"产量（见图 4-2）。

---

① 李维刚，白瑷峥．管理学原理［M］．北京：清华大学出版社，2007：73.

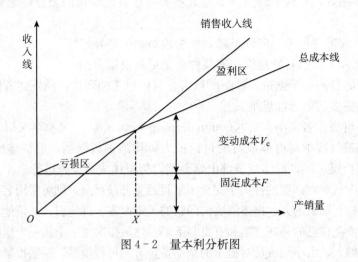

图 4-2 量本利分析图

盈亏平衡点，是指总收入等于总成本，既不亏损，又不盈利时的产销量。公式为：

$$Q_0 = F/P - V_c$$

式中：Q_0 为盈亏平衡点时产销量，F 为固定成本费用，P 为单位产品价格，V_c 为单位产品变动成本。

保利点，是指能保证达到一定利润时的产销量。公式为：

$$Q = F + I/P - V_c$$

式中：Q 为保利点，F、P、V_c 同上式，I 为目标利润。

② 线性规划法。线性规划法是解决多变量最优决策的方法，是在各种相互关联的多变量约束条件下，解决或规划一个对象的线性目标函数最优的问题，即给予一定数量的人力、物力和资源，如何应用而能得到最大经济效益。当资源限制或约束条件表现为线性等式或不等式、目标函数表现为线性函数时，可运用线性规划法进行决策。

线性规划法是在线性等式或不等式的约束条件下，求解线性目标函数的最大值或最小值的方法。其中目标函数是决策者要求达到目标的数学表达式，用一个极大或极小值表示。约束条件是指实现目标的能力资源和内部条件的限制因素，用一组等式或不等式来表示。

线性规划法的一般步骤是：先确定影响目标大小的变量；然后列出目标函数方程；最后找出实现目标的约束条件，列出约束条件方程组，并从中找出一组能使目标函数达到最优的可行解。

（2）风险型决策方法。风险型决策方法是指在决策过程中可以出现多种自然状态，这些自然状态出现的概率可以预先估计，每个行动方案在不同的自然状态下会有不同的结果。

风险型决策方法主要采用决策树法。它是根据逻辑关系将决策问题绘制成一个树型图（见图 4-3），按照从树梢到树根的顺序逐步计算各节点的期望值，然后根据期望值准则进行决策。

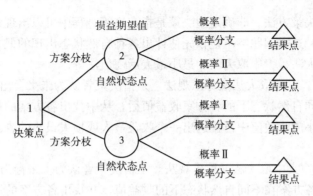

图 4-3 决策树图

决策树由决策点、方案分支、自然状态点、概率分支和结果点组成。决策点是进行方案选择的点，在图中用□表示；方案分支是从决策点引出的若干直线，每条线代表一个方案；自然状态点是方案实施时可能出现的自然状态，在图中用○表示；概率分支是从自然状态点引出的若干条直线，每条直线表示一种可能性。结果点是表示不同方案在各种自然状态下所取得的结果，在图中用△表示。[①]

例如，某公司准备生产某种新产品，可选择两个方案：A 是引进一条生产线，需投资 500 万元，建成后如果销路好，每年可获利 150 万元，如果销路差，每年要亏损 30 万元；B 是对原有设备进行技术改造，需投资 300 万元，如果销路好，每年可获利 60 万元，如果销路差，每年可获利 30 万元。两方案的期限均为 10 年，根据市场预测，产品销路好的概率为 0.6，销路差的概率为 0.4，应如何进行决策？

两种方案的决策树如图 4-4 所示。

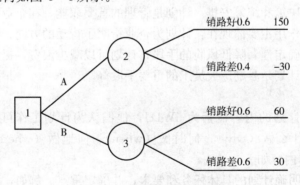

图 4-4 两种方案的决策树

然后计算期望收益值：

方案 A：（150×0.6－30×0.4）×10－500＝280（万元）

方案 B：（60×0.6＋30×0.4）×10－300＝180（万元）

最后根据期望值选择方案：比较 A、B 方案的收益可知，A 方案的期望收益值大于 B 方案，所以决策者应选择 A 方案，即引进一条生产线。

---

① 李东进，秦勇．管理学原理［M］．北京：中国发展出版社，2006：92.

（3）非确定型决策方法。非确定型决策是指在决策过程中可以出现多种自然状态，与风险型决策不同的是，这类问题终不能预先估计出各种自然状态出现的概率。风险型决策常用的方法有：小中取大法、大中取大法和最小最大后悔值法等。

① 小中取大法。小中取大法又称悲观法，是指决策者认为未来会出现最差的自然状态。因此在计算出在不同自然状态下的各方案收益值后，从中找出各方案的最小收益值，然后进行比较，从这些最小的收益值中再挑选出一个收益最大或损失最小的收益值作为决策的最优方案。

② 大中取大法。大中取大法又称乐观法，是指决策者认为未来会出现最好的自然状态。其做法是首先计算各方案在不同自然状态下的收益值，并找出各方案的最大收益值；然后进行比较，从这些最大的收益值中再挑选出一个收益最大的收益值作为决策的最优方案。

③ 最小最大后悔值法。最小最大后悔值法是指决策者总是选择与最好结果偏离不大的行动方案，以减少所谓的后悔值（后悔值是指在自然状态下，最大收益值与各方案收益值的差额）。其做法是在进行决策时，首先计算各方案在自然状态下的后悔值，并找出各方案的最大后悔值，然后进行比较，从中选择最优的决策方案。

4.2 计 划

4.2.1 计划概述

计划是指企业为了能够适应未来变化的环境，实现既定的经营方针和经营战略，而对未来行动所做出的科学决策和统筹安排。计划是管理的首要职能，在企业经营管理过程扮演着极为重要的角色，其作用主要体现在：计划为企业指明了行动的方向；计划是管理者指挥的依据；计划是应对不确定性，降低风险的手段；计划可以减少浪费，提高效益；计划是管理者进行控制的标准；计划是激励广大员工的重要手段等。

1. 计划的内容

西方管理学者把计划的内容概括为 5W1H，他们认为计划工作可分为以下六个方面：做什么（what）、为什么做（why）、何时做（when）、何地做（where）、谁去做（who）、如何做（how）。具体内容如下。

（1）做什么。即明确计划的具体任务和要求，并确定重点。例如，企业生产计划的任务主要是确定生产哪些产品，生产多少，合理安排产品投入和产出的数量和进度，在保证按期、按质和按量完成订货合同的前提下，使得生产能力尽可能得到充分的利用。

（2）为什么做。即明确计划的原因及目的。事实上，只有明确计划的原因和目的，组织成员的工作积极性和主动性才能被充分调动起来。

（3）何时做。即规定计划中各项工作的起始时间和完成时间。对时间的规定是计划的重要内容，它促使组织工作追求效率。

（4）何地做。即规定计划的实施地点或场所。了解计划实施的环境条件和限制，以便合理安排计划实施的空间组织和布局。

（5）谁去做。即明确具体的任务由哪些部门和人员具体负责，以及如何做好部门与部门之间、个人与个人之间的任务衔接。

（6）如何做。即制定实施计划的具体措施、政策和规则。

2. 计划的性质

（1）目的性。计划旨在促使组织目标的实现，是管理者进行有效管理的依据。计划能够对组织行为的执行产生积极的指导作用，从而确保组织沿着既定的目标前进。

（2）首要性。计划处于管理职能的首要地位。管理的组织、控制、领导等职能是为了支持、保证目标的实现，这些只有在计划确定了目标之后才能进行。

（3）普遍性。组织的任何管理人员都需要进行计划，一个严密的组织和部门是不允许无计划的活动；而且计划是各级主管的一个基本职能，任何部门的管理人员或多或少都有制订计划的权利和责任。

（4）效率性。计划的任务不仅要确保实现组织的目标，而且要选择和确定实现目标的最佳途径和方法，力求在最少的投入下取得最大的产出。

（5）创造性。计划始终是针对未来需要解决的新问题和可能发生的新变化、新机会而做出的决定，因而它是一个创造性的管理过程。

（6）未来性。计划不是对过去的总结，也不是对现状的描述，而是要面向未来，考虑未来的机遇和可能遇到的问题，指导组织未来的活动，为实现未来的目标做出安排。

4.2.2　计划的类型

计划是对未来活动的预先筹划，根据不同的划分标准，可将计划划分为如下类型（见表 4-3）。

表 4-3　计划的类型

划分标准	类　　型
综合性程度	战略性计划 战术性计划 作业计划
时间跨度	长期计划 中期计划 短期计划
明确程度	具体性计划 指导性计划
组织职能	营销计划 财务计划 人力资源计划 ……
重复程度	程序性计划 非程序性计划

1. 战略性计划、战术性计划和作业计划

根据计划涉及时间长短及范围广狭的综合性程度，可将其分为战略性计划、战术性计划和作业计划。战略性计划是指应用于整体组织的，为组织未来较长时期（通常为 5 年以上）设立总体目标和寻求组织在环境中的地位的计划。战术性计划是规定总体目标如何实现的细节计划，它需要解决的是组织的具体部门或职能部门在未来各个较短时期内的行动方案。作业计划是更为具体的计划，往往是由基层管理者做出，与某一具体工作相关。

2. 长期计划、中期计划与短期计划

按计划的时间跨度来划分，可将计划分为长期计划、中期计划和短期计划。长期通常指 5 年以上，短期一般指 1 年以内，中期则介于两者之间。长期计划侧重于描述组织在较长时期的发展方向和方针，规定了组织的各个部门在较长时期内从事某种活动应达到的目标和要求。短期计划具体地规定了组织的各个部门在目前到未来的各个较短的时期阶段，特别是最近的时段中应该从事何种活动，从事该种活动应达到何种要求，为组织成员在近期内的行动提供了依据。

3. 具体性计划与指导性计划

根据计划内容的明确性标准，可以将计划分为具体性计划和指导性计划。具体性计划具有明确规定的目标。指导性计划只规定某些一般的方针和行动原则，给予行动者较大的自由处置权，它指出重点但不把行动者限定在具体的目标上或特定的行动方案上。

4. 营销计划、财务计划和人力资源计划等

按照计划所涉及的职能领域，可以将其分为营销计划、财务计划、人力资源计划、生产计划、研发计划等。尽管上述计划的内容各不相同，但都服务于企业经营管理的总目标，是由总体计划而派生的各分支计划。

5. 程序性计划与非程序性计划

按照计划工作的重复性程度，可以将计划分为程序性计划和非程序性计划。程序性计划主要用于处理经常性发生的重复事件，包括政策、规则等；非程序性计划主要为某一特定目标而制定的，而且不会以完全相同的形式被再次使用。

此外，还可根据管理层次的不同，将计划分为：高层管理计划、中层管理计划和基层管理计划。

4.2.3 计划工作的程序

计划工作要按照一定的步骤进行，其主要工作程序是：识别机会；确定目标；确定前提条件；确定备选方案；拟订派生计划及编制预算。计划工作的步骤如图 4-5 所示。

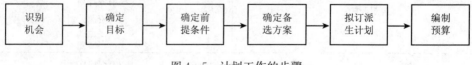

图 4-5　计划工作的步骤

1. 识别机会

管理者在编制计划之前，通过对内、外部环境的综合分析来寻找组织发展的机会。在识

别机会时，管理者应当了解未来可能出现的机会，评价组织的优势和劣势，分析外部环境提供的机遇和可能面对的威胁并发现应该解决的问题。

2. 确定目标

确定目标是指在估量机会的基础上为组织各级单位确定未来所要实现的目标。目标为组织整体、各部门和各成员指明了方向，描绘了组织未来的状况，并且作为标准可用来衡量实际的绩效。计划工作的主要任务是将决策所确立的目标进行分解，以便落实到各个部门、各个活动环节。在确定目标时必须要制定恰当的时间期限，否则目标将变得毫无意义。

3. 确定前提条件

所谓计划工作的前提条件就是确定未来计划实施的预期环境。由于计划工作是面向未来的，因而组织的内、外部环境都具有高度的不确定性。为了实现组织目标，使计划切实可行，必须要做好对环境的预测工作。

4. 确定备选方案

确定备选方案即在各种可能实现目标的途径和方法中选择最优或最满意的方案，这一过程又包括拟订方案、评价方案和选择方案三个方面的工作。管理者可以通过对各种方案进行综合评价，形成一个从高到低的优先次序。一般把评分最高的方案作为首选，同时也要在余下的方案中选择一个作为备选。

5. 拟订派生计划

派生计划是总体计划的子计划，制订派生计划主要是为了使之更具针对性和可操作性。例如，某公司决定在天津成立营销中心开拓天津及其周边市场，这一计划需要制订很多派生计划来支持，包括人员计划、资金计划、广告计划，等等。

6. 编制预算

预算实质上是对资源的分配计划。编制预算主要是为了使计划的指标体系更加明确，从而有利于资源的合理分配；同时预算也可以作为衡量计划是否完成的标准。

4.2.4 计划工作的编制方法

随着计算机技术的不断发展，计划工作的编制方法也越来越多，计划工作的质量也得以大大提升。下面主要介绍滚动计划法、网络分析法、管理循环法几种成熟的计划编制方法。

1. 滚动计划法

滚动计划法是一种根据近期计划的执行情况和环境变化情况，将短期、中期和长期计划有机地结合起来，定期修正和调整未来计划并逐期向前推移的一种动态编制计划的方法。采用滚动计划的方法，可以有效地避免因在计划期内由于环境变化而带来的计划不适用问题，从而提高计划的有效性。

滚动计划的具体做法是：在制订计划时遵循"远粗近细"的原则，同时制订未来若干期的计划，把近期的详细计划和远期的粗略计划结合在一起。在计划期第一阶段完成后，根据该阶段的执行情况和内外部环境变化情况，对原计划进行修正和细化，并将整个计划向前移动一个阶段，以后根据同样的原则逐期向前移动。滚动计划实施流程见图4－6。

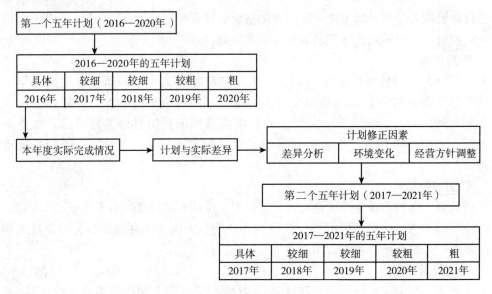

图 4-6 滚动计划实施流程

滚动计划的特点是，把计划工作看作一种不间断的运动，使整个计划处于适时的变化和发展之中，避免了计划的僵化，提高了计划的适应性。由于滚动计划相对缩短了计划时期，加大了对未来估计的准确性，可以使计划更加切合实际，从而提高了计划的质量。同时，滚动计划使短期、中期和长期计划相互衔接，保证能根据环境的变化及时地进行调节，并使各期计划基本保持一致。此外，滚动计划还大大增强了计划的弹性，从而提高了组织的应变能力。

2. 网络分析法

网络分析法是运用网络图的形式对计划进行管理的一种科学方法。它的基本原理是：运用网络图形式表达一项计划中各项工作之间的先后次序和相互关系；在此基础上进行网络分析，计算网络时间，确定关键工序和关键路线；然后，利用时差不断地改善网络计划，求得工期、资源与成本的优化方案并付诸实施；在信息的执行过程中，通过信息反馈进行有效的控制和监督，以保证预期计划目标的实现。网络图的画法如下。①

（1）确定项目的全部工作。表 4-4 为某项目的各项作业明细表。表中"紧前作业"是该项作业开始之前必须完成的相邻作业。表中"作业时间"可以采用一定的方法进行估算，估算时要同时考虑人力、设备等影响因素。

表 4-4 某项目的各项作业明细表

作业代号	紧前作业	作业时间/天
A	—	15
B	A	15
C	A	14

---

① 李东进，秦勇．管理学原理［M］．2 版．北京：中国发展出版社，2011：110-111.

续表

作业代号	紧前作业	作业时间/天
D	B、C	10
E	B	6
F	D	6
G	D	1
H	E、G	30
I	F、H	8

（2）绘制合乎逻辑的网络图。

（3）从网络图中识别出关键路线及关键工作。关键路线是由占有时间最长的关键工作活动组成的序列，处于关键路线上的工作为关键工作。上述项目的简要网络见图 4-7 所示。

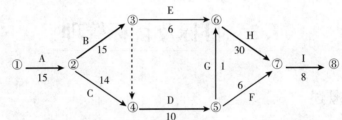

图例：①，②，…为节点，作业的开始点与终结点。

——➤ 一项工作活动，箭线旁的数字为该项活动所耗用的时间。

------➤ 工作间的前后关系，它既不是具体工作，也不占有时间。

图 4-7 网络图

运用计划评审技术进行控制的关键是在网络图上确定关键路线。图中的关键路线为 A—B—D—G—H—I，总长度为 79 天（15＋15＋10＋1＋30＋8）。关键路线决定项目的完工期，是完成计划的关键。因此为确保整个项目按计划完成，管理者需集中力量对关键路线上的关键工序进行控制，在关键工序上进行挖潜，以达到缩短工期、降低费用和合理利用资源的目的。值得注意的是，关键路线是相对的、可变的。在计划执行过程中可以对关键工序加以有效控制和调度，使原来的关键路线变成非关键路线，而原来的某一条或某几条非关键路线就可能变成关键路线，这时控制的重点就应该转移到新的关键路线上，并对新的关键工序实施重点控制。

3. 管理循环法

管理循环法，又称 PDCA。其中，P（plan）为计划，D（do）为实施，C（check）为检查，A（action）为处理。管理循环法，是由美国管理专家戴明率先提出来的，最初开始运用于全面质量管理。20 世纪 50 年代初管理循环法传入日本，70 年代后期传入我国，目前已被广泛应用。

管理循环法的基本原理是做任何一项工作，首先要有设想，根据设想提出计划；然后按照计划规定去执行、检查和总结；最后通过工作循环，一步一步地提高水平，把工作越做越好。如图 4-8 为管理循环图。

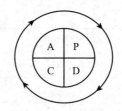

图 4-8　管理循环图

其中，P 为计划阶段，主要解决为什么做、做什么、在哪儿做、什么时候做、由谁来做、如何做等问题；D 为实施阶段，按已经制定的计划和措施，具体组织实施和执行；C 为检查阶段，把实施结果和计划目标进行比较，检查计划的执行情况；A 为处理阶段，总结经验教训，把成功的经验制度化，对存在问题制订消除措施，反馈于下一个循环。

PDCA 法所揭示的计划管理工作基本规律，具有广泛的适用范围，在管理实践中发挥着重要作用。

4.3　目标及目标管理

4.3.1　目标概述

目标是管理活动的起点和终点，任何组织的管理活动都是围绕着一定的目标而开展的。如果组织失去了目标，那么管理活动也就无从谈起。由此可见，确立组织目标在管理活动中占有非常重要的地位。

1. 目标的含义

目标是组织在一定时间期限内，通过努力争取达到的可以明确描述的理想状态或预期成果，它不仅规定了组织的活动方向，而且还表明了组织存在的意义。理解目标的含义，应把握以下几个基本点。

（1）目标必须具有明确的实施主体，即"由谁来实现目标"。

（2）目标的实现受时间的限制。不管是长期的战略目标，还是短期的战术目标，组织的目标都应该有一个明确的期限。如果没有关于时间的界定，这样的目标就失去了存在的意义。

（3）目标应该有明确的预期成果描述，否则的话，所提的目标不过是一句空洞的口号。

2. 目标的分类

组织目标并非是单一的，这些目标可以依据不同的划分标准进行分类，并且在这些目标之间存在着直接或间接的联系，形成一个互相关联的体系。最常见的目标分类方法有三种，即按目标的时间分类、按目标的内容分类和按目标的层次进行分类。

1）按目标的时间分类

组织目标可以依据时间的长短划分为长期目标、中期目标和短期目标。其中 5 年及 5 年以上时间内要实现的目标称为长期目标，5 年以内、1 年以上时间内要实现的目标为中期目标，而 1 年以内时间里要实现的目标则称为短期目标。这三种目标中，由于长期目标的时间跨度较长，期间发生变化的因素很多，因此在具体的实施过程中，组织应该根据环境的变化不断对其进行调整。三种目标之间的关系表现为：短期目标是实现中期与长期目标的基础，长期目标是短期与中期目标的最终体现。上述三种目标形成了如下的时间进度目标体系，如图 4 - 9 所示。

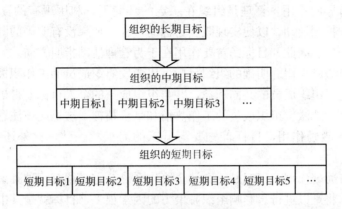

图 4 - 9 时间进度目标体系

2）按目标的内容分类

组织目标也可以根据其不同的活动内容进行分类。例如，一所高校可以有科研目标、教学目标、毕业生就业目标；一家企业可以有赢利目标、市场占有率目标、劳动生产率目标等。对于国家或一些大型组织来说，其目标可以按照组织的不同活动内容分为经济目标、政治目标及社会目标等；而对于一些规模较小的组织，它们的目标则多集中于组织自身发展的方面，较少涉及政治目标与社会目标。通常不同的组织由于其活动内容的不同，它们所提出的目标也是不同的。

3）按目标的层次分类

根据处于不同组织层次上的管理人员所制定目标的不同，可以将其目标划分为多个层次。以企业为例，其目标可以分为：宗旨和使命、战略目标、战术目标和作业目标四个层次。其中宗旨和使命由董事会制定，是企业目标的最高层次，而战略目标、战术目标和作业目标则分别由高层管理者、中层管理者和基层管理者制定。组织目标层次体系如图 4 - 10 所示。

图 4 - 10 组织目标层次体系

3. 目标的作用

目标是组织在一定时间期限内，通过努力争取所要达到的理想状态或预期成果，能够为管理决策确立方向，并可作为衡量实际绩效的标准。目标的作用主要体现在以下 4 个方面。

（1）目标具有导向作用。管理是组织在一定的环境下，利用现有的资源进行有效的计划、组织、领导和控制活动，以便实现既定目标的过程。如果没有明确的既定目标，也就不会有管理活动的产生。因此，目标的首要作用在于为管理活动指明方向。

（2）目标具有激励作用。明确的组织目标可以激发组织成员的工作积极性，尤其是当组织的目标充分体现了组织成员的共同利益，并与组织成员的个人目标取得最大限度的和谐一致的时候，就会极大地激发组织成员的工作热情和献身精神。这里应该注意的是，要想使目标对组织成员具有激励作用，目标首先要与员工的需求相一致，此外还要具有一定的挑战性。

（3）目标具有凝聚作用。组织是一个社会协作系统，它必须有一种凝聚力来团结组织成员，否则管理工作将难以进行。影响组织凝聚力的因素很多，目标就是其中之一。当员工个人利益与组织目标很好地结合在一起的时候，就会把组织成员凝聚在一起。

（4）目标具有考核作用。目标是衡量、比较和评价工作绩效的重要标准。没有既定的目标，考核工作就无从做起。

4.3.2 确定目标

组织运行是复杂的管理过程，在这个过程中要涉及众多的目标。而且这些目标都与各个部门及每一位员工的任务和利益密切相关，因此目标的确定也是一个极为复杂的过程。由于部门之间、部门与员工之间，甚至员工与员工之间对目标的看法上存在着一定的差异，必然会导致相互不协调乃至相互矛盾的现象出现。所以，有必要认真研究目标确定的问题。

1. 确定目标应满足的条件

成功组织的经验表明，要确定切实可行的组织目标必须满足以下 7 个条件。

（1）目标的方向要明确。组织要达到什么样的预期成果，一定要有非常明确的描述，不能让人有模糊不清的感觉。

（2）总目标与分目标必须实现有机的结合。组织应该对总目标进行分解，并在此基础上形成上下结合、左右协调的目标体系。

（3）目标必须是有期限的。目标如果失去了时间的限定，将是毫无意义的。目标的期限可以根据目标性质的不同确定。

（4）目标必须要有量化。凡是能够量化的目标都应该尽量量化，这样有利于保证目标的科学性。

（5）目标一般要明确规定约束条件。目标可以分为有条件目标和无条件目标两种。有条件的目标是指目标附加一定的约束条件，而无条件目标则是指不附加任何条件的目标。在管理工作中，无条件目标是极少的，大部分的目标都是有条件目标，这就要求我们在确定目标时必须把约束条件规定清楚，从而使制定和评价各种方案时有明确的标准。

（6）目标必须能够落实。这里包括两层含义：其一，目标必须是能够实现的；其二，目标必须层层落实。

（7）目标需要分阶段实现。正确划定目标的时间跨度，充分注意在长期目标的指导下，短期目标的阶段性和连续性。应该有效地把握长期目标和短期目标的相互关系，实现战略上的预见性和战术上的现实性两者之间的有机结合。

2. 影响确定目标的因素

组织存在于由内、外部各种因素构成的环境之中，环境为组织的管理活动提供了资源，但反过来也会在诸多方面限制组织的行为。作为管理活动的起点，目标的确定也必然会受到组织所处的内、外部环境的制约。一般而言，影响确定目标的因素主要有以下 6 个方面。

（1）资料获取情况。管理目标的确定是建立在对情报资料的分析基础之上的。任何一个管理目标的制定，都需要制定者充分了解组织的内外部情况，并进行系统的分析，然后根据所掌握的情况进行科学的预测和分析。因此，在确定管理目标之前，组织必须投入相当的力量去进行资料的收集、整理和分析工作，必要时还要进行实地调查，以使情报资料更加全面和准确。

（2）对问题的判断。管理目标的提出是为了解决本组织中存在的现实问题。要使目标能够切实可行，就必须对组织的情况和问题做出详细的分析和准确的判断，找出问题的症结所在。例如，某个地方政府制定当地的社区医疗发展规划和目标，就必须在调查分析的基础上明确本地区实施社区医疗将会遇到的主要问题是什么，然后根据问题确定目标及今后的行动方案。

（3）所需的条件。目标的实现有赖于实现目标所需要的各种条件。如果不具备相应的人力、物力和财力资源，要实现既定的目标只能是一种空想。管理目标是建立在一定的条件基础之上的，企图超越条件的限制而去确定目标，必将导致目标制定的失败。例如，有一家农村医院，面临的主要问题是人才匮乏、资金短缺、设备落后并且交通不便，在这种限制条件下，如果该医院提出要在三年内努力成为三级甲等医院的目标，显然是无法实现的。这种不切实际的目标只能加快该医院的衰落。

（4）目标制定者的主观因素。决策者的主观因素也会对目标的制定产生极为重要的影响。决策者的主观因素包括决策者的直觉、性格、曾经的经验和知识等。情况基本相同的两个组织，可能会因为不同的领导人而制订大相径庭的目标。

（5）对目标的理解。对目标的理解程度也是影响目标确定的重要因素之一。在管理工作中，对于同一个目标，不同的人可能会有不同的理解。在一些人看来很有价值的目标，却会被他人视为价值不高或没有价值的目标。这主要是由于人们的价值观念不同和对目标的认识、理解不同所造成的。对目标理解和认识上的差异，往往会为组织确定目标带来矛盾和困难。解决这些矛盾的关键不仅在于要首先保证目标的正确性，而且还要求管理者尽量统一组织全体成员对目标的正确理解和认识标准。

（6）目标确定的方法。目标确定的正确与否，在一定程度上也会受到确定方法的影响。正确的方法应该是采取"参与管理"的方法，即由全体组织成员共同参与制定目标。这样可以发挥集体的智慧和力量，也有利于激发下属的工作积极性和工作热情；否则，制定的目标将很难得到全体员工的认可。

4.3.3　目标管理

目标管理是 20 世纪 50 年代出现在美国的一种新的管理制度，最早提出此概念的是美国管理学家德鲁克。1954 年，德鲁克在他的著作《管理的实践》一书中，用通用汽车公司联邦分权制的实例，对目标管理进行了系统的阐述。目标管理的概念一经提出，就引起了企业界的广泛关注。20 世纪 50 年代末期，日本和西欧各国也相继引入了目标管理。如今目标管理已经在各类管理活动中得到了广泛的应用，并成为最受管理者欢迎的管理方式之一。

1. 目标管理的概念

目标管理实质上是一种鼓励全体员工积极参与工作目标制定并将组织目标与个人目标有机结合在一起的管理理论。目标管理是以相信人的积极性和能力为基础的，企业各级领导者对下属人员的领导，不是简单地依靠行政命令强迫他们去干，而是运用激励理论，引导职工自己制定工作目标，自主进行自我控制，自觉采取措施完成目标，自动进行自我评价。目标管理通过诱导启发职工自觉地去干，其最大特征是通过激发员工的生产潜能，提高员工的效率来促进企业总体目标的实现。它强调员工的自我控制和自我管理，以工作成果而不是工作行为为导向。

2. 目标管理的基本特点

目标管理能够实现组织目标与个人目标、工作因素和人的因素之间相互融合，与传统管理方法相比较，目标管理主要具有以下基本特点。

（1）实行参与管理。目标管理实际上是一种参与式的、民主的管理制度。在目标的制定和实施过程中，各级组织、部门动员其下属参加目标的制定和分解，确保每一名员工都有机会充分发挥各自的见解，并积极讨论组织目标及个人目标。这一过程是上下级充分沟通的过程，而不是传统的上级命令、指示，下级被动接受的过程。这种参与式的管理方法，可以促进员工对目标的全面、深刻认识，而且还有利于协调组织目标与个人目标之间的关系。

（2）强调自我控制。目标管理方法假设下属人员是愿意承担责任、愿意为组织做出贡献并且愿意有所成就的。在这种假设下，目标管理实施以下属自我管理为中心的管理方法。即下属可以根据明确的目标、责任和奖励与惩罚标准，自我评价工作的标准与进度，并根据具体的情况，自我安排工作进度计划、采取纠偏措施和改进工作效率。用员工的自我控制代替传统的管理者对下属的监督和控制，是目标管理的重要贡献之一。

（3）重视工作成果。目标管理非常强调成果，这也是它与其他管理方法的重要区别之一。目标管理并不要求或强行规定下属如何去做，而是以目标为标准考核和评价他们的工作成果。下属可以在保持既定目标的情况下，选择适合自己的方式、方法，这样有利于激发下属的主观能动性和创造性。

（4）具有系统的目标体系。目标管理方法将组织的总目标层层分解，并通过自上而下和自下而上两种途径制定出各分支机构和员工的目标，由此形成纵横交错、相互联系的目标体系。具体做法是，最高管理层确定了总目标之后，各部门主管根据总目标制定本部门的目标，而部门的下属单位又根据部门目标制定自己的目标，依此类推，直至个人目标的建立。目标体系将全体员工的个人目标与组织的总体目标有机地结合在一起，有利于在组织内部形成合力，激励全体员工为实现组织的目标而努力。

（5）规定时限。目标管理强调时间性，每一个目标的完成都有一个明确的时间期限。这些时间期限有长有短，主要取决于具体的任务要求。但一般来说，组织层次的位置越低，为完成目标而设置的时间往往就越短。

由以上对目标管理的基本特点的分析，我们不难看出，目标管理是一种依据组织整体目标，并由各个组织成员根据其工作意愿自我设置个人目标，同时在实施过程中进行自我管理和自我控制的管理方法。目标管理注重工作结果而不是工作行为本身，只要能达到目标，不拘泥于工作的步骤、手段、方法等细节。目标管理将组织的需求和个人的需求有机地结合在了一起，使组织成员因自己设定的目标得以完成而满足了个人的需求，同时在此过程中也为组织目标的实现做出了贡献。

3. 目标管理的实施

1) 目标管理的实施过程

目标管理的实施是一个系统的过程，主要包括确定整体目标、建立目标体系、确定责任、组织建设，以及成果评价与反馈。下面将具体介绍各实施环节的主要内容。

(1) 确定整体目标。目标管理的建立是在组织整体目标的框架下，由各部门和各单位、各级管理层的子目标所构成的目标网。确定整体目标对企业而言至关重要，它是组织进行有效的目标管理的保证。

企业的整体目标同企业战略和宗旨一样，由最高管理层制定。在制定过程中要考虑到由子目标反馈的而整体目标没有考虑的因素。组织的整体目标是一个初步的、粗略的目标。因此，在高级管理层制定整体目标时应留有余地，以便进行修正和调整。

整体目标属于目标的范畴，因此它有时间和内容两种不同的划分方法。按时间可以按中期、长期和年终目标划分。按内容可以有数量和质量目标的划分。所谓数量目标是指那些定量的、可考核的目标，质量目标是那些不适宜用数量表示的目标。一般而言，管理者在制定目标时不可能绝对化地将一个目标数量化或质量化，而是将两者有机结合起来，使之具有实际的可操作性。

(2) 建立目标体系。建立目标体系是实施目标管理的第二个关键环节。通过将组织整体目标层层展开、具体落实及正确制定下属人员的工作目标，进而形成组织的目标体系。

组织目标一般按纵向和横向展开。纵向展开指的是在整体目标范围内，按不同管理层将整体目标逐级分解，层层分解，层层包含，使各管理层都有各自相协调、相适应的子目标，这需要正确的授权来完成，这体现了组织纵向间的有机联系。横向展开指的是在各管理层中的不同部门或单位之间的等级目标横向联系，这有利于各部门之间的联系。

纵向与横向的体系划分将整个企业由最高层到个人都有机联系在一起，在企业内形成凝聚力。值得注意的是，各级子目标的制定不是由上级管理者随意、武断地制定的，而是在其鼓励、引导下由各级部门自己制定，最后由上级批示、确立。

(3) 确定责任。实施目标管理重要的一点，就是要尽可能使每个目标和子目标都应是部门或某个人的明确责任。因此在目标管理过程中，必须对各部门和相关人员的责任有一个明确的规定。

(4) 组织建设。为了确保组织目标能够得以实现，在组织的目标体系形成之后，还需要做好目标实施所需的各项组织工作。在组织建设时，要特别注意把握好两点：一是高层领导者的管理要多体现在指导、协调、提出问题、提供信息情报及创造良好工作环境方面；二是高层领导者要更多地把权力交给下级成员，充分依靠执行者的自我控制完成目标任务。

(5) 成果评价与反馈。成果评价既是实施奖励与惩罚的依据，也是实施自我控制和自我激励的良好手段。目标管理的成果评价不仅仅是指上级对下级的评价，而且还应该包括下级对上级的评价、同级关系的部门间的相互评价及各层次的自我评价。这些相互评价和自我评价，有利于组织活动的控制、协调，同时也有利于促进自我激励、自我控制和自我完善。

反馈对绩效有积极的影响，它可以使人们知道其努力的程度是否足够或是还得加强，它能诱使人们在实现了原先的目标后进一步提高他们的目标，而且使人们了解他们的行动方式的效果。

2）实施目标管理时应注意的问题

在实施目标管理时，必须注意以下几点。

（1）管理者必须知道什么是目标管理，为什么要实行目标管理。如果管理者本身不能很好地理解和掌握目标管理的原理，那么，由这样一位管理者来组织实施目标管理也是一件不可能的事。

（2）管理者必须知道公司的目标是什么，以及他们自己的活动怎样适应这些目标。如果公司的一些目标含糊不清、不现实或不协调一致，那么主管人员想同这些目标协调一致，实际上是不可能的。

（3）目标管理所设置的目标必须是正确的、合理的。正确是指目标的设定应符合企业的长远利益，和企业的目的相一致，而不能是短期的。合理是指设置目标的数量和标准应当是科学的，因为过于强调工作成果会给人带来压力，导致不择手段的行为产生。为了减少选择不道德手段去达到这些效果的可能性，管理者必须确定合理的目标，明确表示行为的期望，使得员工始终具有正常的"紧张"和"费力"程度。

（4）所设目标无论在数量或质量方面都具备可考核性，也许是目标管理成功的关键。任何目标都应该在数量上或质量上具有可考核性。

4. 对目标管理理论的评价

目标管理理论在德鲁克等人创立之后，获得了很快的发展，受到世界各地企业管理者的欢迎。实践也已经证明了目标管理是一种富有成效的、成功的管理方法和制度。突出的例子是日本在战后的迅速崛起。日本人在总结其成功经验时认为，技术和管理是推动社会进步的两个车轮。而日本企业管理水平的提高，主要得益于从美国引进了质量管理和目标管理。这足以证明目标管理的巨大价值。不过，我们同时也应该看到，目标管理并不是万能的，与其他所有的管理方法与制度一样，其自身也存在着一些不可避免的缺点。下面就目标管理的优点和缺点两个方面对其进行评价。

（1）目标管理的优点。目标管理的优点主要体现在以下4个方面。①目标管理有助于提高管理水平。目标管理不仅要求组织有整体目标，而且要求各个部门甚至是每个成员都有自己明确的目标和责任。这有助于促使目标的承担者去思考采取什么样的措施去实现目标，配备什么样的人员及需要什么样的资源和帮助等，从而有利于组织各方面管理水平的提高。②实施目标管理有利于调动员工的积极性、主动性、创造性，并能够增强其责任心。目标管理通过民主协商的方法使目标逐级分解到个人，使每个人的利益与责任直接挂钩。同时，目标管理通过授予员工相当程度的自由处置权，使其工作更加积极主动。③目标管理有利于组织实施更有效的控制。目标管理通过自我控制和组织控制相结合的方法，实现了双重控制，这大大提高了组织控制工作的及时性和有效性。④实施目标管理有助于暴露组织结构中存在的缺陷。

（2）目标管理的缺点。目标管理的缺点具体表现在以下几个方面。①恰当的目标不易准确地确定。目标管理首先要求组织必须将其目标进行较为准确的描述，但是有些目标的确定是相当困难的。②目标管理过分强调短期目标，而忽视组织的长期目标，这样容易使短期目标与长期目标脱节，最终导致组织只注重短期利益而较少考虑长期利益。③目标管理缺乏一定的灵活性。按照目标管理的要求，目标一旦制定就不能再更改，以便于组织对目标实施的结果进行检查和评价。由于现实中不确定的因素很多，有时对目标进行修改是必要的，但如果修改目标的话，必将给目标管理的实施带来一定的困难。

思 考 题

一、单选题

1. 下列选项中属于企业短期决策的是 （   ）。
   A. 投资方向的选择　　B. 人力资源的开发　　C. 组织规模的确定　　D. 企业日常营销
2. 对经常重复出现的、惯常的问题进行的决策称为 （   ）。
   A. 程序性决策　　　　B. 非程序性决策　　　C. 高层决策　　　　　D. 战略决策
3. （   ）是指影响决策的主要因素只有一种状态，每种行动方案在这种状态下是可以计算出来的。
   A. 确定型决策　　　　B. 非确定型决策　　　C. 风险型决策　　　　D. 战略决策
4. 某企业生产某产品，固定成本为 160 000 元，单位变动成本为 10 000 元，每台售价为 12 000 元，试计算该产品的盈亏平衡点是 （   ）。
   A. 14 台　　　　　　　B. 18 台　　　　　　　C. 70 台　　　　　　　D. 80 台
5. 以下对计划工作描述不正确的是 （   ）。
   A. 计划工作是为实现组织目标服务的　　　B. 计划工作是管理的首要工作
   C. 计划工作与控制工作关系密切　　　　　D. 计划跟不上变化，做计划大多无用
6. 战术性计划一般是由 （   ） 负责制定。
   A. 高层管理者　　　　B. 作业人员　　　　　C. 基层管理者　　　　D. 中层管理者
7. 目标不是一成不变的，一般来说，（   ） 应保持一定的稳定性。
   A. 利润目标　　　　　B. 短期目标　　　　　C. 中期目标　　　　　D. 长期目标
8. 目标管理容易导致的不利因素是 （   ）。
   A. 管理者依据环境变化进行不断修正
   B. 没有引入目标的其他工作容易受到忽视
   C. 各级主管对目标管理的整个体系做耐心解释
   D. 管理者随时对目标进行评价，一旦发现偏差即迅速调整
9. 目标管理产生于 （   ）。
   A. 20 世纪 30 年代　　　　　　　　　　　B. 20 世纪 40 年代
   C. 20 世纪 50 年代　　　　　　　　　　　D. 20 世纪 60 年代
10. 首先提出目标管理概念的管理学家是 （   ）。
    A. 西蒙　　　　　　　B. 泰勒　　　　　　　C. 法约尔　　　　　　D. 德鲁克

二、多选题

1. 决策的影响因素有 （   ）。

A. 现有企业间的竞争环境　　　　　　B. 过去的决策

C. 决策者的风险态度　　　　　　　　D. 组织成员对变革的态度

E. 组织的文化

2. 集体决策的缺点主要有（　　　）。

　　A. 决策时间长　　　　　　　　　　　B. 决策质量低

　　C. 责任不明确　　　　　　　　　　　D. 产生的备选方案少

　　E. 容易被少数人所把持

3. 下列对计划工作的描述正确的是（　　　）。

　　A. 计划工作是为实现组织目标服务的　　B. 计划是由高层管理人员做出的

　　C. 计划工作具有普遍性　　　　　　　　D. 计划工作是管理活动的基础

　　E. 由于环境的不确定性，因此计划再严密也是多余的

4. 计划在管理的各种职能中居于首要地位，主要表现在（　　　）。

　　A. 有些情况，计划职能是唯一需要完成的管理工作

　　B. 计划的确定总是在其他管理职能之前

　　C. 计划工作是一成不变的

　　D. 计划工作始终贯穿于组织、人事等各项工作中

　　E. 计划的目的就是使组织所有的行动保持同一方向，促使组织目标得以实现

5. 目标设立是目标管理的重要过程，在此过程中应注意（　　　）。

　　A. 目标要略高于企业当前的生产能力，保证企业通过努力实现

　　B. 保证质与量的结合　　　　　　　　　C. 目标期限要适中

　　D. 目标数量要适中　　　　　　　　　　E. 目标越高越好

三、名词解释

1. 决策　2. 决策原则　3. 计划　4. 目标　5. 目标管理

四、简答及论述题

1. 为什么决策的原则是满意而非最优？

2. 决策的方法主要有哪些？

3. 试论述计划工作的基本程序。

4. 论述目标管理的基本思想。

5. 简述目标管理的优缺点。

案例讨论

马云的决策

　　面对千载难逢的机会和瞬息万变的网络产业，有时决策必须快，必须当机立断，否则贻误战机，也会铸成大错。相信自己的直觉，当机立断是马云的决策之道。

马云说："因为只有真正知道自己要做什么的时候，你才有可能承受住所有的压力、所有的指责。确定你要做什么，这需要你有使命感。"

马云做过的四次重大战略决策，每一次都关系到马云和阿里巴巴的命运。

第一次战略决策是1995年下海创建中国第一个商业网站，即中国黄页。

马云第一次触网之后，预见了一个伟大的网络时代即将到来。他深信，网络将改变整个人类社会，也将改变整个商业活动。网络将带来千载难逢的商机，于是他毅然辞职下海。

在起初的几年里，很多人都不看好阿里巴巴的B2B模式，这其中就包括网易CEO丁磊、搜狐CEO张朝阳等人，但马云不在乎别人怎么看，他只相信自己的感觉。在马云心里，别人越看好，他不见得做，别人越不看好，他可能会去试试。

马云说："我们还是坚定不移地做电子商务，尽管我们相信电子商务也许3年，也许4年、5年都挣不到钱，但我们坚信8年、10年一定能够挣到钱。所以我们坚持把钱投入到电子商务中，到今天为止我们觉得当时的战略举措是对的，在诱惑和压力面前我们都没有改变。"

第二次战略决策是1999年创办中国式B2B模式的阿里巴巴。

马云创办阿里巴巴时，网络大潮已经覆盖中国大地，各种模式的网络已经很多，门户网站已经成为主流。但马云偏偏选择了电子商务的雏形模式——中国式的B2B。而在当时，中国并不具备推行电子商务的基本条件。

虽然当时做不了真正的电子商务，虽然阿里巴巴B2B只能做信息流，虽然这种大BBS式的阿里巴巴没有赢利模式，虽然几乎所有业界人士都不看好这种模式，但马云还是要做，他就是要做电子商务，因为他相信自己的直觉，也因为他比多数网络界精英看得更远。

第三次战略决策是2003年进入C2C领域，创建淘宝网。马云自从创建了阿里巴巴后，坚信B2B的电子商务模式是最好的，那时的他并不看好B2C（商家与消费者）和C2C（消费者与消费者）。在他看来，B2C、C2C之间的交易额怎么也不会有B2B多。

然而网络是变化莫测的，应变也是马云的生存之道。两年后，eBay在美国的成功、易趣在中国的成功、雅虎在日本的成功，让马云看见了C2C的巨大潜力。马云敏感地意识到中国的C2C市场很快会超过美国。而这时，eBay在美国收购了一家B2B公司。这个举动被马云看作是eBay进军B2B的信号。要染指B2B的eBay，同时又要大举进军中国市场，而投资3 000万美元收购易趣33％控股只是其中国战略的第一步。与此同时，易趣网上也出现了非个人对个人的大宗交易，其实质与企业对企业的B2B已无区别。而B2B是阿里巴巴的领地，在马云看来，eBay和易趣的举动已经威胁到阿里巴巴。

从这时起，马云开始觊觎C2C。他决定，不仅要确保阿里巴巴在B2B领域里面第一的位置，并且还要在C2C这个领域里争做第一、争做全中国的第一位。

马云知道，要玩C2C就得烧钱，于是一个新的融资计划在他心里诞生了。2003年2月，马云带领公司副总裁李琪、金建杭等一行赴日本考察。这一次，软银总裁孙正义和马云进行了一次意义重大的会谈。

孙正义利用他一手打造的雅虎日本在日本C2C市场上一举打败了在全球所向披靡的

eBay。雅虎日本最终占领了日本 C2C 市场 70％的份额。大胜之后的孙正义把目光转移到中国的阿里巴巴，他想在中国复制雅虎日本在 C2C 上的成功。孙正义的扩张计划与马云以攻为守进军 C2C 的念头不谋而合。

马云知道资金已不成问题，于是立即秘密打造淘宝网。2003 年 7 月 10 日，阿里巴巴在新闻发布会上宣布投资一个亿打造淘宝网。此后，马云通过孙正义为淘宝融资 8 200 万美元。马云进军 C2C 打造淘宝网的重大战略决策就是这样拍板的。

第四次战略决策是 2005 年进军搜索收购雅虎中国。

2005 年 11 月，Google 的市值已经突破 1 000 亿美元，差不多是 eBay 和雅虎的两倍。从此，门户网和电子商务网主宰天下的时代结束了，搜索时代悄然而至。Google 的神话不仅改变了世界互联网的格局，而且还威胁到电子商务和门户网的生存。

电子商务有很大一部分利润转移到搜索上，比如，许多在 eBay 上开店的商人，每年都要投入很多广告费给 Google，以购买靠前搜索排名，这样本该 eBay 赚的钱，硬被 Google 分走了许多。

阿里巴巴进军搜索不是因为搜索很热门，而是因为电子商务的发展其实绕不开搜索这道坎。马云知道，进军搜索收购雅虎中国要冒的风险很大。因为当时雅虎中国已经很危险了，差不多被抽空了，随时会倒掉。而雅虎和阿里巴巴的合作不仅是两个公司的整合，更是两个公司文化的融合。

2005 年 8 月 11 日，马云在北京宣布阿里巴巴全面收购雅虎中国，用 10 亿美元打造互联网搜索。

四次正确而漂亮的战略决策，凸显了马云相信自己的直觉，并且具有高瞻远瞩的过人魄力。

（资料来源：海华．马云教典：成就阿里巴巴帝国的 36 个法则［M］．

武汉：华中科技大学出版社，2009.）

思考讨论题

马云决策成功的秘籍是什么？对我们有什么启示？

第 **5** 章

组　　织

本章导读

　　组织是管理的载体，组织建设是管理工作有效开展的根本前提。组织既是一种结构，又是一种实现管理目的的工具；既是一个合作的系统，又是进行资源有效配置的过程。因而，在管理活动中占据极为重要的地位。本章主要学习组织的概念与职能、组织设计的原则与程序、组织结构的分类方面的内容。

知识结构图

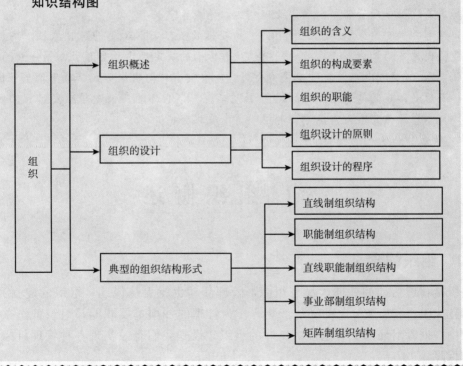

通用汽车公司与事业部制

当 A.P. 斯隆接手通用汽车公司时，幼稚的汽车市场完全处于福特公司的统治之下。亨利·福特带领他的公司率先掌握了大规模生产技术。在 1920 年，福特公司每一分钟便造出一辆车，著名的黑色 T 型车占据了 60％ 的市场份额，通用汽车公司仅仅占有 12％。在这种情况下，人们普遍认为与福特汽车竞争的唯一出路就是规模很小的豪华车市场，斯隆则另辟蹊径，将注意力集中在当时尚未形成的中间市场。斯隆的目标就是为"各种钱包和各种目的"供应汽车。当时，通用汽车公司极难控制，这家由多个公司组成的集合体生产八种型号的汽车，彼此相争的激烈程度绝对不亚于总公司和福特汽车之间的竞争。斯隆下定决心要把这个成分杂乱的集合体改造成联系紧密的组织。

1920 年，斯隆将公司按八个事业部的形式组织起来——五个汽车事业部和三个配件事业部。每个事业部都为它全部的商业活动负责，拥有自己的工程部、生产部和销售部，但是必须接受负责全面政策和财务的总部机关监督。营业单位有半自治权，但应负责保持它在特定市场的市场份额和盈利率。这项被斯隆称之为"联邦式分散管理制"政策的实施标志着这种分散管理制、多事业部制组织的诞生。

事业部的体制使得斯隆既能利用公司的规模效益，又不致变得臃肿笨拙。高层管理人员能腾出更多的精力来考虑战略问题，操作方面的决定则由总部下放给第一线的人们。到 1925 年，通用汽车公司超过了福特公司，前者拥有新的组织形式，每年都会推出新款车型，而后者始终坚持毫无变化的黑色 T 型车。各事业部的良性竞争激发了人们的创造欲望，总体资源的共享又为各事业部提供了发展机会。

5.1　组织概述

5.1.1　组织的含义

组织是管理活动的载体，没有组织，管理活动也就无从谈起。组织的建立和发展，是社会化大生产和专业分工的必然产物。作为管理的一项重要职能，组织工作在经营管理活动中占据着十分重要的地位，良好的组织建设是我们有效实现各种管理目标的必要前提和保障。

社会中存在着各种各样的组织，家庭是一个组织，政府、学校、医院，以及作为社会经济最重要细胞的企业也是组织。我们每个人都或多或少地加入其中一个或多个组织，这些组织将我们紧密地编织其中。此外，尽管我们不是某些组织中的一员，但这些组织同样影响着我们的工作和生活。人类的现代文明就是建立在这些有组织的人类活动之上，因此，学习管理学需要对组织有较为深入的认识。

由于看待问题的角度不同，学术界形成了关于组织的多种认识。从广义上说，组织是指由诸多要素按照一定方式相互联系起来的系统。从狭义上说，组织就是指人们为实现一定的目标，互相协作结合而成的集体或团体。归纳起来，组织包括以下两层含义：一是指两个或两个以上的个人为了实现共同的目标而组成的有机整体；二是指组织活动和组织工作。前者是组织的名词含义，后者是组织的动词含义。两者侧重点有所不同。

根据以上描述，我们可以将组织的概念描述为：组织是以一定的计划任务为前提，按照某种权力责任关系原则，将所要进行的活动进行分解与合成，并把组织成员编排和组合成一个分工协作的管理工作系统或管理机构体系，以便实现组织内外部环境的优化组合，从而圆满实现既定的目标的管理过程。在理解组织的概念时，应该注意以下几点。

第一，组织是由一群人所组成的，组织中必须要有组织成员。

第二，组织都是有目标的，组织的目标即为群体成员的共同目标。

第三，组织是一个系统化的结构，组织成员按照分工合作体系有效组合。

组织的概念可用图 5-1 更直观地表示。

```
★ 由一群人所组成（不少于2人）　　——组织成员
★ 有共同的目标　　　　　　　　　——组织目标
★ 有一个系统化的结构　　　　　　——组织结构
```

图 5-1　组织的概念

5.1.2　组织的构成要素

1. 组织成员

任何一个组织都是一定数量的人的集合，离开了组织成员，组织即不复存在。

2. 组织目标

组织目标是组织成员共同追求的理想或预期成果，是组织凝聚成员的黏合剂。组织目标不仅为组织确定了努力的方向，也具有激励组织成员的重要作用。

3. 组织活动

为了实现共同的目标，组织成员必须从事某种活动。组织的活动内容是根据组织的目标来确定的。如某企业确定了下一年度市场占有率增至 10% 的目标，那么该企业就必须开展一系列的相关活动，如增加销售人员数量、增加广告投入、降低销售价格、激励经销商多拿货等。

4. 组织资源

任何组织开展工作活动都需要有资源的支撑。如人力、物力、财力等。组织只有合理利用现有的资源，通过一系列的计划、组织、领导和控制等活动才能实现最终的目标。

5. 组织环境

组织不是存在于真空中的，组织在经营活动过程中要受到各种因素的影响与制约，这些因素共同构成了组织所处的环境。如政治、经济、人文社会、法律、政策、技术、地理、人口、竞争状况等。环境对组织的影响既可能是有利的，也可能是不利的，这就需要组织认真做好环境分析工作，并在此基础上制定与环境相适应的经营战略。

5.1.3　组织的职能

管理的组织职能就是通过建立、维护并不断改进组织结构以实现有效的分工、合作的过程[①]。

组织能够完成个体独立活动所不能实现的目标，其职能可以概括为：为有效实现组织目标，建立组织结构，配备人员，使组织协调运行的一系列活动。具体而言，组织的职能主要体现在以下几个方面。

第一，分配工作。通过组织工作把企业的总体目标分解落实到每位成员身上，转化成每位组织成员的工作任务。

第二，确定权责关系，促进沟通与协调。权责关系是组织的核心要素，其确定了组织的信息沟通渠道并使领导功能得以体现。组织工作使每位组织成员都明确其具体的责任，使他们清楚在工作中必须对谁负责，是谁向他们分配工作并对他们进行管理。

第三，构建分工合作体系，提高效率和工作质量。即通过组织工作使组织成员相互协作，共同完成工作任务。也就是实现人们常说的"协同效应"，即一个有效的群体共同努力往往要大于群体成员单独努力的效果的总和。

第四，培养能力，促进组织成长。组织工作的深层次功能是为了培养出一种能力，一种能够支撑企业成长的能力，这是组织的核心功能所在。

5.2　组织的设计

5.2.1　组织设计的原则

关于组织设计的原则，即如何对组织进行设计，以泰勒、法约尔、韦伯等为代表的古典管理学派，提出了许多有重要启示意义的观点。这些观点对于我们如今进行组织设计仍有十分重要的指导作用，仍然是我们必须遵循的基本原则。这些原则主要体现在以下几个方面。

(1) 目标统一原则。目标统一原则是指组织中的所有部门及成员的贡献越是有利于实现组织的目标，组织的结构就越是合理。组织就是为了实现目标而创立的协作系统，建立组织是达成目标的手段。共同的目标是组织建立和存在的客观基础。没有共同一致的目标，就不可能建立起组织，即使临时建立起来了，也不可能长久生存下去。只有有了明确一致的目标，组织的各个部门和全体成员才有合作的基础，才有共同的行动方向；否则，既不可能产生合作的意向，更不可能有合作的行动。共同的目标还是完善和发展组织的客观依据。对组织的完善和发展必须以有利于共同目标的实现为依据，否则就是对组织的破坏。

(2) 分工与协作原则。分工与协作是组织设计的重要原则。为了实现组织目标必须进行劳动分工，劳动分工不仅有利于提高工作效率，也有利于培养某一领域的专家型人才。但管理工作是一种复杂的社会活动，管理的各种职能是一个有机的整体，是不可分割的。组织目

---

① 杨文士，焦叔斌，张雁，等. 管理学 [M] .3版. 北京：中国人民大学出版社，2011：117.

标的实现需要组织成员彼此合作来共同完成，因此在强调专业分工的同时，还要加强协作管理。

组织的协作方式如图5-2所示。

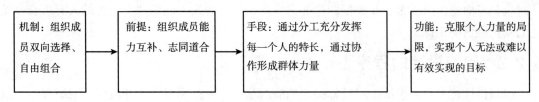

图5-2 组织的协作方式

（3）统一指挥原则。按照早期管理学家的观点，在组织设计时应该保证组织中的任何一位成员只服从一个上级并接受他的指挥，为达到同一目标而从事的组织活动只能在一个领导和一个计划下进行。虽然该原则在项目管理活动时可能被打破，但依然为绝大多数企业在组织设计时所遵循。

（4）职权对等原则。职权对等原则是指权力与责任应该保持一致，即：有权必有责，有责必有权，权责对等。只有责任没有权力，必然会导致无权负责，无力负责，无法负责的局面；反之，只有权力而不承担任何责任，无疑会造成权力的泛滥，腐败的滋生，从而严重危害组织的机能。

（5）管理幅度原则。管理幅度是指一名上级领导能直接而有效地领导下级的可能人数。管理幅度容易受到工作性质、管理者自身能力、下级的成熟程度等诸多因素的影响，因此一个管理人员直属的下级人员数量是有一定限度的。古典管理理论认为，每一个上级领导人所管辖的相互之间有工作联系的下级不应超过5～6人。

1933年，法国早期的管理学家格拉丘纳斯（V. A. Graicunas）曾指出，管理幅度以算术级数增加时，管理者和下属间可能存在的相互交往的人际关系数将以几何级数增加。他把上下级之间的关系划分为三种类型：① 直接的单一关系，即上级直接个别地与下级发生联系；② 直接的组合关系，即上级与下级的各种可能组合之间发生联系；③ 交叉关系，即下级之间彼此发生联系。[①]

那么，在一定的管理幅度下可能存在的联系总数或人际关系数，可用如下的公式来表示：

$$C = n(2^{n-1} + n - 1)$$

式中：C 为可能存在的人际关系数；n 为管理幅度。

例如，$n=2$ 时，$C=2(2^{2-1}+2-1)=6$

$n=3$ 时，$C=3(2^{3-1}+3-1)=18$

$n=4$ 时，$C=4(2^{4-1}+4-1)=44$

而当 $n=5$ 时，则 $C=5(2^{5-1}+5-1)=100$

由此可见，随着下级人员的增多，相互联系的总量急剧增加，组织内部的关系迅速变得错综复杂，因而使管理工作也变得更加复杂。当 $n=10$ 时，C 几乎就是一个天文数字。因此，必须妥善处理方方面面的关系，才能保持协调，这就需要科学地确定管理幅度问题。

---

① 李东进，秦勇．管理学原理［M］．北京：中国发展出版社，2006：170-171.

（6）因事设职与因人设职相结合的原则。组织设计的根本出发点是为了实现组织目标，是使目标活动的每项内容都落实到具体的部门和岗位，即所谓的"事事有人做"。故在组织设计过程中，必须首先考虑工作的特点和需要，做到因事设职、因职用人。同时，在组织设计时也要考虑到人的因素，要根据职位的需要配备适当的人，确保"有能力的人有机会去做他们真正胜任的工作"。

5.2.2　组织设计的程序

组织设计首先必须根据组织目标确定相应的基本业务；再根据业务流程、组织规模、技术特点等设置相应的机构和相关职务，并按照职位配置人员，即"因事设人"。一般来说，一个完整的组织设计的程序包括以下几个步骤。

（1）确定组织设计的原则。即根据组织的性质、特点、目标及组织所面临的内、外部环境等因素，确定进行组织设计的方针和原则。

（2）确定组织职能。确定组织所需要的管理职能，层层分解到各项管理业务和工作中。

（3）设计组织结构框架。这是组织设计的主体工作，即确定应采取的组织结构的基本形式，进而确定需要设置哪些单位和部门，并把性质相同或相近的业务活动划归适当的单位和部门负责，形成层次化、部门化的组织结构体系。上述步骤也可简单描述为确定组织结构图的过程。

（4）设计组织的联系方式。通过设计不同管理层次之间、平行管理部门之间的协调方式和控制手段，从而使组织的各个组成部分联结为一个整体。

（5）人员的配备和训练。即根据各单位、部门所分管的业务工作的性质和对人员的素质要求，挑选和配备称职的人员及其行政负责人，明确其职务和职称，并进行必要的培训工作。

（6）制定相关规章制度。为了组织结构的正常运行，还需要设计一套良好的规章制度，如奖惩制度、考核制度、激励制度等。

（7）反馈与修正。组织设计是一个不断完善的过程，在组织运行过程中，有关部门要根据各种反馈信息定期或不定期地对原有组织设计做出修正，不断完善。

5.3　典型的组织结构形式

5.3.1　直线制组织结构

1. 直线制组织结构的形式

直线制，又称单线制，或称军队式组织，它是最早使用也是最为简单的一种结构，是一种低部门化、宽管理幅度、集权式的组织结构形式。这里的直线关系即为上下级间直接指挥和命令的关系。该组织结构的特点如下。

（1）组织中每一位主管人员对其直接下级有指挥和监督权。

（2）组织中下级成员只能向一位直接上级报告，即一人只听命于一位领导。

（3）组织中也不设专门的职能机构，是高度的集权化形式。

（4）主管人员在其管辖范围内有绝对的职权或完全的职权。

直线制组织结构如图 5-3 所示。

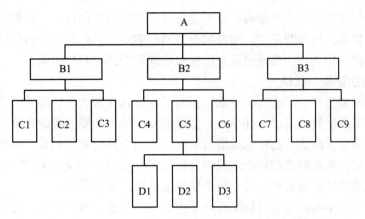

图 5-3　直线制组织结构

2. 直线制组织结构的主要优缺点

（1）直线制组织结构的主要优点：①组织结构简单明了，所有的人都明白工作中该向谁负责并听命于谁的指挥；②权力集中，指挥管理统一，不易发生推诿现象；③责任与职权明确；④决策迅速，容易把握机会。

（2）直线制组织结构的主要缺点：①组织结构比较呆板，缺乏弹性；②不同部门之间协调困难；③强调下级对上级绝对服从，一方面容易产生专制，另一方面容易妨碍下级发挥工作的主动性与创造性，使下级墨守成规；④当某些有能力的管理人员突然离职，很难找到合适的替代者；⑤组织的管理人员须具备全面的管理能力，对管理人员的要求较高，并且管理人员容易陷入日常事务之中，因而不利于集中精力研究与思考企业生存与发展；⑥未设职能机构，不利于专业化管理水平的提高。因此，这种组织形式只适用于那些没有必要按照职能实行专业化管理的小型组织。

5.3.2　职能制组织结构

1. 职能制组织结构的形式

职能制组织结构也称为 U 型组织或多线性组织结构。该结构起源于 20 世纪初法约尔在其经营的煤矿公司担任总经理时所建立的组织结构形式，故又称"法约尔模型"。它是按职能来组织部门分工，即从企业高层到基层，均把承担相同职能的管理业务及其人员组合在一起，设置相应的管理部门和管理职务。图 5-4 是职能制组织结构的简单形式。

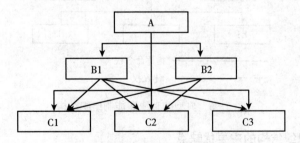

图 5-4　职能制组织结构的简单形式

在职能制组织结构里，成员都被安排去完成各自部门的工作目标，计划和预算依据职能来制定，并反映各部门的资源耗用，主要的权力和影响则来自职能部门的高层管理者。这种组织不需太多的横向协调，主要通过纵向层级来实现组织的控制与协调。

2. 职能制组织结构的优缺点

优点：适应了大生产分工合作的要求，提高了专业化管理水平，降低了设备和职能人员的重复性，减轻了高层管理者的责任压力，使其能专心致力于最主要的决策工作。

缺点：组织中常常因为片面追求职能目标而看不到全局的最佳利益。没有一项职能对最终结果负全部责任。职能经理们的职能只涉及组织的一部分，对其他职能的接触非常有限。因此，这种结构不能给管理者带来关于整个组织活动的广阔视野。

职能制结构的典型特征是其目标主要在于内部效率和技术的专门化，适合于外部环境相对稳定，技术相对成熟，属于例行性技术，跨职能部门间不需要太多依赖的小型或中型企业。在相对简单、稳定的环境中，职能制结构可能是最理想的选择。

5.3.3 直线职能制组织结构

1. 直线职能制组织结构的形式

直线职能制也叫直线参谋制，是一种最常见的组织结构形式。它是在直线制和职能制的基础上，取长补短，吸取这两种组织结构的优点而建立起来的。其主要特点是：以直线制为基础，在组织中设置了两套管理系统。一是按统一指挥原则建立的直线指挥系统，二是按职能分工原则建立的职能管理系统。直线领导机构和人员在自己的职责范围内有一定的决定权和对所属下级的指挥权，并对自己部门的工作负全部责任。而职能机构和人员，则是直线指挥人员的参谋，不能对直接部门发号施令，只能进行业务指导。典型的直线职能制组织结构如图5-5所示。

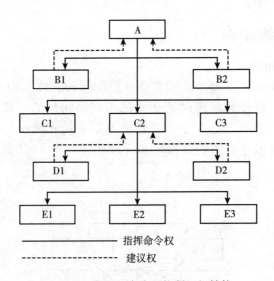

图5-5 典型的直线职能制组织结构

2. 直线职能制组织结构的主要优缺点

优点：保持了直线制统一指挥的优点，又吸取了职能制发挥专业管理职能作用的长处，提高了管理工作效率，为各级直线指挥人员进行有效的组织和指挥提供了组织保证。

缺点：权力集中于最高层，下级缺乏必要的自主权，员工士气低落；各专业职能部门之间缺乏有效的沟通渠道，横向联系差；直线部门与参谋部门容易产生矛盾和摩擦；各职能部门与直线指挥部门之间的目标不统一，容易产生矛盾；增加了管理岗位，管理费用较高。

直线职能制比较适用于规模不大、经营单一、外部环境比较稳定的组织。我国目前有众多企业采用这种组织结构形式。

5.3.4 事业部制组织结构

1. 事业部制组织的结构形式

事业部制简称 M 型结构（multidivisional form），又称分权制，或称部门化结构，是美国通用汽车公司总裁斯隆于 1924 年首先提出的，所以又被称为斯隆模型。事业部制是为满足企业规模扩大和多样化经营对组织机构的要求产生的一种组织结构形式。具体的设计思路为：在总公司领导下设立多个事业部，把分权管理与独立核算结合在一起，按产品、地区、市场（顾客）划分经营单位即事业部。每个事业部都有自己的产品和特定的市场，能够完成某种产品从生产到销售的全部职能。事业部不是独立的法人企业，但具有较大的经营权限，实行独立核算、自负盈亏，是一个利润中心，从经营的角度上讲，事业部与一般的公司没有什么太大的不同。

事业部制的管理原则可以概括为：集中决策，分散经营，协调控制。其突出特点是总部集中决策，而由事业部独立经营。典型的事业部制组织结构如图 5-6 所示。

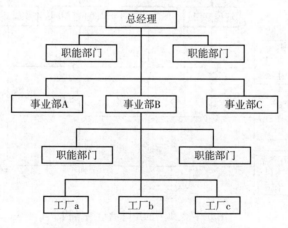

图 5-6 典型的事业部制组织结构

2. 事业部制组织结构的优缺点

（1）事业部制组织结构的主要优点：①事业部制组织结构以分权管理为基础，使高层管理者从日常事务中解脱出来，可以专心致力于制定公司的长远规划和战略决策；②通过权力下放，使各事业部更加接近市场和顾客，有利于增强企业对市场的适应能力；③事业部独立经营，可以充分发挥各事业部的灵活性，有利于公司适时调整产品结构和经营方向，并进而增加企业的灵活性和适应能力；④事业部是利润中心，事业部的经营好坏与每一个成员都有密切的利益关系，因而实行事业部制可以充分调动员工的积极性；⑤由于各事业部经营产品（地域等）有所不同，相当于企业在实行多元化经营，这样有利于降低经营风险；⑥由于各事业部独立核算，事业部的经营状况通过财务报表即能直观反映出来，从而便于企业考核和评价各事业部的经营绩效；⑦事业部制组织结构实行分权化的管理模式，事业部的管理者有着较为充分的经营自主权，需要独立地面对市场挑战，从而有利于培养和训练管理人才。

（2）事业部制组织结构的主要缺点：①事业部制组织结构中的某些职能部门重复配置，管理岗位增加，易导致企业总成本的上升和效率的下降；②事业部之间存在着竞争关系，容易造成各事业部之间在人员、信息、技术等方面的交流困难；③由于各事业部独立核算、自负盈亏，事业部往往只考虑自身的利益，忽视整体利益，这将影响事业部之间的协作，不利于公司的整体发展；④各事业部及相应职能部门的设置，使管理机构和管理人员大为增加，管理成本提高。

由于上述这些因素限制，事业部制组织结构不适合规模较小的组织。只有当组织规模足够大，且其下属单位能够成为一个"完整的单位"时才较为适用。

5.3.5 矩阵制组织结构

1. 矩阵制组织结构的形式

矩阵制组织结构是由纵横两套管理系统组成，纵向系统是指原有的职能部门体系，横向系统是指为完成某一临时任务而组成的项目小组系列，如某一工程项目、产品研发项目等。纵横两个系统交叉，形成"矩阵结构"，典型的矩阵制组织结构如图 5-7 所示。

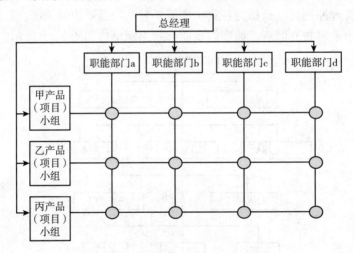

图 5-7　典型的矩阵制组织结构

从图 5-7 中可以看出，在开展甲、乙、丙三个项目时，项目小组把原来隶属于各不同职能部门的专业人员集中在一起，组成三个项目的横向领导系统。这样，在甲、乙、丙三个项目小组的每一位成员要接受两个方面的领导：在执行日常工作任务方面接受原职能部门的垂直领导；在执行甲、乙、丙三个项目任务时则接受项目负责人的横向指挥。显然，矩阵制组织形式打破了"一人一个老板"的命令统一原则，大大提高了管理组织的灵活性。

2. 矩阵制组织结构的优缺点

（1）矩阵制组织结构的优点：①将企业管理中的纵向联系与横向联系较好地结合起来，有利于加强不同部门之间的协调和合作，提高了灵活性，有利于提高工作效率；② 把不同职能部门的专业人员组织在一起，有助于激发人们的积极性和创造性，提高其技术水平和管理业务水平；③项目小组所担负的产品或项目，可以根据情况变化而变动，能较快地适应市场需求的变化；④对人力资源的运用富有弹性，同一职能部门的知识和经验可以运用于不同的项目或产品之中，能充分发挥各种职能专家的作用；⑤有利于培养综合型、具有较强组织协调能力的高级管理人才。

（2）矩阵制组织结构的缺点：①多头领导，极易引发项目经理与职能部门经理之间的权力争夺；②组织中的各种关系比较复杂，协调工作困难；③双重指挥链，使得管理成本成倍增加；④临时性的机构易导致项目团队中的员工责任心不强。

思　考　题

一、单选题

1. 职能制组织结构的最大缺点是（　　）。
   A. 横向协调差　　　　　　　　　　　B. 多头领导
   C. 不利于培养上层领导　　　　　　　D. 适用性差

2. 组织规模一定时，组织层次和管理幅度呈（　　）。
   A. 正比关系　　　　B. 指数关系　　　　C. 反比关系　　　　D. 对数关系

3. 直线制组织结构一般只适用于（　　）。
   A. 需要按职能专业化管理的小型组织
   B. 没有必要按职能实现专业化管理的小型组织
   C. 需要按职能专业化管埋的中型组织
   D. 需要按职能专业化管理的大型组织

4. 事业部制组织结构产生于 20 世纪（　　）。
   A. 20 年代　　　　B. 30 年代　　　　C. 40 年代　　　　D. 50 年代

5. 部门划分最原始简单的方法是（　　）。
   A. 按人数　　　　B. 按时间　　　　C. 按产品　　　　D. 按职能

6. 提出上下级关系理论的是法国早期的管理学家（　　）。
   A. 法约尔　　　　B. 格拉丘纳斯　　　　C. 马基雅维利　　　　D. 马斯洛

7. 下列哪种组织结构又被称为"斯隆模型"？（　　）
   A. 职能制　　　　B. 矩阵结构　　　　C. 多维立体结构　　　　D. 事业部制

8. 管理幅度是指一名主管人员有效地监督、管理其直接下属的（　　）。
   A. 工作情况　　　　B. 人数　　　　C. 年限　　　　D. 档案

9. 采用"集中政策，分散经营"的组织结构是（　　）。
   A. 直线制　　　　B. 职能制　　　　C. 事业部制　　　　D. 矩阵制

10. 组织设计的前提和关键是（　　）。
    A. 劳动分工　　　　B. 协调　　　　C. 部门化　　　　D. 管理层次确定

二、多选题

1. 劳动分工理论的提出者是（　　）。
   A. 亚当·斯密　　　B. 马克斯·韦伯　　　C. 弗雷德里克·泰勒
   D. 亨利·法约尔　　　E. 大卫·李嘉图

2. 直线制组织结构的特点是（　　）。
   A. 组织中每一位主管人员对其直接下属有指挥和监督权
   B. 组织中下属成员只能向一位直接上级报告，即一人只听命于一位领导
   C. 组织中也不设专门的职能机构，是高度的集权化形式
   D. 主管人员在其管辖范围内有绝对的职权或完全的职权
   E. 具有纵向和横向两个管理系统

3. 直线职能制组织结构的优点主要有（　　）。
   A. 结构比较简单　　　　　　　　　B. 责任和职权明确
   C. 做决策比较容易和迅速　　　　　D. 减轻了上层主管人员的负担
   E. 管理幅度大

三、名词解释

1. 组织　2. 管理幅度　3. 直线职能制组织结构　4. 事业部制组织结构　5. 矩阵制组织结构

四、简答及论述题

1. 组织的基本职能主要有哪些？
2. 直线职能制组织结构的缺点有哪些？
3. 论述事业部制组织结构的优缺点。
4. 论述矩阵制组织结构的优缺点。

案例讨论

和顺公司的组织变革

和顺图书公司（以下简称为和顺公司）为一家民营图书销售公司，经过多年的努力已拥有了网上和实体店的经营销售方式，并开始在全国范围内进行扩张。和顺公司相信小而完全授权的单位能创造新的市场价值，因此尽量保持在全国各地设立小而独立的公司，自行负责采购、行销和物流，并购新公司后亦维持独立性。和顺公司也不断从现有组织中分离出独立的公司。独立的公司通常集中在有希望并且能当年获得效益的市场，截至到2009年，和顺公司在全国各地有50家子公司，其中有20多家是主要公司，其余或是新并购的公司，或是由这20多家主要公司分立出来的。每家公司均独立自主，但产权百分之百由和顺公司拥有。在分权的经营哲学指导下，和顺公司自2005—2009年的5年时间里成长了4倍，2009年的销售额达2亿元，员工总数达2.5万人，每年股东权益报酬率近20%。

实体店的销售是和顺公司销售收入的主要来源。多年来，由于和顺公司各个独立的

子公司能够自主决策，各子公司的销售人员了解各地读者的需求，从而能够满足读者的多种特殊要求，在所在地的读者中享有较高声誉。

在 2009 年，和顺公司开始重视网上经营，普遍开始实施集中采购图书，同时推广网上信息系统，但是和顺公司由于是各个子公司完全独立经营，实施集中采购和统一信息系统出现了问题，另外网上销售的物流服务的能力也跟不上去。

和顺公司计划将完全独立经营的各个子公司重新整合，将采购、信息、物流系统集中起来，由总公司负责，而销售还是由各子公司负责。但这样的组织变革在各子公司中阻力是很大的。

（资料来源：戴淑芬．管理学教程 ［M］．4 版．北京：北京大学出版社，2013：15.）

思考讨论题

1. 和顺公司所形成的新的组织结构的优点是什么？

2. 和顺公司组织变革的阻力可能会来自哪些方面？

第 **6** 章

领导与激励

本章导读

　　领导是管理的一项重要职能，直接影响到其他管理职能作用的发挥。激励是每一个管理者必须了解和掌握的基本理论和管理手段，在管理实践中具有很强的应用价值，是组织激发员工做好工作的关键。领导与激励之间有着密切的逻辑关系。领导的实质是下属的追随与服从，而要实现这一点，有效激励至关重要。本章主要学习领导的含义、领导者权力的来源、典型的领导理论、激励的原理，以及激励的主要理论等内容。本章重点是掌握领导的方法和艺术，以及有效的激励手段。

　　知识结构图

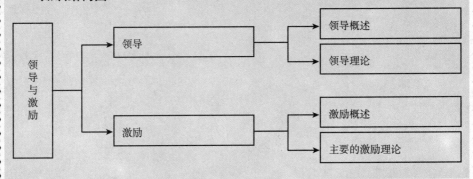

"闲可钓鱼"的大厂长

　　新港船厂是中国船舶工业总公司下属的一家较为大型企业，1982 年 11 月，46 岁的高级工程师王业震出任该厂厂长。当时有职工 6 500 人，固定资产 1.2 亿元。在技术上和管理上，借鉴日本三井造船、大阪造船等企业的经验，锐意改革。

　　该企业内部管理体制设两大系统：直线指挥系统和职能系统。日常工作中，上级不可越级指挥，但可越级调查；下级不可越级请示，但可越级投诉。明确每个人只有一个直接上级，而每个上级直接管辖的下属为 3～9 人，由厂长王业震本人直接领导的只有 9人。此外，专设 3 个"厂长信箱"，随时了解职工的意见和建议。一次，某车间工人来信反映某代理工段长不称职，王业震于第二天收阅后批转有关部门查处，经调查属实随即做人事调整，前后仅 5 天时间。

"一个厂长不时时想到为工人服务，就没有资格当厂长。"一次，香港和美国的两艘货轮在渤海湾相撞，由该厂承担抢修业务。在夜以继日的抢修中，王业震让后勤部门把馒头、香肠、鸡蛋送到现场。任务提前完成后，盈利 80 万元。王业震和厂领导班子决定破例发给参加抢修的职工加班费和误餐补助费 8 600 元。

新领导班子对会议做了改革。全厂必须召开的 15 个例会，时间、地点、出席人员都通过制度固定下来。一般会议不超过 2 小时，每人发言不超过 15 分钟。王业震本人每周仅召开 2 次会议：厂长办公会和总调度会。

王业震基本上按时上下班，很少加班加点。每逢出差外出，他就委托一位副厂长代行职权。厂里曾经委派一位中层管理人员去日本监造主机，行前又明确授权他一并购买主机控制台用的配件。该中层管理人员到日本后，却接连就价格、手续、归期等事项打国际长途电话向厂里请示。王业震的答复是："'将在外，君命有所不受。'你是厂里的全权代表，可以做主，不要遇事请示，那里的事你相机定夺嘛。今后再挂电话来，电话费由你自己付。"

仅仅一年光景，新班子和王业震初试锋芒即见成效。1983 年，新港船厂造船 4 艘、修船 137 艘，工业总产值、利润、全员劳动生产率分别比上年增长 25.6%、116% 和 20%。

（资料来源：http://wenku.baidu.com/view/36c46d00bed5b9f3f90f1cdb.html.）

6.1　领　导

6.1.1　领导概述

领导是管理的重要职能之一，是一个组织发展与衰落的关键因素，领导职能贯穿于管理活动的始终。从事不同层次管理工作的管理者，都应具备一定的领导素质，都必须掌握一定的领导艺术，更为重要的是都必须采用与组织环境相适应的领导方式。

1. 领导的概念

领导一词我们都不陌生，似乎也很好理解。一些人动辄将领导挂在嘴边，认为只要职位比自己高的就是领导，且唯领导马首是瞻；还有一些人认为只有组织中位高权重的大人物才是领导，更有甚者认为一个组织只有一个领导；当然，也有人将领导看作是为组织成员指明方向引领前进的过程。从上述人们对领导的不同理解中可以看出，领导有名词的概念也有动词的概念，两者词义差别很大。但作为管理的重要职能之一，领导应该是一项活动，即所谓动词的概念。这里，我们借鉴部分学者的观点，将领导定义为：领导是指领导者为实现组织和群体目标，运用权力指挥、带领、激励和影响下属行为的方式或过程。这种行为和影响力包含有行使组织所赋予的权力，但更主要是通过领导者自身的影响力，表现为下属对领导者强烈的追随和服从倾向。

2. 领导的权力来源

1）权力的含义

权力是一种影响力，从领导的角度来说，权力是领导者影响下属行为的一种力量，表现为下属的服从与追随；从被领导者对领导者的角度来说，权力还表现为一种依赖关系。史蒂芬·罗宾斯曾指出，权力是依赖的函数。即一个人对另一个人的依赖越大，受其影响的程度就越大，这就意味着后者对前者的权力越大。

2）权力的来源

领导者能够影响下属的行为并实现对其领导的基础是权力，领导是由权力派生而来的。一般而言，领导者的权力可以分为两大类，共5种。下面分别予以介绍。

（1）法定权。法定权即指挥下属并使之服从的权力，这是组织内部各领导职位所固有的、合法的、正式的权力，通常是由组织按照一定的程序和规则赋予领导者的。凡是处于某一职位的领导者都拥有一定的法定权力，都可以在其职责范围内发号施令。

（2）奖励权。奖励权指提供奖金、提薪、升职、赞扬、理想的工作安排和其他任何会令人愉悦的东西的权力。它立足于下级追求满足的欲望，即由于被领导者感到领导者有能力使他的需要得到满足，因而愿意追随和服从。

（3）强制权。强制权是领导者对下属在精神上或物质上施加威胁或惩罚性的措施，强迫其必须服从的权力。下属不服从领导者的命令或指示，将会受到惩罚。

（4）个人影响权。个人影响权，也称模范权，这是由于领导者高尚的品格或超凡的个人魅力所形成的一种权力。如领导者富有博大的爱心、知人善任、勇于创新等，就往往会受到下属的尊重、认可和高度信任，从而愿意模仿和追随。

（5）专长权。专长权是指领导者个人因拥有某种专业知识和特殊的技能而获得的权力。人们因为信任、能够向他学习或者能够从这种专长中获得利益而遵从。

上述5种权力中，法定权、奖励权和强制权是组织授予的，随职位的变化而变化；而个人影响权和专长权来自领导者自身，这种权力不会随着职位的消失而消失，所产生的影响力是长远的。

6.1.2 领导理论

领导者对组织的重要性不言自明，所谓"千金易得，一将难求"说的就是这个道理。从20世纪30年代开始，在美国就已经开展了有关领导问题的研究。根据领导理论出现的时间顺序，可以把现有的领导理论大体分为三类：领导者特质理论（trait theory）；领导行为方式理论（behavioral pattern theory）；领导权变理论（contingency theory of leadership）。下面简要给予介绍。

1. 领导者特质理论

领导者特质理论主要通过研究领导者的各种个性特征，寻找区分领导者和非领导者的方法，以期预测具备什么样的人格特征或品质的人最适合充当领导者。下面就介绍一下最具代表性的吉塞利的领导特质理论。

美国管理学家吉塞利（E. E. Ghiselli）调查了90个企业306名经理人员（注：这些被试者均来自美国，包括交通业、制造业、通信业、财政、金融、保险业、公用事业机构等。在每一个企业中选择3~4名领导者，年龄在26~42岁之间，90%为大学教育程度，或者具有同等学历。）之后，在其《管理才能探索》一书中，研究了有效领导者的8种个性特征（见

表 6 - 1）和 5 种激励特征。

表 6 - 1　有效领导者的 8 种个性特征

特征	具体表现
才智	语言与文辞方面的才能
首创精神	开拓新方向、创新的愿望
督查能力	指导别人的能力
自信心	对自己的评价
适应性	为下属接受程度
决断能力	判断决策能力
性别	男性或女性
成熟度	处事老练程度

资料来源：刘冬蕾，赵燕妮. 管理学原理 [M]. 北京：中国林业出版社，2012：155.

5 种激励特征指对工作安全的需要、对金钱奖励的需要、对行使权力的需要、对自我实现的需要和对事业成就的需要。

吉塞利认为，自信、远见、创新、敏锐、勇于冒风险、敢于承担责任等成为领导者必须具备的特质，但仅有这些并不能保证领导者就一定会成功。具备这些特质是致使领导者成功的必要条件，领导者还应根据实际情况选择恰当的方法，从而保证组织目标的实现。

2. 领导行为方式理论

20 世纪 40—60 年代，出现了研究领导者的领导方式和领导所应起的作用的一些理论，这些理论被称为领导行为理论。下面介绍几种有代表性的领导行为理论。

1）领导行为连续统一体理论

1958 年美国加利福尼亚大学的罗伯特·坦嫩鲍姆（Robert Tannenbaum）和沃伦·施密特（Warren Schmidt）在《哈佛商业评论》上发表了"怎样选择一种领导模式"一文，提出了领导行为连续统一体理论。坦嫩鲍姆和施密特指出，对命令型和民主型的领导方式要采取随机制宜的态度，领导者到底采取哪种领导方式更有效，应取决于多种因素。在这两种极端的领导方式中间，存在着多种过渡型的领导方式，这些不同的领导方式构成了一个"领导行为连续统一体"，见图 6 - 1。图中从高度专权的左端到高度放权的右端，坦嫩鲍姆和施密特划分出 7 种具有代表性的典型领导模式予以描述。

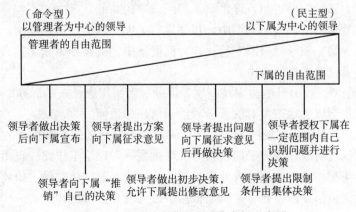

图 6 - 1　领导行为模式连续分布场示意图

（1）领导者做出决策后向下属宣布。领导者识别问题确认任务，设计出各种可供选择的方案，并择定其一，然后向下属宣布决策结果，督促实施。领导可以完全不考虑下属对其决策的想法和感觉，更不允许下属直接参加决策，倾向于采取强制措施推行。

（2）领导者向下属"推销"自己的决策。与上一模式类似，领导者独自确定工作任务并做出决策，但领导者不是强迫命令而是用说服的办法让下属接受，目的是化解反对力量以减少阻力，如指明该项决策会给员工带来哪些益处等。

（3）领导者提出方案向下属征求意见。这种模式仍由领导者做出决策，但会邀请下属提出意见和问题，并和下属一起探讨决策的作用与影响；对提出的问题和意见做出解释，以利于大家接受。

（4）领导者做出初步决策，允许下属提出修改意见。这种模式允许下属对决策发挥一些影响。领导者做出初步决策，然后交下属征询意见，欢迎和赞赏下属坦率直言，适当采纳，但最终牢牢掌握决定权。

（5）领导者提出问题向下属征求意见后再做决策。与以上模式不同，领导者做出决策前先请组织成员广泛发表意见，领导者的责任是识别问题、确定任务，然后与下属一起分析问题，提出解决办法，众人提出多种可供选择的方案，使领导者有更大的选择余地，当然，最后的选择和决策仍由领导者做出。

（6）领导者提出限制条件由集体决策。在这一模式中，决策权已由上级领导个人转移到下属集体手中，但是待解决问题或任务的范围及决策必须遵循的原则、先决条件和限度须由领导者事先明确给出。

（7）领导者授权下属在一定范围内自己识别问题并进行决策。这种模式具有最大限度的群体自由。这种领导模式在正式组织中很少见，但常常被科研单位所采用。

坦嫩鲍姆与施密特认为，在这七种模式中，不能简单地将某种模式定为最好或最差，成功的领导者是各式各样的，他们需要根据具体情况采取不同的领导模式。

2）参与管理理论

美国密歇根大学社会研究中心在伦西斯·利克特（Rensis Likert）的主持下，对领导行为方式进行了长期研究。他们以一家拥有上千名职工的保险公司作为研究对象，通过不断调换各部门的领导来观察工作效率的高低变化。研究结果表明，领导行为方式不同，所导致的领导效率也不同。领导效率进而直接影响了组织效率的高低。

利克特在《管理的新模式》一书中，将领导行为方式归结为 4 种类型。

（1）专制命令型。领导者独断专行，权力高度集中。被领导者毫无发言权，根本没有参与决定和与领导者讨论工作的自由。

（2）温和命令型。权力虽然集中在高层，但领导者采用家长式的居高临下的态度对待员工。领导者有时也会以恩赐态度对被领导者给予信任和信赖。

（3）协商型。组织重要问题的决策权在最高层，次要问题的决策权下放，经常征询被领导者的意见并能认真听取、积极采用，领导者与被领导者讨论工作比较自由。

（4）民主参与型。能与被领导者处于平等地位讨论问题，通过民主协商和讨论的方式解决问题。领导者完全信任被领导者，决策根据多数人的意见做出。

利克特根据调查和研究的结果认为，民主参与式领导方式最能从内部调动人的积极性，充分发挥他们的潜能。他建议领导者要充分相信被领导者能够胜任工作，并且愿意发挥能力。

3）领导行为四分图理论

1948 年，美国俄亥俄州立大学工商企业研究所的拉尔夫·斯托格迪尔（Ralph Stogdill）和卡罗尔·沙特尔（Carrol Shartle）对企业领导行为进行了一系列研究。他们发放了含有 15 个问题的"领导行为描述问卷"，收集到大量对于领导行为的描述，列出了 1 000 多个因素，最后分析确认了领导行为的两个独立维度，即"重视组织维度"（领导者运用组织构架所形成的强制力和约束力进行领导的倾向，在领导中强调规章制度、强制命令和规范约束）和"关怀维度"（领导者在领导行为中对于组织成员的信任、尊重和关怀的倾向，所强调的是领导者对下属的需求、健康、地位、成长的关心，强调领导者和被领导者间关系的融洽与满意）。

斯托格迪尔和沙特尔通过对重视组织维度和关怀维度的研究发现，每一个领导者的领导行为中这两种行为倾向都实际交织存在，但是比例不同。现实中的领导行为都是两种因素的具体组合。为了直观地表示这种组合，他们采用在二维坐标系中的四分图予以表示，如图 6-2 所示。

图 6-2　领导行为四分图

从上图可看出有四种不同的领导方式，即高组织和低关心人的、低组织和低关心人的、低组织和高关心人的、高组织和高关心人的领导方式。一般来说，低组织和低关心人的领导方式效果较差，而高组织和高关心人的领导方式效果最佳。

4）管理方格理论

1964 年，得克萨斯大学的罗伯特·布莱克（Robert Blake）和简·穆顿（Jane Mouton）在《管理方格》一书中提出了"管理方格"理论。此书出版后长期畅销，印数达 100 万册，并于 1978 年再版，书名改为《新管理方格》。作者在书中运用社会学、心理学、人类学、管理学等学科的方法对于方格所代表的领导方式做了深入的探讨和评价，指出最有效的领导方式，并设计出培训管理人员学习方格理论、掌握最佳领导方式的方案，对西方经理阶层和管理界有较大的影响。

管理方格理论将领导行为分解为"对工作的关心"和"对人的关心"两个方面，再将这两个方面分为九个级别，表示在图形上，形成纵横 81 个方格的坐标图，如图 6-3 所示。

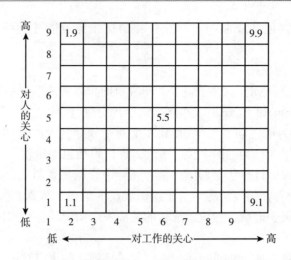

图 6-3　布莱克和穆顿的管理方格

横坐标代表对工作的关心，纵坐标代表对人的关心；以1代表程度最低，以9代表程度最高；每个方格代表"关心工作"和"关心人"这两个基本要素以不同程度相结合的状态。

在图中所形成的81个方格中，四角位置及中心位置的方格表示典型状态的领导方式，以下分别逐一介绍。

（1）1.1型领导方式。也称为"贫乏式管理"，这一类领导者对人漠不关心，感情淡漠；对工作敷衍塞责，放任自流，得过且过。以维持现状为满足，多一事不如少一事，只做一些维持自己职务最低限度的工作。

（2）1.9型领导方式。也称为"乡村俱乐部式管理"，这一类领导者对人极其关心，但对工作却漫不经心，忽视工作效果，过分看重下级的态度和感情，竭力培养融洽和谐的气氛，期望得到下级的爱戴和认可，害怕自己失去拥戴和受到抵制，希冀与上级、同事和下级都保持一团和气。

（3）5.5型领导方式。也称为"中庸之道式管理"，这一类领导者既对工作关心，也对人关心，兼而顾之，但程度适中，缺乏创新精神，乐于维持现状。在领导中尽量不行使正式权力，不轻易下命令，而是更多地采用说服和请求的方式，使人愿意工作。对于工作中的冲突，倾向于采用折中和缩小分歧、调节妥协的方式处理。

（4）9.1型领导方式。也称为"权威与服从式管理"，这一类领导者对工作极为关心，而对人的关心却十分不够。他们在工作中雄心勃勃，踌躇满志，甚至独断专行，刚愎自用，不遗余力追求工作业绩，渴望获得成功；强调工作效率而忽视对人的需求的满足，多依靠组织职权使人服从和实现控制。

（5）9.9型领导方式。也称为"团队式管理"，这一类领导者对人和对工作都极为关心，他们高度重视组织中的各项工作，又善于体察和关心组织成员的需求。通过沟通和激励，调动每个成员的自觉积极性，将组织目标与个体成员的个人目标有机地结合，使群体高效率地协调合作，共同为完成工作任务而努力，从而实现组织目标。

在现实中，极端的完全典型的领导方式是很少见的，一般都是处于两种因素交织的某种过渡状态。可以明显地看到，管理方格理论是在双因素理论的基础上，将领导行为的两个最重要的侧面明确化、细致化而提出的管理理论。这个理论的意义在于通过这种理论分析，能够对现实中具体的领导方式有一种理论上的认识，为寻找最佳的领导方式给出了思考的线索和达到这种状态的努力方向。

3. 领导权变理论

对领导的研究使人们越来越清楚地认识到有效的领导是由极其复杂的因素综合决定的，它既不仅仅取决于领导者的个性品质，也不单纯取决于某些固定不变的领导方式，并不存在普遍适用和绝对有效的领导方式。现实有效的领导过程受到领导者、被领导者和环境等许多因素的影响，是这些要素的综合作用的结果。基于这样的思考，产生了有关权变的领导理论。

1）菲德勒权变领导模型

菲德勒是当代美国著名的心理学家和管理学家，他早年就读于芝加哥大学，获得博士学位。菲德勒从 1951 年起进行了长达 15 年的调查，并在调查研究的基础上提出了"有效领导的权变模式"。他认为，没有什么固定的最优的领导模式，关键在于领导者必须与环境相适应。对于环境因素，菲德勒认为以下 3 项维度是确定领导有效性的关键。

（1）职位权力。领导者所拥有的由正式组织赋予的法定权力，如聘用、奖惩、解雇、晋升的决定权。位高权重者影响力要大。

（2）任务结构。即工作任务的明确化程度，工作任务规定得越具体、越明确，越易于有效的领导。

（3）上下级关系。即领导者与被领导者之间相互信任、信赖和尊重的程度。下属组织成员对领导者越尊崇，越乐于追随，则领导越有效。

菲德勒根据以上三个方面评估情境状况，将上下级关系分为好和差，将任务结构分为高和低；将职位权力分为强和弱，然后再将这三种要素进行组合，共得出 8 种不同的领导情境类型。这实质上是对现实领导环境的一种典型概括。

领导方式与组织环境的关系如表 6-2 所示。

表 6-2　领导方式与组织环境的关系

组织环境类型	非常有利			中间状态			非常不利	
上下级关系	好	好	好	好	差	差	差	差
工作结构	高	高	低	低	高	高	低	低
职位权力	强	弱	强	弱	强	弱	强	弱
有效领导方式	任务导向型			人际关系导向型			任务导向型	

2）途径-目标理论

20 世纪 70 年代加拿大多伦多大学的罗伯特·豪斯（Robert House）和华盛顿大学的特伦斯·米切尔（Terence Mitchell）开发的一种领导情境理论。其理论的核心是：领导者的工作是帮助下属达到他们的目标，并提供必要的指导和支持以确保他们各自的目标与群体或组织的总体目标相一致。

这一理论认为，领导者的效率是以他能够激励下属达到组织目标，并在工作中得到满足的程度来衡量的。领导方式可以分为 4 种类型，实际中要根据权变因素采取具体的领导方式。这 4 种领导类型分别如下。

（1）指导型领导。这一类型的领导让下属清楚地知道期望他们的是什么，也知道完成工作的时间安排和控制标准，并对如何完成任务给予具体指导。

（2）支持型领导。这一类领导态度友善，平等待人，对于下属的需求十分理解，十分关心他们的生活和幸福。

（3）参与型领导。与下属共同磋商，并在决策前充分尊重和考虑下属的建议。

（4）成就导向型领导。领导善于提出有挑战性的目标，对组织成员充分信任，期望和诱导下属发挥自己的最佳水平。

途径-目标理论认为，同一领导者应在不同的情境下采用不同的领导方式，或可以同时采用几种领导方式，那种把领导者截然划分为指导型、支持型、参与型或成就型的传统分类观念是不正确的。同时领导者需要考虑组织成员的个人特质和应付环境压力的能力这两种因素对领导方式的影响。

途径-目标理论以权变的观点看待领导方式与个人特质和环境因素的关系，其管理效果在实际案例中得到较好的验证。

阅读资料 6－1

领导的艺术

作为领导者，靠上级或组织授予的权力可以发号施令，但却无法保证对下属产生足够强的影响力，领导效果的取得在很大程度上依赖于领导者自身素质的修炼，需要领导者的悟性、创造性思维与灵感。领导艺术体现在管理活动中的方方面面，下面仅就几个问题做一下分析。

1. 授权

领导者肩负重任，日理万机，面对千头万绪的困难问题而能够有条不紊、游刃有余是一种艺术，其核心是授权的艺术。彼得·德鲁克曾说过，授权的真正含义是不去做别人能做的事，而去做那些必须由自己才能做的事。授权对于一个组织的发展来讲十分重要。授权可以使高层管理者从日常事务中解脱出来，专心处理组织的重大问题，控制全局；可以提高下属的工作情绪，增强其责任心，并增进效率；可以增强下属的才干，使下属有机会独立处理问题，从而提高管理水平；还可以充分发挥下属的专长，以补救授权者自身的不足。

作为领导者，只应当做领导职位上应当做的事情。并不是事情做得越多越有效，有些应当向下属授权交办的事情，自己去忙碌的结果很可能不仅浪费了自己大量的时间和精力，还会挫伤下属的积极性和责任感。领导者要善于把属于自己职权范围而又可委任下属去完成的某些工作派给下属去做，这有利于领导者集中精力去解决更为重要的问题，提高领导效率。

2. 知人善任

领导者应该有知人善任的用人艺术。用人是领导者最富于艺术性的能力。人才是组织实现目标的主导因素，也是最为活跃的因素。一个组织的成功，组织目标的实现，最终都要落实到人的创造性运作。领导者识人用人，将最适当的人才使用于符合组织目标的最恰当的位置，是领导最重要的职能之一。唯才是举、知人善任是领导者最重要的职责，也是最能体现领导艺术的地方。

3. 对时间的有效管理

领导者要树立时间是一种宝贵资源的意识。时间是一种等同于生命的资源，提高工作效率，合理安排时间，就等于延长了生命。领导者对于自己已做、所做和将要做的事情及时间的消耗，都要心中有数，应当养成记录时间使用情况的习惯，定时对于时间消耗予以检查分析，检查时间浪费的主要原因，对于时间使用不合理或浪费时间的环节及时纠正，找出提高时间利用效率的方式和措施。

领导者对于时间使用要精心筹划，学会科学合理地分配时间。领导者每天要做的事情千头万绪，这时要分清轻重缓急，区别主次。领导者必须在众多需要处理的事务中抓住最重要的事情，集中精力将其做好，把有限的时间分配给最关键的工作。时间的分配要考虑到人的工作效率并非全天所有的时间都恒定不变，由于受生物钟和习惯的影响，一天之内不同的时间段的精神状态不同，工作效率差异很大，要把最重要、最需要脑力、最困难的工作安排在一天中工作效率最高的时间段去完成，而把次要的、易于处理的事情留待精力较差的时间段处理。

身为领导，会议要占去许多时间。在召开会议方面，精于算时间账是合理运用时间的艺术之一。开会要计算会议成本，这方面需要注意几点：①可开可不开的会，一般不开；②会前要做充分准备，会议主题要明确，会上要解决的问题也要明确；③控制会议规模，参加的人员和人数要经过斟酌选择，与会议主题无关或关系不大的人员一律不参加；④会议时间要尽量短，避免坐而论道，议而不决的会议；⑤会议之后，责任要落实，会议要有切实的结果。

领导者为了有效地利用时间，必须首先诊断自己的时间利用情况，其目的在于知道时间是如何耗用的；然后要分析无效的时间并消除时间浪费。

6.2　激　励

激励是每一个管理者必须了解和掌握的基本理论和管理手段，在管理实践中具有很强的应用价值，是组织激发员工做好工作的关键，必须引起所有管理者的高度重视。

6.2.1　激励概述

在管理实践中，有些管理者经常抱怨下属缺乏进取心和责任心，工作态度不端正等，也有一些管理者把组织绩效不佳归因于员工的懒惰和"素质不高"。但是作为一个管理者必须认识到，没有不好的员工，只有不好的领导，通过努力调动员工的积极性使员工做好工作的关键在于如何激励他们。一个管理者如果不懂得怎样激励下属，就无法胜任工作。管理者的责任就是要最大限度地调动下属的积极性，创造一个有助于组织发展和个人成长的环境。在这样的环境里，人们为实现组织的目标而努力工作并获得个人成长和发展的机会。

1. 激励的含义

如何使组织的各类成员热情高涨地去为实现组织的目标而工作，这是所有管理者都关心的事情。美国哈佛大学教授威廉·詹姆斯做过一个实验，通过研究发现，在计时工资制度下，一个人如果没有受到激励，仅能发挥其能力的 20%～30%，如果受到正确而充分的激励，就能发挥其能力的 80%～90%，甚至更高。可见组织的绩效与对职工的激励密切相关。也就是说，管理者即使拥有高素质的下属，并为他们提供最好的设备，但对于这些下属不给予激励，也无法使下属有出色的表现，也就无法使组织的绩效提高。因而管理者必须激励下属去努力实现组织的目标，并调动他们的积极性，使他们在工作中能够将潜能发挥出来。

管理学中所谓的激励是指组织激发员工的动机、诱导员工的行为，是使其产生一种内在的动力，朝着组织所期望的目标而不断努力的过程。即通过协调组织成员个人动机与组织目标之间的关系，激发、鼓励、保持与强化有利于实现组织目标的个人动机，调动组织成员工作行为的积极性，使其以较高水平努力实现组织目标，而这种努力要以满足个体的某些需要为前提条件。

我们可以把激励看作是满足人的某种需求的过程，如图 6-4 所示，从图中可以看出，需求引起动机，动机产生行为，行为又指向一定目标。因此，要研究激励，就要研究需求、动机、行为之间的关系，激励实质上是满足人的需要的过程。

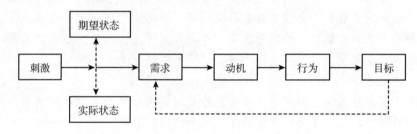

图 6-4　激励过程

2. 需求、动机、行为之间的关系

心理学家发现，人们之所以会产生某种特定的行为是由其动机所决定的。人们从事某项工作积极性的高低，完全取决于去做这项工作的动机及动机强弱的程度。我们注意到即使在同一个组织中两个各方面都几乎相同的员工，工作业绩也会大相径庭，究其原因，常常是由于低工作绩效者的积极性没有被调动起来即动机没有被激发出来造成的。

动机（motivation）是指推动个体采取行为的内部驱动力，这种驱动力是由于需求没有得到满足而产生的紧张状态引起的，它是一种内在的力量。从心理学的角度来讲，动机是由需求引发的。人之所以愿意做事，是因为做这件事本身可以满足其个人的某种需求。所谓需求是指人们对某种目标的渴求和欲望，包括基本的需求如生理需求和物质需求，以及高层次的需求如社会需求和精神需求。

当个人的需求得不到满足时，就会产生心理上的紧张。例如，一名农村姑娘第一次走出大山来到大都市天津打工，由于身边没有亲朋好友，加上城里人对人际关系看得比较淡漠，这位姑娘感到非常孤独，这主要是因为她与人交流和获得归属的需求没有满足。这位姑娘也就由此产生了心理上的紧张、压迫的感觉，这种紧张的感觉能够使她产生一种减缓紧张的内在力量——驱动力，这种内在驱动力量使她发生寻求满足的行为，于是希望能通过某种措施找到知心的朋友。由于身边没有可交往的对象，于是这位姑娘通过网络来寻找自己的朋友，她可能在网络世界里找到了一个知己，这时原来的紧张就会消除，孤独感没有了，她将这个网络里的朋友作为自己交流的伙伴。

行为是建立在需求和动机的基础上的，需求使人产生某种的动机，动机诱发人们采取某种行为去满足需求。因此，管理者在对员工进行激励时，首先要通过提供诱因或刺激，在一定程度上影响个人的需求和动机，从而使其产生所期望的行为。为了确保所提供的诱因对员工有吸引力，管理者就必须对员工的各种需求和性质进行研究，了解其真正的需求；同时，管理者要切实有效地激励员工，还必须了解员工在组织中工作的动机是如何形成和得到激发的，更需要了解其动机向特定的行为转化过程中的各方面心理因素及相应的激励措施和对策。

6.2.2　主要的激励理论

激励作为管理学中一个非常重要的研究内容，很早就引起了许多心理学家、行为学家、管理学家的研究兴趣。学者们从不同的角度对激励的因素和产生激励的行为进行研究，取得了丰硕的研究成果，提出了不同研究视角下的激励理论，下面就简要介绍一下其中较有代表性的几种。

1. 需要层次理论

美国人本主义心理学家马斯洛（Maslow）于 1943 年提出了著名的需要层次理论。该理论既是一种动机理论，又是一种激励理论。下面对这一理论做一下简要介绍。

马斯洛认为，人的需要可分为五个层次，即生理的需要、安全的需要、社交的需要、尊重的需要和自我实现的需要（见图 6－5）。这 5 种需要的具体含义如下。

（1）生理的需要：包括饥渴、栖身、性和其他由于人的生理因素造成的需要。

（2）安全的需要·保护自己免受心理和生理伤害的需要。

（3）社交的需要：包括爱与被爱、友谊、归属和被接纳的需要。

（4）尊重的需要：分为内部尊重因素和外部尊重因素，内部尊重因素是指自尊、自主和对成就的需要，外部尊重因素是指来自外部的认可和地位、关注等。

（5）自我实现的需要：是一个人追求个人能力极限的驱动力，包括成长、发挥自我的潜能等。

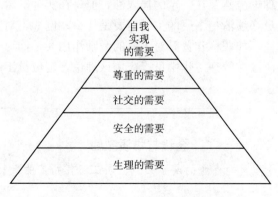

图 6－5　马斯洛的需要层次理论

上述五种需要是按从低级到高级的层次组织起来的，只有当较低层次的需要得到了满足，较高层次的需要才会出现并要求得到满足。一个人生理上的迫切需要得到满足后，才能去寻求保障其安全；也只有在基本的安全需要获得满足之后，社交的需要才会出现，并要求得到满足，依此类推。马斯洛写道："假如大部分时间我们都饥肠辘辘，假如我们不断地被干渴所困扰，假如我们连续地受到一个始终迫在眉睫的灾难的威胁，或者，假如所有的人都恨我们，我们就不会要去作曲、发明数学方法、装饰房间或者打扮自己。"[①]

马斯洛并没有说较低层次需要完全满足之后，才会产生高一层次需要，而只是说，人的各种需要存在高低顺序，或者说各种同时出现的需要中存在优势需要。就一般情况而言，只有在比某一层次需要的更低层次需要得到满足或部分得到满足后，该层次需要才会成为优势需要。人作为有欲望的动物，其行为受需要所驱使，但需要什么取决于已经有了什么，只有未被满足的需要才影响人的行为。换句话说，已经满足的需要，不再是优势需要，亦不再是行为的决定性力量。

由于生理、安全、社交、自尊这四类需要多在匮乏情形下产生，并且是构成最高层次需要即自我实现需要的基础，因此这四种需要被合称为基本需要或匮乏需要；而最高层次的自我实现的需要被称为衍生需要或存在需要。关于自我实现的需要，有两种错误观点：一种就是把一切我行我素的行为都理解为自我实现，另一种是把自我实现看成是一种完美无缺的状态。其实，马斯洛所说的自我实现有其特定的含义。他曾经对此做过不少表述，最通俗的说法莫过于这段话："一位音乐家必须作曲，一位画家必须绘画，一位诗人必须写诗，否则，他就无法安宁。人们都需要尽其所能，这一需要就称为自我实现的需要。"自我实现的本质特征是人的潜力和创造力的发挥，它意味着"充分地、活跃地、忘我地、集中全力地、全神贯注地体验生活"。

马斯洛需要层次理论由于其直观和易于理解而得到了广泛的认可，尤其是在从事实际工作的管理者中得到了广泛的应用。该理论对于思考需要和动机提供了一种有用的结构，但是也有其局限性。首先它具有简单化倾向，忽略了需要强度的因素。此外，马斯洛需要层次在跨国文化中或许是不一致的。有研究表明在东方文化中有不同的需要层次，人们更多地注重社会需要及归属感，较少地注重自我需要及自我实现。不同的文化对自我有着不同的概念，而对自我的概念有可能影响他们对自我实现的注重与否。同时，这一理论缺乏实证基础，没有支持其假设的验证性材料。

马斯洛的需要层次理论虽然存在一定的局限性，但是在实际的管理工作中还是具有很高的应用价值的。管理人员必须清楚下属的主导需要是什么；例如，对一个工资水平很高的企业来说，奖金的作用往往不如职称和晋升对下属的激励作用大，而对于一个工资水平较低的企业情况则恰好相反。所以在管理工作中可以应用该理论，定位员工的主导需要，按照主导需要的内容去激励员工。

阅读资料6－2

金钱与物质激励

物质激励是指通过物质性资源的奖励来刺激员工工作行为的激励手段。常用的物质激

---

① 马斯洛.自我实现的人 [M].许金声，刘锋，译.上海：上海三联书店，1987：188－289.

励手段包括工资、奖金、实物或其他福利等可以用金钱来衡量的物质。根据需要层次理论可知,这种激励在人们的生活达到富裕之前作用十分明显。如果能将物质激励与员工工作成绩紧密结合起来,它的激励作用将会产生十分显著的效果。

在对员工进行物质激励时,经济学家和绝大多数管理者倾向于把金钱放在高于其他激励因素的地位。但是管理者必须注意,只有当员工预期获得的报酬与目前个人收入相比差距较大时,金钱才能起到激励作用。例如,很多企业虽然给员工增加了薪水,甚至支付了奖金,但并没有起到足够的激励作用。它们可能可以避免使员工产生不满或另外去找工作,但并没有增加员工对组织的满意度,或极大调动员工工作的积极性。因此,管理者在用金钱作为物质激励手段时,必须注意以下几点。

(1)金钱对那些抚养一个家庭的人来说,要比对那些功成名就、在金钱的需要方面已不再那么迫切的人来说重要得多。金钱是获得最低生活标准的主要手段,虽然这种最低标准随着人们日益富裕而有提高的趋势。

(2)金钱作为一种有效的激励因素,管理者一般在同一组织中,采取不同职位提供不同级别薪金的做法。同时,即使级别相当,给予他们的薪水和奖金也必须能反映出个人的工作业绩。

(3)在大多数组织中,金钱实质上是用来作为保持一个组织机构配备足够人员的手段,而不是作为主要的激励因素。组织在行业范围内通过提供具有竞争性的工资和奖金,以吸引和留住员工。

总之,以金钱为主要手段的物质激励在企业管理中起着重要的作用,但是也存在缺陷。首先,物质激励长期使用容易产生依赖性。一旦物质激励被撤销,员工的工作积极性会立即受到影响。因此,要维持这种激励手段需要较高的激励成本。其次,长期使用以金钱为代表的物质激励,会产生边际效应递减现象,致使用于激励的金钱数额不断增加,才能维持原有激励的效果。例如,如果此前没有奖金,发放 100 元奖金会对员工产生很大的激励作用;如果经过两三年时间后,奖金还是 100 元,可能就产生不了激励作用。因为随着时间的推移,人们已经习惯于把 100 元奖金看作自己固有收入的一部分,这时只有提高奖金额度,才能起到激励作用。

2. 双因素理论(激励-保健理论)

双因素理论是由美国心理学家弗雷德里克·赫茨伯格(Frederick Herzberg)于 1959 年提出来的。20 世纪 50 年代末期,赫茨伯格和他的同事们对匹兹堡附近一些工商业机构的约 200 位专业人士做了一次调查。调查主要是想了解影响人们对工作满意和不满意的因素。结果发现,导致对工作满意的因素主要有五个:成就、认可、工作本身的吸引力、责任和发展。导致对工作不满意的主要因素有:企业政策与行政管理、监督、工资、人际关系及工作条件等。

赫茨伯格将导致对工作不满意的因素称为保健因素,将引起工作满意感的一类因素称为激励因素。保健因素,诸如规章制度、工资水平、福利待遇、工作条件等,对人的行为不起激励作用,但这些因素如果得不到保证,就会引起人们的不满,从而降低工作效率。激励因素,诸如提升、提职、工作上的成就感、个人潜力的发挥等,则能唤起人们的进取心,对人的行为起激励作用。要使人的工作效率提高，仅仅提供保健因素是不够的，还需要提供激励因素。一个单位固然要为员工提供具有吸引力的工资福利待遇和生产、生活条件，但如果这些待遇和条件采用平均分配的办法，不与个人的责任大小、工作业绩或成就挂钩，就只能起一种"保健"作用，起一种减少牢骚和不满的作用，无法激励员工不断进取和努力做出新的成绩。

赫茨伯格的研究修正了传统的"满意-不满意"观点，他认为：带来工作满意的因素和带来工作不满意的因素是截然不同的，满意的对立面是"没有满意"，而不满意的对立面是"没有不满意"。根据赫茨伯格的观点，导致工作满意的因素同导致工作不满意的因素是截然不同的两种因素。因此，管理者如果努力消除带来不满意的因素（如工作环境、福利待遇等），这些因素的改善只能消除员工的不满情绪、怠工和对抗，并不能使员工变得满意，这类因素叫保健因素。赫茨伯格的观点可以简单概括为，激励因素是这样一些因素：有它，感到满意；没有它，没有满意。而保健因素却是：有它，没有不满意；没有它，感到不满意。赫茨伯格曾根据大量数据绘出了满意因素和不满意因素比较图以供管理者参考，如图 6 - 6 所示。

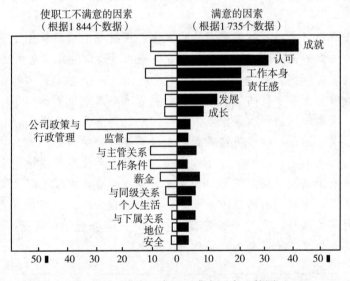

图 6 - 6 满意因素和不满意因素比较图

双因素理论认为，激励因素和保健因素彼此独立，并以不同的方式影响着人们的行为。当人们缺乏保健因素时会产生很大的不满足，但有了它们也不会产生多大的激励作用；激励因素使人们产生满足感，而缺乏它们也不会产生太大的不满足。例如，公司普遍的调薪会被员工认为是对合理的生活保障的改善，而不能因此提高工作效率。如果管理者想激励员工，就要强调工作的成就、意义、认可、晋升和责任，只有这些因素得到改善，才能够激励员工的工作热情，提高工作效率，这类因素被称为激励因素。

管理者利用双因素理论来激励员工时，应确保保健因素是适当的，即有适当的工资和收入保障、安全的工作条件等。通过提供这些因素可以消除员工的不满，但并不能激励他们。管理者应创造机会为员工提供那些能让他们努力工作的激励因素，包括工作的成就、挑战性的任务等。同时要防止激励因素向保健因素转化。例如，一般事业单位都有奖金制度，但这些奖金并不具有激励作用，而是成了一种变相的福利，使奖金从最初设立时的激励因素变成了后来的保健因素。

双因素理论和需要层次理论都属于激励相容理论，都是从人的内在驱动力即需要的角度出发来考察激励的，虽然这两种理论之间存在许多差别，但是，就需要的类型来看，两者之间还是存在许多共同之处，保健因素与低级需要基本一致，而激励因素则与高级需要相对应。值得注意的是，由于人的社会性，人的情绪是受到多种社会因素影响的，因此，随着时间、地点等因素的改变，保健因素和激励因素的具体内容肯定会有所不同。

3. 强化理论

强化理论是由美国心理学家、行为科学家伯尔赫斯·斯金纳（Burrhus Skinner）等人提出的，又称为"行为修正理论"。斯金纳研究了动物和人的行为后发现：人或动物为了达到某个目的，会采取一定的行为。当这种行为的结果对自身有利时，这种行为以后就会重复出现；不利时，这种行为就会减弱或消失。这就是环境对行为强化的结果。由此，就产生了强化理论。

强化是指不断通过改变环境的刺激因素来达到增强、减少或消除某种行为的过程。强化的具体方式包括正强化和负强化。

所谓正强化，就是奖励那些符合组织目标的行为，以便使这些行为得到进一步加强，从而有利于组织目标的实现。正强化的刺激物不仅仅包含奖金等物质奖励，还包含表扬、提升、改善工作关系等精神奖励。为了使强化能达到预期的效果，可以实施不同的正强化方式。一种是连续的、固定的正强化，譬如对每一次符合组织目标的行为都给予强化，和每隔一固定时间都给予一定数量的强化。尽管这种强化有及时刺激、立竿见影的效果，但久而久之，人们就会对这种正强化有越来越高的期望，或者认为这种正强化是理所当然的。管理者要不断加强这种正强化，否则其作用会减弱甚至不再起到刺激行为的作用。另一种是间断的、时间和数量都不固定的正强化，亦即管理者根据组织的需要和个人行为在工作中的反应，不定期、不定量实施强化，使每一次强化能起到较大的效果。实践证明，后一种正强化更有利于组织目标的实现。

所谓负强化，就是不鼓励那些不符合组织目标的行为，以使这些行为削弱直至消失，从而保证组织目标的实现不受干扰。负强化一方面包含给予行为当事人某些他不喜欢的东西或是取消他所喜欢的东西，如减少奖酬、罚款、批评、降级、解聘等惩罚手段，另一方面还包含忽视或自然消退，即对于组织中出现的不符合要求的行为进行冷处理，减弱这种行为，达到无为而治的效果。如：对职工的某种行为不予以理睬，以表鄙视，从而使这种行为得以消除。实施负强化的方式与正强化有所差异，应以连续负强化为主，即对每一次不符合组织目标的行为都应及时予以负强化，消除人们的侥幸心理，减少直至完全避免这种行为重复出现的可能性。

正强化给人以愉快的刺激，使人们产生一种强大的进取效应。负强化给人以不愉快的刺激，人们对不愉快的刺激具有一种抑制情绪。如果给予同一个人过多的负强化，他往往不从自身找原因，反而认为领导故意跟他过不去，或形成"逆反心理"，偏偏和领导对着干。所以，领导在必须进行负强化时，要特别注意技巧。

为提高激励的效果，管理者在实践中运用强化理论时，必须注意以下 4 个方面的问题。

（1）必须针对行为的结果给予及时的强化。不管是表扬、奖励，还是批评、惩罚都不能事隔太久才进行。

（2）必须针对行为给予明确的强化信息。应该明确针对某种行为，不能因人而异，不管谁这样做都会得到奖励或处罚。

（3）强化的频率不能太高。经常表扬和总是批评都会降低强化的力度和效果，间断性的强化会更加有效。

（4）正强化比负强化的激励效果更大，要多用正强化，慎用负强化。

4. 公平理论

公平理论是美国心理学家 J. S. 亚当斯（J. S. Adams）于 20 世纪 60 年代提出来的，也称为社会比较理论。这种激励理论主要讨论报酬的公平性对人们工作积极性的影响。该理论认为，一个人的工作动机和动力，不仅受其所得到报酬的绝对值的影响，更要受到报酬相对值的影响。一般情况下，人们会以同事、亲友、邻居或自己以前的情况作为参考，来评价是否得到公正、公平的待遇。

将"自己"与"别人"相比称之为横向比较。我们以下列公式来说明：

$$Q_P/I_P = Q_X/I_X$$

其中：Q_P 代表对自己（或自己现在）所获报酬的感觉；I_P 代表对自己（或自己现在）所投入量的感觉；Q_X 代表自己对别人（或自己以前）所获报酬的感觉；I_X 代表自己对别人（或自己以前）所投入量的感觉。

这里需要说明的问题有以下几个。

（1）投入量包括个人所受到的教育、能力、努力程度、时间等因素。

（2）报酬包括精神和物质奖励及工作安排等因素。具体表现为：薪金、奖金和福利，以及职务的升降、受到的赏识、尊重等。

如果 $Q_P/I_P > Q_X/I_X$，则说明此人得到了过高的报酬或付出的努力较少。在这种情况下，一般来讲他不会要求减少报酬，而有可能会自觉地增加投入量。但过一段时间他就会因重新高估自己的投入而对高报酬心安理得，于是其产出又会恢复到原先的水平。

如果 $Q_P/I_P < Q_X/I_X$，则此人会对组织的激励措施感到不公平。此时他可能会要求增加报酬，或者自动地减少投入（消极怠工）以便达到心理上的平衡。当然，他甚至有可能离职。

尽管公平理论的基本观点是普遍存在的，但是在实际工作中很难把握。个人的主观判断对此有很大的影响，因为人们总是倾向于过高估计自己的投入量，而过低估计自己所得到的报酬，对别人的投入量及所得报酬的估计则与此相反。因此，管理者在运用该理论时应该更多地注意实际工作绩效与报酬之间的合理性。当然，对有些具有特殊才能的人，或对完成某些复杂工作的人，应更多地考虑到其心理的平衡。

5. 期望理论

期望理论是美国行为学家维克多托·弗鲁姆（Victor Vroom）提出的。该理论认为：一种行为倾向的强度取决于个体对这种行为带来的结果的期望强度及这种结果对行为者的吸引力，只有当人们在预期他们的行为会给个人带来既定的成果且成果具有吸引力时，才会被激励起来去做某些事情。该理论着眼于三种关系，如图 6-7 所示。

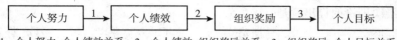

1. 个人努力-个人绩效关系；2. 个人绩效-组织奖励关系；3. 组织奖励-个人目标关系

图 6-7 期望理论三种关系图

（1）个人努力-个人绩效关系：个人认为通过一定努力会带来一定绩效的可能性。

（2）个人绩效-组织奖励关系：个人相信一定水平的绩效会带来所希望的奖励结果的程度。

（3）组织奖励-个人目标关系：组织奖励满足个人目标或需要的程度，以及这些潜在的奖励对个人的吸引力。

一个人从事某项工作的动力（激励力）的大小，取决于"该项活动所产生的成果的吸引力的大小"和"获得预期成果的可能性（概率）的大小"这两个因素。用公式表达为：

$$激励力＝效价×期望值$$

效价就是"某项活动成果的吸引力"。吸引力不在于预期成果本身，而在于成果能否满足行动者的需要，是行动者个人的主观评价。同样的工作成果或结果对不同的人而言，吸引力的大小是不同的。比如，领导告诉职工，完成某项工作任务，将给予 1 000 元的奖金，这 1 000 元就是预期成果。对于急需金钱或金钱欲望很强的人来说，这一成果的吸引力是很大的，效价很高；对于腰缠万贯或没有金钱欲望的人来说，这一成果的吸引力就很小甚至为零，效价很低。

期望值就是"获得预期成果的可能性"。这往往与行动者自身的能力和环境条件有关系。如果成果很诱人，效价很高，但自己却力所不能及，或周围条件不允许，只能是可望而不可即，期望值就很低甚至为零，随之激励力也很低甚至为零。因此，只有当效价高并且期望值大时，才会产生强烈的激励效果。

在实际的管理过程中，管理者要激励员工去做某件事，首先要了解他的主导需要，设置效价较高的"成果"，这样可以用较低的成本获得较大的动力。同时帮助职工提高能力，为他们创造必要的条件，提高他们的期望值，从而可以提高激励力。

思 考 题

一、单选题

1. 领导与管理工作的关系是（　　）。
   A. 领导是管理工作的一项职能　　　　B. 管理是领导工作的一项职能
   C. 两者没有任何关系　　　　　　　　D. 两者没有任何区别

2. 在管理方格布莱克和穆顿认为最差的领导型态是（　　）。
   A. 1.9 型　　　　B. 1.1 型　　　　C. 9.9 型　　　　D. 5.5 型

3. 领导行为四分图理论中，分析领导行为的两个维度是（　　）。
   A. 关怀维度与体制维度　　　　　　　B. 目标维度与体制维度
   C. 关怀维度与重视组织维度　　　　　D. 体制维度与重视组织维度

4. 需要层次理论的提出者是（　　　）。

    A. 泰勒　　　　　　　　B. 马斯洛　　　　　　　C. 麦克莱兰　　　　　　D. 斯金纳

5. 激励的核心作用在于（　　　）。

    A. 加强领导　　　　　　B. 提高组织效率　　　　C. 调动人的积极性　　D. 满足人的需要

6. 按照双因素理论，那些能够导致员工不满意的因素属于（　　　）。

    A. 保健因素　　　　　　B. 激励因素　　　　　　C. 工作因素　　　　　　D. 制度因素

7. 公平理论中所指的相对报酬是（　　　）。

    A. 自己不同时期的报酬比　　　　　　　　B. 自己与别人的报酬比

    C. 自己的报酬与付出比　　　　　　　　　D. 自己与别人的付出比

8. 如果你是一位公司的总经理，当你发现公司中存在许多小团体时，你的态度是（　　　）。

    A. 立即宣布这些小团体为非法，予以取缔

    B. 深入调查，找小团体的领导人，向他们提出警告，不要再搞小团体

    C. 只要小团体的存在不影响公司的正常运行，可以对其不闻不问，听之任之

    D. 正视小团体的客观存在性，允许乃至鼓励其存在，对其行为加以积极引导

二、多选题

1. 正式权力包括（　　　）。

    A. 法定权　　　　　　　B. 奖励权　　　　　　　C. 专长权　　　　　　　D. 强制权

    E. 个人影响权

2. 授权的影响因素有（　　　）。

    A. 组织规模　　　　　　　　　　　　　　B. 责任或决策的重要性

    C. 任务的复杂性　　　　　　　　　　　　D. 组织文化

    E. 下属才能

3. 对于一个自我实现需要占据主导地位的职工来说，比较有效的激励措施是（　　　）。

    A. 提高工资　　　　　　B. 颁发奖金　　　　　　C. 委以重任　　　　　　D. 改善工作条件

    E. 晋升

4. 赫茨伯格的双因素理论中的双因素指的是（　　　）。

    A. 信息因素　　　　　　B. 激励因素　　　　　　C. 人员因素　　　　　　D. 保健因素

    E. 公平因素

5. 根据马斯洛的需要层次理论，可得如下结论（　　　）。

    A. 对于具体的个人来说，其行为主要受主导需要的影响

    B. 越是低层次的需要对人们行为所能产生的影响也越大

    C. 任何人都具有五种不同层次的需要而且各层次的需要强度相等

    D. 层次越高的需要对人们行为所能产生的影响也越大

    E. 在主导需要得到满足之后才会产生高一层次的需要

三、名词解释

1. 领导　　2. 激励　　3. 保健因素　　4. 正强化　　5. 负强化

四、简答及论述题

1. 领导者的权力主要来源于哪几个方面？
2. 管理者为什么要进行授权？
3. 简述管理方格理论。
4. 马斯洛的需要层次理论的主要内容是什么？
5. 简述赫茨伯格的双因素理论。

案例讨论

春翔建材研究所的两任所长

春翔建材研究所是国家某协会下属研究所，主要承接国家下达的研究任务，近年来随着市场需求的增多，研究所也经常承担企业的科研课题。所里拥有雄厚的科研实力，多数员工具有较高的学历和职称，且有较丰富的研究经历，并且都比较热爱自己的研究。

刘所长于 2000 年到春翔建材研究所任所长。刘所长业务水平很高，也很热心所务，所里的大小事情都亲自过问，事事走在人先，还为所里争取到几个有市场潜力的项目。然而，刘所长在所里的人际关系却不是很好，到 2003 年时几乎因为人际关系紧张而不得不调离春翔建材研究所。

方所长是刘所长的后任，业务水平也很高，但他对所务并不亲力亲为，而是放手让所里的其他领导甚至研究人员自己决定，方所长更多的时间是被各种场合请去开会、讲课，虽然方所长在任内并没有给所里争取到很多项目，但他在任上却是上下喜欢，据说有可能晋升。

（资料来源：黄顺春. 现代企业管理教程：理论、方法、技能［M］. 3 版. 上海：上海财经大学出版社，2011：334 - 335.）

思考讨论题

1. 比较春翔建材研究所两任所长的领导风格，运用相关领导理论进行评价。
2. 结合案例及你接触或观察到的现实，你认为领导成功的因素有哪些？

第 7 章

控　制

本章导读

　　控制是管理的重要职能之一，是实现企业目标的重要保障。没有控制活动，再周密的计划、再明确的经营目标都必将难以实现。因此，为了保证企业经营活动的有序运行，控制工作必不可少。本章主要是介绍控制的含义和内容、控制的类型、控制的原则、要求和基本过程方面的内容。通过对本章的学习，一方面可以帮助读者正确认识管理控制工作的重要性，另一方面也可帮助读者全面掌握管理控制的基本原则与方法，为今后从事相应的管理实践活动储备好相应的理论知识。

　　知识结构图

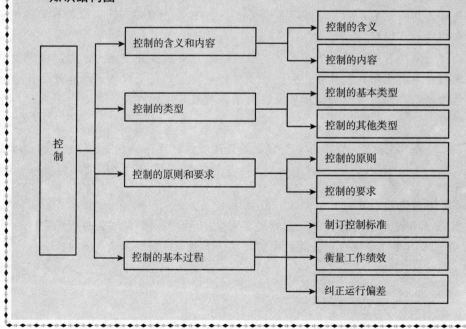

39 滴焊料

一滴焊料实在不起眼，然而"石油大王"洛克菲勒却曾为之做足了文章。19 世纪 80 年代初，洛克菲勒视察了一家位于纽约的标准石油公司下属工厂。这家工厂把煤油灌入容积为 5 加仑的油桶，密封后销往国外。他仔细观察了一台机器给油桶封口的过程后，便问一位专家："封一个口用几滴焊料？""40 滴"，专家答道。"有没有试过 38 滴？"洛克菲勒问道，"没有？那么，就试一试 38 滴，然后告诉我结果。"使用 38 滴焊料的油桶之中有一小部分漏油，用 39 滴焊料的油桶却没有出现这种情况。从那以后，39 滴焊料就成为标准石油公司的新标准。"就是这么一小滴焊料，"退休之后的洛克菲勒仍会为这一决定露出满意的微笑，"在第一年就为公司节约 2 500 美元，而公司的出口业务在那以后继续上升，先是翻一番，继而翻两番，远远超过当时的水平。这项节约措施也一直得到贯彻，每桶节约一滴，从那时到现在节约的钱已经有几十万美元。"

可别小瞧这一滴焊料，聚滴成河，聚沙成塔，日积月累，便是一大笔财富。而更重要的是从中可以看出，"石油"大王从严管理、节俭治业的精神。洛克菲勒一生信奉"勤俭生财"的准则。平时，他除了筹划企业的经营方略之外，就是到处巡视，寻找管理上的问题和漏洞。对公司的账簿，他特别留心，必须亲自过问。他能抓住某些细节提出质疑或出些省钱的主意。洛克菲勒不愧为一个精打细算的富翁。

中国有句古话：成由节俭败由奢。居家过日子如此，办企业搞建设又何尝不是如此。经营和管理是事业成功的双翼，缺一不可。在企业深化改革、建立现代企业制度的关口，精于管理，杜绝跑、冒、滴、漏，减少内耗，显得尤为重要。

39 滴焊料给我们的启示是：洛克菲勒一生奉行"勤俭生财"的准则，他从一滴焊料的细节着手，杜绝浪费，减少消耗，从而体现了从严管理，节俭治业的精神。从控制工作来讲，管理者应善于抓住控制的关键点。由于组织管理的计划、内容、活动状况是复杂细微的，管理者可以通过巡视、检查、监督，及时、充分地直接掌握基层的第一手信息。洛克菲勒所抓住的关键点是节约焊料，而节约焊料的关键点是确定包装油罐的消耗标准。

另外，控制工作不仅仅是发现问题，更重要的是采取行动，纠正偏差。洛克菲勒从实际出发，将 39 滴焊料作为美孚公司各工厂每只油罐的统一规格，有了这个标准，对油罐的包装工作就有了一种控制的依据。案例"39 滴焊料"对于企业管理者具有很好的借鉴作用。

（资料来源：http://read.dangdang.com/content_529370.）

7.1 控制的含义和内容

7.1.1 控制的含义

"控制"一词起源于古希腊，原意是"掌舵术"，意思是领航者通过命令将偏离航线的船舶拉回到正常的航线上来。因此，从传统的观点来看，控制的主要任务就是"纠偏"，即限制偏差的累积。但在管理学领域，控制的含义已经超出了原来的仅仅是"纠偏"的范畴，下面先看一下三位著名管理学者的观点。

法国管理学家，经营管理之父亨利·法约尔曾指出，"在一个企业中，控制就是核实所发生的每一件事是否符合所规定的计划、所发布的指示及所确定的原则。控制的目的在于指出工作中的缺点和错误，以便加以纠正并避免重犯"[①]。美国著名管理学者斯蒂芬·罗宾斯认为，控制是监视各项活动以保证它们按计划进行并纠正各种重要偏差的过程。控制是所有管理者的职责，即便他的部门是完全按照计划运作的。一个有效的控制系统可以保证各项行动朝着实现组织目标的方向发展。罗宾斯同时认为，控制系统越完善，管理者实现组织的目标就越容易。已故美国管理大师哈罗德·孔茨认为，管理工作的控制职能是对业绩进行衡量与矫正，以便企业目标能够实现和为达到目标所制订的计划能够得以实现。孔茨同时强调，在概念上将计划与控制加以区分是明智的。并且，可以把计划和控制工作看成是一把剪刀的两个刃，没有任何一刃，剪刀也就没有用了。[②] 因此，没有目标和计划，控制活动就无法开展。

国内学者在借鉴、参考国外学者观点的基础上，也纷纷给出了自己对控制的理解，但基本上是大同小异。如"控制是指人们根据给定的条件和预定的目的或考核标准，通过改变和创造条件，使事务沿着可能空间内确定的方向发展""组织中的控制是指管理者按照决策所确定的组织方向和计划所确定的具体执行方案，运用工作标准检查实际工作中的运行情况，及时发现偏差，及时给予纠正，以保证组织活动能够达到组织的目标"，等等。

从以上诸多学者的观点中，我们不难看出，控制是与计划紧密相连的一个概念。没有计划作为前提，控制工作就无从开展。同时，控制工作具有很强的目的性，它通过制定工作标准、衡量偏差及纠正偏差来实现组织既定的管理目标。在此基础上我们可以将控制定义为：以计划为前提，通过制定控制标准、衡量工作绩效及纠正偏差等活动来实现组织既定的管理目标的过程。

7.1.2 控制的内容

控制是管理工作的一项重要职能，其涉及的内容是多方面的。概括起来，企业的控制内容主要包括人员控制、财务控制、作业控制、信息控制及组织绩效控制。下面就分别对上述

---

① 法约尔. 工业管理与一般管理［M］. 北京：中国社会科学出版社，1988：135.
② 孔茨，韦里克. 管理学［M］.10 版. 张晓君，译. 北京：经济科学出版社，1998：378.

五项内容进行简要介绍。

（1）人员控制。管理是通过他人来实现组织目标的，为了实现组织目标，管理者必须要依靠下属人员的努力工作。因此，组织成员按照管理者所期望的方式去开展工作是十分必要的。为了保证下属人员的工作成果与预期目标的一致性，管理者必须实施对下属人员的控制。

人员控制主要涉及以下三个方面：首先，管理者应该给下属人员制定明确的工作目标与标准，同时激励与督促他们去努力完成目标；其次，管理者通过各种方式观察下属人员的工作情况，并及时纠正所出现的问题；最后，对下属人员的工作进行分析和评估，根据下属人员的绩效情况采取不同的控制措施。

（2）财务控制。财务控制是控制的核心内容之一，对任何组织而言都是至关重要的。可能会有人认为，财务控制是营利性组织关注的焦点，而非营利组织没有必要对其进行重视。事实上，如果没有有效的财物控制，非营利组织同样也会面临着危机。据报道，海南省有些地方政府因盲目投资而负债累累，以其现有的财政收入水平来计算，要完全偿还所欠债务，有的乡镇需要好几百年。虽然政府不会因为负债太多而破产，但这将会引起严重的信用危机。因此，财务控制是适用于一切组织的，所有的管理者都应该关心财务问题。

（3）作业控制。作业控制是一切管理控制工作的基础。一个组织的成功，很大程度上取决于其生产产品或提供服务的效率和效果。以一家医院为例，典型的作业控制包括：监督医院的医疗救治水平与服务水平；评价采购能力，以尽可能低的价格购买到所需的医疗器械和药品，并确保其质量；保证医用垃圾的妥善处理等。如果无法对上述工作进行控制，该医院的管理工作必然会出现问题。

（4）信息控制。信息是有效控制的灵魂，没有信息，任何客体对象都无法进行控制。那些不精确的、不完整的、过多的或延迟的信息都将会严重阻碍管理者的控制工作。管理者应该根据信息来适应和调节变化，以确保既定目标的实现。实施信息控制的有效措施是建立一套完整而适用的管理信息系统。

阅读资料 7—1

麦当劳的控制系统

麦当劳能够在激烈的市场竞争中立于不败之地，很大程度上是得益于其科学而又严密的管理控制系统。

麦当劳允诺：每个餐厅的菜单基本相同，而且质量超群，服务优良，清洁卫生，货真价实。它的产品、加工和烹制程序乃至厨房布置，都是标准化的，并受到严格控制。它撤销了在法国的第一批特许经营权，因为尽管其盈利可观，但未能达到快速服务和清洁方面的标准。

麦当劳主要通过授予特许经营权的方式来开辟连锁分店：其考虑之一就是使购买特许经营权的人在成为分店经理人员的同时也成为该分店的所有者，从而在直接分享利润的激励机制中把分店经营得更出色。特许经营使麦当劳在独特的激励机制中形成了对其扩展中的业务的强有力控制。麦当劳在出售其特许经营权时非常慎重，总是通过各方面调查了解后挑选那些具有卓越经营管理才能的人作为店主，而且事后如发现其能力不符合要求则撤回这一授权。

麦当劳还通过详细的程序、规则和条例规定，使分布在世界各地的所有麦当劳分店的经营者和员工们都遵循一种标准化、规范化的作业流程。麦当劳对制作汉堡、炸土豆条、招待顾客和清理餐桌等工作都事先进行翔实的动作研究，确定各项工作开展的最好方式，然后再编成书面的规定，用以指导各分店管理人员和一般员工的行为。麦当劳在芝加哥开办了专门的培训中心——汉堡包大学，要求所有的特许经营者在开业之前都接受为期一个月的强化培训，并且还要求他们回去之后对所有工作人员进行培训，以确保其规章条例得到准确的理解和贯彻执行。

为了确保所有特许经营分店都能按统一的要求开展活动，麦当劳总部的管理人员还经常走访、巡视世界各地的特许经营分店，进行直接的监督的控制。除了直接控制外，麦当劳还定期对各特许经营分店的经营业绩进行考评。为此，各特许经营分店要及时提供有关营业额和经营成本、利润等方面的信息，这样总部管理人员就能把握各特许经营分店经营的动态和出现的问题，以便商讨和采取改进的对策。

麦当劳的另一个控制手段是在所有特许经营分店中塑造独特的组织文化，这就是大家熟知的质量超群、服务优良、清洁卫生、货真价实口号所体现的文化价值观。麦当劳的共享价值观建设，不仅在世界各地的分店的上上下下的员工中进行，而且还将一个主要利益团体——顾客也包括在这支队伍建设中，麦当劳的顾客虽然要求自我服务，但麦当劳特别重视满足顾客的要求，如为他们的孩子开设游戏场所、提供快乐餐厅和组织生日聚会等，以形成家庭式的氛围，这样既吸引了孩子们，也增强了成年人对麦当劳的忠诚感。

---

(5) 组织绩效控制。组织绩效既是管理者关注的焦点，也是实施控制工作的依据。对组织绩效的控制是建立在全面考核的基础之上的。按照罗宾斯的观点，一个组织的绩效评价可以通过组织目标法、系统法及战略伙伴法三种方式来进行。由于篇幅所限，在此不做详述，有兴趣的读者可参阅斯蒂芬·罗宾斯所著的《管理学》一书。

7.2 控制的类型

按照不同的标准，如性质、对象、内容和范围等，可将控制分为多种类型。例如，我们经常所说的前馈控制、现场控制和反馈控制，就是按照控制实施的时间进行的分类；而直接控制和间接控制则是按照控制的手段进行划分的。正确认识和了解控制的各种类型，对于企业来说是十分必要的。企业只有根据实际情况选择合适的控制类型才能进行有效控制。

7.2.1 控制的基本类型

管理控制可以在实施前、实施过程中和实施之后采取控制手段，与之相对应是预先控制、现场控制和事后控制三种基本的控制类型，如图 7-1 所示。

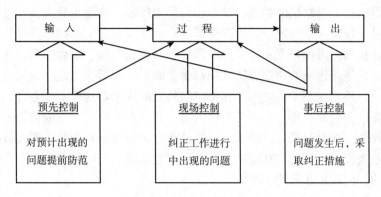

图 7-1　控制的基本类型

1. 预先控制

预先控制也称事先控制或前馈控制，是指管理者根据过去的经验或科学分析，对各种可能出现的偏差进行预测，并在此基础上采取一定的防范措施。预先控制的重点是防止组织偏离预期的标准，因此它是一种面向未来的控制。例如，一所学校在新生入学之际对他们进行有关学校规章制度的教育，实际上就是为了防止今后违纪事件的发生。同样，在考试开始之前，主考官宣读考场规则，也是一种预先控制。

预先控制的优点是能够防患于未然，而且是对事不对人。这样既可以预防未来偏差的出现，也不至于造成人们的对立情绪。因此，预先控制是一种比较理想的控制方法。但事实上至今仍有许多企业忽视了这一点，他们往往将控制的重点放在对事后的处理上，这不能不说是一种遗憾。虽然古人云：亡羊补牢，为时未晚，但毕竟是损失已经出现。而且天下的事情也不会总那么幸运，许多我们熟悉的企业因预先控制不力，导致一蹶不振甚至最后破产。由此可见，预先控制对于企业管理的重要作用。

虽然预先控制具有上述诸多优点，但是它同时也具有一些难以克服的缺陷。预先控制是面向未来的，但未来毕竟是一个未知的领域。在实际的管理过程中，各种出乎人们预料的意外事件随时都有可能发生，这将大大降低预先控制的有效性。因此，在控制活动中，现场控制和反馈控制也是不可或缺的重要控制手段。

2. 现场控制

现场控制是一种发生在计划实施过程中的控制，为了顺利实现计划的目标，管理人员直接对计划的执行情况进行现场检查，并及时纠正偏差。由于现场控制是在工作过程中发生的，因此又被称为实时控制、随机控制、即时控制、过程控制等。现场控制是一种比较及时的控制手段，往往表现为管理人员深入到具体的管理活动中，进行直接的指导和监督，对出现的偏差立即加以纠正。一般而言，现场控制往往是由层次较低的管理人员来承担的，这是因为基层管理人员的主要工作任务是指导业务工作，而业务工作往往需要进行现场的监督与指导。

现场控制的有效性很大程度上取决于主管人员的个人素质、工作作风和领导方式等。主管人员经常使用的现场控制的手段主要有经济手段和非经济手段。一名优秀的主管人员应该将这两种手段配合使用，以便达到比较理想的管理效果。

3. 事后控制

事后控制是一种针对结果的控制，又被称为反馈控制。它是主管人员通过分析工作的执行结果，并将其与控制标准相比较，发现偏差及造成这种偏差的原因，及时拟定纠正措施并予以实施，以防止偏差继续发展和杜绝此类事件今后再度发生。事后控制是在偏差已经发生的情况下采取的措施，传统的控制方法几乎都属于此类。事后控制最大的缺点是滞后性，从衡量结果、发现偏差到纠正偏差之间存在着时间延迟的现象，这样不仅会延误时机，而且还会增加控制的难度。因此，事后控制可以认为是一种"亡羊补牢"式的控制。

尽管事后控制存在时间滞后性的缺陷，但是在许多情况下它却是管理人员唯一可以选择的控制方法。因为很多事件只有在发生之后人们才能看清它的结果。从这一点来说，事后控制不仅是必要的，而且是必需的。

7.2.2 控制的其他类型

1. 间接控制和直接控制

根据控制的手段不同，控制可以划分为间接控制和直接控制两种方式。

（1）间接控制。间接控制是控制计划执行的结果，即管理人员根据计划和预先制定的控制标准对比和考核实际结果，由此发现工作中出现的偏差，分析其产生的原因，并追究有关人员的责任，使其改进未来的工作。

间接控制是建立在如下五个假设基础之上的：①工作绩效可以衡量；②人们对工作的绩效具有个人责任感；③追查偏差所需的时间是有保证的；④出现的偏差可以预料并能被及时发现；⑤有关部门或相关人员会采取措施。事实上，这些假设有时是很难成立的。例如，主管人员的决策能力、预见性和领导水平是难以计量的；责任感的高低也是难以衡量的，有些工作的工作成效的高低可能与个人的责任感并没有直接的关系等。因此，间接控制并不是一种理想的控制方法。但是，对于管理人员因缺乏知识和判断力所造成的管理失误，运用间接控制有助于帮助管理人员去纠正因管理失误造成的偏差并提高他们的管理水平。

（2）直接控制。直接控制是相对于间接控制而言的，它是通过提高主管人员的素质来进行控制工作的。直接控制的原则是，主管人员及其下属的素质越高，就越不需要进行间接控制，因为他们能够觉察到正在形成的问题，并能及时采取纠正措施。[①]

直接控制方法的合理性是以下列四个较为可靠的假设为依据的：①合格的主管人员所犯的错误最少；②管理工作的绩效是可以衡量的；③管理的基本原理的应用是可以评价的；④在衡量管理工作绩效时，管理的概念、原理和方法是有用的判断标准。直接控制的管理思想可以归结为："合格的管理人员出的差错最少，它是通过直接控制管理人员的质量，培养和使用合格的管理人员，从而使管理工作可能犯的错误大大减少。"

相对于间接控制，直接控制主要有以下优点：第一，这种控制方法可以及时揭露管理人员工作中的缺点和错误，为专门培养和训练管理人才提供了依据；第二，由于管理人员的质量得到了控制，这样能够减少工作中偏差的产生，也就有可能减轻间接控制所造成的负担，节省经费开支；第三，直接控制鼓励进行自我控制，可以使纠正措施更加及时、有效；第四，随着管理人员素质的提高，他们的威信也自然提升，下属对他们的信任和支持也会增

加，这将有利于整个计划目标的实现。不过，应该注意的是，采用直接控制的方法并不是在任何情况下都有效。只有管理人员对管理的原理、职能、方法及管理的哲学有了充分的理解之后，才能正确采取直接控制。

2. 正式组织控制、群体控制和自我控制

根据控制源的不同，控制可以分为正式组织控制、群体控制和自我控制三种类型。

（1）正式组织控制。正式组织控制是指根据组织制定的相关规章制度并由正式的组织机构实施的控制，如质检、预算、审计等就是正式组织控制的典型代表。正式组织控制是组织各项工作正常进行的基本保障。

（2）群体控制。群体控制是指由组织中的非正式组织所自发进行的控制，它基于非正式组织成员的价值观和行为准则。非正式组织的行为规范，虽然没有明文规定，但对于组织成员却有着非常大的约束力和控制力。梅奥领导的霍桑实验清楚地解释了群体控制的强大力量。

（3）自我控制。自我控制是指个人有意识地按某一行为规范进行的活动。例如，某大型民营医院一位分管药品采购的副院长，身居要职，手握重权，每天都要面对无数药企、药商和医药代表提供的金钱和女色诱惑，但他能够抵制诱惑，两袖清风，出淤泥而不染。若非具有良好的自我控制意识，仅靠医院里的各项规章制度约束，估计这位副院长是很难抵制上述诱惑的。再比如，现在许多高校实行二级管理，院长实际上成了权力的中心，一些人借助院长的职位将学院里所有的学术机会为己所用，甚至窃取下属的学术成果，这显然与其自我控制能力较差有密切的关系，这些院长们也一定会因为不能"慎独"而付出应有的代价。

自我控制是实施控制的最好方法，具有良好修养、品德高尚且顾全大局的人具有较高的自我控制能力，这也是组织在重用员工时都非常重视其道德修养的重要原因。

以上三种控制有时是相互一致的，有时也会相互抵触，这取决于组织的文化。有效的管理控制系统应该使这三种控制类型和谐共存并得到综合利用。

7.3 控制的原则和要求

控制是管理的四个基本职能之一，在管理活动中具有重要的作用，同时它也是一项比较复杂的工作。现实中，有许多组织制订了周密的计划，但由于控制工作不力，最后还是不能达到预期的目标。为了保证对组织活动进行有效的控制，控制工作必须遵循一些基本的控制的原则并满足一定的控制的要求。

7.3.1 控制的原则

（1）反映计划要求原则。控制的最终目标是实现计划，控制是实现计划的保证。因此，在进行控制工作时，每一项控制活动都必须紧紧围绕计划进行，要根据计划的特点确定控制标准、衡量方法和纠正措施。

（2）控制关键点原则。控制的过程是由众多的控制点所构成的，在这些控制点中，总有一些起着决定作用的关键控制点。为了进行有效的控制，管理人员必须要着力发现在整个控制过程中哪些环节和事件是关键控制点。控制关键点的原则要求管理者应特别注意那些有着关键意义的因素，而不是将精力平均分配到每一个细节上。抓住了关键环节，也就等于控制了全局。

（3）及时性原则。高效率的控制系统要求组织能够迅速发现问题，并及时采取措施。这一方面要求控制信息的提供必须准确、及时，另一方面要求管理者能够估计可能发生的变化，使采取的措施与已经变化了的情况相适应。及时性原则就是指一旦管理过程中出现偏差，管理者不仅能够及时予以纠偏，而且还应该使控制措施与将来预计的情况相适应，避免时滞问题的负面影响。

（4）灵活性原则。在管理过程中，出现意外情况是无法避免的。因此，在制订计划时，必须考虑各种可能的情况，这就要求计划要具有一定的弹性。与此相一致的是，在实施控制工作时，应该根据实际情况的变化，采用多种灵活的控制方式和方法。

阅读资料 7-2

给员工自由时间　Google 的聪明之道

在 Google 独特的企业制度当中，20％的"员工自由时间"最为人称道。这个制度使得 Google 在条件许可的范围内，最大限度地把工作变成一种兴趣。在 Google 工作的人，感觉不像是在一家公司上班，更像是在一个大学或研究机构做有趣的研究。而 Google 则可以从这些员工的大脑中，源源不断地提取新的创意和新的商业计划。看到下面这些数据，你就会发现，Google 的做法实在是太聪明了。

有报告显示，英国 80％的员工上班干私事。IDC 的报告显示，美国员工每周平均浪费 5.9 小时的工作时间上网处理私人事务，因此导致美国企业每年损失达 1 780 亿美元。一份调查结果更恐怖：美国员工每天消耗在网上闲聊的时间高达 2 小时，造成每年 7 590 亿美元的损失。还有调查说，中国员工比其他地区的员工每周多花 7.6 小时的时间来玩游戏或做类似事情，经济损失数字不详。

Google 的聪明就在于，它知道即使不给员工自由时间，员工也会想办法偷懒，与其偷偷摸摸，弄得两边都不爽，何不让员工公开地、自由地支配一小段时间？更重要的是，员工的感受会完全不同，有了 20％的自由时间而不是 20％的偷懒时间，他们会感觉自己受到尊重，感到自己在为兴趣而工作。

雇佣关系并不是一种很糟糕的关系，但被雇佣的感受确实是一种比较糟糕的感受。人的活力、创造力，常常就是在这种雇佣感受之下，趋于泯灭。"对得起那份工资"已经算是很有职业道德了，但比起那些不要工资也玩儿命的人，谁更有创造力不言而喻。

（5）直接控制原则。直接控制能够明确判定工作的成效，以及管理人员是否按照既定的原则行事，而且还能将发生偏差的个人责任确定下来。因此，在管理控制中，必须尽可能地实施直接控制，以便及时发现偏差并采取纠正措施。

（6）经济性原则。控制是一项复杂的活动，需要投入大量的人力、物力及财力资源，因此控制活动必须遵循经济性的原则。所谓经济性原则，是指将控制所需的费用与控制活动产生的效果进行经济上的比较，只有当有利可图时才实施控制。有些控制活动虽然成本较高，但控制活动产生的经济利益更加显著，同样是可取的；反之，即使控制成本较低，也不足取。遵循经济性原则，决定了管理者在实施控制时要努力降低控制的各种耗费，提高控制的经济效益。

（7）例外原则。控制的例外原则是指控制不仅要对关键点进行控制，还要对超出一般情况的特殊点给予充分的关注。

（8）控制趋势原则。控制趋势原则是指控制系统应该具有预警功能，能在出现各种趋势迹象时，迅速采取措施，跟上趋势或将其消灭在萌芽状态。

很多时候，控制现状比较容易，但控制现状所预示的变化趋势则是非常困难的事情。要使管理控制工作富有成效，控制变化趋势是非常重要的。一般而言，变化趋势是多种复杂因素综合作用的结果，是在一段时间内逐渐形成的，它对管理工作的成效有着长期的影响。趋势容易被现象所掩盖，因此不易被人们察觉。但当趋势明朗之后再采取控制措施，往往为时已晚。所以，有效的控制必须遵循控制趋势原则。

7.3.2　控制的要求

（1）控制应该具有目的性。控制的目的性是指控制工作是为了实现一定的组织目标，所有偏离既定目标实现的活动都必须予以纠正。目的性是控制工作的最基本要求。因为，控制作为一种重要的管理职能，是为组织目标服务的。管理者的任务之一就是要在众多的相互矛盾的目标中，选择出关键目标，并围绕着目标的实现展开控制工作。因此，控制工作首先必须具有一定的目的性。

（2）控制应该具有客观性。控制的客观性是指控制工作应该切合组织的实际情况，即要求控制标准合理、检测技术和手段符合实际、纠偏措施切实可行。控制的客观性要求可以避免主管人员的主观臆断。

控制的客观性要求控制标准不能过高，也不应太低。控制标准制定的太高或太低都不利于既定目标的实现。客观的控制标准应该是一套富有挑战性、能激励员工努力工作的标准，并且是合理的可以达到的标准。除此以外，为了避免过多的主观因素对管理控制工作的影响，控制标准还应该是明确的，应尽可能地给予量化，以便于衡量和把握。

（3）控制应该具有适应性。控制的适应性是指所有的控制活动都应反映组织所制定的、有待实施的计划；控制应反映组织结构特点，也应该同职位相适应。

（4）控制应该具有适时性。控制的适时性是指在偏差刚一发生或将要发生时，能够立即判定出来，并迅速查明原因和采取纠正措施。适时控制可以将偏差造成的损失降到较小的限度。控制的适时性要求建立有效的信息反馈系统作为保障。

（5）控制应该具有适度性。控制的适度性是指控制系统在控制的范围、程度和频率等几个方面要做到恰到好处。控制的目标是为了确保计划的实现，而不能为了控制而控制。控制强度太大或太小均不合时宜。例如，有这样两所高校 A 和 B：A 校教务部门对教师的教学工作控制过多，对讲稿、教案、教学进度、教学计划、教学大纲、试卷命题、授课形式等均有明确的规定，并配有专人监督考核，其结果是因忽视了不同专业、不同教师的特点，而使教学过于形式化，学生与教师都颇有怨言；而 B 校则走入了另一个极端，教学管理部门对教学活动基本上不采取任何控制措施，听之任之，结果是教学活动异常混乱，该校教学质量之差也是可想而知的。以上两校的情况说明，控制工作必须具有适度性，任何一个极端都不可取。

7.4 控制的基本过程

控制工作是一个系统的过程，其基本过程主要包括制订控制标准、衡量工作绩效、纠正运行偏差三个环节，如图7-2所示。也就是说，控制是依据一定的标准去衡量实际工作业绩，并采取适当的纠偏措施。因此，控制的首要前提是制订控制标准。下面就对控制的上述三个基本过程进行介绍。

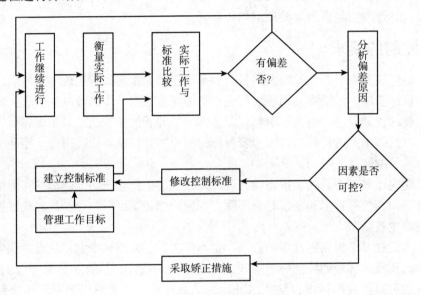

图7-2 控制工作过程图

7.4.1 制订控制标准

控制标准的制订是进行有效控制的基础，没有事先制订的一套完备的控制标准，衡量实际绩效和纠正偏差也就失去了客观的依据。控制的标准和形式多种多样，控制标准的制订方法也各不相同。因此，在学习制订控制标准之前，我们有必要首先了解一下什么是控制标准。

1. 控制标准的含义

控制标准是作为一种规范而建立起来的度量尺度，它是衡量工作绩效的准绳。没有控制标准，衡量成果、纠正偏差也就根本无法进行。控制标准一般可以分为实物标准（如工作成果标准和工作质量标准）、货币标准（如费用标准、资金标准和收入标准）、计划标准、无形标准及目标标准等。控制工作中的标准一般是复合标准，即由各种标准组合而成。

2. 控制标准的形式

控制标准的形式主要有定量标准和定性标准两种。其划分的依据主要是看这种标准是否可以被量化。能够被量化的标准即为定量标准，否则称之为定性标准。

（1）定量标准。定量标准主要包括实物标准、货币标准、时间标准和综合标准。其中，实物标准有明确的数量，是计划工作的主要表现形式，如企业的产量、高等院校的招生人数、医院的救治病人次数等。货币标准包括成本标准、资金标准、利润标准等，适用范围比较广泛，如一国货币的供给量、财政收入、政府转移支付金额，以及企业的总成本、单位产品成本、总收益、税后利润及净现值等。时间标准表现为工时定额、工程周期等一系列的时间指标，它为工作提供了时间限定。综合标准主要表现为某一行业或工作的比例情况，如产品的市场占有率等。

（2）定性标准。定性标准是指那些难以准确量化的指标，主要是指质量标准，一般可分为工作质量标准和产品质量标准，如学校教师的教学能力、组织中管理者的工作水平等。

3. 制订控制标准的关键环节

制订控制标准一般要设计以下两个关键环节。

（1）选择控制对象。控制标准的具体内容取决于控制对象，因此在制定标准时应当首先选择控制对象。控制对象是控制的客体，确定控制对象即明确哪些事物、哪些环节需要加以控制。一般来说，组织的活动都有最终的成果，组织成果往往体现了计划的目标。因此，人们习惯于将组织活动的最终成果作为首选的控制对象。

（2）选择控制关键点。任何组织都不可能也没有必要对所有的活动进行控制，只能在影响组织活动成果的众多因素中选择若干因素或环节作为重点控制对象。

4. 制订控制标准的方法

制订控制标准的方法一般有以下三种。

（1）统计方法。即利用历史资料，在统计分析的基础上建立控制标准。这些历史数据可以是本企业或同行业其他企业的历史统计资料。据此建立的标准，可以是历史数据的平均值，也可以是高于或低于平均值的某个数。统计方法的优点是简便易行、成本较低，但缺点也比较明显。由于历史与现实之间毕竟存在一定的差距，因此统计方法准确性较差。

（2）评估法。组织利用各方面的人员和专家，运用评估的方法制定标准。这种方法适用于新从事的工作。利用这种方法制定控制标准时，要综合各方面管理人员和专家的意见，以确保制定一个相对先进合理的标准。其优点是简单易行，适用面广；缺点是人为性太强。

（3）工程标准法。该方法是通过对工作情况进行客观、定量的分析来制定标准，如动时研究、工作定额、产出标准等。与前两种方法相比较，该方法的优点是科学性强，缺点是成本高、耗时较长。

7.4.2　衡量工作绩效

衡量工作绩效是控制工作的第二个环节，其主要内容是将实际工作与控制标准相比较，从中发现两者的偏差，并做出判断，为进一步采取控制措施提供全面、准确的信息。衡量工作绩效需要注意三个问题：一是衡量的要求，二是衡量的项目，三是衡量的方法。

1. 衡量的要求

如果偏差能在出现之前即被发现，管理者可以预先采取措施予以避免，这是一种理想的控制和纠偏方式。然而，事实上要做到这一点是一件非常困难的事情。并非所有的管理者都能够具有远见卓识，同时也并非所有的偏差都能在产生之前为人们所预见。由于这种条件的限制，最满意的方式应该是必要的纠偏措施能够在偏差出现伊始便迅速采取行动。这有赖于管理者对偏差信息的掌握程度。为了能够及时、准确地提供能够反映偏差的信息，管理者在衡量工作绩效时应首先明确衡量的一系列要求。

(1) 通过衡量工作绩效,检验控制标准的客观性和有效性。衡量工作绩效是以预定的标准为依据的,这个过程本身也是对标准的客观性和有效性的检验。

(2) 衡量的对象应该具有代表性。在控制活动中,由于种种原因,不可能也没有必要对所有对象进行衡量。一般的做法是选择其中的一部分进行衡量。例如,企业通过随机抽样而不是检查所有产品来对质量进行控制。采取这种检查方法的优点是耗时少、费用低,但不一定非常准确。因此,这就要求衡量的对象应尽可能代表整体的状况特征,否则衡量的可靠性就会受到影响。

(3) 确定合适的衡量频度。正如本章前文所述,控制过多或不足都会影响控制的有效性。所谓的"过多"或"不足",不仅体现在控制对象和标准数目的选择上,而且还表现在对同一标准的衡量次数或频率上。对影响某种结果的要素或活动过于频繁的衡量,不仅会增加控制的费用,而且可能引起有关人员的不满,从而影响他们的工作态度;而检查和衡量的次数过少,则可能使许多重大的偏差不能及时发现,从而不能及时采取措施。因此,选择适当的衡量频度对控制工作至关重要。到底采取什么样的衡量频度,这主要取决于被控制活动的性质。例如,企业对产品质量的控制常常采取较高的衡量频度,而高校对教师的科研工作的衡量频度则要低得多。

(4) 建立信息反馈系统。衡量绩效的工作有时需要专职的检测人员辅助管理者进行工作,因此应当建立有效的信息反馈网络,以便使信息能够被及时收集起来并传递给管理者。然后,管理者将依据这些信息与预定的控制标准进行比较,来发现问题和采取纠正措施。另外,这个信息反馈系统还应能够及时将偏差信息传递给相关的部门和个人,以使他们及时知道自己的工作情况,了解偏差出现的原因及如何避免偏差。反馈系统的建立,不仅有利于保证计划的实施,而且能防止组织成员把衡量和控制视为上级检查工作、进行惩罚的手段,从而避免对立情绪的产生。

2. 衡量的项目

管理者应该对那些决定实际成效成败的关键项目进行衡量,而不是选择那些易于衡量的项目作为衡量对象。这就是说要找出衡量的关键点。衡量什么是一个比较关键的问题,它在很大程度上决定了组织所追求的目标。

3. 衡量的方法

管理控制采取何种衡量方法,应当依据具体情况来选择。一般来说,衡量的方法主要有以下 4 种。

(1) 主管人员听取下属的口头汇报。它的优点是快捷和反馈及时,缺点是容易出现信息失真情况,影响控制的效果。

(2) 书面汇报。主管人员通过备忘录、电子邮件、传真、工作总结、会计报表、有关统计报表等了解计划进展的情况。其优点是资料保存长久,易于查询;缺点是信息反馈速度较慢。

(3) 管理人员通过亲自考察来获取第一手信息。这种方法要求管理者应具有较为丰富的管理经验和果断的决策能力,能够发现问题并及时加以控制。

(4) 借助信息技术进行衡量。管理者可以通过建立和使用管理信息系统收集、处理和传送信息。这种方法能够降低成本、提高效率,但对信息系统的可靠性要求较高。

7.4.3 纠正运行偏差

纠正运行偏差是控制工作的最后一个环节。在组织依据衡量的标准，利用各种方法对工作绩效进行衡量之后，就应该将衡量的结果与既定的标准进行比较，通过比较与分析发现偏差，并采取适当的措施对其进行处理。纠正运行偏差主要包括以下几个关键的活动。

（1）通过比较，确定实际工作绩效与标准之间的偏差。在很多情况下，由于原先制定的标准不合理或是由于外部环境发生了重大变化，这必然会使得实际工作结果与既定的标准之间存在着一定的差异。另外，由于计划工作的执行不力，同样也会导致偏差的产生。但是，有一点必须要明确的是，不是所有的偏差都会影响组织活动的最终成果。"有些偏差可能反映了计划制订和执行的严重问题，而有些偏差则可能是由一些偶然的、暂时的、局部的因素引起的，因而不一定会对组织的最终成果产生影响"[1]。所以，在比较工作完成之后，主管人员还应该对偏差的性质及偏差产生的原因做进一步的分析。

（2）分析偏差的性质和产生的原因。偏差依据其对管理工作是否有益，可以分为有利偏差和不利偏差两种。有利偏差是指那些符合组织发展趋势的偏差，如由于科学技术的进步及员工素质的提高，使得劳动生产率高于既定的标准。不利偏差则是指对组织实现既定目标有害的偏差，如一家医院由于服务水平下降，使得顾客投诉率上升，医院经济效益滑坡，从而无法实现既定的指标等。

在采取纠偏措施之前，另一项重要的工作就是要分析偏差产生的真正原因。如果找不出原因，纠偏措施根本无法制定和实施。一般而言，偏差产生的原因主要有以下几种。

① 标准本身的科学性、合理性和操作性较差，使得有关人员在工作过程中难以把握，从而导致偏差的产生。

② 标准本身没有什么问题，但在标准制定之后，未能就标准的细节进行认真的培训，致使相关人员对标准的掌握不够明确，影响了标准的执行，因而在实际工作中产生了偏差。

③ 标准的制定忽视了执行人员的参与，这使得标准很难为下级所接受，执行人员的积极性受到了影响，工作中出现偏差的可能性也随之增加。

④ 标准中未能体现出相应的"管理标准"，致使主管人员在执行标准时责任不清、利益不清。

⑤ 外界环境发生了重大的变化，如政局动荡、战争爆发及重大的自然灾害发生等，使组织的预定目标不可能实现。

（3）采取适当的纠偏措施。在对偏差原因进行了彻底的分析之后，管理者就应该确定所要采取的纠偏措施。具体的方法有两种。其一是立即执行临时性的应急措施。例如，企业的生产因供应商的原材料供应出现了问题，企业应立即寻求新的供应商或是与原有的供应商进行磋商以解决此问题。其二是采取永久性的根治措施。在上述短期危机解决之后，企业可以制定新的供应商合作机制，以彻底避免类似的问题出现。

一般来说，采取纠偏措施可以从以下几个方面着手。① 改进工作方法。工作方法不当往往是达不到原定标准的主要原因。这需要组织加强对员工的培训，不断提高组织成员的管理素质和技术水平。② 改进组织和领导工作。控制职能是与组织、领导职能密切联系而又

---

① 林祖华，张金锁，陈荣华 . 现代管理学 ［M］. 北京：中国时代经济出版社，2004：252.

相互影响的。组织方面出现的问题：一是计划制订之后，组织实施工作没有做好；二是控制工作本身的组织体系不健全，不能对已产生的偏差及时加以纠正。这两种情况下，都应该对组织工作进行改进。此外，如果偏差是由执行人员的能力不足或积极性不高造成的，就需要通过改进领导方式和提高领导艺术来纠正偏差。③ 调整或修正原有的计划和标准。当实际工作中出现较大的偏差时，说明原有的标准可能是不合时宜的，此时管理者就应该对原有的计划或标准进行适当的调整。

采取纠偏措施应该注意以下几个方面的问题。①当没有偏差时，管理者不需要采取任何纠偏措施，否则的话，只能是适得其反。当然，对于这样一个成功的控制循环也应分析其原因，以便总结经验，为今后的控制活动提供帮助。另外，管理者还应该向有关的工作人员及时反馈信息，并在必要时对他们进行适当的奖励以激励他们今后继续努力。②如果发现偏差，应该采取双重优化的措施。第一重优化是指在偏差出现之后，组织通过判断采取纠偏措施带来的效果是否大于不纠偏所造成的损失来决定是否采取行动。有时，最好的方案是不采取任何行动，否则可能得不偿失。第二重优化是指在此基础上，在多个纠偏方案中选择其中一种最佳的方案来组织实施。③要注意消除人们对纠偏措施的疑虑。任何纠偏措施都会在不同程度上引起组织的结构、关系和活动的调整，从而可能会影响某些组织成员的利益，因此人们对纠偏措施往往态度不一。有的赞成、支持，有的怀疑、反对，尤其是涉及重大调整的追踪决策时，人们的反应将会更加激烈。在这种情况下，管理者应该设法消除人们的疑虑，尽量争取这些人的支持，避免可能出现的人为障碍。

思 考 题

一、单选题

1. 控制的前提和依据是（　　　）。
   A. 领导　　　　　　B. 计划　　　　　　C. 组织　　　　　　D. 指挥

2. "治病不如防病，防病不如锻炼身体"，这一说法体现了（　　　）的重要性。
   A. 事后控制　　　　B. 事中控制　　　　C. 现场控制　　　　D. 预先控制

3. 控制活动过程中，管理人员所在的部门、所处的管理层次不同，实施控制的主要任务也不尽相同。一般来说，（　　　）主要从事例行的、程序性的控制活动。
   A. 中层和基层管理人员　　　　　　　　B. 高层管理人员
   C. 重点部门管理人员　　　　　　　　　D. 科研部门管理人员

4. 为了保证组织目标得以实现，就需要有控制职能。纵向看，各个管理层次都要重视控制职能，（　　　）。
   A. 越是高层的管理者，控制要求的时效性越短，综合性越弱
   B. 越是高层的管理者，控制要求的时效性越短，综合性越强
   C. 越是高层的管理者，控制要求的时效性越长，综合性越强
   D. 越是基层的管理者，控制要求的时效性越长，综合性越强

5. 过程控制是（　　　）。
   A. 前馈控制　　　　B. 现场控制　　　　C. 反馈控制　　　　D. 程序控制

6. 车间主任老王在生产现场看到新招的大学生小刘违规操作设备，他立即前去纠正，这种控制方式属于（　　）。

  A. 现场控制   B. 反馈控制   C. 事先控制   D. 间接控制

7. 现场控制的方法主要适用于（　　）。

  A. 企业家   B. 高层管理者 C. 中层管理者 D. 基层管理者

8. 预先控制是指某项活动（　　）。

  A. 在开始前实施的控制   B. 在进行中实施的控制

  C. 在发生变化后实施的控制   D. 产生后果后实施的控制

二、多选题

1. 组织开展控制工作的主要目的是（　　）。

  A. 加强对员工的控制   B. 适应环境的变化

  C. 限制偏差的累积   D. 降低成本

  E. 处理组织内部复杂的局面

2. 控制工作要满足（　　）。

  A. 要有重点 B. 要灵活 C. 要及时、准确 D. 要经济可行

  E. 要领导喜欢

3. 控制的基本类型有（　　）。

  A. 直接控制 B. 间接控制 C. 预先控制   D. 现场控制

  E. 反馈控制

4. 制定控制标准的方法主要有（　　）。

  A. 统计法   B. 评估法 C. 工程标准法 D. 定性法

  E. 定量法

5. 管理控制的三要素是（　　）。

  A. 控制标准 B. 成本控制 C. 衡量工作绩效 D. 纠正偏差

  E. 管理目标

三、名词解释

1. 预先控制 2. 现场控制 3. 反馈控制 4. 直接控制 5. 正式组织控制

四、简答及论述题

1. 什么是控制？它有哪些基本类型？

2. 为什么说控制是管理的一项重要职能？

3. 什么是控制标准？制订控制标准的关键环节是什么？

4. 试论述控制的原则和基本要求。

5. 试论述纠正运行偏差的几个关键活动。

昆明长水国际机场：一场大雾引发的思考

一场突如其来的大雾在使昆明长水国际机场服务系统几乎瘫痪的同时，也将这座具有一流硬件设施、服务水平却不相匹配的机场推上了舆论的风口浪尖。

2013年1月3日10点起，启用仅半年的昆明长水国际机场被浓雾笼罩，从而导致当天计划出港的440架次航班被延误或取消，近2万名乘客滞留。

事件持续到第2天，虽然天气放晴，但由于此时机场候机厅仍然处于既无广播，电子屏也无更新的混乱状态，导致旅客怨气爆发，与现场工作人员发生冲突。当日晚间，旅客和航空公司及机场之间的冲突愈演愈烈，现场多个值机柜台被砸，部分登机柜台工作人员撤退，一部分旅客堵住登机口导致大量航班无法正常出港。

一场由天气原因引发的航班延误事件，最终演化成让整个机场近乎瘫痪的局面。昆明长水国际机场的管理能力因此备受质疑。

2012年6月28日，在比预计时间延长7个月后，昆明长水国际机场从巫家坝老机场搬到长水新机场。但搬迁之后，航班延误事件频繁出现，由此引发的各种冲突层出不穷。6月29日，昆明长水国际机场转场的第2天，当地媒体在对100名旅客进行满意度调查后就提到，由于目前机场周边的配套设施还不完善，有旅客担心，一旦航班延误，吃、住将是很大问题。

上述旅客的担心并非空穴来风。据了解，当时昆明长水国际机场仅有一家航空公司与周边的农家乐达成协议，有航班延误的情况会安排旅客入住农家乐。而在机场提供服务的中外航空公司加起来有40家。

2012年7月8日，刚刚投入运营的昆明长水国际机场就连续爆出多次航班晚点和延误的信息。云南机场集团的数据显示，截止到当日下午6时，至少有8个班次的航班因故没有起飞，晚点超过1小时的航班达24架次，最长晚点近7小时。接下来，频繁的航班延误几乎成为昆明长水国际机场的常态。

2012年7月22日凌晨，受不良气候影响，昆明长水国际机场上千名旅客滞留，在经过长达数小时的等待之后，情况最终得到解决。在此过程中，一些旅客通过各种方式表达了对机场和航空公司服务的不满。

2012年8月5日19时，昆明长水国际机场遭遇雷雨天气，导致多个航班延误。其中，乘坐西部航空PN6106次航班由昆明前往重庆的旅客，由于长时间没有得到满意答复，在机场等待一夜之后，其中数十人于次日8时30分闯入昆明长水国际机场停机坪，成为轰动一时的新闻。

2012年11月29日，奥凯航空公司由昆明飞往长沙的BK2798航班，计划21时45分从昆明长水国际机场起飞，结果航班长时间延误，而机场在服务及管理方面又存在大量不足和缺失，106名旅客滞留昆明长水国际机场候机大厅拒绝登机，期间有少数旅客甚至出现了殴打工作人员的过激行为。

（资料来源：杨兴云．昆明新机场风波：选址合理性再被质疑．
http：//www. eeo. com. cn/2013/0111/238568. shtml.）

?思考讨论题

1. 一场大雾为何使昆明长水国际机场陷入瘫痪？
2. 昆明长水国际机场的管理控制系统存在哪些问题？该如何解决？

第 *8* 章

市场营销管理

本章导读

　　市场营销是现代企业的核心职能，企业只有通过营销活动将产品或服务交易出去，才能获得收益来维持企业的生存与发展。市场营销的本质是满足客户的需求和欲望，这就要求企业必须具有识别客户需求、把握市场机会并正确实施营销策略的能力。本章主要涉及市场营销概述，市场营销分析、购买行为分析、市场营销战略，以及市场营销组合策略方面的内容。通过对本章的学习，可以使读者树立正确的营销理念并掌握科学的营销策略与方法。

　　知识结构图

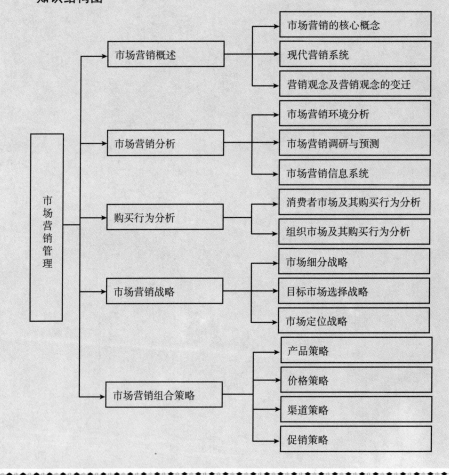

帕米亚无烟香烟的无奈

1998 年下半年，美国 RJR 公司（以下简称公司）的帕米亚无烟香烟在美国亚特兰大、圣路易斯、菲尼克斯等城市试销，但其销售量并不理想，再购率很低。

对于大多数人来说，帕米亚无烟香烟是个"新玩意儿"，它的一端有一个碳头和几个有趣的圆珠，香烟中的尼古丁便来源于此，尼古丁被耐燃的铝箔纸包裹。这种烟很难被点燃，一般要三四次才能将其点燃，原因是它不像普通香烟那样燃烧，并且燃烧后不产生烟灰，因此吸过与没吸过在外表上无明显区别。帕米亚无烟香烟的价格比普通香烟的价格高 25%。公司为此烟的生产和促销投入 3 亿多美元，它没有采用以往万宝路香烟等比较成功的形象广告，而采用比较复杂的印刷广告（顾客买帕米亚无烟香烟的同时会得到三页文字说明书），还采取了买一送二的促销方式。公司营销人员认为：大多数吸烟者开始会对帕米亚无烟香烟感到不适应，但随着使用频率和使用时间的增加，最终会适应。公司把"洁净者之烟"作为帕米亚无烟香烟的主题广告概念，宣传帕米亚无烟香烟是"一种全新的吸烟享受时代的开端。"但是，帕米亚无烟香烟的真正受益者非吸烟者个人，而是环境和他人。

公司对帕米亚无烟香烟目标市场的定位极其广泛，包括：①25 岁以上，受过良好教育的文雅的吸烟者；②试图戒烟和寻求代替品者；③吸烟成瘾者；④生活富余者；⑤寻求低焦油含量者；⑥老年吸烟者。

来自《华尔街日报》的一位记者在亚特兰大机场对几十名吸烟者的一项调查表明：大多数人不喜欢帕米亚无烟香烟，包括它的味道和太多的吸烟方式的改变。有人只吸一两口就选择扔掉了。但一位广告公司的总裁说："我不喜欢帕米亚无烟香烟，但在家中为了摆脱太太喋喋不休的唠叨时，我会选择它。"一位长期在办公室工作的职员说："有时我感到疲劳，但办公室不准吸烟。此时，帕米亚无烟香烟可以帮助我解决问题。"一位正打算登机长途旅行的人说："一般情况下，我不会选择它。但长途旅行中为打发时间，我可能会抽帕米亚无烟香烟。"

最后，调查的结果是：60% 以上的人不喜欢帕米亚无烟香烟，主要是对它的味道和对吸烟方式的改变不适应；40% 的人只有在那些不允许冒烟的地方才会选择帕米亚无烟香烟。

分析：帕米亚无烟香烟是作为传统香烟的替代品上市的。该产品自身的优势十分明显：无烟无灰，不含尼古丁，具有环保和避免被动吸烟危害的显著特点，但产品试销结果却令人沮丧。究其原因，市场定位不清、目标市场有误及促销策略不当这三者皆有。希望在学习完本章后，读者能够对此案例做进一步地深入分析。

（资料来源：徐盛华. 现代企业管理学［M］. 北京：清华大学出版社，2004.）

8.1　市场营销概述

在当今的商品社会，市场营销是企业必不可少的一项重要职能，它直接面对顾客并识别顾客的需求和欲望，确定企业所能提供的最佳服务的目标市场，并且设计适当的产品、服务和体验以满足这些市场的需求。市场营销的本质是满足客户的需求和欲望，一切的营销活动都要以此为中心来开展。但令人遗憾的是，大多数人甚至是一些营销实践者，往往把市场营销简单地理解为推销或者销售，事实上这些活动只不过是市场营销的一部分功能。

8.1.1　市场营销的核心概念

1. 需要、欲望和需求

需要和欲望是市场营销活动的基础。需要（needs）是指没有得到某些基本满足的感受状态，这些需要包括对食物、住房和安全等的物质需要。需要存在于人的基本生理过程中，企业可用不同的方式去满足这些需要，因此也是企业设计产品或服务的基本出发点。

欲望（wants）是指人们在获取这些基本需要时的愿望，即表现出来的对基本需要的特定追求，是人类需要经由文化和个性塑造后所采取的形式。比如，为满足"饥饿"的生理需要，人们可能选择西式汉堡包、比萨饼或者中式的大饼鸡蛋等。可以看出，欲望是用可满足需要的实物来描述的，市场营销无法创造需要，但可以影响欲望，并开发特定的产品和服务来满足欲望。

需求（demands）在市场营销中具有特定的含义，它是指人们有能力购买并愿意购买某一具体产品的欲望，即对某特定产品或服务的市场需求。企业可以通过各种营销手段来影响需求，激发顾客的购买。

2. 产品

产品是指任何提供给市场并能满足人们某种需要和欲望的东西。产品概念并不限于实物，任何能够满足需要的东西都可以被称为产品。产品可分为有形的商品，无形的服务、体验和理念。有形的商品如家电、食物和住房等。随着市场经济的发展和成熟，服务的地位日益重要，服务往往需要顾客的参与才能完成，服务也往往需要同有形的商品共同销售来满足顾客的需要，如航空业、理发业和金融行业等。另外，体验日益成为一种重要的产品，体验往往通过协调多种类型的服务和商品来实现，它带给消费者的是一种生理和精神上的有价值的经历，如到迪斯尼乐园游玩，到星巴克喝咖啡等。理念是企业的一种宣言或口号，往往通过有形的商品或无形服务来实现，消费者认可了某企业的一种理念，就会持续购买该企业的产品。

3. 价值、满意和成本

消费者做出购买选择的依据是他们对各种产品和服务所提供的价值的理解，也就是产品和服务对消费者的有用性或效用。顾客价值是指顾客从拥有和使用某产品中所获得的价值与为取得该价值所付出的成本之差。产品的效用通常是根据对产品价值的主观判断和需支付的费用来做出评价。

顾客满意取决于顾客所理解的产品的效用与期望值进行的比较。如果产品的效用低于顾客期望，顾客就不会满意。如果产品的效用符合顾客期望，顾客就会感到满意。如果产品的效用超过顾客期望，顾客就会感到惊喜。

消费者购买产品需要支付费用，有时必须放弃购买其他产品或服务的机会，这称为机会成本。所以消费者在做出购买决策时，会全面衡量产品的成本、价值和满意三个方面的关系。

4. 交换、交易和关系

交换是向他人提供所需之物或价值，并获取相应价值的实物或服务的行为。当人们决定通过交换来满足其需要和欲望时，就产生了市场营销。作为满足需要的一种方式，交换有许多优点，人们没有必要掌握为自己生产每样必需品所需的各种技能，只要掌握自己擅长的技能来进行生产，然后交换所需产品。这样，交换使整个社会和生产体系能更有效率和效果。

交换是市场营销的核心概念，而交易则是市场营销的度量单位。交易是指买卖双方价值的交换。交易通常包括货币交易和非货币交易两种，交易应具备的条件除了双方都具有对方所需求价值之外，还应具有双方同意的交易条件、时间和地点，以及维护交易的法律和承诺。

交易营销是关系营销的一个组成部分，除了进行短期交易之外，营销人员还必须与有价值的顾客、分销商和供应商建立长期的关系。这主要通过承诺和持续提供高质量的产品、良好的服务和公平的价格来建立较强的社会和经济联系。关系营销日益重要，它强调长期性，其目标是为顾客提供长期价值，其成功的尺度是顾客长期和持续的满意。现在的营销者通过许多营销手段来建立、维护和加强顾客关系，努力实现顾客满意和顾客忠诚。

5. 市场

市场原是指买卖双方聚集在一起交换商品的场所，后来经济学家用市场一词来泛指交易某类产品的卖方和买方的集合。一般市场营销者认为卖方组成行业，买方组成市场。市场营销者的目标就是认识特定市场的需要和欲望，从中挑选出能提供最佳产品或服务的市场，也就是目标市场，然后设计和生产产品和服务来满足消费者需求，使顾客获得价值和满意。

8.1.2 现代营销系统

现代营销系统的参与者主要包括供应商、企业、竞争者、市场中介和顾客几个部分，如图8-1所示。企业从供应商那里获取原材料及设备，然后根据目标顾客的需求设计和生产产品，再通过中间商和零售商销售给最终用户（企业也可绕过中间商采取直销的方式），在这个过程中还要同竞争对手展开全方位竞争，来确保市场地位和企业利润。

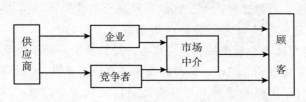

图8-1 现代营销系统的主要参与者

如果利用迈克尔·波特的价值链进行分析，营销系统中的每一个参与者都为下一级的参与者增加价值。同时营销系统中的每一个参与者都会受到环境因素的影响，这些因素主要包括人口、经济、政治、文化、技术、法律等。企业的成功不仅取决于自身的行为，还取决于整个系统对最终顾客需要的满足程度。在这个系统中，各个参与者都在进行动态的博弈行为。

8.1.3 营销观念及营销观念的变迁

营销观念是指企业从事营销活动的指导思想，它是在一定的历史条件下产生的，并随企业外部环境的变化而变化。根据营销理论的发展历程，营销观念大致分为以下几个阶段，即生产观念阶段、产品观念阶段、推销观念阶段、市场营销观念阶段和社会营销观念阶段。下面分别予以介绍。

1. 生产观念

生产观念是从工业革命至 20 世纪 20 年代间主导西方企业的经营思想。其大的背景是：当时的生产力还较为落后，商品相对匮乏，市场处于供不应求状态，因此企业只要能生产出价格合理的产品，就不愁没有销路。生产观念认为，消费者喜欢那些可以随处买得到且价格低廉的产品，企业应致力于提高生产效率和分销效率，扩大生产，降低成本以扩展市场。因此，生产观念不是从消费者的需求出发，而是从企业生产出发，其主要表现为"我生产什么，就卖什么，我卖什么，消费者就买什么"。企业经营者最关心的就是扩大生产规模，提高生产效率，降低生产成本，提高销量。福特汽车公司创始人亨利·福特的至理名言——"我不管消费者喜欢还是不喜欢，我的汽车就是黑色的"，就是对这一观念最好的诠释。

2. 产品观念

产品观念奉行在生产观念阶段的末期。当时市场环境发生了逆转，由于企业生产规模及产量的不断提升，商品市场上出现了供过于求的局面；企业的经营理念如不再发生转变，必将造成更多商品的滞销，使企业不可避免地陷入经营困境。此时的企业经营者认为，消费者最喜欢高质量、多功能和具有某些特色的产品，企业应致力于生产优质产品，并不断对其加以改进，只有这样，企业的产品才能在众多的竞品中脱颖而出，并受到消费者的青睐。

与生产观念相同，产品观念同样没有考虑到消费者的需求与欲望。此时，企业最容易患上所谓的"营销近视"，即过度沉醉于自己的产品品质上，而不是专心研究市场，因而导致在营销管理中缺乏远见，致使企业经营陷入困境。

阅读资料 8-1

家用捕鼠器缘何没有市场？

美国一家制造捕鼠器的公司，为了试制一种基于老鼠生活习性的捕鼠器，组织力量花了若干年时间研究了老鼠的吃、活动和休息等各方面的特征，终于制造出了受老鼠"欢迎"的一种新型捕鼠器。新产品制作完成后，屡经试验，捕鼠效果确实不错，捕鼠率百分之百，同时与老式捕鼠器相比，新型捕鼠器还有以下优点：①外观大方，造型优美；②捕鼠器顶端有按钮，捕到老鼠后只要一按按钮，死鼠就会掉落；③可终日置于室内，不必夜间投器，白天收拾，绝对安全，也不会伤害儿童；④可重复使用，一个新型捕鼠器可抵好几个老式捕鼠器。新型捕鼠器上市伊始深受消费者的青睐，但好景不长，市场迅速萎缩了。是何原因致使这么好的东西却没有达到预计的销售业绩呢？后来查明，其致命原因如下。

第一，购买该新型捕鼠器的买主一般是家庭中的男性。他们每天就寝前安装好捕鼠器，次日起床后因急于上班，便把清理捕鼠器的任务留给了家庭主妇。主妇们见死鼠就害怕、恶心，同时又担心捕鼠器不安全，会伤害到人。结果许多家庭主妇只好将死鼠连同捕鼠器一起丢弃，由此消费者感到代价太大，因此主妇们不希望自己的丈夫再买这种捕鼠器。

第二，由于该捕鼠器造型美观，价格自然较高，所以中、低收入的家庭购买一个便重复多次使用；况且家中老鼠在被捕捉到几只后就会"消停"一段时间，因而重复购买减少，销量自然也会下降。

高收入的家庭，虽然可以多买几个，但是用后处理很伤脑筋。用老式捕鼠器捉到一只老鼠后，可以将其与老鼠一起扔进垃圾箱；将新型捕鼠器与捕到的老鼠一起丢掉会有些舍不得，而留下来又不知该放在哪。另外，捕鼠器的存在又容易引起有关老鼠的可怕念头。

3. 推销观念

推销观念产生于 20 世纪 20 年代末至 50 年代初，是一种重要的营销理念。当时的背景是，社会生产力有了巨大发展，市场由卖方市场转变为买方市场，大量商品无法销售出去，从而形成巨大的库存。此时，企业最主要任务就是千方百计将这些滞销的商品卖出去。

持有推销观念的企业认为，消费者通常表现出一种购买惰性或抗衡心理，如果不采取某种措施，消费者一般不会足量购买某一企业的产品。因此，企业必须进行大量的推销活动，以刺激消费者采取行动。这种观念还认为，企业的销售成果与推销努力是密切相关的，故企业非常重视对推销人员的相关培训，以提高其销售技巧、提升成交达成率。推销观念可简单概括为一句话，即"我卖什么，顾客就买什么"。因而，同生产观念和产品观念一样，此种观念没有将消费者的需求和欲望作为产品设计和生产过程的基础。

阅读资料 8-2

三株公司推销观念

1994 年，三株公司莺啼初试，销售额达 1.25 亿元，1995 年猛跳到 23 亿元，1996 年则达到惊人的 80 亿元。支撑这个销售奇迹的是三株公司惊人的推销手段，它在全国所有大城市、省会城市等注册了 600 个子公司，吸纳了 15 万名推销人员，三株公司的传单、招贴、标语和横幅满天飞，成为家喻户晓的名牌。

但是，一方面由于管理体制的原因，另一方面也与三株公司狭隘的推销观念有关，三株公司只注重花大量人力、物力把生产出来的产品推销出去，而忽视了市场的调查研究工作，致使产品功能与消费者日益变化的需求脱节。这样一来，即使是最好的推销手段也难以吸引消费者。由此三株公司销售业绩开始逐年滑坡，还欠下大笔贷款。一个曾经盛极一时的品牌就这样逐渐被人们所淡忘。

4. 市场营销观念

市场营销观念产生于 20 世纪 50 年代中期。第二次世界大战之后，欧美各国的军事工业很快地转向民用工业，工业品和消费品生产的总量剧增，造成生产相对过剩，随之导致了市场的激励竞争。在这一竞争过程中，许多企业开始认识到传统的销售观念已不再适应市场的发展，它们开始注意消费者的需求和欲望，并研究其购买行为，这一观念上的转变是市场营销理论上一次重大变革①。

市场营销观念认为，实现企业营销目标的关键在于满足消费者的需求和欲望。通俗的解释为：顾客需要什么，企业就生产什么。这种观念抛弃了以企业为中心的指导思想，代之而起的是以消费者为中心的指导思想。市场营销观念以消费者需求为中心，协调所有影响消费者的活动，并通过这种满足顾客的行为而获取利润，无疑较前几种营销观念更具积极意义。

5. 社会营销观念

企业奉行以消费者为中心的市场营销观念，有可能在满足部分消费者需求的同时会损害到社会公德和其他公众的权益，因而会导致人们对此种观念的质疑和反对。这就要求企业不仅要满足目标顾客的需求与欲望，而且要考虑消费者及社会的长远利益，即将企业利益、消费者利益与社会利益有机地结合起来。因此，社会营销观念便应运而生。

社会营销观念的出现，是对市场营销观念有益的修正和完善，已为越来越多的企业和消费者所接受。

8.2 市场营销分析

8.2.1 市场营销环境分析

市场营销环境是企业生存的土壤，对企业的生存和发展有着巨大的影响。一方面，市场营销环境的变化有可能为企业带来新的市场机会；另一方面，它又可能为企业带来某种致命的威胁。无数个成功和失败的企业营销案例早已证实了这一点。因此，企业必须重视对市场营销环境的分析和研究，并根据市场营销环境的变化制定有效的市场营销战略，扬长避短，趋利避害，适应变化，抓住机会，从而实现自己的市场营销目标。

市场营销环境是存在于企业营销部门外部的不可控的因素和力量，是一个多因素、多层次而且不断变化的综合体。它具有客观性、差异性、相关性、动态性和不可控性的特征。

按照对企业市场营销活动的影响程度的差异，可以将市场营销环境进一步划分为宏观环境和微观环境两大类别。宏观环境（macro-environment）也称一般环境，是指在任何时候对所有组织都会产生影响的各种因素和力量。一般认为宏观环境包括人口环境、政治法律环境、经济环境、社会文化环境、自然地理环境和科学技术环境这六个方面。宏观环境虽不像微观环境那样对企业的市场营销活动影响那样直接，但同样可为企业带来市场机会和经营威胁。下面就以人口环境为例来介绍一下宏观环境对企业市场营销活动的影响。

人口环境是指人口的数量、分布、年龄和性别结构等情况的统称。人口环境对企业市场

---

① 吴泗宗. 市场营销学 [M] . 3 版. 北京：清华大学出版社，2008：6.

营销活动的影响主要有以下三个方面。

第一，人口数量与增长速度对企业市场营销活动的影响。首先，人口数量是决定市场规模和潜量的一个基本要素。如果收入水平不变，人口越多，则对食物、衣着、日用品的需要量也越多，那么市场也就越大。因此，按人口数量可大略推算出市场规模。其次，人口数量的迅速增长促进了市场规模的扩大。因为随着人口数量的增长，其消费需求也会迅速扩大，因而市场的潜力也会增加。但另一方面，人口数量的迅速增长，也会给企业市场营销活动带来不利的影响。比如人口增长可能导致人均收入下降，限制经济发展，从而使市场吸引力降低。

第二，人口结构对企业市场营销活动的影响。人口结构主要包括人口的年龄结构、性别结构、家庭结构、社会结构及民族结构。

第三，人口的地理分布及区域流动对企业营销活动的影响。人口的地理分布指人口在不同地区的密集程度。由于自然地理条件及经济发展程度等多方面因素的影响，人口的分布绝不会是均匀的。随着经济的活跃和发展，人口的区域流动性也越来越大。在发达国家除了国家之间、地区之间、城市之间的人口流动外，还有一个突出的现象就是城市人口向农村流动。在我国，人口的流动主要表现在农村人口向城市或工矿地区流动；内地人口向沿海经济开放地区流动。另外，经商、观光旅游、学习等使人口流动加速。

与宏观环境相对应的是微观环境（micro-environment），常被称为具体环境或直接环境，是指对某一具体组织的管理活动有直接影响的各种外部因素。就企业而言，微观营销环境主要是由供应商、营销中间商、公众、顾客、竞争对手、社会公众及企业内部参与营销决策的各部门组成。这些因素对企业的营销活动的影响比宏观环境更为直接和具体，尤其值得企业营销管理者重点关注。

8.2.2 市场营销调研与预测

1. 市场营销调研

市场营销调研（marketing research）是指运用科学的方法，有目的、有计划、系统地搜集、记录、整理有关市场营销信息和资料的过程。通过市场调研活动，企业可以较为客观、全面地了解市场的现状及其发展趋势，是企业开展有效营销活动的基础。

1）市场营销调研的分类

根据研究的问题、目的、性质和形式的不同，市场营销调研主要可以分为以下 4 种类型。

（1）描述性调研。描述性调研是指通过调研活动对市场营销的某些方面所进行的客观描述。

（2）探测性调研。探测性调研主要是指在企业对市场状况不甚明了或对问题不知从何处寻求突破时所采用的一种方式，其目的是要发现问题的所在，为进一步深入调研奠定基础。

（3）因果性调研。因果性调研主要是找出营销各因素之间是否存在因果关系的调研。一家企业的销售业绩不断下滑，若对其进行因果性调研，就是要找出导致业绩下滑的各种因素，如价格、产品质量、消费者偏好等。

（4）预测性调研。预测性调研是指企业为了预测未来某时期内某一营销因素的变动趋势及变动趋势对企业经营活动的影响而进行的市场营销调研。

2）市场营销调研的程序

市场营销调研是一项复杂而艰巨的工作，必须有准备、有计划、有步骤地进行，才能取得较好的效果。一般可按三个阶段十一个步骤进行，如图 8-2 所示。

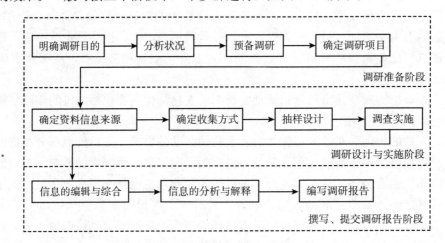

图 8-2　市场营销调研的程序

第一阶段：调研准备阶段。

调研准备阶段的任务主要是明确调研目的，分析状况，预备调研，以及在此基础上确定调研项目。

第二阶段：调研设计与实施阶段。

这个阶段的主要任务是确定资料信息来源和收集方式，进行抽样设计及调查实施。

第三阶段：撰写、提交调研报告阶段。

这是在分析和总结的基础上提出调查结果的阶段，主要工作包括信息的编辑与综合、信息的分析与解释、编写调研报告。

上述市场营销调研程序较为常见，但在实际调研活动中，企业可以根据需要灵活掌握。

3）市场营销调研的方法

市场营销调研的方法很多，调研者一般要根据实际情况进行合理的选择。常见的市场营销调研方法主要有以下几种。

（1）文献调研法。文献调研法是指调研人员通过对已有的文献资料进行收集、整理，从中找出所需的相关信息并对其进行研究。文献调研法较为方便、经济，无须实地调研，但受限于现有文献的载文情况，一些信息无法获得，因此调研人员必须结合其他的调研方法实施调研。

（2）访问调研法。访问调研法是指调研者以访谈询问的方式，或通过电话、邮寄、留置问卷、小组座谈、个别访问等询问形式向被调研者搜集市场调研资料的一种方法。访问调研法是市场调研活动中获取第一手信息资料的最常用的方法。

（3）观察调研法。观察调研法是指调研人员到现场利用视觉、听觉或借助摄录像器材，直接或间接观察和记录正在发生的市场行为或状况，以获取有关信息的一种市场调研方法。利用观察调研法进行调研，调研人员不需向被调研者提问，而是凭自己的直观感觉，从侧面观察、旁听、记录现场发生的事实，以获取所需要的信息。观察调研法不必依赖于被调研者的记忆，并往往在被调研者并不知情的情况下进行调研，所以调研结果更为客观。

（4）实验调研法。实验调研法是指通过实验对比，对市场营销中某些变量之间的因果关系及自变量的变动对因变量的影响程度加以观察和分析的一种调研方法。营销学中的实验调研法是从自然科学中借鉴而来。在调研活动中，调研人员通过操控一个或几个变量（如价格、包装或广告），研究其对因变量（如销售量）的影响；在其他条件不变的情况下，因变量的变化可认为是受到操控的自变量的变化所致，从而发现其中的因果关系。

（5）网络调研法。网络调研又称网上调研，是指调研人员利用互联网搜集和掌握市场信息的一种调研方法。常见的方法主要有在线问答法、网上问卷调研法、网上讨论法和网上观察法等。与传统调研方式相比，网络调研法具有突破时空限制、经济便捷、时效性强、易于统计、客观性强等诸多优点，因而越来越为企业所青睐。

2. 市场预测

市场预测是指运用科学的方法，对影响市场供求变化的诸因素进行调查研究，分析和预见其发展趋势，掌握市场供求变化的规律，为经营决策提供可靠的依据。

1）市场预测的程序

市场预测要遵循一定的程序，一般要按照以下几个步骤进行。第一步是确定预测的目的，包括确定预测的范围、领域和时间要求，而且必须服从决策者的要求。第二步是收集和整理相关的资料。第三步是建立预测模型，选择预测方法，进行预测运算。第四步是确定预测值。第五步是做出预测结论。第六步提交预测报告。第七步是进行预测反馈。

2）市场预测的方法

市场预测的方法可以分为定性预测法和定量预测法两类。二者的区别主要在于在预测中预测者的主观因素对预测结果的影响程度。

（1）定性预测法。定性预测法也称直观判断法，是指根据有限的信息，以及判断人的个人经验、知识水平和综合分析能力，判断未来事件的发展状况和发展前景，揭示某些不确定因素的方法。这种方法不需要用高难的数学方法和先进的预测工具，因此简单易行，便于发动群众集思广益进行预测，一般在缺乏完备、准确的市场资料的情况下采用。定性预测法主要包括集合意见法与专家预测法等。

（2）定量预测法。定量预测方法是指利用比较完备的信息资料，运用数学模型，从数量上推测客观事物发展变化趋势的预测方法。运用定量预测方法能够客观、准确地把握未来事件的发展程度，为决策提供科学的数据资料。但是这种方法计算量大，对数据的真实、准确度要求极高，多应用于具有完备的、真实的、可靠的相关资料的情况。定量预测法主要包括时间序列预测法和线性回归预测法两大类。

8.2.3　市场营销信息系统

市场营销信息系统是指在市场决策过程中按计划收集、管理、分析和提供营销信息的一系列程序和方法的体系。通过市场营销信息系统的正常运转，帮助企业做出科学的决策，从而抓住市场机遇，获得良好的经济效益。市场营销信息系统主要具有输入营销信息、存储营销信息、创建营销信息、输出营销信息、营销信息通信等功能。

8.3 购买行为分析

市场营销的核心是满足消费者的需求，而要做到这一点就必须研究消费者的购买行为。在市场营销研究领域，根据消费目的的不同可将市场进一步划分为消费者市场和组织市场，下面就分别对两类不同市场的购买行为进行分析。

8.3.1 消费者市场及其购买行为分析

1. 消费者购买决策

消费者一般通过对产品的购买、使用、处置的决策来解决消费问题。消费者的购买决策过程是把焦点放在方案选择上的解决问题的过程。解决问题（problem solving）是指在充分思考和逻辑推理的基础上达到满足需要这一预定目标的行为。满足需要的目标，包括满足效用性需要和快乐性需要。消费者在效用性需要的支配下解决问题时比较注重产品所提供的功能或实际利益方面，这样的解决问题的方式称为理性的购买决策过程。消费者在快乐性需要的支配下解决问题时一般维持或强化自我意识或者注重产品所提供的快乐性的利益，这样的解决问题的方式称为感性的购买决策过程。所以，消费者的购买决策过程一般包括理性的购买决策过程和感性的购买决策过程。

2. 购买决策的参与者

消费者的购买决策往往并非由一人决定，对于那些购买风险高、价值大的商品，购买行为大多需要多人共同参与。根据消费者在购买过程中所起的作用不同，大致可以将其划分为如下几个角色。

发起者，即最先建议或想到购买某种产品或服务的人。

影响者，即其看法或建议对最终购买决定有相当影响的人。

决策者，即对是否购买、怎样购买有权进行最终决定的人。

购买者，即进行实际购买的人。

使用者，即实际使用或消费所购买产品或服务的人。

认识购买决策的参与者及其可能充当的角色，对于企业开展有的放矢的营销活动具有十分重要的意义。

3. 消费者购买决策过程

消费者购买决策过程，就是消费者在特定心理驱动下，按照一定程序发生的心理和行为过程。这一过程在实际购买前就已经开始，一直延续到购买行为之后，是一个动态的系列过程。因此，企业不能仅仅着眼于"决定购买"阶段，而要调查研究和了解消费者购买过程的各个阶段。

消费者购买卫生纸或圆珠笔等日常消费品时所做出的决策是比较简单或单调的，但购买轿车、家电等耐用消费品的情况就不一样了。这时可供选择的方案（alternatives）比较多，而且影响这些方案选择的因素也比较复杂，所以购买决策也是比较复杂的。另外，虽然消费者可利用的有关购买方面的信息比较多，但消费者的认知容量是有限的，所以消费者不能完全把握所有与购买相关的信息，因而很难完全有把握地做出购买决策。为有效地理解复杂而多样的消费者的购买决策过程，有必要以模型的方式来解释一下作为解决问题的行为。消费者购买决策过程的基本模型如图 8-3 所示。

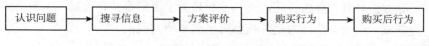

图 8-3　消费者购买决策过程的基本模型

认识问题阶段是认识某种欲望（需求）的过程，如果对问题的认识非常强烈的话，就转到搜寻信息阶段。在搜寻信息阶段为找到解决所认识到的消费问题的方法，消费者会从记忆里提取信息（内部搜寻），或者从外部搜寻相关信息（外部搜寻）。方案评价是指在一定程度上获得解决问题的方法以后，消费者会识别方案，评价各种不同方案，然后选择自己喜欢的并可行的方案。在购买阶段按照所选择的方案购买产品，即购买行为。购买后行为是指消费者购买产品以后在使用或消费产品的过程中评价自己的欲望或期望得到满足的程度。

4. 影响消费者购买行为的主要因素

在实际的消费活动中，真正了解和把握消费者的行为是困难的。因为，消费者采取购买行动时，往往带有一定的盲目性。例如，从百货商场买回一件衣服，仅仅是因为在打折；在一家连锁店买回一大堆熟食，原因是看到别人都在买。而且，消费者因性别、年龄、职业、兴趣爱好等方面的不同，在消费行为上存在着很大的差异。每一个人的行为也经常处在不断地变化之中，很难做出预测。

但是，消费者购买行为还是有规律可循的，不同消费者在购买同类商品时的需求有所不同，问题在于消费者各方面的特征怎样影响他们的行为。归纳起来，消费者购买行为主要受到文化、社会阶层、参照群体、家庭等因素的影响。

1）文化与消费者购买行为

一般认为，文化应有广义与狭义之分。广义文化是指人类创造的一切物质财富和精神财富的总和；狭义文化是指人类精神活动所创造的成果，如哲学、宗教、科学、艺术、道德等。在消费者购买行为研究中，由于研究者主要关心文化对消费者购买行为的影响，所以我们将文化定义为一定社会中经过学习获得的、用以指导消费者购买行为的信念、价值观和习惯的总和。

一个社会的文化为社会中的成员应付各类问题提供了先前的答案和可行的手段。在外显行为上，也就规定了在特定场合情境应该以何种方式行事。所以，简单地说，消费文化就是一个社会中大多数人遵循的与消费有关的风俗习惯。

在营销实践中，我们不难看出，文化不同，消费者购买行为也不同，所以企业采取的策略也应不同。文化像一张无形的网络，笼罩着我们每一个人，但正因隐身其中，我们常常觉察不到文化对我们的塑造作用；只是随着不同文化之间的交流和冲撞，以及主文化之中各种亚文化的勃兴，我们才日益意识到文化的重要性。文化是影响消费者购买行为的一个非常重要的因素；特别是在全球化进展加快的今天，了解文化，尤其了解不同文化之间的区别已成为成功营销的前提。

2）社会阶层与消费者购买行为

社会阶层是由具有相同或类似社会地位的社会成员组成的相对持久的群体。每一个体都会在社会中占据一定的位置，有的人占据非常显赫的位置，有的人则占据一般或较低的位置。这种社会地位的差别，使社会成员分成高低有序的层次或阶层。

消费者行为学中讨论社会阶层，一方面是为了了解不同阶层的消费者在购买、消费、沟通、个人偏好等方面具有哪些独特性，另一方面是为了了解哪些行为基本上被排除在某一特定阶层的行为领域，以及哪些行为是各社会阶层成员所共同的。

3）参照群体与消费者购买行为

参照群体实际上是个体在形成其购买或消费决策时，用以作为参照、比较的个人或群体。

参照群体具有规范和比较两大功能。规范功能在于建立一定的行为标准并使个体遵从这一标准，如受父母的影响，子女在食品的营养标准、如何穿着打扮、到哪些地方购物等方面形成了某些观念和态度。个体在这些方面所受的影响对其购买行为具有规范作用。比较功能是指个体把参照群体作为评价自己或别人的比较标准和出发点。例如，个体在布置、装修自己的住宅时，可能以邻居或仰慕的某位熟人的家居布置作为参照和仿效对象。

4）家庭与消费者购买行为

家庭是指两个或两个以上的个体由于婚姻、血缘或收养关系而共同生活的社会单位。构成家庭的最重要的因素是婚姻和血缘关系。婚姻是建立在对性满意和再生产的制度上的程序，根据这个程序，男女构成家庭。血缘关系是以婚姻结合的夫妇生育子女，从而血缘上相关联的性质或状态。

家庭对消费者购买行为有着直接的影响。例如，在不同的家庭生命周期，消费者购买行为有着很大的差异。新婚夫妇在尚无孩子的阶段，可能对耐用消费品的购买较多，如购买冰箱、家具等产品，同时由于没有在家看护孩子的负担，小夫妻可能还会对旅游很感兴趣。而当家庭生命周期到了满巢 I 期（年轻已婚夫妇，最小的孩子在 6 岁以下），此时家庭购买需求达到顶峰，夫妻双方均会对家庭财政状态感到不满，有关孩子的儿童食品、玩具、感冒药、维生素等需求量会大增。

作为购买群体，家庭购买决策是一个集体的购买决策，作为消费群体，家庭的购买决策会影响其成员的消费。在家庭购买决策过程中各家庭成员之间会有相互作用。

8.3.2 组织市场及其购买行为分析

在市场活动中，不仅存在着企业与个人消费者之间的交易行为，而且还广泛存在着企业与企业、企业与政府、企业与其他非营利机构之间的交易行为。与消费者市场相比，组织市场更加庞大和复杂，在交易的数额、持续时间、参与人员、决策行为、采购流程、影响因素上都具有不同的特征。研究组织市场购买行为（organizational buying behavior），能帮助卖方企业认清组织市场，理解其行为特征及逻辑，从而准确找到组织市场中的目标客户，成功进行组织市场的营销管理。

1. 组织市场特征

组织市场的规模和价值远远大于最终的消费市场。由于组织购买的最终目的都是为了服务于终端的个体顾客，而通常消费者的一次购买就需要涉及多次的组织购买活动，因此组织市场内的交易更加庞大和复杂。虽然组织机构的类型繁多，但从整体上分析，组织市场及其购买行为还是呈现出一些共同的特征，下面将具体从组织市场结构、组织市场需求和组织市场购买决策三个方面进行阐述。

1）组织市场结构特征

（1）组织数量较少。与成千上万的个人消费者相比，进行购买活动的组织显然在数量上更少。对于轮胎生产商来说，其潜在的消费者市场将包括所有需要备用轮胎的汽车车主，而在组织市场中，其交易订单可能只来自少数几个汽车制造公司。

（2）采购数额较大。虽然交易市场中的组织个数较少，但每个组织的采购能力却是巨大的。不仅每个组织每单笔业务的成交量大于个人消费购买的数量，而且由于一些组织购买品（如生产原材料）往往需要重复和持续的购买，单个组织的整体采购数额是单个消费者无法相比的。

2）组织市场需求特征

（1）派生需求。组织市场最终服务于消费者市场，组织需求总是间接或直接的源自于最终的个体消费者需求。因此上一层级的需求由下一层级的购买、消费或使用情况决定，这种需求模式就被称为派生需求或衍生需求（derived demands），是组织市场购买行为的一个重要特征。无论是生产厂商购买原材料进行产品制造，连锁超市采购各类商品进行零售，还是地方政府采办基础设施以改造社区环境，其购买活动都是为了满足下一层级消费者的需求。派生需求的特点是层层相扣，上一层组织需求随下一层组织需求的变化而变化，并最终由消费者的原生需求所决定。因此这种链条式的需求反应也决定了组织市场需求的波动性。

（2）需求波动大。组织市场的需求波动幅度大于消费者市场。当消费品需求量增加时，为了生产出需求增长部分的产品，制造企业必须以数倍于需求变动的比例来投入资本，这就是经济学中的加速原理。因此消费终端微小的需求变化就将对组织需求产生巨大的影响，而位于派生需求层级顶端的组织往往会面对最大的需求波动风险。有时，消费者的某项需求只增加了 10%，而上一层级组织对于产品和服务的派生需求可能会上涨 200%，组织市场的需求总量会持续而迅速地发生变动。

（3）需求弹性小。虽然组织对于产品和服务的需求受到消费者需求的强烈影响，但是价格变动却几乎不能影响组织市场的总体需求。对于非营利性组织来说，其最终消费者的需求完全不受价格因素的影响，因此需求无弹性。那么在商业市场中，需求缺乏弹性的原因在于以下几个方面。

首先，各级组织的采购需求是受消费者需求拉动的。在消费者需求保持不变的情况下，如果生产组织仅因为生产资料价格降低就大量采购，就只会提供出多余的产品和服务，造成资源的浪费。

其次，原料采购成本占产品总成本的比例较小。对于一般的工业制成品，原料成本的下降并不能降低产品的最终售价，因而也无法刺激消费者的需求增加。

最后，价格的短期行为不能影响企业长期稳定的生产模式、决定购买量的增减。但价格的长期固有水平会逐渐调整组织的生产计划、购买类型和数量。

3）组织市场购买决策特征

（1）专业的采购人员。组织市场的购买者一般都是具有相关产品技术知识和购买谈判技能的专业采购人员。他们能够广泛搜集和准确判断采购品的真实信息，并能熟练执行购买的流程。而个体消费者往往不具备专业的购买知识。

（2）众多购买参与者。组织购买活动是一个组织成员集体参与的过程。除了专业的直接购买者，所购品的使用人员、组织的各层管理人员都会影响购买决策的制定，由此形成了

"组织购买中心"。

（3）购买流程正式化。个人消费品的购买一般较为随意，不会设立和依照某个购买步骤来进行，其决策、协商和购买几乎同时发生。但组织购买则会按照正式的购买流程分步骤执行，其决策过程更加理性化和复杂化。大笔的商业购买通常需要经历的流程是：确立产品需求—搜集供应商信息—确立订单条件—签署合同—购后评估。

（4）交易双方关系密切而稳定。在组织市场中，购买企业与营销企业之间经常会建立一种长期合作的关系，从而提高整条行业链的竞争力。卖方会依据买方的特殊要求供应定制化的产品和服务，并在准确的时间和地点将准确数量和满足质量要求的产品送达。而在消费市场中，除了完全忠诚的顾客群之外，大多数消费者与企业之间都不具有高稳定和高频率的买卖关系。

（5）特殊购买形式。组织市场购买中普遍存在着一些特殊的购买形式，如互惠购买和租赁使用。互惠购买是指：互为供应商的企业之间达成互相购买对方产品或服务的协议，有时这种购买关系不局限于两个组织之间，表现出三角型和多角型的交互购买形式。租赁使用大多发生在大型设备、厂房、土地这类昂贵产品上，资金有限的企业会采取租赁的方式来节约成本。此外，组织购买者一般会采取直接向供应商购买的方式，而不经过中间商环节。

2. 组织市场购买决策过程

对于组织型购买者而言，通过合理的采购战略来降低运营成本是非常必要的，因此组织型购买者往往更加注重购买行为的系统性和标准化。组织购买行为并不是一个单一的行动，而是收集并分析大量信息、进而做出各种最优决策的复杂过程。针对这样的情况，企业必须对组织市场购买决策过程的每一个环节有清晰的认识，才能够更加全面地了解组织型购买者在不同阶段的不同需求。

总的来说，组织市场购买决策过程包括八个步骤：识别需求、对需求的概括描述、详细说明所需产品的规格要求、搜寻供应商信息、分析和评估供应商情况、选择供应商、选择并执行订购程序、交易评估和信息反馈，如图8-4所示。

图8-4 组织市场购买决策过程

8.4 市场营销战略

市场营销的好坏不仅关系到企业的效益，更关系到企业的生死存亡。企业的资源是有限的，面对广袤的市场，只有准确的市场定位，选择企业最为擅长的细分市场领域，才能使企业在激烈的市场竞争中赢得一席之地。

8.4.1 市场细分战略

1. 市场细分的概念

市场细分亦称市场细分化，是美国学者温德尔·史密斯（Wendell Smith）在 20 世纪 50 年代中期提出的，其核心的意义是将一个整体的市场根据消费者需求的差异性，划分为若干个具有共同特征的子市场，并确定企业的目标市场的活动过程。

2. 市场细分的依据

1）消费者市场细分的依据

消费者市场的细分变量分为两大类。①根据消费者的特征或属性来进行市场细分，如地理特征、人口特征和心理特征，然后考察这些细分市场是否具有不同的需求。②按照消费者追求的利益、使用产品的时间或对品牌的反应来细分市场，之后再考察这些细分市场是否具有不同的消费特征。

2）产业市场细分依据

对消费者市场进行细分的很多变量都可以用于产业市场的细分，如地理、人口等，但是由于产业市场自身所独有的特点及与消费者市场截然不同的购买行为，导致对产业市场进行细分要遵照一些自身独特的标准。波罗马（Bonoma）和夏皮罗（Shapiro）提出了用表 8-1 中的变量来细分产业市场。

表 8-1 产业市场的主要细分变量

客户情况	行业：将重点放在哪些行业上？ 公司规模：将重点应放在多大规模的公司？ 地域：将重点放在哪些地域？
经营特点	技术：将重点应放在哪些顾客关心的技术？ 使用者与非使用者地位：重点是处于什么地位的使用者？ 顾客能力：将重点放在需要什么服务的顾客？
采购方式	采购职能组织：选择采购组织高度集中化的公司还是采购组织高度分散化的公司？ 权利结构：将重点应放在技术人员占主导地位的公司还是财务人员占主导地位的公司？ 现存关系的性质：是重点服务已经建立可靠关系的公司还是寻求更理想的客户？ 总的采购政策：将重点放在乐于采用租赁的公司、重视服务的公司，还是系统采购的公司、秘密投标的公司？

形式因素	紧迫性：将重点放在要求迅速交货或突然要货的公司？ 特殊用途：将重点放在产品的某些用途，而不是重视全部的用途？ 订货量：将重点放在大宗订货还是少量订货？
个性特征	买卖双方的相似性：将重点放在与本公司的人员组成及价值观相似的公司？ 对待风险的程度：将重点放在敢于冒险的公司还是避免风险的公司？ 忠诚度：将重点放在对供应商忠诚的公司？

资料来源：科特勒. 市场营销原理［M］. 北京：清华大学出版社，2003：236.

在具体细分产业市场的时候，根据不同的情况，上表中的细分变量都十分实用，同时，在很多时候需要根据市场和产品的具体情况来增加其他对细分具体市场有显著作用的变量。

3. 有效市场细分的原则

（1）可区分性。通过市场细分得出的不同细分市场人群之间是存在明显的区别的，并且对不同的营销组合具有不同的反应。例如，箱包的生产厂商，对高级公文包和学生用书包的区分是可识别的，这两种产品所针对人群接触媒体的习惯、购买渠道、购买行为、价格都有着明显的不同，因而对不同的营销组合做出不同的反应。

（2）可测量性。即对细分市场的规模、购买潜力和大致轮廓可以测量。企业可以通过一些重要的消费者的属性来描述细分市场并通过充分的市场调研来得到结果。需要注意的是在描述消费者属性的时候要注意这些属性间的关联性。

（3）可进入性。即企业能够通过一定的渠道和营销手段进入细分市场并为之提供产品或服务。有些市场由于地理分布太广或距离过于遥远，或是没有有效的媒体接触手段而不能够使企业进入这一细分市场。

（4）可盈利性。即细分市场应该足够大，并且具有足够的支付能力并能够使企业获利。如果市场细分的结果是没有一个市场能够弥补企业为之投入的研发、生产、销售的费用，那就说明市场细分是无效的。

8.4.2 目标市场选择战略

1. 选择目标市场

市场细分的目的就是便于企业选择目标市场。目标市场是企业准备进入并为其提供产品或服务的细分市场。企业有 5 种目标市场的选择方法。

（1）单一市场集中化战略，如图 8-5（a）所示。即企业面对一个目标市场，只提供一种产品，满足其一种特定的需要。例如，面对宾馆的电器设备这一细分市场只提供彩色电视机这一单一产品的做法。较小的企业和刚进入市场的企业通常采用这种策略。这种策略有其优点：由于专注于某一细分市场，从而能够把握该细分市场的动态，能够对市场的变化做出准确的反应，同时由于产品的单一化带来的规模和管理上的优势，能够最大限度地降低包括营销在内的费用，形成成本领先。

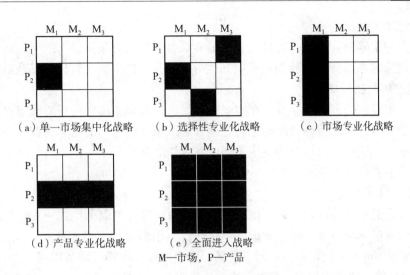

图 8-5　目标市场选择的五种模式

但是这种策略也存在着一定的风险，一旦目标市场消费者的偏好发生根本的改变，如人们对矿泉水的需求由解决口渴转变为增加体内电解质的需求，那就会意味着这一细分市场的萎缩和消失。因而更多的企业会在多个细分市场上展开业务。

（2）选择性专业化战略，如图 8-5（b）所示。即企业有选择地同时进入几个不同的细分市场，并有针对性地向各个不同的细分市场提供不同类型的产品，以满足其各自特定的需要。这一般是生产经营能力较强的企业在几个市场部分均有较大吸引力时所采取的决策。企业所选择的几个细分市场之间很少或者根本没有联系，企业可以运用不同的营销组合来吸引每个细分市场并在各个市场上赢利。这种策略的优点是企业可以分散风险，即使是其中一个细分市场丧失了吸引力，其他的细分市场也可以赢利。但是缺点是企业必须在几个细分市场上同竞争者作战，企业的资源在一定程度上被分散。

（3）市场专业化战略，如图 8-5（c）所示。即企业面对同一细分市场，生产并提供该市场所需的多种产品以满足其需求。例如，企业为宾馆电器这一细分市场同时提供电视、冰箱、电话、空调等设备的策略。它通常是经营能力较强的企业试图在某一细分市场上取得较好的适应性和较大的优势地位而采取的做法。这种策略通常使企业的产品线之间能够在营销上产生协同作用，并且因为服务于同一细分市场而降低交易成本，在顾客中竖立良好的信誉。但是由于面对的是同一细分市场，它们具有共同的属性，如果这个顾客群的需求降低或者这一市场失去吸引力，那么企业的经营就会面临很大的困境。

（4）产品专业化战略，如图 8-5（d）所示。即企业生产一种类型的产品，并将其供应给不同的细分市场，满足它们对一种类型产品的需要。例如，照相机的生产厂家，既生产一次成像的相机来满足旅游的需要，也生产民用相机满足家庭需要，同时生产单反相机满足专业人士的需要。这种策略的优点是企业能够发挥各种产品的技术互补性，减少产品的研发投入，并在某一产品领域形成良好的形象，同时减少了对某一单独市场的依赖程度，降低了经营风险。

（5）全面进入战略，如图 8-5（e）所示。即企业全方位地进入某一产品整体市场的各个细分市场，并有针对性地向各个不同的顾客群提供不同类型的系列产品，以满足一产品整体市场各个市场部分的各种各样的需要。这主要是大企业为在一种产品的整体市场上取得领域地位而采取的做法。

在运用上述策略时，企业一般是先进入最有吸引力且最有条件进入的市场部分，只是在机会和条件成熟时才酌情、有计划地进入其他市场部分，逐步扩大目标市场范围。

2. 目标市场营销战略

实行目标市场营销方式的企业，在市场细分、选择目标市场之后还要确定目标市场营销战略，即企业针对选定的目标市场确定有效地开展市场营销活动的基本方针。企业确定目标市场的方式不同，选择的目标市场范围不同，其营销战略也就不一样。可供企业选择的目标市场营销战略主要有以下几种。

1）无差异性营销战略

当企业面对的是同质市场或同质性较强的异质市场时，可以采用这一战略开展市场营销活动。在实际营销活动中这一战略对那些拥有广泛应用价值，能够大量生产、大量销售的产品基本上都是适用的。因此，不仅是同质市场，即便是异质市场（现实或潜在的），只要具备上述条件，也能够有效地实行这种战略。这种战略的基本特点是：企业不进行市场细分或者忽略各个细分市场的差异，将整体市场作为自己的一个大的目标市场；营销活动只注意市场需求的共同点，而不顾及其存在着的差异性；企业只推出一种类型的标准化产品，设计和运用一种市场营销组合方案，试图以此吸引尽可能多的购买者，为整个市场服务。无差异性营销战略如图 8-6 所示。

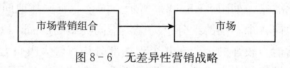

图 8-6　无差异性营销战略

2）差异性营销战略

这是企业面对异质市场时可以选择的一种目标市场营销战略。这种战略的基本特点是：企业在对异质市场进行细分的基础上，从整体市场中选择多个乃至全部细分市场为自己的目标市场，并根据每个目标市场的需要分别制定相应的市场营销组合方案，提供特定的产品，在多个市场部分上有针对性地开展营销活动。差异性营销战略如图 8-7 所示。

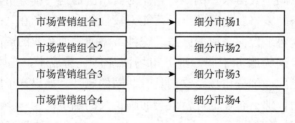

图 8-7　差异性营销战略

3）密集性营销战略

这也是企业面对异质市场时可以选择的一种目标市场营销战略。这种战略是集中力量进入一个细分市场或是整体市场的几个细分市场，为目标市场开发一种理想的产品，实行高度专业化的生产和营销，集中力量为之服务。实行这种战略的企业，希望的不是不同的细分市场上都拥有较小的份额，而是力求在一个较小或少数几个细分市场上取得较高的甚至支配地位的竞争优势。

以上介绍了可供企业选择的三种目标市场营销战略。一个企业在决定采取何种战略时，应全面考虑到企业的资源条件、经营管理能力、产品的性质、产品所处的市场生命周期阶段、市场的性质、市场的供求状况和发展趋势、竞争对手的实力及其采取的目标市场营销战略等多方面主、客观条件下的因素，然后权衡利弊方可做出抉择。此外，企业的目标市场营销战略应保持相对稳定，但随着上述各种条件和影响因素的变化，企业也应适时地加以必要的调整。

8.4.3　市场定位战略

1. 市场定位战略的含义

根据美国营销专家菲利浦·科特勒的观点，市场定位是指企业设计出自己的产品和形象，从而在目标顾客心中确定与众不同的有价值的定位。定位要求公司能够确定向目标顾客推销的差别数目及具体差别。定位不在定位对象本身而在消费者心中，是在消费者的大脑中占据的一个合理的位置。

2. 市场定位的原则

不同企业经营的产品、提供的服务不同，面对的顾客就不同，所处的竞争环境也不同，因而市场定位所依据的原则也不尽相同，总的来讲市场定位所依据的原则有以下几点。

（1）根据具体的产品特点定位。构成产品内在特色的许多因素都可以作为市场定位所依据的原则。例如，所含成分、材料、质量、价格等。七喜汽水的定位是非可乐，强调它因不含咖啡因而与可乐类饮料不同。

（2）根据特定的使用场合及用途定位。为老产品找到一种新用途是为产品创造新的市场定位的好方法。例如，对果珍饮料的定位：果珍饮料进入中国市场的时候恰逢改革开放之初，人们对国外产品比较欣赏，生产厂商利用这一优势，将果珍饮料定位于礼品取得了成功。

（3）根据顾客的利益定位。产品提供给顾客的利益是顾客最能切实体验到的，也可以用作定位的依据。1975 年美国弗雷德里克·米勒（Frederick Miller）推出了一种低热量的Lite牌啤酒，将其定位为喝了不会发胖的啤酒，迎合了那些经常饮用啤酒而又担心发胖的人的需要。

（4）根据使用者类型定位。企业常常试图将其产品指向某一类特定的使用者，以便根据这些顾客的看法塑造恰当的形象。美国米勒啤酒公司曾将其原来唯一的品牌"高生"啤酒定位于啤酒中的香槟，吸引了许多不常饮用啤酒的高收入妇女，后来发现占 30％ 的狂饮者大约消费了啤酒销量的 80％，于是该公司在广告中展示石油工人钻井成功后狂欢的镜头，还有年轻人在沙滩上冲刺后开怀畅饮的镜头，塑造了一个个精力充沛的形象，在广告中提出"有空就喝米勒"，从而成功占领啤酒狂饮者市场达 10 年之久。

3. 市场定位的策略

市场上原有产品通常已经在顾客心目中形成一定形象，占有一定地位。例如，人们认为可口可乐是世界上最大的软饮料公司，奔驰、凯迪拉克是豪华型汽车等。这些品牌拥有自己的地位，竞争对手很难取代他们。在这些产品市场上，参与竞争的企业要想争得立足之地难度很大，因此企业必须有适当的市场定位的策略，并选准一个切入点。一般有以下几种定位的策略。

（1）避强定位（另辟蹊径式）。当企业意识到自己无力与强大的竞争者抗衡时，则远离竞争者，根据自己的条件及相对优势，突出宣传自己与众不同的特色，满足市场上尚未被竞争对手发掘的潜在需求。由于避开强手，这种方式风险小、成功率高，即使是实力较弱的小企业如能正确运用此方式准确定位，仍能取得成功。例如，河北华龙面业集团有限公司最初是由几位农民合办的股份制企业，在创业初期就在找准定位上下功夫。他们避开大企业竞争激烈的城市市场而定位于为农民服务，其产品定位是"物美价廉"——生产中低档方便面。由于定位准确及营销策略得当，目前已成为我国规模较大的方便面生产企业。

（2）迎头定位（针锋相对式）。这是一种以强对强的市场定位方法。即将本企业形象或产品形象定位在与竞争者相似的位置上，与竞争者争夺同一目标市场。实行这种定位的企业应具备的条件是：市场容量大，能比竞争者生产出质量更好或成本更低的产品；能够容纳两个或两个以上竞争者产品；比竞争者有更多资源和实力。这种定位存在一定风险，但能够激励企业以较高目标要求自己奋发向上。

（3）创新定位（填空补缺式）。寻找新的尚未被占领但有潜在市场需求的位置，填补上市场的空缺，生产市场上没有的、具备某种特色的产品。例如，"金利来"进入中国市场时就填补了男士高档衣物的空缺。

（4）重新定位。企业在选定了市场定位目标后，如定位不准确或虽然开始定位得当，但市场情况发生变化后，如遇到竞争者定位于本企业附近，侵占了本企业部分市场，或由于某种原因使消费者或用户的偏好发生变化，转移到竞争者方面时，就应考虑重新定位。重新定位是以退为进的策略，目的是实施更有效的定位。

综上所述，市场定位是设计企业产品和形象的行为，以便使目标市场知道企业相对于竞争对手的地位。市场定位正确，能给企业带来巨大的经济效益和广阔的发展前景，反之，市场定位不正确，则会使企业蒙受巨大的经济损失。因此，企业在进行市场定位时，应慎之又慎，通过反复比较和调查研究，找出最合理的突破口。一旦建立了理想的定位，企业必须通过一致的表现与沟通来维持此定位，并应经常加以监测以随时适应目标顾客和竞争者策略的改变。

8.5　市场营销组合策略

8.5.1　产品策略

产品是企业市场营销组合中的重要因素，是实现商品价值交换的基础。通常产品有广义和狭义之分。狭义的产品一般是指生产者生产出来的，用于满足消费者物质需要的有形实体。它主要由产品的物质属性和实体部分构成。而广义的产品不仅包括产品的物质属性同时也包括产品的非物质属性。产品是市场营销活动的基础，产品策略是市场营销组合策略中最重要的策略。企业在市场营销活动中，通过向市场提供某些产品或服务用以满足客户的需求，并以此为基础综合运用多种营销策略来开展与竞争对手的激烈竞争。

1. 产品整体和产品组合的概念

1）产品整体的概念

从现代市场营销的角度看，产品整体的概念包括五个层次，即核心产品、形式产品、期望产品、附加产品和潜在产品。

（1）核心产品。产品的第一层为核心产品，它是产品最基本的层次。它是指消费者购买某种产品时所追求的利益和效用，是产品整体概念中最基本、最主要的部分。消费者购买某种产品，并不是为了占有产品本身，而是要获得满足某种特定需要的效用和利益。如人们购买计算机并不是为了买到一个电子、塑料和金属元器件的组合物，而是为了通过计算机的信息处理功能，满足"办公、学习、获取信息和娱乐"的需要。

（2）形式产品。形式产品是核心产品借以实现的形式，即向市场提供的产品实体和服务的形象。营销者要将利益出售给顾客，就必须借助一定的承载体将其输送到顾客那里，而形式产品起到的就是传输核心产品的作用。形式产品对于有实物形体的产品来讲，就是有形产品，它包括的主要内容有产品样式、特点、质量、品牌、包装等；而就没有实物形体的服务产品来讲，形式产品就是进行这项服务所采用的活动方式，包括服务设施、服务内容和服务环境与气氛。

认识形式产品，对于很多企业现行的营销活动有重要指导意义。许多企业讲究货真价实，很注意产品的内在质量，但不太重视诸如商标、品名、包装、外观设计等外部质量，以至于在国际市场的竞争中失败。

（3）期望产品。期望产品是购买者购买产品时希望和默认的一组产品、属性或条件。一般来讲，顾客选购一台电视机是认为它具有接收信号的功能，这就是产品的默认属性。默认属性对于顾客来讲，没有偏好，应该作为基本功能提供给顾客。除了默认属性外，或许还有顾客希望电视机能够作为其他电子媒体处理系统的显示终端来使用，如接到个人电脑上用来玩电子游戏等。而顾客希望在产品提供的默认属性之外的其他属性则需要营销者去了解，以满足顾客的这种预期。期望产品往往是营销者提供的、有利于竞争的那部分属性或功能，造就出营销者独有的特色。

（4）附加产品。附加产品是购买者在购买产品时，除产品的基本功能和基本属性外，所得到的附加的服务和利益。通常，对于实体产品来讲，这些附加利益并不包含在产品实体里，而是以一种外加方式或活动来提供，如免费安装、运送、售后服务、质量保证等；对于服务产品来说，则直接表现为增加的其他产品或服务，如在旅馆客房中增设电视机、洗漱用具，为客人免费洗衣等。

（5）潜在产品。潜在产品是指产品最终可能实现的全部附加部分和新转换部分。如果附加产品包含着产品的今天，则潜在产品指出了它可能的演变。

许多企业通过不断地提供潜在产品，满足了顾客的需求，不仅让顾客满意，而且令顾客感到愉悦，与此同时也使顾客对产品的期望越来越高，这就要求企业注重产品的研究与功能的扩展，不断将潜在产品变成现实产品，以满足顾客多方面需求。

2）产品组合的概念

产品组合指企业制造或经营的全部商品的有机构成方式，或者说就是企业生产和经营的全部产品的结构。分析产品组合首先要明确与之相联系的基本概念。产品组合是一个企业生产和销售的全部产品线和产品项目的组合。在这里产品线是指一组密切相关的同类产品，又称产品大类或产品系列。所谓密切相关是指它们或者功能相似，或者卖给同类顾客，或者通过同样的渠道销售，或者价格在同一范围内。产品项目指在同一产品线或产品大类中各种不同型号、规格、质量、档次和价格的产品。

企业的产品组合包括四个维度：宽度、长度、深度和关联度。

产品组合的宽度，是指企业产品组合中包含的产品线的数目。产品组合的长度，是指企业产品组合中包含的产品项目的总数。产品组合的深度，是指企业产品组合中某一产品线内的产品项目数。产品组合的关联度，是指企业产品组合中各条产品线在最终用途、生产条件、分销渠道或其他方面的相关程度。

产品组合的长度、深度、宽度和关联度不同，就构成不同的产品组合。企业在进行产品组合决策时，应考虑企业资源、市场需求、竞争状况等诸多因素。

2. 产品生命周期

所谓的产品生命周期是指产品从进入市场到被市场所淘汰的整个时间过程，一般经历介绍期、成长期、成熟期和衰退期四个阶段。在产品生命周期的各个阶段，产品的销售量和利润都会发生一定规律性的变化。因此，企业需要制定不同的营销策略。

产品的介绍期是新产品投入市场的初级阶段，销售量和利润的增长都比较缓慢，利润一般为负；产品进入成长期后，市场销量迅速增长，企业开始盈利；市场销量在成熟期达到顶峰，但此时的增长率较低，利润在后期开始下降；之后，产品的销量和利润显著下降，产品将退出市场，这时产品也就处于最后的衰退期。

3. 产品生命周期各阶段的特点及相应的营销策略

产品生命周期理论说明，任何一种产品都不会经久不衰，永远获利；在产品生命周期的不同阶段，产品的销售量、利润等都具有不同的特点。因此，企业应对产品生命周期进行准确的划分，在产品生命周期的不同阶段采取不同的营销竞争策略，以实现产品在整个生命周期中的利润最大化。

1）介绍期的特点及营销策略

介绍期，是产品首次投入市场的最初销售阶段，也称投入期或诞生期，该阶段的主要特点是：消费者对产品不大了解；销量低、单位生产成本较高、利润少，甚至亏损；产品的质量不大稳定；还没有建立起稳定的分销渠道，分销和促销费用高；一般竞争者很少。

在产品的介绍期，企业一方面应尽量完善产品技术性能，尽快形成批量生产能力，另一方面应采取有效的市场营销组合，来缩短产品介绍期。企业可能按主要营销变量，如价格、促销与分销渠道、产品质量等分别设计不同水平的营销组合，促使产品迅速进入成长期，如果以价格和促销作为主要策略，则介绍期的营销策略有以下 4 种组合方式。

（1）快速掠取策略。快速掠取策略即以高价格和高促销水平的方式推出新产品，以求迅速扩大产品的销售量，并获得较高的市场占有率。

（2）缓慢掠取策略。在这种策略下，企业以高价格和低促销水平的方式推出新产品。这一策略的促销费用低，而产品制定的价格高，因此企业可以获得较高的利润。采用该策略应具备下列市场环境：产品总体市场规模有限，市场上大多数消费者已经了解这种产品并愿意支付高价；竞争者的加入有一定的困难，潜在的竞争威胁不大。

（3）快速渗透策略。这是企业以低价格和高促销水平的方式推出新产品，以求达到最快速的市场渗透和最高的市场份额的策略。采用该策略应具备下列市场环境：市场容量足够大；消费者不了解这种新产品；大多数消费者对价格反应敏感；潜在竞争十分激烈；产品成本将随生产规模的扩大和学习经验的积累而下降，从而支持该策略的实施。

（4）缓慢渗透策略。采取这种策略的企业以低价格和低促销费用的方式推出新产品。低价格可以使市场较快地接受该产品；而低促销费用又可以降低营销成本，使企业获取更多的早期利润。采用该策略应具备下列市场环境：市场容量大；市场上该产品的知名度较高或者消费者熟悉这种产品；这种产品的价格弹性大而促销弹性很小；存在某些潜在竞争。

在选用上述策略时，企业应把产品生命周期作为一个整体来加以选择和调整，而不应该就某一阶段来选择营销策略；并且应努力保持产品生命周期各个阶段营销策略的连续性和一致性。

2）成长期的特点及营销策略

产品在介绍期的销售取得成功后，销售量开始实现较快的增长，产品进入成长期。该阶段的主要特点是：产品性能趋于稳定，产品的质量、功能、优点已逐渐为人们所接受，领先者会重复购买，新的消费者则纷纷涌现，市场逐步扩大；消费者已了解该产品，销售量迅速增长；生产规模扩大，随着销售量的上升，单位产品生产成本和促销费用下降，利润迅速增长；产品分销渠道业已建立；大批竞争者加入，市场上同类产品增多，竞争开始加剧，使同类产品供给量增加，价格随之下降。

针对成长期的特点，大力组织生产，扩大市场份额和利润是这一阶段营销的重点。可以采取以下几种策略。

（1）不断提高产品质量和性能，改善产品品质。

（2）努力寻求和开拓新的细分市场，开辟新的分销渠道。

（3）适当改变广告目标。

（4）在适当的时机降低价格。

3）成熟期的特点及营销策略

产品经过成长期的迅速增长后，销售增长的速度开始下降，产品进入成熟期。成熟期的特点是：销售量增长缓慢，逐步达到最高峰，然后开始缓慢下降；市场竞争十分激烈，各种品牌的同类产品和仿制品不断出现；企业利润开始下降；绝大多数属于顾客的重复购买，只有少数迟缓购买者进入市场；本阶段一般是产品生命周期中最长的一个阶段。

企业在这个阶段不应满足于保持既得利益和地位，而是要积极进取，其营销重点是延长产品的生命周期，巩固市场占有率。这就需要采取以下策略。

（1）市场改良。市场改良策略不是要改变产品本身，而是要发现产品的新用途或改变推销方式，以使产品的销售量得以扩大。产品的销售量主要受品牌的使用人数和每个使用者的使用量的影响。因此要扩大产品的销售量，具体可以从两个方面入手：扩大品牌的使用人数和寻求刺激消费者增加产品使用率的方法。

（2）市场营销组合改良。这种策略是通过改变市场营销组合因素，来延长产品的成熟期。营销组合的改进，是成熟期刺激销售的有效方法，一般可从以下几个方面入手：①产品改良。一方面努力改进产品质量，另一方面可以扩大产品的使用功能，提高产品使用的安全性、方便性，以吸引那些追求安全、方便的顾客。②采用价格竞争手段。企业可以通过直接地降低价格、加大价格的数量折扣、提供多种免费服务的项目等方法，以保持老顾客或吸引新顾客。③企业可以通过向更多的分销网渗透，或建立一些新的分销网，以扩大产品的市场覆盖面，争取一些新顾客或保持原有的市场份额。④采取更加灵活的促销方式，积极开展促销活动，有效地利用广告等宣传工具，以保持既有的产品销量，甚至掀起新一轮的消费热潮。

4）衰退期的特点及营销策略

尽管企业努力延长产品的成熟期，但大多数产品最终还是要进入衰退期。衰退阶段的主要特点是：产品销量急剧下降；价格已经难以维持原有水平，利润也迅速下降直至为零甚至出现亏损；消费者的消费习惯发生改变或持币待购；市场竞争转入激烈的价格竞争，很多竞争者退出市场。在衰退期，企业可以选择的营销策略有以下几种。

（1）放弃策略。即放弃那些迅速衰落的产品，将企业的资源投入到其他有发展前途的产品上来。

（2）维持策略。在衰退期，由于有些竞争者退出市场，市场留下一些空缺，这时留在市场上的企业仍然有盈利的机会。具体的策略包括：继续沿用过去的营销策略；将企业资源集中于最有利的细分市场，维持老产品的集中营销。

（3）重新定位。通过产品的重新定位，为产品寻找到新的目标市场和新的用途，使衰退期的产品再次焕发新春，从而延长产品的生命周期，甚至使它成为一个新的产品。这种策略成功的关键就是要正确找到产品的新用途。

8.5.2 价格策略

价格策略是企业最重要的决策之一，是市场营销组合中为企业提供收益的因素，是市场竞争中的一种重要手段。在大多数情况下，就商品型产品而言，价格一直是影响购买者选择的主要决定因素。定价是否得当，将直接关系到产品的销售量和企业的利润额。确定合理的定价和价格政策，是企业面临的具有现实意义的问题。

1. 影响定价的因素

许多内部和外部因素影响着企业的定价决策。

1）影响定价的内部因素

影响定价的内部因素包括：企业的营销目标，营销组合战略，成本及定价机构。

定价决策很大程度上取决于企业的目标市场和市场定位目标。普通的定价目标包括维持生存、现期利润最大化、市场份额领导和产品质量领导。但是，价格只是企业用来实现目标的市场营销组合工具中的一种，并且定价决策影响和受影响于产品设计、销售和促销决策。成本是企业价格的底价，价格必须抵补所有生产和销售产品的成本，再加上一个合理的收益率。最后，管理部门必须决定由组织中的哪个机构来负责定价。

2）影响定价的外部因素

影响定价的外部因素包括：生产和需求的性质，竞争者的价格和供应，以及经济、中间商需要和政府行动等因素。销售商的定价自由程度随不同的生产类型而不同，在垄断竞争生产和寡头市场中，定价特别具有挑战性。但是，最后由消费者决定企业是否设定了正确的价格。消费者根据使用产品的理解价值来判断价格的好坏。如果价格超过价值的数量，消费者就不会购买该产品。

2. 定价方法与定价策略

1）定价方法

企业常用的定价方法主要有三类，分别是成本导向定价法、需求导向定价法和竞争导向定价法。下面分别予以介绍。

（1）成本导向定价法。成本导向定价法是以产品的成本作为定价依据的定价方法，其中又包括成本加成、目标利润和边际贡献这三种具体的定价方法。

（2）需求导向定价法。需求导向定价法主要是根据市场需求状况和消费者对产品的感觉差异而非根据产品的成本来确定价格的方法。这种定价方法比较符合现代市场营销的思想，在具体应用中可进一步分为认知价值定价法和需求差别定价法。

（3）竞争导向定价法。竞争导向定价法是以市场上的同类竞争产品的价格作为定价的依据。其特点是产品的价格与成本和市场需求不发生直接的关系，而是随着竞争状况的变化来进行不断的调整，以确保产品在市场上的竞争力。竞争导向定价法可分为随行就市和密封投标这两种具体的定价方法。

2）定价策略

定价策略是指企业根据产品的品质、成本、市场竞争与供求状况，以及消费者需求的变化情况而采取的各种定价措施和手段。科学、合理的定价策略是企业实现经营目标的根本保障，企业必须高度重视。下面就简要介绍一下常见的产品定价策略。

（1）新产品定价策略。新产品定价策略主要有撇脂定价策略、渗透定价策略和满意定价策略三种。撇脂定价策略也称高价策略，是指在新产品上市初期制定较高的价格，以便在较短的时间内获得最大利润。这种定价策略因类似于从牛奶中撇取奶油而得名。渗透定价策略是一种低价格策略，即在新产品投入市场时确定较低的价格，以便消费者容易接受，从而迅速打开和占领市场。满意定价策略是一种介于撇脂和渗透之间的定价策略。所定的价格不高不低，既可以使产品在进入市场初期能够弥补收回一定的前期投入，又可以让消费者乐于接受。

（2）心理定价策略。心理定价策略是一种根据消费者心理状况来确定产品价格的策略。具体来说就是运用心理学中的相关原理，依据不同类型的消费者在购买商品时的不同心理要求来制定价格，以诱导消费者增加购买，扩大企业销量。具体策略又可分为整数定价策略、尾数定价策略、分级定价策略、声望定价策略、招徕定价策略及习惯定价策略等。

（3）折扣定价策略。折扣定价策略是指企业对产品的既定价格作出一定的让步，直接或间接地降低价格，以鼓励消费者购买，从而扩大销量。其中，直接折扣的形式有数量折扣、现金折扣、功能折扣、季节折扣，间接折扣的形式有回扣和津贴等。

8.5.3　渠道策略

营销渠道是指配合生产、分销和消费某些生产者的商品和服务的所有企业和个人，包括产品供产销过程中所有有关企业和个人，如供应商、生产商、中间商、代理商、辅助商及最终消费者或者用户等；而分销渠道是指某种商品和服务从生产者向消费者转移过程中，取得这些商品和服务的所有权，或者帮助所有权转移的所有企业和个人，包括生产者、中间商、代理商、最终消费者或者用户。

1. 营销渠道的特征

综上关于营销渠道的各种定义，我们不难发现营销渠道所具备的如下特征。

第一，营销渠道是一个组织系统。这个组织是由参与商品交易过程的各类的机构和人员共同组成。渠道各要素、各成员之间因共同利益形成一个上下游紧密衔接、互动的交易整体和系统，如图8-8所示。

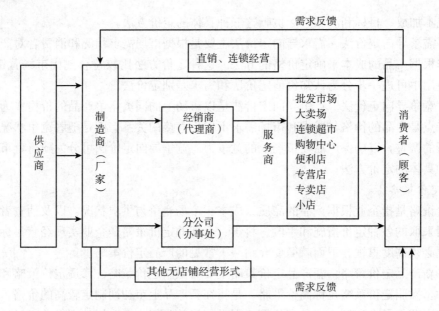

图 8-8　营销渠道运作系统

资料来源：郑锐洪. 营销渠道管理［M］. 北京：机械工业出版社，2012：5.

第二，商品或服务只有通过这些组织成员的活动，才能脱离生产领域，最后进入消费领域。

第三，每一条营销渠道的起点是生产者（或服务提供者），终点是个人消费者或用户。

2. 营销渠道的类型

（1）按照企业的营销活动是否有中间商参与，可以将营销渠道分为直接营销渠道和间接营销渠道。

直接营销渠道是指制造商不通过任何中间商，直接将产品销售给消费者或者用户，即零层渠道。产业市场的产品销售主要采用直接渠道。

间接营销渠道是指产品从制造商向消费者或用户的转移过程中，需要经过一个或者一个以上的中间商。生活消费品主要采用间接渠道进行销售。

（2）按照产品流通环节或层次的多少，可以将营销渠道分为长渠道和短渠道。

产品从制造商向消费者或用户的转移过程中，只通过一个中间环节的渠道，一般称为短渠道，而将通过一个以上中间环节的渠道称为长渠道。

① 零级渠道（zero-level channel），就是以上提到的直接渠道，是由生产者直接销售给目标客户及消费者（M−C）。主要方式有上门推销、通过订货会或展销会与客户直接签约供货、网络直销、电视直销、制造商自设商店、自动售货机等也是十分有效的方式。

② 一级渠道（one-level channel）包括一个销售中间机构。在消费品市场中，这个中间机构通常是零售商（M−R−C）；在产业市场，这个中间机构一般是批发商、代理商或者制造商的销售机构。

③ 二级渠道（two-level channel）包括两个销售中间机构。在消费品市场，通常由批发商和零售商构成（M−W−R−C）；在产业市场，通常由代理商和批发商构成。

④ 三级渠道（three-level channel）包括三个销售中间机构。与二级渠道不同的是，三级渠道在批发商和零售商之外增加了一个环节，这个环节可能处于批发商和零售商之间

（M－W－J－R－C），也可能处于制造商和批发商之间（M－J－W－R－C）。

依此类推，销售的级数越多营销渠道就越长。不过，就消费品而言，间接渠道主要以三级渠道以内为主，因为渠道的级数越多，控制的成本和难度就越大。

（3）按照渠道中每个层次的同类中间商数目的多少，可以将营销渠道分为宽渠道和窄渠道。

宽渠道是指制造商同时选择两个以上的同类中间商销售其产品，窄渠道是指制造商在某一地区或某一产品分类中只选择一个中间商销售其产品。宽渠道和窄渠道各有优缺点，制造商一般根据其产品特点进行选择。一般而言，生产资料和一部分专业性较强或较贵重的消费品适合采用窄渠道进行销售。

（4）按照制造商所采用的渠道类型的多少，可以将营销渠道分为单渠道和多渠道。

单渠道是指制造商采用同一类型渠道销售企业的产品，渠道较单一。多渠道是指制造商根据不同层次或地区消费者的情况，选用不同类型的营销渠道销售其产品。

3. 渠道成员的选择、激励、评估与调整

企业在进行渠道设计之后就需要对中间商进行选择，在营销渠道投入运行后还涉及对中间商的激励、评估，以及对渠道系统进行调整等问题。

1）选择渠道成员

生产者在招募中间商时经常出现两种情况：一是毫不费力地找到愿意加入渠道系统的中间商；二是必须费尽心思才能找到期望数量的中间商。不论遇到哪一种情况，生产者都必须在明确有关中间商的优劣特性的基础上，根据营销渠道的设计要求对中间商做出选择。一般来讲，生产者在选择渠道成员的过程中，要了解中间商经营时间的长短、成长记录、人员的素质与数量、目前的销售能力、财务实力、清偿能力、合作态度、经销的其他产品大类的数量与性质、对顾客的服务水平、商店的地理位置、运输和储存条件、经常光顾的顾客类型、市场形象与声望、经营管理能力、未来发展潜力等情况。

要了解中间商的上述情况，企业必须搜集大量的相关信息。如果必要的话，企业还要对被选中的中间商进行实地调查。

2）激励渠道成员

尽管促使中间商加入渠道的因素和条件已构成部分激励因素，但在营销渠道的运行过程中生产者仍需通过不断地监督、指导与鼓励以使中间商尽职尽责。由于进入营销渠道的中间商类型多种多样、运营方式各异、与生产者之间的经销关系不完全相同，因而监督、指导与激励中间商的工作非常复杂。

在生产企业激励渠道成员，以及试图与经销商建立长期、稳定、协调的合作关系时，应注意以下问题。

（1）了解各个中间商的心理状态与行为特征是激励中间商的基础。

（2）生产者应尽量避免激励过分与激励不足两种情况。

（3）生产者也可以依靠某些权力来赢得中间商的合作。

3）评估渠道成员

生产者除了选择和激励渠道成员外，还必须制定一定的标准评估其渠道成员的绩效或优劣。评估的内容主要包括：该中间商经营时间长短、增长记录、偿还能力、意愿及声望、销售密度及涵盖程度、平均存货水平、顾客商品送达时间、损坏的处理、对企业促销及训练方

案的合作、中间商应为顾客服务的范围等。如果某一渠道成员的绩效低于既定标准就要找出原因并考虑可能的补救方法。

4）调整渠道系统

生产者在设计了一个良好的营销渠道系统后，不能放任其自由运行而不采取任何纠正措施。事实上，为了适应市场需要的变化，整个渠道系统或部分渠道成员必须随时加以调整。

营销渠道的调整可以从三个层次上来考虑：从经营的具体层次看，可能涉及增减某些渠道成员；从特定市场规划的层次看，可能涉及增减某些特定分销渠道；在企业系统计划阶段，可能涉及整个分销系统构建的新思路。

对生产企业来说最困难的渠道变化决策就是调整整个营销渠道系统，因为这种决策不仅涉及渠道系统本身，而且涉及营销组合等一系列市场营销政策的相应调整，因此必须慎重对待。

8.5.4 促销策略

促销是企业营销活动的重要组成部分，它一般包括广告、人员推销、营业推广和公共关系等具体活动。促销的本质是通过传播实现企业同其目标市场之间的信息沟通，以最终达到促进销售的目的。

1. 促销的含义

促销是指企业将有关产品或服务的信息通过各种方式传递给目标消费者，从而促进目标受众了解、信赖并采取行动购买本企业的产品，以达到增加销售的目的。促销实质上是一种沟通活动，即企业（信息提供者或发送者）发出作为刺激消费的各种信息，以影响目标受众（即信息接受者，如听众、观众、读者、消费者或用户等）的态度和行为。

2. 促销组合

促销组合是指企业运用广告、人员推销、公关宣传和营业推广这四种基本促销方式组合成一个策略系统，使企业的所有促销活动互相配合、协调一致，最大限度地发挥整体效果，从而顺利实现企业目标。

促销组合体现了现代市场营销理论的核心思想——整体营销。促销组合是一种系统化的整体策略，广告、人员推销、公关宣传和营业推广则构成了这一整体策略的四个子系统。每个子系统都包含了一些可变因素，即具体的促销手段或工具，某一因素的改变意味着组合关系的变化，也就意味着一种新的促销策略。

3. 促销组合策略[①]

促销组合策略是根据产品特点和经营目标的要求，有计划地综合运用各种有效的促销手段所形成的一种整体的促销措施。企业的促销组合，实际上就是对上述促销方式的具体运用。在选择采取哪一种或几种促销方式时，要确定合理的促销策略，实现促销手段的最佳结合，必须注意把握影响促销策略的各种因素。

在实践中，促销方式有很多种，大体可分为两类：人员促销和非人员促销。具体来说又可以分为四种方式：人员推销、广告、公关、销售促进。

企业在实际促销活动中，是采用一种促销方式，还是采用两种或两种以上的促销方式？

---

① 张欣瑞，尚会英，刘莉，等. 市场营销管理 [M]. 北京：北京交通大学出版社，2005.

这就需要选择。如果选择两种或两种以上的方式，就要涉及以哪种方式为主、以哪几种方式为辅的问题。把各种促销方式有机搭配和统筹运用的过程就称为促销组合。

经过促销组合所形成的某种企业可实施的对策叫作促销策略，也叫促销组合策略，也就是说，促销组合策略是促销组合的某种结果或具体表现形式。

在实践中，如果促销组合所形成的促销组合策略是以人员推销为主，配合公关等其他促销方式，这样形成的促销组合策略叫作推式策略。推式策略主要适合于生产资料的促销，即生产者市场的促销活动。

另外一种方式，就是在促销组合的过程中所形成的促销组合策略是以广告为主，配合其他的促销方式，这样形成的促销组合策略叫作拉式策略。也就是说用广告拉动最终用户和激发消费者的购买欲望。

实践中通常是推拉结合，有推有拉。也就是说，一方面要用广告来拉动最终用户，刺激最终用户产生购买欲望，另一方面要用人员推销的方式向中间商推荐，以使中间商乐于经销或代理自己的商品，形成有效的分销链。当然，在进行促销组合的过程中，还要考虑产品的性质，并参照促销预算等有关因素进行组合。

思 考 题

一、单选题

1. 市场营销学将市场按购买者购买目的的不同分为两大基本类型：（　　）和消费者市场。

    A. 企业市场　　　　B. 中间商市场　　　　C. 非营利组织市场　　　　D. 组织市场

2. 市场营销学将市场按购买者购买目的的不同分为组织市场和消费者市场，其中（　　）是产品的最终市场。

    A. 企业市场　　　　　　　　　　　B. 中间商市场

    C. 消费者市场　　　　　　　　　　D. 非营利组织市场

3. 企业制定营销战略的首要内容和基本出发点是（　　）。

    A. 目标市场　　　　B. 市场细分　　　　C. 市场规划　　　　D. 发展生产

4. 消费者市场的四个主要细分变量是（　　）。

    A. 行为、利益、人口、心理　　　　　B. 行为、心理、人口、地理

    C. 时机、态度、人口、利益　　　　　D. 气候、收入、态度、个性

5. 人们购买制冷用空调主要是为了在夏天获得凉爽空气，这属于空调产品整体概念中的（　　）。

    A. 核心产品　　　　B. 有形产品　　　　C. 附加产品　　　　D. 直接产品

二、多选题

1. 现代营销系统的主要参与者包括（　　）。

    A. 企业　　　　　　B. 供应商　　　　　C. 市场中介　　　　D. 顾客

    E. 管制机构

2. 构成家庭的最重要的两个因素是（　　）。
   A. 婚姻　　　　　　B. 血缘关系　　　　　C. 地缘关系　　　　　D. 学缘关系
   E. 合作关系

3. 组织市场需求具有的三种特征是（　　）。
   A. 衍生性　　　　　B. 高弹性　　　　　　C. 波动性　　　　　　D. 持久性
   E. 低弹性

4. 有效市场细分的原则是（　　）。
   A. 可区分性　　　　B. 可测量性　　　　　C. 可进入性　　　　　D. 可盈利性
   E. 可定位性

三、名词解释
1. 营销观念　2. 市场预测　3. 市场细分　4. 市场定位　5. 营销渠道

四、简答及论述题
1. 什么是宏观环境？它主要包括哪些影响因素？
2. 影响消费者购买行为的因素主要有哪些？
3. 什么是促销组合？促销组合的策略主要有哪些？
4. 试论述产品生命周期各阶段的特点及相应的营销策略。

案例讨论

奢侈品消费的"中国特色"

中国荣登全球奢侈品消费第一的宝座，让身为奢侈品生产设计大亨的欧美厂商乐开了花。在奢侈品大举进入中国不足20年的时间里，高昂的价格非但不能让许多不懂得品牌内涵的国人望而却步，反而使其为之倾注一切。"扫货"一词，很形象地形容了他们购买时的疯狂。进入奢侈品店铺的一些人，虽然未必能读出品牌的名称，却绝对可以买下店内的任何一件甚至几件商品。

当下中国奢侈品消费的主力，大多是改革开放后的新富们，他们往往将奢侈品当作身份地位的象征，所以才会近乎盲目地购买奢侈品。英国《经济学人》杂志曾报道说，"日本人曾经被认为是最盲目的消费群体，而现在中国人大有取而代之的趋势。他们接受那些并不十分了解的知名品牌，并以自己的理解去消费它们。"奢侈品消费的"中国特色"引人注目。

首先是"扎堆儿"现象。国际上奢侈品的种类一般分为六个方面：第一，昂贵的文化艺术品；第二，汽车、帆船等交通工具；第三，高级时装、服饰、香水、皮包、手表等个人用品；第四，休闲旅游类，诸如豪华游轮、高级旅馆等；第五，昂贵的居室用品等；第六，奢侈的饮食、酒类等。对于中国人来说，奢侈品大部分还集中在服饰、香水、手表等个人用品上，而在欧美国家，房屋、汽车、合家旅游才是大家向往的奢侈品。

其次是"未富先奢"。世界上奢侈品消费的平均水平是人们用自己财富的4%左右去购买奢侈品，而在中国，用40%甚至更多的比例去实现"梦想"的情况屡见不鲜。他们经常在奢侈品打折时消费，从而暗示自己也是顶级消费阶层中的一员。

再次是"年轻化"趋势。奢侈品的消费必须建立在雄厚的经济财富之上，40～60岁的中老年人才是奢侈品消费的主体。但73%的中国奢侈品消费者不满45岁，45%的奢侈品消费者年龄在18～34岁。这个比例，在日本和英国分别为37%和28%。

最后是"礼品化"倾向。在我国，出现了购买奢侈品的人和使用奢侈品的人相分离的奇特现象，也使得奢侈品腐败成为奢侈品消费浪潮中难以忽视的现象。

（资料来源：http://www.people.com.cn/h/2012/0203/c25408-1492679622.html，有删改．）

?思考讨论题

1. 奢侈品消费的"中国特色"是什么？本案例对你有什么启发？
2. 中国消费者"未富先奢"的深层次原因是什么？

第 **9** 章

人力资源管理

本章导读

进入 21 世纪以来，人力资源管理在企业经营管理中的核心地位进一步加强。无数成功企业的经验告诉我们，卓越的人力资源管理是企业赢得竞争优势的最大保障。本章按照人力资源管理工作的流程和职能展开，全面介绍人力资源管理的概念、人力资源规划、职务分析及其实施过程、人员招聘与人员培训，以及绩效考核和薪酬体系方面的内容。通过对本章的学习，可以帮助读者认识和了解人力资源管理的正确思路，掌握人力资源管理的基本方法，从而为今后的管理实践奠定较为坚实的理论基础。

知识结构图

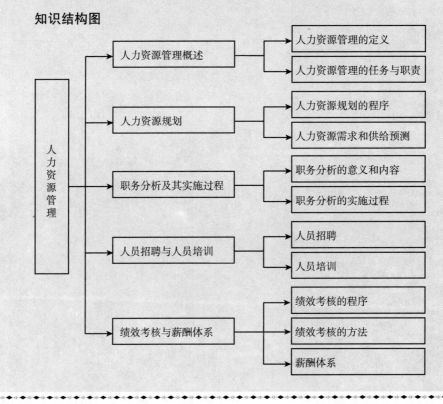

惠普的向日葵计划

在惠普，员工们当上部门负责人后，惠普为了帮助年轻的经理人员成长，有一个系统的培训方案——向日葵计划。这是一个超常规发展的计划，旨在帮助中层的经理人员从全局把握职位要求，改善工作方式。员工进入惠普，一般要经历四个自我成长的阶段。第一阶段是自我约束阶段：不做不该做的事，强化职业道德；第二阶段是自我管理阶段：做好应该做的事——本职工作，加强专业技能；之后进入第三阶段，即自我激励阶段：不仅做好自己的工作，而且要思考如何为团队做出更大的贡献，思考的立足点需要从自己转移到整个团队；最后是自我学习阶段：学海无涯，随时随地都能找到学习机会。

具体来说，在惠普，一个经理人不仅自己要学习成长，更重要的是要让团队成员成长。经理更注重员工培养，当一名新员工入职后，经理会和他（她）一起制定试用期工作目标及相应能力提升培训计划。在制定年度绩效与发展目标时，经理会就部门业绩指标与下属员工一起讨论，让每一位员工了解自己的工作职责与绩效，使其更清晰地了解自己对本部门、对公司的经营发展所起的作用，更让他们有一种荣誉感和责任感。通过一对一的绩效访谈，确定绩效目标和培训发展目标。在日常工作中，经理们都要花时间对员工进行指导并听取反馈，采用灵活的培训形式，对员工进行培养，以帮助他们达成绩效。惠普的经理有这样一句话："功归他人，过归己任。"惠普的经理更多地提供资源支持及协调统筹，帮助员工达成高绩效是他们的重要工作职责。

9.1 人力资源管理概述

人力资源是企业第一资源的论断已在业界达成共识，因此对人力资源的管理亦成为企业管理的核心内容之一。人的因素很大程度上决定了组织的兴衰成败。所谓"得人者昌，失人者亡"，就是对人力资源重要性的真实写照。但是作为一种资源，人力有其不同于一般物力和财力资源的独立性、自主性、情感性、流动性等特征，这使得人力资源管理成为一项极为重要而又极具挑战性的工作。

9.1.1 人力资源管理的定义

人力资源概念最初起源于 20 世纪 60 年代，后逐渐为人们所重视，人力资源管理（human resource management，HRM）也随之成为企业管理的重要职能。人力资源管理是管理科学和经济科学两大学科相互渗透、融合的结晶，也是当代管理科学研究中最具应用价值和最受关注的领域之一。

人力资源管理有狭义和广义之分。狭义的人力资源管理定义比较具体，主要是指组织为了实现既定的管理目标，充分应用心理学、社会学、管理学和人类学等相关的科学知识和原理，对组织中的人力资源进行规划、培训、选拔录用、考核、激励等一系列管理活动的总称。而广义的人力资源管理定义内容比较宽泛，主要是指影响雇员的行为、态度与绩效的各种政策、管理实践及制度。

综合以上从不同视角对人力资源管理的定义，不难看出狭义的人力资源管理更易为我们所理解和认识。这里可以把人力资源管理简单概括为：在人力资源的获取、开发、保持和使用等方面所进行的计划、组织、激励和控制等活动。

阅读资料 9－1

人力资源管理与传统人事管理的区别

人力资源管理由传统的人事管理发展进化而来，但前者较后者的范围更广、内容更多、层次更高，二者具体的区别如下。

1. 对人的认识不同

传统人事管理将人视为等同于物质资源的成本，认为人的劳动是组织生产过程中的消耗，把人当作一种工具，注重对人力成本投入的控制。即人事管理主要关注如何降低人力成本，正确地选拔人，提高人员的使用效率和生产效率，避免人力成本增加。

人力资源管理把人视为组织的第一资源，将人看作"资本"。这种资本通过有效地管理和开发可以创造更高的价值，能够为组织带来长期的利益。因此，人力资源管理更注重对人力的保护和开发，因而更具有主动性。

2. 工作内容不同

传统人事管理主要包括雇佣关系从开始到结束的全过程，即人事管理开始于招聘、录用、考核、奖惩、职务升降、工资福利等构成了管理阶段，结束于辞退、辞职、退休，其内容侧重于对人的管理。

人力资源管理不仅关注对人的管理，还关注对人的开发。除了对雇佣关系全过程的管理，组织对人力资源的培训与继续教育越来越重视，投资也在不断增长。组织中参加培训与教育的人员越来越多，从高层到基层员工，从新员工到即将退休的老员工，每一个层级与年龄段的员工均参加培训与教育。人力资源开发的方式也有较大的改变，除了传统的院校培训、企业自己培养等方式，工作内容的丰富化、岗位轮换、提供的更多机会、员工职业生涯的规划均成为新型的人力资源开发方法。

3. 工作性质不同

传统人事管理基本上属于行政事务性的工作，活动范围有限，短期导向，主要由人事部门的职工执行，很少涉及企业高层战略决策。

现代人力资源管理不仅具有上述功能，还要担负工作设计、规划工作流程、协调工作关系的任务。为实现组织的目标，需建立一个人力资源规划、开发、利用与管理系统，以提高组织的竞争能力。因此，现代人力资源管理与传统人事管理的最根本区别在于现代人力资源管理具有战略性、整体性和未来性。它被看作是一种单纯的业务管理，从技术型管理活动的架构中分离出来，根据组织的战略目标制订相应的人力资源战略，成为组织战略的重要组成部分。

（资料来源：刘冬蕾，赵燕妮．管理学原理［M］．北京：中国林业出版社，2012：132－133.）

9.1.2 人力资源管理的任务和职责

人力资源管理的任务和职责主要包括以下几个方面。

（1）确定人力资源规划方案。主要工作内容为：分析人力资源现状，预测未来人力资源供给和需求状况，制定人员招聘、调配、培训、开发及发展计划方案，以及确定维持人力资源供需均衡的政策和相关措施等。

（2）进行岗位分析。岗位分析的目的是通过对组织各类岗位的性质、任务、职责、劳动条件和环境，以及员工承担本岗位任务应具备的资格条件所进行的系统分析与研究，由此制订岗位规范、工作说明书等人力资源管理文件。

（3）招聘员工。招聘到组织所需要的员工是人力资源管理部门的重要任务和职责。招聘员工一定要根据人力资源规划和岗位分析要求，事先制定招聘方案，再进行招募、甄选及录用等一系列活动。

（4）培训员工。人力资源管理部门通过对员工的入职培训、在职培训等多种培训手段，帮助员工改善知识结构、提升工作技能，同时也提高员工对组织的归属感和责任感，从而提高员工的工作效率、工作积极性和主动性。

（5）考评绩效。绩效是指员工在一定时间内，对组织的贡献和工作取得的绩效。只有通过绩效考评才能真正了解员工的实际工作情况，是员工培训、晋升、分配计酬等人事决策的重要依据。同时，考评绩效也是控制员工工作绩效的有益手段，可以给员工提供工作反馈，促使其进一步改进工作，提高绩效。

（6）薪酬管理。薪酬管理包括对基本工资、绩效工资、津贴、激励工资（奖金、分红、股权激励）等的分配和管理，它是人力资源管理活动的核心内容之一。薪酬管理是组织吸引和留住优秀员工，激励组织成员努力工作，最大程度激发员工潜能的最有力的手段之一。

（7）处理劳动关系和提供劳动保障。根据相关法律法规正确处理劳动争议是劳动关系管理的重要内容。劳动关系是否健康和融洽，直接关系到组织人力资源能否正常发挥作用，组织一定要高度重视。此外，人力资源管理部门还要依法实施各种劳动保护制度，确保劳动过程中职工安全和身心健康，避免工作场所的各种有害因素对劳动者的伤害，维护员工的劳动力水平。

（8）帮助员工职业发展。每一位员工都渴求能够获得职业成功，但限于多种因素，大部分人只不过是想想而已，并未付诸行动。因此，人力资源管理部门和管理人员有责任鼓励和关心员工的个人发展，帮助其制订职业发展计划，并及时进行监督和考察，从而提高员工的归属感，进而激发其工作积极性和创造性，在实现职业发展的同时也能为组织带来更高的效益。

上述各项任务和职责是相互联系、相互作用的整体，而不是简单的集合，任何一个环节出现问题，都会对组织整个的人力资源管理造成危害。

9.2 人力资源规划

人力资源规划（human resource planning，HRP）也称人力资源计划或人才资源规划，从 20 世纪 70 年代起，已经成为人力资源管理的重要职能。人力资源规划的实质就是根据组织的发展战略、目标，在环境分析的基础上，科学地预测人力资源需求和供给情况，并制定必要的人力资源政策和措施，以确保组织在需要的时间和岗位上获得所需要的人力资源的过程。

9.2.1 人力资源规划的程序

人力资源规划需要按照一定的程序来进行（见图9-1），从图9-1可以看出，人力资源规划是一项系统的工程，在战略规划的基础上其程序主要包括：调查、收集和整理相关信息，人力资源需求和供给预测，人力资源供求比较，制定和实施人力资源规划，控制评估人力资源规划和执行反馈。

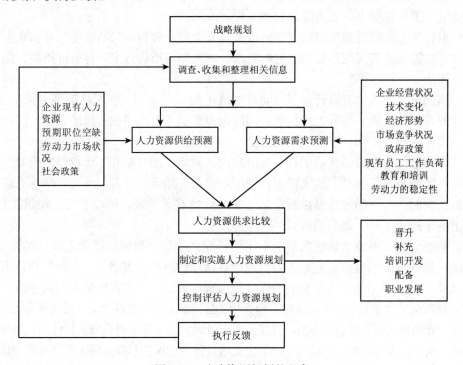

图9-1　人力资源规划的程序

（1）调查、收集和整理相关信息。这一阶段的主要工作是收集人力资源规划所涉及的组织外部环境信息和企业内部信息。组织外部环境信息除政治、法律、经济、社会文化和科学技术等宏观环境因素外，还包括行业内部竞争状况、替代与潜在进入者的威胁等产业环境因素；企业内部信息主要包括企业的战略计划、产品结构、消费者结构、企业产品的市场占有率、生产和销售状况、技术装备的先进程度、人力资源现状等。通过对上述信息的收集、整理等工作，为下一步的人力资源需求和供给预测提供相关依据。

（2）人力资源需求和供给预测。人力资源需求预测主要依据组织战略规划和组织的内外条件选择预测技术，然后对人力资源需求的数量、质量和结构进行预测。人力资源供给预测主要是确定出规划的各时间点上企业组织人员的拥有量，并预测规划各时间点上各类人员的可供给量。外部供给预测主要考虑社会的受教育程度、本地区的劳动力供给状况等。人力资源需求和供给预测，应建立在分析人力资源需求和供给的影响因素的基础上，采用定性和定量相结合的方法进行。

（3）人力资源供求比较。在人力资源需求和供给预测的基础上行进比较分析，根据预测的需求量和供给量，确定人员的数量、质量、结构和分布情况，对比得出人员净需求量，从而为下一步制定人力资源规划方案奠定基础。

（4）制定和实施人力资源规划。这一阶段要做的工作主要包括：根据组织人员净需求量，制定出相应的规划政策，以确保人员的供求平衡，并在人力资源规划政策的指导下，确定具体的实施规划。

（5）控制评估人力资源规划。制定的人力资源规划方案并非最佳方案，尤其是在众多不确定因素存在的情况下，人力资源规划方案必须进行动态的调整和评估。

（6）执行反馈。根据第五阶段的工作成果，在对过程及结果进行监督、评估的基础上，采取相应措施促使人力资源规划更加切合实际。

9.2.2 人力资源需求和供给预测

1. 人力资源的需求预测

人力资源的需求预测是根据组织发展要求，对将来某个时期内组织所需员工的数量和质量进行预测，并在此基础上确定人员补充更新计划及实施培训开发方案。进行人力资源的需求预测，首先要对各种需求影响因素进行分析，并采取科学的预测方法，这样才能确定组织真正需要的人才。

1) 影响人力资源需求的因素

影响人力资源需求的因素较多，主要包括：企业目前的经营状况、技术环境的变化、宏观经济形势、现有企业间的市场竞争状况、政府的相关政策、现有员工工作负荷、行业的人员流动性等。对上述响因素的分析都比较简单，限于篇幅，在此不再详述。

2) 人力资源需求预测的方法

（1）经验推断法。这是最简单的人力资源需求预测方法，带有很强的主观性，主要适用于短期的预测。在企业规模小、生产经营稳定、发展较均衡的情况下，也可用于中长期人力资源需求预测。其具体做法为：企业的各级管理者，根据工作中的经验和对企业未来业务量增减情况的直接考虑，自上而下地确定未来所需的人员数量。一般是先由基层管理者根据自己的经验和对未来业务量的估计，提出本部门各类人员的需求量，由上一层管理者估算平衡，再报上一级的管理者，直到最高层管理者做出决策，然后由人力资源管理部门制定出具体的执行方案。

（2）比率分析法。比率分析法也是一种较为简单的分析方法，其具体做法为：预测人员首先根据过去的业务情况，计算出每一业务单位增量所需的人员相应增量；在预测企业业务增量的基础上计算出人员的需求数量。例如，一家企业根据过去的经验，每增加100吨的产量，需增加工人10人，计划增加800吨的产量，则需新增80名工人。

这种预测方法简单、直观，但缺点也很突出。其预测前提是生产率保持不变，如果生产率上升或下降，人员需求预测就不太准确了。比率分析法主要适用于短期和中期预测，在长期预测中很少使用。

（3）德尔菲法。德尔菲法在本书第4章"计划、决策与预测"中已有详细介绍，为避免重复，在此仅给出了用德尔菲法进行人力资源需求预测的流程，见图9-2。

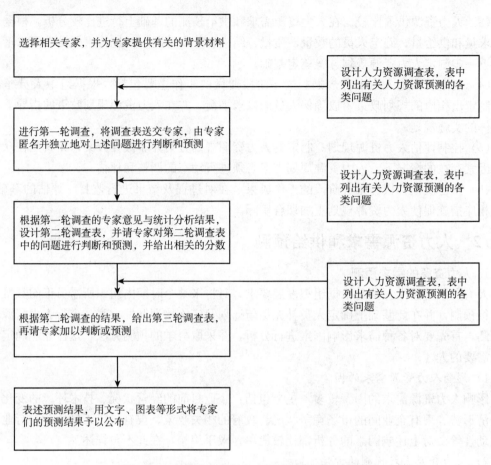

图 9-2　德尔菲法进行人力资源需求预测的流程

资料来源：李东进，秦勇. 管理学原理［M］. 北京：中国发展出版社，2006：205.

（4）回归分析法。回归分析法就是寻找变量之间的因果关系，并将这种关系用数学模型表示出来，通过历史资料计算两种变量的相关程度，从而预测未来情况的一种方法。

这种数学模型被称为线性回归模型，即：

$$Y = f(X_1, X_2, X_3, \cdots, X_n)$$

其中，Y 是因变量，也是预测对象；X_i 代表 $X_1 \sim X_n$ 中的任一变量，也是影响预测对象变化的因素。

按照自变量的个数，线性回归可分为一元回归和多元回归。

一元回归预测模型为：

$$Y = a + bX$$

其中：a，b——回归系数

　　　　X——自变量

　　　　Y——因变量

计算公式如下：

$$b = (n\sum X_iY_i - \sum X_i\sum Y_i)/(n\sum (X_i)^2 - (\sum X_i)^2)$$

$$a = (\sum Y_i - b\sum X_i)/n$$

其中：n——实际数据数量值。

多元回归预测法是以预测目标为因变量（Y），影响预测目标的因素为自变量（X），同时探讨两个或两个以上自变量与因变量（X_1，X_2，…，X_n）的相关关系，据此建立回归预测模型。多元回归预测模型为：

$$Y = a + b_1X_1 + b_2X_2 + \cdots + b_nX_n$$

多元回归预测法的预测步骤与一元回归预测法的预测步骤基本相似，只是扩展了回归方程式的自变量数量，增加了解联立方程的过程和统计检验的复杂程度。

定量预测与定性预测各有优缺点，可以相互补充，在实际工作中可以将这两种方法结合使用，以便从定性和定量两个方面了解事件的发展变化趋势，预测的结果将会更为准确。

2. 人力资源的供给预测

人力资源的供给预测分为外部预测和内部预测两个部分。其原因在于当企业内部的人力资源供给无法满足需要，或管理者希望改变企业文化，或企业需要引进某些专业人才时，就需要通过外部的劳动力市场解决人员的补充问题。

1）外部人力资源供给预测

外部人力资源供给预测主要有：①经济形势和失业预测。一般来说，经济形势越好，失业率越低，劳动力供给越紧张，招聘就越困难。②当地劳动力的供给预测，包括对企业所在地的劳动力供给的数量、质量、结构、层次等的预测。③行业劳动力市场的供给状况预测，据此可以了解招聘某种专业人员的潜在可能性。

2）内部人力资源供给预测

分析内部人力资源供给，主要是在了解和分析企业内部人力资源的现状和优劣势的基础上来预测未来的状况。内部人力资源供给预测的方法主要有人员技能核查法、管理人员替代法和马尔可夫分析法等。

（1）人员技能核查法。这是一种静态的人力资源供给预测技术，它通过对企业组织内部拥有的人力资源质量、数量、结构和在各职位上的分布状况进行核查，掌握企业拥有的人力资源状况。通过核查能够了解员工在工作经验、技能、绩效、发展潜力等方面的情况，从而帮助人力资源规划人员估计现有员工调换工作岗位（如晋升、辞退、平调等）的可能性大小，决定哪些人可以补充企业当前的职位空缺。由于是静态调查，这种方法比较适用于预测中、短期的人力资源供给情况。

（2）管理人员替代法。管理人员替代法是一种专门对企业的中高层管理人员的供给进行有效预测的方法，它通过一张管理人员替代图来预测组织内的人力资源供给，在管理人员替代图中要给出部门、职位全称、员工姓名、职位（层次）、员工绩效与潜力等各种信息，如图9-3所示。

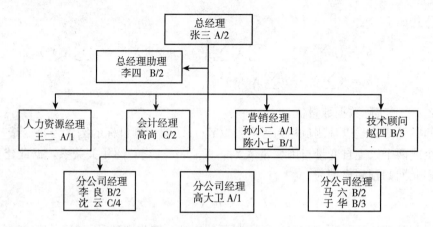

图 9-3　管理人员替代图

注：框内名字代表可能接替职位的人员，字母和数字的含义分别为：A—可以晋升；B—需要培训；
C—不适合该职位；1—优越；2—良好；3—普通；4—欠佳

此方法通过对企业中管理人员的绩效考核及晋升可能性的分析，确定企业中各关键职位的可能接替人选，然后评价接替人选目前的工作情况及潜质，并考察其个人职业目标与组织目标的契合度。通过管理人员替代图可以清楚地了解到组织内人力资源的供给情况，为人力资源规划提供了依据。其最终目的是确保供给组织未来有足够的、合格的管理人员。

（3）马尔可夫分析法。马尔可夫分析法是分析内部人力资源供给预测的一种方法，这种方法在理论上很复杂，但却很容易理解。其基本思路是：找出过去人事变动的规律，以此来推测未来的人事变动趋势。它比较适合人员流动比例相对稳定的组织。

马尔可夫分析法在实践中的运用如下：假设给定时期内从低一级向上一级或从某一职位转移到另一职位的人数占起始时刻总人数的一个固定比例（转移率）一定，在给定各类人员起始人数、转移率和未来补充人数的前提下，就可以确定出各类人员的未来分布状况，从而做出内部人员供给的预测。这种分析方法通常通过流动可能性比例矩阵来预测某一岗位上工作的人员流向组织内部另一岗位或离开的可能性。

下面以一个会计公司人事变动的例子来说明马尔可夫分析法的具体运用。

【例 9-1】　某会计公司的人力资源供给分析如下。

分析的第一步是做一个人员变动矩阵表，如表 9-1 所示。表中的每一个元素表示从一个时期到另一个时期（如从某年到下一年）在两个工作之间调动的雇员数量的历年平均百分比（以小数表示）。一般以 5～10 年为周期来估计年平均百分比，周期越长，根据过去人员变动所推测的未来人员变动就越准确。

表 9-1　人员变动矩阵表

职位层次	人员变动概率				
	G	J	S	Y	离　职
高层领导人（G）	0.80				0.20
基层领导人（J）	0.10	0.70			0.20
高级会计师（S）		0.05	0.80	0.05	0.10
会计员（Y）			0.15	0.65	0.20

在表 9-1 中，在任何一年里，平均 80％的高层领导人仍在该组织内，有 20％退出。在任何一年里，大约 65％的会计员留在原工作岗位，15％被提升为高级会计师，20％离职。用这些历年数据来代表每一种工作中人员变动的概率，就可以推测出未来的人员变动（供给量）情况。将计划初期每一种工作的人员数量与每一种工作的人员变动概率相乘，然后纵向相加，即得到如表 9-2 所示的未来劳动力净供给量。

表 9-2　未来劳动力净供给量

职位层次	初期人员数量	G	J	S	Y	离　职
高层领导人（G）	40	32				8
基层领导人（J）	80	8	56			16
高级会计师（S）	120		6	96	6	12
会计员（Y）	160			24	104	32
预计的人员供给量		40	62	120	110	68

从表 9-2 可以看出，如果下一年与上一年相同，预计的人员供给量为：下一年将有同样数目的高层领导人（40 人），以及同样数目的高级会计师（120 人），但基层领导人将减少 18 人，会计员将减少 50 人。这些人员变动的数据，与正常的人员扩大、缩减或维持不变的计划相结合，就可以用来决策怎样使预计的劳动力供给与需求相匹配。

3. 人力资源供求的综合平衡

人力资源供给与需求预测的结果，一般会出现以下三种可能：一是人力资源供大于求；二是人力资源供不应求；三是人力资源供求总量平衡但结构不平衡。针对这三种不同的情况，组织应采取以下措施。

1）人力资源供大于求时

当人力资源供大于求时应采取的措施有：① 扩大经营规模，开拓新的业务领域，从而扩大对人员的需求。② 撤销、合并臃肿的机构，减少冗员。③ 辞退那些劳动态度差、技术水平低、劳动纪律观念不强的员工。④ 鼓励提前退休或内退。对那些接近退休年龄而未达到退休年龄者，制定一些优惠措施，鼓励提前退休。⑤ 加强培训工作，增强他们的择业能力，鼓励员工自谋职业。同时，通过培训也可为组织的发展储备人力资本。⑥ 减少员工的工作时间，降低员工的工资水平。

2）人力资源供不应求时

当人力资源供不应求时应采取的措施有：① 内部调剂。即进行企业内部人事调动。可将某些符合条件，而又相对富余的人员调往空缺职位，也可通过培训与晋升的方法补充空缺职位。② 外部招聘。对组织内部无法满足的某些职位的人员需要，有计划地经由外部招聘来满足。③ 如果短缺现象不严重，且本组织职工又愿意延长工作时间，则可根据《中华人民共和国劳动法》有关规定，制订延长工时并适当增加报酬的计划。④ 制订聘用非全日制临时工计划。如返聘已退休者，或聘用小时工等。⑤ 工作再设计。主要是通过工作扩大化，让员工做更多的工作。⑥ 进行技术创新，增添新设备，以提高员工的劳动生产率。⑦ 减少工作量或将一部分工作外包给其他公司。

3）人力资源供求总量平衡但结构不平衡时

当组织中的人力资源在总量上是平衡的，但因人员结构不合理，造成某些职位空缺或人员不足时，组织应根据具体情况制订针对性较强的业务计划，如晋升计划、培训计划等，改变结构不平衡的状况。具体措施有：① 从企业内部晋升和调整，以补充空缺职位。② 对供过于求的普通人力资源进行针对性培训，提高技能后补充到需要的岗位上去。③ 通过人力资源的外部流动，补充企业的急需人力资源，释放一部分冗员。

9.3 职务分析及其实施过程

职务分析（job analysis）又称工作分析，就企业管理而言，是指对企业中某个特定职务的工作内容和任职资格的描述和研究过程。职务分析主要有两个方面的工作，一是对工作岗位的全面描述，二是对任职人员资格的具体要求。职务分析的过程实质上就是工作流程的分析与岗位设置分析的过程。

9.3.1 职务分析的意义和内容

1. 职务分析的意义

职务分析是人力资源管理的基础，是获取相关工作信息的重要过程。这些工作信息既包括需要完成的工作的任务信息，还包括完成此项工作的任职人员的资格要求。通过职务分析我们可以确定一项工作的任务和性质是什么并明确什么样的人适合此项工作，从而做到人尽其职、人尽其才和物尽其用。

2. 职务分析的内容

职务分析的工作内容可用 6W 来描述。即做什么（what）、由谁来做（who）、何时做（when）、在哪里做（where）、如何做（how）及为什么要做（why）。以上 6 个问题涉及一项工作的职责、任务、工作方式、工作环境及工作要求等多个方面，具体包括以下几项内容。

（1）工作职责范围和工作责任内容。这其中又包括：工作中的具体任务和每项任务的流程，工作流程和其他工作的关系，工作各个阶段的成果表现形式。

（2）任职者的活动。包括与工作相关的基本动作和行为，以及工作方式与沟通方式等。

（3）工作特征。包括工作时间、工作地点、工作环境、工作中的人际技能要求，以及工作的技能要求等。

（4）所采用的工具、设备、机器和辅助设施。

（5）任职者的要求。如年龄、个性特征、所学知识与工作经历、身体素质等。

（6）工作业绩考核。包括业绩目标、考核标准、考核记录等。

9.3.2 职务分析的实施过程

职务分析的实施过程一般由以下 5 个步骤组成。①

---

① 张蕾，闫奕荣. 现代企业管理：理论与案例 [M]. 北京：中国人民大学出版社，2010：186-188.

1. 成立职务分析的工作组

工作组一般包括数名人力资源专家和多名工作人员，是进行职务分析的组织保证。工作组需要对工作人员进行职务分析技术的培训，制订工作计划，明确职务分析的范围和主要任务。同时，配合组织做好员工的思想工作，说明分析的目的和意义，建立友好的合作关系，使员工对工作分析有足够的心理准备。另外，工作中还要确定职务分析的目标和设计职务调查的方案。

2. 收集与工作相关的背景信息

职务分析所需的背景信息一般包括：企业的状况、企业组织机构和管理系统图、各部门的工作流程图、各个岗位办事细则及岗位经济责任制度等。

3. 进行职位调查

职位调查是调查收集和工作相关的资料，为正确地编写职位说明书提供依据。这个阶段的任务是：根据调查方案，对企业的各个职位进行全面的了解，收集有关工作活动、职责、工作特征、环境和任职要求方面的信息。在信息收集的过程中，一般可灵活运用访谈、问卷、实地考察等方法，来得到有关职务的各种数据和资料。

4. 整理和分析所得到的工作信息

整理和分析过程应该采取以下 3 项措施。

第一步，整理访谈结果和调查问卷，剔除无效的访谈信息和调查问卷，并按照编写职务说明书的要求对各个职务的工作信息进行分类。

第二步，把初步整理的信息让在职人员及他们的直接主管进行核对，以减少可能出现的偏差，同时也有助于获得员工对职务分析结果的理解和接受。

第三步，修改并最终确定所收集的工作信息的准确性和全面性，作为编写职位说明书的基础。

5. 编写职位说明书

职位说明书在企业管理中是非常重要的，不但可以帮助任职人员了解其工作，明确其责任范围，还可为管理者的决策提供参考。一般而言，职位说明书由工作说明和工作规范两部分组成。工作说明是对有关工作职责、工作内容、工作条件、工作环境及工作自身特征等方面进行的书面描述，工作规范则描述工作对人的知识、能力、品格、教育背景和工作经历等方面的要求。职位说明书一般包括以下几项内容。

（1）职位基本信息。

（2）工作目标与职责。

（3）工作内容。

（4）工作的时间特征。

（5）工作完成结果及建议考核标准。

（6）教育背景和工作经历。

（7）专业技能、证书和其他能力。

职位说明书的编写并不是一劳永逸的。在实际工作中，企业经常出现某项工作职责和内容发生变化及企业中的职位增加、撤销的情况。在这种情况下，人力资源部门应该迅速编制或调整新的职位说明书并记录在案。

9.4　人员招聘与人员培训

9.4.1　人员招聘

人员招聘是现代组织管理过程中一项重要的、具体的、经常性的工作，也是人力资源管理活动的基础和关键环节之一，它直接关系到组织中各级人员的质量和各项工作的顺利进行，是保持组织生存与发展的重要手段。其具体含义是指组织为了发展的需要，根据人力资源规划和工作分析的要求，采取一些科学的方法，寻找、吸引那些具备资格的个人向本企业应聘，并从中选出适宜人员予以录取和聘用的过程。

1. 人员招聘的程序

人员招聘是一项复杂、系统而又连续性的工作，需要组织内部多个部门的参与与协作，因而容易受到各种因素的影响。因此，将复杂的招聘活动规范化、程序化不仅会大大提高招聘活动的效率而且还会给应聘者以严谨、公平的印象，从而促使其对组织产生好感。

为了更好地了解人员招聘过程，我们可以从组织和应聘者个人两个不同的角度来进行分析，见图9-4（a）和图9-4（b）。

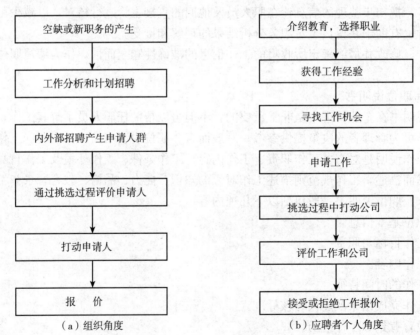

（a）组织角度　　　　　　　　　　　（b）应聘者个人角度

图9-4　人员招聘过程

资料来源：吕峰. 人力资源管理［M］. 太原：山西经济出版社，1999：85.

2. 人员招聘的途径

（1）内部招聘。内部招聘即优先向组织现有人员传递有关职位空缺的信息，吸引其中具有任职资格、任职能力和任职意愿的员工前来应聘。内部招聘应遵循公开、公正的原则，使每一个员工都感觉获得了平等的机会。常见的内部招聘形式有晋升、平级调动、工作轮换和招回原职工等。

（2）外部招聘。外部招聘是指从组织的外部筛选和录用所需的员工，一般我们所熟悉的、在各种媒体上看到的"招聘"就是指外部招聘。相对于内部招聘而言，外部招聘的来源广泛，更有可能选到有才华的员工。常见的外部招聘来源有学校、竞争者与其他公司、下岗失业者、退休者、老年人、退伍军人和个体劳动者等。招聘的方法有内部人员介绍推荐、毛遂自荐、劳务中介机构、猎头公司、招聘广告、人才交流会、实习及在各类教育机构组织的校园招聘，等等。

阅读资料9-2

内外部人员招聘的优缺点比较

内部招聘和外部招聘是企业获得人力资源（特别是管理人员）的两条途径。有些企业倾向于内部招聘，而有些企业则恰恰相反，将外部招聘作为吸收人员的主要途径。两种招聘方式各有其优缺点，企业应该结合自身的具体情况做出正确的选择。

1. 内部招聘的优缺点

（1）内部招聘的优点。内部招聘的优点主要有以下几点。①能够产生一定的激励作用，同时完善企业的内部竞争机制。②应聘者熟悉企业情况，对一些问题有着较为深刻的认识，在竞聘成功后，能够很快地进入工作角色。③能够节省招聘费用。④便于保持企业政策的连贯性。

（2）内部招聘的缺点。内部招聘的缺点主要有以下几点。①难以招聘到高水平的人才。由于企业内部人才有限，现有员工的能力可能无法达到新岗位的要求。②未能竞聘成功的员工可能会失望，一般会将失败归因于不公平的招聘待遇，从而产生挫折感，影响员工士气。③容易产生近亲繁殖现象，在企业内部形成山头林立的小团体。④无法获得外界的经营新思想，企业缺乏创新意识。

2. 外部招聘的优缺点

（1）外部招聘的优点。外部招聘的优点主要有以下几点。①能够带来外部新的思想，有利于调整企业的知识结构，增强创新精神。②能够节省培训费用。这是因为从外部招聘倾向于有经验的应聘者，这些外部招聘来的新员工仅需简单上岗培训就能上岗。③外部招聘能够为组织内部带来竞争压力，使组织成员产生危机感，促使其努力工作。

（2）外部招聘的缺点。外部招聘的缺点主要有以下几点。①招聘成本高，招聘活动时间长，尤其是通过猎头公司获取高级管理人员时，招聘费用会更高。②由于对外聘人员的能力缺乏真正的了解，有可能招到名不副实的求职者。③外聘人员有可能不适应新的组织文化，造成水土不服。④外聘人员熟悉新环境需要一段时间，因此进入角色时间较长。

3. 人员甄选

1) 人员甄选的程序

人员甄选是人员招聘的关键步骤，是企业获得所需员工的必要手段。人员甄选方法是否科学，人员甄选手段是否有效，直接决定了企业能否获得最适合的员工。

人员甄选程序图如图 9-5 所示。

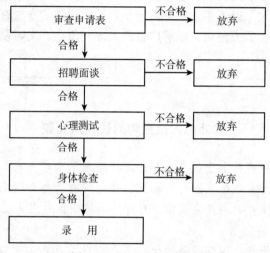

图 9-5 人员甄选程序图

2) 人员甄选的方法

人员甄选的方法有多种，如申请表格审查、面试、管理评价中心面试、身体检查、背景调查与推荐审核等，企业应根据实际情况采用其中的一种或多种。

（1）申请表格审查。企业为了更好地了解申请人信息和比较不同申请人的情况，需要设计出标准化的申请表格。企业通过对申请人填写后的表格进行筛选，可以用最低的成本进行挑选。在剔除不合格的申请人之后，便可以组织初选合格者进入下一个甄选环节。

（2）面试。面试是人员甄选过程中非常重要的一个环节，它是指由一个或多个面试官主持的、以搜集申请人信息和评价申请人是否具备雇佣资格为目的的面对面对话过程。企业在挑选申请人的过程中一般都要采用面试的方式。面试中所提的问题一般包括个人的特性、家庭背景、学校教育、工作经验、与人相处的特性及个人的抱负等内容。

面试的形式有多种。按照所问问题的开放程度可以将面试分为结构化面试、非结构化面试和半结构化面试。所谓结构化面试是指面试时有一套标准的程序，问题多为封闭式，由面试者顺序提问。结构化面试一般在初次筛选时使用。非结构化面试是指面试时不拘泥于固定的问题和顺序，面试者可以根据面试时的情境和需要与申请人自由交谈。这种面试方式对面试者的要求较高，需要其具有很强的沟通能力，否则面试气氛容易为被面试者所左右。而半结构化面试则介于两者之间，既包括标准化的问题又有比较宽泛的可以自由回答的开放式提问。这种方式兼具结构化面试和非结构化面试的优点，因此被广泛采用。

（3）管理评价中心面试。这是一种甄选高级管理人才的技术。在甄选过程中，让候选人在 2～3 天的时间内完成一系列任务，评价专家以隐蔽的方式对候选人的行为进行观察，以此评价候选人的管理潜力。在管理评价中心可能遇到的模拟任务主要有公文处理、无领导小组讨论、管理游戏、个人演说、心理测量及面试等。

（4）笔试。笔试也是一种常见的人员甄选方法，通常在面试之后进行。笔试主要由专业测试和综合测试两部分组成，主要考核应聘者特定的知识、专业技术水平和文字运用能力。这种方法可以有效地测试应聘者的基本知识、专业知识、管理知识、综合分析能力、逻辑能力、数学能力、判断能力，以及文字表达能力等。

笔试形式主要有七种：多种选择题、是非题、匹配题、填空题、简答题、回答题、论文，每一种笔试形式都有它的优缺点[①]。比如论文笔试，它以长篇的文章表达对某一问题的看法，并表达自己所具有的知识、才能和观念等。该方式有下列优点：易于编制试题，能测验书面表达能力，易于观察应聘者的推理能力、创造力及材料概括力；同时它也存在下列缺点：评分缺乏客观的标准，命题范围欠广博、不能测出应聘者的记忆能力。

（5）身体检查。即对应聘者的健康状况进行检查，由此判断其是否有不适宜从事本行业的传染病，以及其身体状况是否能够承受新的工作强度等。

（6）背景调查与推荐核查。核查和证实候选人的背景信息和推荐信息是重要的甄选手段，可以直接证实申请人的工作状况和个人信誉，从而为最终的录用决策提供依据。

9.4.2 人员培训

1. 人员培训的含义与分类

1）人员培训的含义

人员培训是人力资源管理的重要内容，是人力资源投入的主要形式。它是指组织为开展业务及培养人才的需要，采用多种方式对新入职员工或现有员工进行的有目的、有计划的培养和训练的管理活动。人员培训的目标是使员工不断更新知识，开拓技能，改进员工的动机、态度和行为，使企业适应新的要求，更好地实现员工与工作的匹配，从而促进组织效率的提高和组织目标的实现。

2）人员培训的分类

根据不同的划分标准，人员培训可以分为多种类型。常见的主要有以下几种。

（1）按受训员工是否离开组织可分为内部培训和外部培训。

（2）按受训员工是否离开岗位可分为在职培训和脱产培训。

（3）按培训目标和内容不同可分为专业知识与技能培训、提升培训、职务轮换培训、设置助理职务培训、设置临时职务培训。

（4）按培训对象的不同可分为新员工培训、管理人员培训和非管理人员培训。

2. 人员培训的方法

企业人员培训的方法很多，尤其是在当前管理科学和信息技术不断发展的新时代，人员培训的内容和形式也在不断发生变化。概括起来，常见的人员培训方法主要有以下几种。

（1）讲授法。属于传统模式的培训方式，指培训师通过语言表达，系统地向受训者传授知识，期望这些受训者能记住其中的重要观念与特定知识。

（2）工作轮换法。这是一种在职培训的方法，指让员工在预定的时期内变换工作岗位，使其获得不同岗位的工作经验。现在很多企业采用工作轮换法是为了培养新进入企业的年轻

---

① http://百度百科.baike.baidu.com/view/539219.htm.

管理人员或有管理潜力的未来的管理人员。

（3）学徒式培训法。学徒式培训法是通过师傅带徒弟的方式对新员工进行技能培训。

（4）视听技术法。该方法就是利用现代视听技术对员工进行培训。

（5）案例研究法。通过提供的相关背景材料，让员工分析和评价案例，提出解决问题的建议和方案的培训方法。

（6）角色扮演法。模拟某种特定的工作情境，指定受训员工扮演某种角色，模拟处理工作事务，从而帮助员工提高处理类似问题的能力。

9.5 绩效考核和薪酬体系

绩效考核是对一定时期内员工工作业绩做出评价的过程，它是人力资源管理的一项重要任务。绩效考核的目的主要是为制定员工调迁、升降、委任、奖惩、培训计划等人力资源政策提供依据。通过绩效考核，组织可以不断发现当前的工作和员工行为是否按照整体的战略规划进行，从而对可能出现的偏差采取及时的纠正措施。

9.5.1 绩效考核的程序

在管理实践中，绩效考核是由一系列具有先后次序的工作组成的，一般包括确定评价标准、实施评价、评价面谈和确定绩效考核改进方案，如图9-6所示。

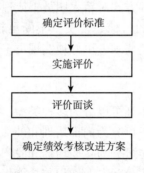

图9-6 绩效考核

（1）确定评价标准。评价标准必须客观，不能过高或过低，应以完成工作所达到的可接受程度为标准，同时要尽可能对标准进行量化。

（2）实施评价。这一阶段的主要工作是将工作的实际情况与评价标准进行比较，确定绩效的等级，并发现需要改进的问题。

（3）评价面谈。评价方与被评价员工进行面对面的交流，双方通过坦诚沟通形成对绩效考核的一致看法，并就下一阶段的工作达成协议。评价面谈可以消除员工的不满意情绪，使其带着积极的心态继续今后的工作。

（4）确定绩效考核改进方案。根据实施评价结果及评价面谈情况对原绩效考核方案进行改进，使之更加切合实际。

9.5.2 绩效考核的方法

实际运用的绩效考核的方法多种多样，都是人们在多年管理实践中积累并经过管理理论工作者升华、改进的结果。不同的绩效考核的方法，其成本及考核人、被考核人为此付出的时间和努力也有或多或少的差别。同时，不同的方法考核绩效的不同方面。因此，绩效考核的方法应视考核对象、考核目的而具体拟订。也就是说，任何一种考核方法都具有其优缺点，并且有其特定的适用范围。

1. 民意测验法

民意测验法就是请被考核者的同事、下级及有工作联系的人对被考核者从几个方面进行评价，从而得出对被考核者绩效的考核结果。

2. 目标考核法

目标考核法是一种主要以工作成果为依据来对员工的绩效做出评价的方法。它是目标管理原理在绩效考核中的具体运用，与组织的目标管理体系及工作责任制等相联系。作为目标考核主要内容的工作成果由工作目标的实现程度来体现。这种方法要求管理者首先根据目标管理原理和工作责任制确定各部门及个人的工作目标，然后将员工的绩效同这个预先设定的工作目标相比较，得出超过、达到、有距离、差距很大等结论。

3. 等级法

等级法是一种传统的方法，在绩效考核活动中使用很广泛。等级评估要求将反映绩效的诸方面内容归纳为若干条目，如对工作的了解、工作的产量和质量、与他人的合作程度、对顾客的热诚、对公司的忠诚、学习能力、安全意识、按照指令行事的能力等，而每一项内容都有优、良、中、差的分级。对员工绩效的各方面有一个相对的评价，各项评价的总和即是对员工绩效的总的评价。

4. 360 度绩效考核法

在绩效考核的传统实施方法中，管理者是绩效考核的主宰者，被考核者结果好坏均取决于上级管理者或管理部门，绩效考核仅仅起到记录卡的作用，没有充分发挥和利用考核结果增强员工个人及组织的效能。因此，如何使考核结果更加客观、全面和可靠，同时强化考核反馈，已经成为企业绩效管理工作迫切需要解决的问题之一。360 度绩效考核法以从多角度反馈被考核者工作绩效的特点而成为越来越多企业绩效考核阶段的主要实施方法。

9.5.3 薪酬体系

薪酬是员工为企业提供劳动而得到的各种货币与实物报酬的总和。薪酬体系是人力资源管理中极为重要的组成部分，一般由基本工资体系、奖金激励体系和员工福利体系三个部分组成。薪酬体系因组织而异，但都由组织报酬政策决定，并受组织所在的政府相关法律法规的制约。

1. 基本工资体系

企业常用的工资体系有以下 4 种。① 绩效工资制。绩效工资制的特点是员工的薪酬主要根据其近期的劳动绩效来决定，员工的薪酬随劳动绩效的不同而变化，并不是处于同一职务（或岗位），或者技能等级相同的员工都能保证拿到相同数额的劳动薪酬。计件工资、销售提成工资、效益工资等的薪酬结构，都属于绩效工资制。② 工作工资制。工作工资制的特点是员工的薪酬主要根据其所担任的职务（或岗位）的重要程度、任职要求的高低及劳动环境对员工的影响来决定，薪酬随着职务（或岗位）的变化而变化。岗位工资制、职务工资制等的薪酬结构都属于工作工资制。③ 能力工资制。能力工资制的特点是员工的薪酬主要根据员工所具备的工作能力与潜力来确定。职能工资、能力资格工资、我国过去工人实行的技术等级工资等的薪酬结构都属于能力工资制。④ 组合工资制。组合工资制的特点是将薪酬分解成几个组成部分，分别依据绩效、技术和培训水平、职务或岗位、年龄和工龄等因素确定薪酬额。组合薪酬结构使员工在各个方面的劳动付出都有与之相应的薪酬，某员工只要在某一个因素上比别人出色，都能在薪酬上反映出来。岗位技能工资、薪点工资制、岗位效益工资、我国公务员目前实行的职级工资制等的薪酬结构都属于组合工资制。

2. 奖金激励体系

企业使用的奖金激励体系各不相同，在同一个企业针对不同的员工实施的激励手段也存在很大的差异。一般而言，对于企业管理人员，尤其是高管往往实行长期激励计划，主要的手段包括股票期权、股票增值权、受限股票、虚拟股票、绩效计划五种。对于企业中的销售人员，由于其工作的特殊性使得其奖金激励体系不同于其他员工。销售人员的奖金激励体系主要有佣金制、基本工资加佣金制、基本工资加奖金制、基本工资加津贴制、基本工资加红利制五种形式。而对于专业技术人员实施的奖金激励体系则应注意除奖金支付、利润分享和企业股票认购等形式外，更应该注重为其创造良好的工作条件，更多地提供多种学习和培训的机会。除此之外，目前很多企业开始实施团队激励计划。通过实施团队激励计划，能够提高员工士气，增强组织的凝聚力。更重要的是，团队激励还可以使组织的其他成员能够直接分享团队绩效改善带来的好处，因而提高工作的积极性和主动性。

3. 员工福利体系

福利是组织整体报酬体系的一部分，与工资和奖励不同，它的提供与员工的工作绩效及贡献无关。福利是指各社会组织主要依靠自己力量举办的集体福利设施、提供的生活补贴等，其目的是减轻所属员工负担，改善员工生活，保证员工正常和有效地进行劳动。

福利的形式多种多样，既有以货币形式支付的，又有以实物形式发放的。在企业的管理实践中，几乎没有一个企业能够为其员工提供所有的福利，而是一般从中挑选出一些适合本企业的福利形式。另外，不少企业对不同性质的员工（如正式工、临时工、合同工等）提供不同形式的福利。但应注意，无论采取哪种形式的福利，都必须以公平、合理、能平衡员工的心理要求和推动组织的发展为前提。福利的形式主要可分安全福利、保险福利、个人福利、带薪休假等。

思 考 题

一、单选题

1. 企业中最重要的资源是（　　）。

　　A. 人力资源　　　　B. 物力资源　　　　C. 信息资源　　　　D. 关系资源

2. 人力资源规划（human resource planning，HRP）也称人力资源计划或人才资源规划，从 20 世纪（　　）年代起，已经成为人力资源管理的重要职能。

A. 50　　　　　　　　B. 60　　　　　　　　C. 70　　　　　　　　D. 80

3. 服装厂规定缝纫车间工人每天加工完成 30 件衬衫，即 30 件/工日。这是哪种常见的定额形式?（　　）。

A. 时间定额　　　　　　　　　　　　B. 产量定额

C. 服务定额　　　　　　　　　　　　D. 看管定额

4.（　　）是指员工的薪酬主要根据其所担任的职务（或岗位）的重要程度、任职要求的高低，以及劳动环境对员工的影响来决定。

A. 绩效工资制　　　B. 工作工资制　　　C. 能力工资制　　　D. 组合工资制

5. 导致组织内部人浮于事，内耗严重的人力资源供求情况是（　　）。

A. 人力资源供求平衡　　　　　　　　B. 人力资源供大于求

C. 人力资源供不应求　　　　　　　　D. 无法确定

二、多选题

1. 作为一种资源，人力有其不同于一般物力和财力资源的（　　）等特征，这使得人力资源管理成为一项极为重要而又极具挑战性的工作。

A. 独立性　　　　　B. 自主性　　　　　C. 情感性　　　　　D. 稳定性

E. 流动性

2. 人力资源管理与传统人事管理的主要区别在于（　　）。

A. 对人的认识不同　　　　　　　　　B. 工作内容不同

C. 管理者的能力不同　　　　　　　　D. 工作性质不同

E. 组织的性质不同

3. 按照所问问题的开放程度可以将面试分为（　　）。

A. 结构化面试　　　B. 半结构化面试　　　C. 非结构化面试　　D. 标准化面试

E. 非标准化面试

4. 内部招聘的优点主要有（　　）。

A. 能够完善内部竞争机制　　　　　　B. 申请人熟悉情况，能够尽快进入角色

C. 有利于调动员工积极性　　　　　　D. 能节省评价费用

E. 能够保持企业政策的连贯性

5. 人力资源规划的总目标有（　　）。

A. 企业在适当时机，获得适当人员

B. 最大限度地开发和利用人力资源的潜力

C. 有效的激励员工，保持智力资本竞争的优势

D. 实现人力资源的最佳配置

E. 实现对员工的持续培养

三、名词解释

1. 人力资源管理　　2. 人员培训　　3. 面试　　4. 薪酬　　5. 福利

四、简答及论述题

1. 人力资源管理的基本内容包括哪几个方面？
2. 人力资源规划的主要任务有哪些？
3. 试论述外部招聘的优缺点。
4. 试论述企业人员招聘的主要途径。
5. 试论述 360 度绩效考核法。

案例讨论

晓梅的困惑

春节期间，久未谋面的朋友晓梅找到记者，诉说了她的职场困惑。

硕士研究生毕业后，她被一家外企录用。文化背景的差异，让晓梅很不适应。看到在另一家企业工作的同学常常能够出国，几个月的时间里就先后去了欧洲、美洲的多个国家，晓梅感到十分羡慕。实习期刚满她就提出辞职，很快更换了东家。

第一次辞职后，晓梅如愿以偿，新的单位确实成全了她的出国梦想。但是，晓梅很快发现常常出国并没有想象的那么快乐。最为突出的问题就是本来就积蓄不多的钱袋空空如洗，在国外眼看着喜欢的商品却无力支付，心情很是郁闷。在每次的出国行程中，工作的时间与逛街的时间严重失调，有几次甚至是刚刚结束工作，就要赶往机场踏上返程，晓梅真的是郁闷至极。

紧跟着，晓梅又换了东家，实现了自己拿到较高一些收入的愿望，但是出国的机会没有了，工作环境也远远不如上一家企业。就这样，晓梅不断地换着工作，每次为了达到一个简单的目的往往失去的更多。仰仗着自己的高学历，每次换东家也还算是顺利。两年时间里，晓梅竟然换了 5 次工作，"我现在都不知道自己为什么又要换工作了。每次熟悉了新的岗位后，我就想换工作，我不知道自己是不是得了什么病。"

（资料来源：http：//wenku.baidu.com/link? url＝Ywooh_IkvlRm3CaEDcp5eKzVNkefqh
G5BZRKGXYHWTejkmdiu1o1VbyXRnsd4W3AyKa7fbm
ZSMQS2S0h6htWiISKUaLLE_cckLD6uQ1K2vK 人力资源管理案例_百度文库。）

思考讨论题

1. 晓梅的病根在哪里？
2. 如果你是人力资源管理专家，你会给晓梅提些什么建议？

第 *10* 章

供应链与物流管理

本章导读

供应链是围绕核心企业，通过对工作流、信息流、物流、资金流的协调与控制，从采购原材料开始，制成中间半成品及最终产品，到最终由销售网络把产品送到消费者手中，将供应商、制造商、分销商、零售商、最终用户连成一个整体的功能网链结构。物流是供应链运作的一部分，是以满足客户要求为目的，对货物、服务和相关信息在产出地和消费地之间实现高效且经济的正向和反向的流动和储存所进行的计划、执行和控制的过程。本章主要介绍供应链和物流管理的基本概念，供应链设计的原则步骤，以及供应链合作伙伴选择的原则、物流及物流管理的知识。通过对本章的学习，读者将会对供应链和物流管理有一个较为全面的认识。

知识结构图

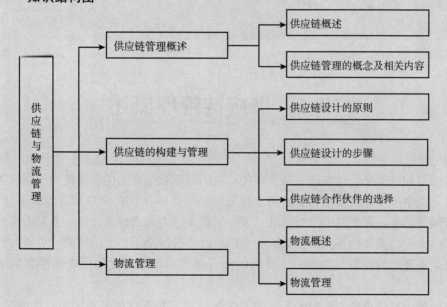

京东商城的物流系统

京东商城是中国 B2C 市场较大的 3C 网上购物专业平台，是中国电子商务领域最受消费者欢迎和具有影响力的电子商务网站之一，是集电脑、数码通讯、家用电器于一身的网上购物商城，开展包括数码、家电、手机、电脑配件、网络产品等上万种商品的直销。自 2004 年成立以来，京东惊人的发展速度让业界大为感叹，它在短时间内积累了广泛的顾客群体和良好的口碑。

配送及售后服务一直被业内人士认为是电子商务发展的瓶颈所在，而京东持续高速的发展正是得益于其在配送及售后等方面的主动提升；京东敢于和其他电子商务企业展开"血拼"的力量正是来源于对物流体系的自信。京东在华北、华东、华南、西南建立了四大覆盖全国各大城市的物流中心；在天津、苏州、杭州、南京、深圳、宁波、无锡、济南、武汉、厦门等 40 余座重点城市建立了配送站。京东网上商城还推出了"211 限时达"配送服务，即每天 11 点前下订单，下午送达；23 点前下订单，次日上午送达。目前该承诺的服务地点已经由最初的 4 个城市增加到 12 个。正是因为背后有强大的物流系统作为支撑，"211 限时达"才能不断地延伸。

京东自建的物流体系不仅为用户提供了更好的服务，更重要的是缩短了供应链流程，大大缩减了运营成本。商品从厂商生产基地到京东库房，再到配送站，最后送达客户，只经过三个环节，而且没有店面，成本降低，用户也得到了更大的实惠。以"满足用户对电子商务的需求"为根本的物流体系，为用户提供了优质的配送服务，已成为京东的一大竞争力。

（资料来源：http：//b2b. toocle. com/detail—5683023. html.）

10.1　供应链管理概述

自 20 世纪 90 年代以来，社会、经济、政治环境的变化，使得企业经营的不确定性增加，企业面临的外部环境越来越复杂。现代科技的进步及生产力的发展使得产品的生命周期越来越短，竞争激烈化促使消费者的需求越来越多样化，并且客户对交货的要求越来越高，同时由于通货膨胀，原材料的价格暴涨，企业的成本压力越来越大。这一系列因素的快速变化造就了一个变幻莫测的买方市场，给企业的经营管理带来了巨大的压力；企业的经营成本逐年上涨，企业间的竞争更加激烈，传统的经营模式对市场变化的反应速度越来越迟缓和被动。

企业通过采取先进的制造技术和管理方法来应对不断变化的外部环境，如准时化生产、柔性制造系统、计算机辅助制造、制造资源计划、企业资源计划等；这些技术方法对企业运营效率的提高起到了一定作用，但企业经营的灵活性和对市场变动做出快速反应的能力并没有得到实质性的提高。企业认识到，要更加有效地控制成本和提高反应速度，制造技术的改进和管理手段的优化不能仅仅局限于企业内部。因此，企业需要以更广阔的视角，从供应链的层次来优化配置资源，与主要合作伙伴结成战略伙伴关系，才能增强企业的市场竞争力，供应链管理的思想便由此产生。

10.1.1 供应链概述

1. 供应链的概念

不同的学者从不同的角度对供应链进行了定义，但是到目前为止，还没有形成统一的、公认的供应链定义。哈理森（Harrison）认为供应链是执行采购原材料，将它们转换为中间产品和成品，并且将成品销售到用户的功能网。菲利普（Phillip）和温德尔（Wendell）认为供应链中战略伙伴关系是很重要的，通过建立战略伙伴关系，可以与重要的供应商和用户更有效地开展工作。中华人民共和国国家标准《物流术语》（GB/T 18354—2006）中对供应链进行了定义：生产及流通过程中，涉及将产品或服务提供给最终用户所形成的网链结构。它不仅是一条连接供应商到用户的物料链、信息链、资金链，而且是一条增值链，物料在供应链上经过加工、包装、运输等过程而增加价值，给供应链上的相关企业都带来收益。

综合以上的观点，本书对供应链的定义如下：供应链是围绕核心企业，通过对工作流、信息流、物流、资金流的协调与控制，从采购原材料开始，到把产品送到消费者手中为止，将供应商、制造商、分销商、零售商、最终用户各个环节连成一个整体的增值网链结构。作为一种新型的企业结构模式供应链包含从供应商的供应商到最终用户的所有节点企业。它既是一条连接供应商到用户的物流链、信息链、资金链，也是一条增值链，物料在供应链上因加工、包装、运输等过程而增加价值，给相关企业及整个社会增加效益。

2. 供应链的结构

从供应链的定义可以看出，供应链的结构可以简单地归纳为如图 10-1 所示的模型。供应链由若干的节点企业组成，并且其中包含一个核心企业。核心企业对供应链上下游各节点企业进行整体管理，各节点企业在需求信息的驱动下，通过分工与合作，以物流、资金流和信息流为媒介实现整个供应链的不断增值。

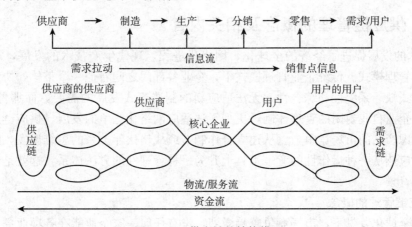

图 10-1　供应链的结构模型

从图 10-1 可以看出以下几方面。

（1）供应链的范围广，它包含若干个节点企业，从原材料的供应开始，经过链中不同企业的制造加工、组装、分销等过程直到最终用户。

（2）供应链既是一条连接供应商与用户的资金链、物流链、信息链，而且是一条增值链，随着物料在供应链上的移动而增加其价值，给企业都带来收益。

（3）在这个网络中，节点企业具有双重身份，既是客户，又是供应商；它们既向上游节点企业订购产品，又向下游节点企业供应产品。

3. 供应链的特征

（1）复杂性。供应链由众多节点企业组成，并且节点企业的构成跨度不同，企业性质不同，所处位置也不同；各节点企业之间的合作关系更加的广泛，往往使得供应链的结构模式更加复杂。

（2）动态性。供应链上的各节点企业要随着企业战略的转变、市场竞争及市场需要的变化而动态变化，各节点企业要定期进行考核，优胜劣汰，从而保证供应链具有较强的竞争力，这就使得供应链具有明显的动态性。

（3）面向用户需求。供应链的形成、存在、重构都是以满足客户需要为目的；在供应链的运作过程中，用户的需求是供应链中信息流、物流/服务流、资金流运作的主要驱动力。

（4）交叉性。节点企业之间的关系错综复杂，一个节点企业可以属于不同的供应链，并且同一节点企业也可以在供应链中扮演不同的角色，众多的供应链形成交叉结构，增加了协调管理的难度。

（5）不确定性。供应链是由供应者、生产者和客户构成的一个复杂的网链式结构，每一个环节都具有一定的不确定性。

（6）高科技的综合体。供应链是一个囊括了 IT 技术、人工智能技术及管理技术等多学科、多领域的高科技综合体。

（7）增值性。供应链将产品研发、供应、生产、营销、市场一直到服务看成是一个整体，在每一个环节通过不断增加产品的技术含量和附加价值，以满足客户的需求，并且在每一个环节消除一切无效劳动与浪费，为客户带来真正的效益和令客户满意的价值，使客户认可的价值大大超过总成本，增强了市场竞争力，从而为企业带来应有的利润。

10.1.2 供应链管理的概念及相关内容

IT 技术的发展促进了经济的全球化、网络化进程。现代生产技术的发展，需要与之相适应的新的管理模式。传统企业管理模式下，企业各部门之间看似一个整体，协调运转，但企业运作模式缺乏系统性和综合性，无法适应新的制造模式发展的需要，而那种"大而全，小而全"的企业自我封闭的管理体制，更加无法适应网络化竞争的发展。供应链从全局和整体的角度考虑产品的市场竞争力，从建立合作制造或战略伙伴关系的思维出发，跨越了企业界限，使供应链从一种运作性的竞争工具上升为一种管理性的方法体系，这就是供应链管理思想提出的背景。

1. 供应链管理的概念

在经济全球化背景下，市场竞争越趋激烈，没有任何一家企业能在各项业务上都成为最杰出者；联合其上下游企业，构成一条关系紧密、利益相关的供应链以实现企业优势互补，充分利用一切可利用的资源，共同增强市场竞争实力成为企业必然的选择。因此，企业管理模式从内部管理延伸和发展为面向全行业的供应链管理，管理的对象也从企业内部扩展到了外部。在这种供应链的管理模式下，整个行业中建立了一条环环相扣的供应链，将所有企业都纳入供应链进行统一管理、协调运作，最大限度地实现资源和信息共享，增强供应链在市场环境中的整体优势，同时也使得各企业可实现以最小的个别成本和转换成本来获得成本优势，进而提高企业的市场竞争力。例如，在供应链统一计划下，上下游企业协同发展，信息共享，可以最大限度地减少各企业的库存，并且能够更加精确的获取市场信息，满足市场需求，这样一方面减少了各企业的库存量和资金占用量，同时也加快了物流的速度，能够加快资金的周转速度，提升企业资金的使用效率，还可及时地获得消费市场的需求信息，使整个供应链能及时把握市场需求的变化，及时做出调整，能够最大限度的满足市场地需求。在21世纪，市场竞争从单个企业的竞争演变成为供应链之间的竞争。

有关供应链管理的概念，目前也没有一个共识，学者们从不同的角度给出了不同的见解。美国的史蒂文斯（Stevens）认为："通过增值过程和分销渠道控制从供应商的供应商到用户的用户的流就是供应链，它开始于供应的源点，结束于消费的终点。"埃文斯（Evens）认为："供应链管理是通过前馈的信息流和反馈的物流及信息流，将供应商、制造商、分销商、零售商，直到最终用户连成一个整体的模式。"这些观点都考虑了供应链中各成员之间操作的一致性，注重供应链的完整性。随着供应链管理的发展，围绕核心企业的网链关系越来越受到学者们的重视，也成为现代供应链管理研究的一个热点问题。例如，核心企业与供应商、供应商的供应商乃至与一切前向的关系，与用户、用户的用户及一切后向的关系。此时对供应链的认识强调供应链的战略伙伴关系问题，并在此基础上形成网链。菲利浦（Phillip）和温德尔（Wendell）认为供应链管理中战略伙伴关系非常重要，通过建立战略伙伴关系，核心企业与供应商和用户之间的关系更加紧密，可以更加有效地开展各种工作。

经过深入研究分析，对于以一个企业为核心形成的网链式结构的供应链，给出供应链管理的概念如下：供应链管理是指对以一个企业为核心企业形成的供应链中的工作流、信息流、资金流、物流等进行合理的计划、组织、协调及控制。通过合作伙伴间的协同化管理，使得供应链的运作效率更高，最大限度地降低各种费用，同时能够实现以最低的成本，在最短时间内为客户提供最好的服务，使客户价值最大化。这种管理方法以供应链合作伙伴的密切合作为基础，以客户需求为中心，运用IT技术（计算机技术、网络技术等）、人工智能技术及现代管理技术等进行科学管理，从而使得整个供应链运作的速度、效益及附加价值得到极大的提高，为整个供应链上的所有合作伙伴带来巨大的经济效益。

2. 供应链管理的基本思想

供应链管理的基本思想主要可以概括为以下几点。

（1）横向一体化的管理思想。企业涉及的业务较多，但是特别要强调企业的核心竞争力，这是现代企业管理的精髓，也是当今人们谈论的共同话题。因此，在企业管理过程中，首先要认清本企业的核心业务是什么，企业拥有哪些核心资源，然后狠抓企业核心资源，提高核心资源的利用效率，以提高企业的核心竞争力。

（2）非核心业务外包。企业资源是有限的，为了能够集中资源提升企业的竞争力，一般会将企业的非核心业务外包给合作伙伴，充分利用合作伙伴的专业能力与资源，与合作伙伴结成战略联盟关系，共同成长，使得整体利益最大化。

（3）供应链企业间是一种合作性竞争关系。合作性竞争可以从两个层面理解：一是过去的竞争对手相互结盟成为合作伙伴，供应链企业间进行合作创新，共担风险，共享成果；二是企业生产模式发生了改变，将过去由本企业承担的非核心零部件的生产任务，外包给供应商，双方优势互补，充分发挥本企业的核心能力，共同参与市场竞争，体现出核心竞争力的互补效应。

（4）以满足客户需求、提升顾客满意度为目标的服务化管理。客户是影响企业市场竞争成败的重要因素，提升客户的满意度，能够提升企业整体的竞争力。供应链上的上下游企业之间，已经不是单纯的产品供应的关系，而是要求上游企业要用最低的成本提供最好的服务。

（5）供应链管理追求信息流、资金流、物流的集成。供应链管理强调，这几种"流"必须集成起来，各企业间协同管理，实现跨企业流程的集成化，供应链企业协调运作的目标才能实现，供应链竞争力才能得到提升。

（6）借助信息技术实现目标管理。现代信息技术为信息流管理提供了技术保障，有效的信息流管理是实现目标管理的先决条件。

（7）更加关注物流企业的参与。供应链管理强调从整体上缩短物流周期，积极响应最终用户的需求，以最短的时间、最低的成本提供优质的客户服务，在这一过程中，物流企业的参与至关重要。

3. 供应链管理的目标

供应链管理的目标是通过化解和协调总成本最低化、客户服务最优化、总周期最短化，以及物流质量最优化等目标之间的冲突，实现供应链绩效最大化。

（1）总成本最低化。供应链管理的总成本包括采购成本、运输成本、制造成本、库存成本，以及供应链物流的其他成本费用，它们之间是相互联系的。总成本最低化是将供应链上的各成员企业作为一个有机整体来考虑，并使实体供应物流、制造装配物流与实体分销物流之间达到高度均衡，使得整个供应链运作与管理的所有成本的总和最低化。

（2）客户服务最优化。在激烈的市场竞争过程中，客户是企业最重要的资源，客户服务水平的高低将直接影响企业的市场份额和物流总成本，进而最终会影响到企业的整体利润。通过实施供应链管理，上下游企业的运作能协调一致，保证达到客户满意的服务水平，吸引新客户，保留老客户，为企业带来更多利润，最终实现企业的价值最大化。

（3）总周期最短化。在激烈的市场竞争中，市场竞争不再是单个企业之间的竞争，而是供应链与供应链之间的竞争，时间已成为影响市场竞争成功与否的最重要因素之一。从某种意义上说，供应链之间的竞争实质上是时间竞争，即必须以最快的速度去满足客户的需求，有效的客户反应能最大限度地缩短从客户发出订单到获取满意交货的整个供应链的总周期。

（4）物流质量最优化。企业产品或服务质量是企业成败的关键。同样，供应链企业间的服务质量直接关系到供应链的存亡。在供应链运作过程中，所有的业务环节都要产生一定的成本、费用，只有当业务过程产生的价值增值大于费用时，企业才能产生利润，企业才能持久运行。

按照传统的管理思想，上述目标会出现效益悖反现象。即客户服务水平的提高、交货品质的改善，以及总周期的缩短必然会增加其他方面的成本，如库存成本，因而上述目标同时达到最优是不可能实现的。但是运用集成化管理思想，从系统的角度出发，缩短时间、提高品质、改进服务等活动与减少库存、降低成本是可以兼得的。因为运用供应链管理思想，供应链的基本工作流程将得到极大的改进，工作效率更高，能够消除不必要的浪费及重复工作，缩减员工的数量，减少客户的抱怨与投诉，提升客户的满意度，进而提高客户的忠诚度，降低库存水平，减少总成本的支出。

4. 供应链管理的内容

有关供应链管理的内容，著名供应链管理专家马士华教授认为，供应链管理主要涉及供应、生产计划、物流（主要指运输和存储）和需求四个领域。在此基础上，可以将供应链管理进一步划分为职能领域和辅助领域。职能领域主要包括采购、生产控制、产品工程、产品技术保证、仓储管理、库存控制、分销管理，而辅助领域主要包括设计工程、制造、会计核算、人力资源、客户服务。由此可以看出，供应链管理的内容不仅仅是物料实体在供应链中的流动，供应链管理还包括以下主要内容。

（1）供应链的设计。

（2）供应链产品需求预测和计划。

（3）战略性供应商和用户合作伙伴关系管理。

（4）企业内部与企业之间物料供应和需求管理。

（5）基于供应链的用户服务和物流（运输、库存、包装等）管理。

（6）基于供应链管理的产品设计和制造管理、生产集成计划、跟踪和控制。

（7）企业间资金流管理（汇率、成本等问题）。

（8）基于 Internet/Intranet 的供应链交互信息管理等。

供应链管理是一种系统的管理方法，要把供应链各项职能活动有机地结合起来，注重总的物流成本与服务水平之间的平衡关系，最大限度地发挥供应链整体的实力，使得供应链企业群体都能够获益。

10.2　供应链的构建与管理

10.2.1　供应链设计的原则

（1）自顶向下和自底向上相结合原则。在系统设计方法中，存在自顶向下和自底向上两种设计方法。自顶向下的方法是从全局开始，逐渐向局部扩散的方法，自底向上的方法是从局部开始，逐步向全局扩散的方法；自顶而下是对系统进行分解的过程，而自底而上则是对各个部分进行集成的过程。设计一个供应链系统，一般是从高层开始，通过与企业战略相结合，做出供应链系统的战略规划与决策，经过论证后，由下级部门具体实施；下级部门在实施过程中，将实际执行过程中发现的问题及时、准确地反馈给上级部门，再根据实际情况，对设计的规划、目标、细节问题进行论证，并逐步完善。

（2）简洁性原则。为了保证供应链具有灵活、快速响应市场的能力，在供应链设计过程中，要求供应链上的每一个节点都要简洁而具有活力，能够对业务流程进行快速组合。因此，对供应链上节点企业，一般要求精心选择，应尽可能减少供应商，并建立长期的战略伙伴关系。每一个业务流程都应尽可能简洁，避免无效作业。

（3）集优化原则。集优化原则也称互补性原则。供应链在选择节点企业时，应遵循优势互补、强强联合的原则；每个节点企业都应集中精力于自身的核心业务，全力提升自己的核心竞争力。每一个节点企业就像是供应链的一个独立单元，能够自我优化、自我组织、有明确的目标、充满活力并能动态运行。对供应链业务能够实现快速重组，从而能发挥各个节点企业的核心能力，使得供应链上的资源得到充分利用。

（4）协调性原则。供应链合作伙伴之间的协调程度将直接影响到供应链绩效的高低。因此，在设计供应链时，要充分发挥系统各成员和子系统的能动性、创造性和系统与环境的总体协调性，避免各个节点企业狭隘的、利己的本位主义影响各个节点企业之间的和谐关系，保证整个系统发挥最佳的功能，确保整个供应链始终保持协调。

（5）动态性原则。市场具有不确定性，那么供应链也要随着市场的变化而发生改变，不断地进行调节，以适应市场的需要，保证供应链的高效运作。因此，进行供应链设计时，要求供应链具有一定的柔性，即供应链成员可按照一定的程序进入和退出，以保持供应链上的成员具有足够的竞争力。同时，对于供应链上的成员企业，应加强他们之间信息的透明度，充分地进行信息共享，确保各企业能够及时地获得市场信息，并能据此做出及时的调整，保证供应链能够动态地适应市场的需要，确保供应链的活力与竞争力。

（6）创新性原则。供应链的产生本身就是一种创新。因此，进行供应链设计时，在基本模式基础上进行适当的创新是必要的。没有创新性思维，就不可能有创新的管理模式，供应链设计就不能取得满意的效果。应用创新性思维设计供应链，就要求以创新性思维为指导，敢于从新的角度、新的视野审视原有的管理模式和体系，跳出单一企业的范围和视野，以供应链的视角大胆地创新设计。在进行供应链创新性设计时需要注意以下几点：一是以市场需求为导向，综合运用企业的能力和优势；二是创新应与战略目标保持一致，创新为战略目标的实现服务；三是积极调动企业各类人员的创造性、积极性，集思广益，并加强与合作伙伴的协作，发挥供应链的整体优势；四是建立科学的供应链和项目评价体系及组织管理系统，在经济分析和可行性论证的基础上进行创新。

（7）战略性原则。供应链的设计应从企业战略发展的角度考虑，与合作伙伴结成供应链联盟，建立适应企业长远发展的供应链系统结构。供应链系统结构应在企业战略指导下进行，并与企业的发展战略保持高度一致性。

10.2.2　供应链设计的步骤

基于产品和服务的供应链设计步骤可以概括为以下 10 步。

（1）分析核心企业的现状。通过科学分析核心企业的供需管理现状或供应链管理的现状，找到其优势、劣势，尤其是要发现其中的问题和已经出现的或可能出现的不适应需求的端倪，从而为供应链的设计找到定位点；同时，通过分析，找到影响供应链设计的各种要素，并加以分析，以求设计的供应链更加完善。

（2）分析核心企业所处的市场环境。通过对用户、分销商、生产商和竞争对手的调查、分析，可以了解产品和服务的细分市场情况、供应商的情况、竞争对手的实力、零售商的市场拓展能力及市场的宏观情况等。

（3）明确供应链设计的目标。高品质的产品和服务、低成本的费用投入和快速的市场响应能力是产品和服务的供应链设计的主要目标。除此以外，拓展老市场、进入新市场、调整老产品、开发新产品、开发分销渠道、改善售后服务水平、提高用户满意度、建立战略联盟等也是供应链设计的目标。因此，在供应链设计过程中，需要根据供应链实际情况，明确哪些是主要目标、哪些是次要目标。

（4）分析组成供应链的资源要素。这一步主要是对供应链上的所有资源进行分析，包括对供应链上的供应商、用户、合作伙伴、原料、产品，以及外部的竞争对手的情况、发展趋势等要素进行分析，设计出各种方案，本着规避风险的原则，按照这些要素所产生作用的重要程度进行排序。

（5）提出供应链设计的框架。通过分析供应链的组成，明确供应链上主要的业务流程和管理流程，对供应链上的信息流、资金流和物流的流向做出基本描述，提出供应链设计的框架。

（6）评价供应链设计方案的可行性。在供应链设计的框架内，对供应链设计进行管理的、技术的、功能的、运营的、经济的可行性分析与评价，进一步优化供应链的结构。在进行可行性分析过程中，需要结合企业的实际情况，对供应链的开发技术、方法和工具进行选择，这一过程也是供应链设计方案的决策过程。

（7）调整新的供应链。在运用归纳法、流程图、仿真模拟、管理信息系统等技术和工具的基础上，需进一步解决以下关键问题：供应链的详细组成成员的选择和定位、生产运输计划与控制等；原料的供应量、运输流量、价格、质量、提前期等；生产设计的能力、需求预测流程和能力、生产产品的种类和能力、生产作业的能力、运输配送的能力、生产计划、生产作业计划和跟踪控制、库存管理等问题；销售和分销能力设计，如销售/分销网络、运输、价格、销售规划、销售/分销管理、产品服务的能力等；信息化管理系统，软、硬件平台的设计、物流通道和管理系统的设计等。

（8）检验已产生的供应链。在供应链正式运行之前，需要进行模拟运行，借助模拟技术与方法，对供应链运行环境进行测试。如果测试结果良好，可以进入下一步；如果测试结果达不到既定要求，则返回第（5）步重新设计。

（9）对新旧供应链进行比较。在现实运作环境中，通过对新旧供应链差异的比较，对新供应链取代旧供应链的过程有　个基本的了解。通过进一步的对比，将旧供应链中不合理的环节逐步完善，最后达到完全取代，这是一个比较长的过程。

（10）完成供应链的运行。在实际运作过程中，不同的供应链具有不同的特征，那么在对供应链的管理过程中，也需要根据具体的情况来使用具有针对性的管理方法，确保整个供应链高效、有序运行。

10.2.3　供应链合作伙伴的选择

所谓供应链的合作伙伴关系，是指供应链各节点企业之间形成的一种协调关系，通过提高信息共享水平，减少整个供应链产品的库存总量、降低成本和提高整个供应链的运作绩效，以保证实现某个特定的目标或效益。

1. 供应链合作伙伴的选择原则

在供应链合作伙伴的选择过程中，既要关注价格、质量和交货期，还要评估供应商供应的稳定性和生产能力能否与企业发展相匹配、经营理念是否接近，以及是否有长期合作的意愿等。

（1）工艺与技术的连贯性。供应链合作关系的展开必须确保合作伙伴技术的一致性，包括产品设计和制造工艺的连贯性，这样才能使得供应链能够持续有效地运行。

（2）企业的业绩和经营状况。供应商的经营业绩往往成为企业在选择合作伙伴时考虑的主要因素。另外,供应商的内部组织和管理、企业高层主管对采购单位的态度及其财务状况也直接影响其交货和履约的绩效。

(3) 有效的交流和信息共享。供应链企业间的信息共享程度决定了供应链合作的有效性,只有供应链企业间充分地进行信息交流,才能确保整个供应链有序运作,使得效益最大化。

此外,合作伙伴的选择不在多而在精;否则,会导致资源和机会的浪费。

2. 供应链合作伙伴的选择方法

(1) 直观判断法。直观判断法主要是通过倾听和采纳有经验的采购人员意见,或者采购人员对合作伙伴进行分析和评价的方法,常用于选择企业非主要的合作伙伴。

(2) 招标法。招标法是企业提出招标条件,各应标企业进行竞标,然后由企业决标,并与最佳选择伙伴签订合同。这种方法一般适用于订购数量大、合作伙伴竞争激烈时对合作伙伴的选择。

(3) 协商选择法。首先由企业对比较理想的合作伙伴做一个初步筛选,然后通过协商的方式来选择合作伙伴的方法。协商选择法一般适用于采购时间紧迫、投标单位少、竞争程度小、订购物资规格和技术条件复杂时对合作伙伴的选择。

(4) 采购成本比较法。企业通过比较采购成本来选择恰当的合作伙伴,一般适用于产品质量和交货期比较接近时合作伙伴的选择。

(5) 层次分析法。层次分析法是将与决策总是有关的元素分解成目标、准则、约束条件、方案等层次,在此基础之上进行定性和定量分析,采用两两比较的方法确定判断矩阵,然后把判断矩阵的最大特征相对应的特征向量的分量作为相应的系数,最后综合给出各方案的权重的决策方法。

3. 供应链合作伙伴选择的步骤

(1) 根据企业战略,综合考虑是否需要建立合作关系;如果需要,应进一步确定需建立哪个层次的合作关系。

(2) 确定供应链合作伙伴选择应遵循的准则,并且对潜在的候选企业进行评估。

(3) 选择合作伙伴,并且正式建立合作伙伴关系。

(4) 维持和运作合作伙伴关系,并进一步精炼合作伙伴关系,包括对合作伙伴关系的强化及解除合作伙伴关系。

4. 建立供应链合作伙伴关系需要注意的几个问题

供应链上的企业彼此具有独立性,所有的企业都是基于合作伙伴关系而聚合在一起的;因此,如何有效管理与合作伙伴之间的关系就显得格外重要,同时也是供应链运作能否成功的重要因素。为此,需注意以下几个问题。

(1) 相互信任。供应链上合作伙伴之间相互信任是供应链持续发展的基础,彼此之间的信任关系可以有效避免供应链管理的冲突,降低供应链企业间的交易成本。而信任关系的建立,还需要对各个企业的战略、组织、企业文化等方面的差异进行融合。

(2) 信息共享。对于供应链上的企业来说,要实现信息的共享,首先所有的企业都要建立基于 Internet/EDI 技术的供应链管理信息系统,其次各个企业之间要开放信息共享的权限,包括企业生产程序和生产能力的相关信息、市场需求信息等。

(3) 权责明确。权责明确对于任何主体来说都是至关重要的,作为以合作伙伴方式结合在一起的供应链，要实现完全的无缝对接，就必须对各个企业的权责进行明确的划分。在企业经营过程中，不能为了自身利益，随意的转嫁经营风险，使得整个供应链的效率不能达到最优。

（4）解决合作伙伴之间问题的态度。供应链在运作过程中，由于各个企业自身内在或外在的原因，总是会出现各种问题或分歧。出现了问题或分歧就必须要去解决；在解决问题过程中，需要各个企业都能够具有务实、忍耐的态度，并提出行之有效的方法。对是否能有效解决存在的问题，各个企业高层管理者的态度和重视程度起了决定作用。

10.3 物流管理

10.3.1 物流概述

1. 物流的概念

物流的"物"，是指一切可以进行物理性位移的物质资料；物流的"流"，是指物质的物理性运动。物流（physical distribution，PD）一词最早产生于 20 世纪初期的美国。1915年，阿奇·萧在《市场流通中的若干问题》一书中就提到物流一词。第二次世界大战中，美国军队为了满足战争后勤补给的需要，组织了一批专家围绕战争供应建立了"后勤"（logistics）理论。"后勤"是指战时的物资生产、采购、运输、配给等活动，这一理论在战争过程中得以应用并加以完善。1935 年美国销售协会给出了物流的定义："物流是指从生产到消费，在物质资料的销售和服务过程中所伴随的经济活动。"

20 世纪 50 年代物流概念在日本产生，并将 physical distribution 直接译为"物的流通"。从 20 世纪 80 年代中期开始一直到现在，为现代物流概念阶段，此阶段开始使用 logistics 一词。logistics 与 physical distribution 的区别是：logistics 突破了商品流通的范围，把物流活动扩大到了生产领域。物流不再局限于产品的流通，范围扩大到包括从原材料采购、加工制造、产品销售、售后服务甚至废旧物品回收等所有的流通流域；其功能也进一步扩展，不再仅仅是为了物品的流通。物流发展到现在，logistics 已成为物流科学的代名词。

1985 年美国物流管理协会对物流重新进行了定义："物流是对货物、服务及相关信息从起源地到消费地的有效率、有效益的流动和储存进行计划、执行和控制，以满足顾客要求的过程。该过程包括进向、去向和内部、外部的移动，以及环境保护为目的的物料回收。"

1994 年欧洲物流协会对物流进行了定义："物流是在一个系统内对人员及商品的运输、安排及与此相关的支持活动的计划、执行与控制，以达到特定的目的。"

中华人民共和国国家标准《物流术语》（GB/T 18354—2006）中将物流定义为："物品从供应地向接受地的实体流动过程。根据实际需要，将运输、储存、装卸、搬运、包装、流通加工、配送、信息处理等基本功能实施有机结合。"

美国物流管理协会在 2002 年对物流的定义目前已得到了广泛的认同："物流是供应链运作的一部分，是以满足客户要求为目的，对货物、服务和相关信息在产出地和消费地之间实现高效且经济的正向和反向的流动和储存所进行的计划、执行和控制的过程。"

2. 物流的功能

（1）运输。运输是指用专用运输设备将物品从一地点向另一地点运送，是物流系统中最为重要的功能之一，是使物品发生场所、空间转移的物流活动。其中，包括集货、分配、搬运、中转、装入、卸下、分散等一系列操作。运输所实现的物质实体在供应地和需求地之间的移动，既是物质实体有用性得以实现的媒介，又是物品增值的创造过程。运输具有扩大市场、稳定价格、促进社会分工、扩大流通范围等社会经济功能，对发展经济、提高国民生活水平有着十分重要的影响。

（2）储存。储存是指保护、管理、储藏物品，也是物流的主要功能，与运输一样处于重要地位。储存通过改变"物"的时间状态，克服产需之间的时间差异而获得更好的效用。储存通过社会再生产各环节之间"物"的停滞，消除生产和消费之间的时间间隔，使商品在最有效的时间段发挥作用，创造商品的"时间效用"。通过储存，还能调节生产和消费的失衡，消除过剩生产和消费不足的矛盾。因此，储存具有以调整供需为目的的调整时间和价格的双重功能。

（3）包装。包装是指为在流通过程中保护产品、方便储运、促进销售，按一定技术方法而采用的容器、材料及辅助物等的总体名称，也指为了达到上述目的而采用容器、材料及辅助物的过程中施加一定技术方法等的操作活动。包装是生产过程的终点，也是物流的始点，具有保护性、单位集中性和便利性三大特性。同时，包装具有保护功能、定量功能、便利功能、效率功能及促销功能。

（4）装卸搬运。在同一地域范围内（如车站范围、工厂范围、仓库内部等），改变"物"的存放、支承状态的活动称为装卸，改变"物"的空间位置的活动称为搬运，两者统称为装卸搬运。有时候或在特定场合，单称"装卸"或单称"搬运"也包含了"装卸搬运"的完整含义。装卸搬运包括装卸、搬运、堆垛、理货分类、取货及与之相关的作业。装卸搬运是物流各环节得以持续运行的"连接器"，在整个物流运作过程中会重复进行，其出现的频率高于其他各项物流活动，因而是决定物流速度的重要因素。只有通过装卸搬运作业，才能把商品实体运动的各个阶段连接成为连续的"流"，物流活动才能顺利进行。

（5）流通加工。流通加工是为了提高物流速度和物品的利用率，在物品进入流通领域后，按照客户的要求进行的加工活动，即在物品从生产者向消费者流动的过程中，为促进销售、维护产品质量和提高物流效率，使物品发生物理、化学或形状变化的加工活动。流通加工主要是为了弥补生产加工的不足，更有效地满足用户或企业的需要，使产需双方更好地衔接，增强物流系统的服务功能，增加物流对象的附加价值，降低物流系统的成本。

（6）物流信息处理。物流信息处理是指对于反映物流各种活动内容的知识、资料、图像、数据、文件等进行收集、整理、储存、加工、传输和服务的活动。物流信息是物流活动中各个环节生成的信息，贯穿物流活动的始终，随着物流活动而生成信息流，与物流过程中的运输、储存、装卸搬运、包装等职能有机结合在一起，成为物流活动的重要组成部分。对物流信息的处理，可以通过构建物流信息系统，将各种物流活动与某个整合过程连接在一起，通过建立交易系统、管理控制、决策分析和战略规划四个功能层次来整合实现。

3. 物流的效用

现在，"流通创造价值"已经被广泛认同，因为在流通过程中凝结了人类的劳动，创造了附加值。而物流活动能够创造价值，主要是因为物资在流转和运动过程中形成了时间效用、空间效用和形质效用。

1）时间效用

"物"从供给者到需要者之间具有一定的时间差，通过改变这一时间差而创造的效用，一般称作"时间效用"。物流创造时间效用的形式主要有以下3种。

（1）缩短时间创造效用。缩短从供给者到需求者之间的流通时间，可以带来多方面的好处：降低物流消耗，减少物流损失，节约资金，提高物的周转率，加快资本周转速度等。通过缩短物流时间提高流通的效率，发挥出最大的增值作用，取得物流的时间效用。

（2）弥补时间差创造效用。在社会经济发展过程中，由于受到自然条件、社会条件等因素的制约，很多产品的产出与消费之间存在时间差，并且由于这个时间差的存在，使得商品的价值能够最大化，也给企业或个人带来最高效益。比如，粮食、水果等产品的生产具有季节性和周期性，但是人们对这些产品的需求却是持续的，那么供求之间就会产生时间差，出现了供求不均衡的矛盾。解决这一矛盾的有效方法就是通过物流活动来弥补供求之间的时间差，克服季节性生产和经常性消费的时间差，一方面能够满足人们持续性的需求，另一方面也使得生产者的利益最大化。

（3）延长时间差创造效用。缩短物流时间，加快物流速度是目前企业普遍遵循的基本规律，但是在某些特定的时间、特定的环境中，通过人为的延长物流时间也可以创造效用。例如，囤积居奇便是一种有意识地延长物流时间、增加时间差来创造效用的情况。

2）空间效用

随着社会分工的进一步细化，"物"的供给者和需要者被分化，处于不同的场所，通过改变这一场所的差别而创造的效用称作"空间效用"，也称为"场所效用"。物流创造空间效用是由社会分工、现代社会产业结构决定的，商品的生产与消费处于不同的场所，并且在不同的地理位置，相同的商品具有不同的价值，通过物流活动将商品由低价位区转到高价位区，可获得空间效用。物流创造空间效用的形式有以下几种。

（1）从集中生产场所流入分散需求场所创造效用。现代化大生产通过集中的、大规模的生产以提高生产效率，降低成本。在一个小范围集中生产的产品可以覆盖大面积的需求地区，有时甚至可覆盖一个国家乃至若干国家。随着跨国集团企业的出现，很多的产品在某一个区域生产，然后供应全世界范围的需求，通过物流将产品从集中生产的低价位区转移到分散于各处的高价位区有时可以获得很高的利益。

（2）从分散生产场所流入集中需求场所创造效用。和上面情况相反，将分散在各地乃至各国生产的产品通过物流活动将其集中到一个小范围的需求场所，有时也可以获得很高的利益。例如，粮食是在分散的多块地上生产出来的，而一个城市、地区的需求却相对大规模集中，这种分散生产、集中需求也会创造效用。

（3）从当地生产流入外地需求场所创造效用。现代社会中，供应与需求的空间差到处可见，十分普遍。除了大生产决定之外，有不少是自然条件、地理条件和社会发展因素决定的。例如，农村生产的农作物在异地城市消费。如今，我们每天消费的绝大多数物品，产需之间都有一定的距离，甚至有些距离十分的遥远。这么复杂交错的供给与需求的空间差都是靠物流来弥合的，物流也从中获得了利益。

3）形质效用

加工是生产领域常用的手段，并不是物流的本来职能。但是，现代物流的一个重要特点就是根据自己的优势从事一定的补充性的加工活动，这种加工活动不是创造商品主要实体，形成商品主要功能和使用价值，而是带有完善、补充、增加性质的加工活动，这种活动必然会形成劳动对象的形质效用。

综上所述，物流的作用不仅在于使物品发生物理位置的转移，更重要的是产生时间和空间价值的增长。它可以通过运输、储存、保管、装卸、搬运、包装、流通加工活动创造时间效用、空间效用、形质效用。所以，物流业是高附加值的产业。

4. 物流的分类

物流在社会经济的许多领域都存在。按照物流的层次、范围、作用、主体不同，可以将其划分为不同的类型。

1）按照物流的层次分类

按照物流的层次不同，可将其分为社会物流、行业物流和企业物流。

（1）社会物流。社会物流也称大物流或宏观物流，是物流的主要研究对象，是指以全社会为范畴、面向广大用户、超越一家一户的物流，是国民经济的重要组成部分。社会物流涉及在商品的流通领域所发生的所有物流活动，实现商品的所有权转移是社会物流的标志，具有宏观性和广泛性。国家的基础设施建设，如港口、机场、码头、航道、铁路、公路及重要物资的仓储基地等都会对宏观物流的发展产生重大的影响。

（2）行业物流。行业物流是指某一行业内部开展的各种物流活动。行业物流要求同一行业中的企业在物流领域进行互相协作，同一行业的各个企业往往在经营上是竞争对手，但为了共同的利益，在物流领域中却又常常互相协作，共同促进行业物流系统的合理化并降低物流成本。

（3）企业物流。企业物流是指具体某一企业内部所开展的物流活动，物流活动以企业为范围，是具体的、微观的物流活动的典型领域。

2）按照物流的范围分类

按照物流的范围不同，可将其分为国际物流、区域物流和城市物流。

（1）国际物流。国际物流是指在不同国家之间开展的物流，它是国际贸易的重要组成部分，各国之间的相互贸易最终要通过国际物流来实现。

（2）区域物流。区域物流是指在一定经济区域内开展的物流。

（3）城市物流。城市物流是指在一个城市范围内开展的物流活动，为特定的城市经济发展提供服务。

3）按照物流的作用分类

按照物流的作用不同，可将其分为供应物流、生产物流、销售物流、回收物流和废弃物物流等。

（1）供应物流。供应物流是指提供原材料、零部件或其他物料时所发生的物流活动。供应物流要求以最低成本、最少消耗来达到保证供应的目标。

（2）生产物流。生产物流是指企业在生产过程中发生的涉及从原材料采购入库，到在制品、半成品、产成品入仓库或发送等所进行的物流活动。

（3）销售物流。销售物流是指生产企业、流通企业在出售商品的过程中所发生的物流活动。

（4）回收物流。回收物流是指对不合格物品的返修、退货，以及周转使用的包装容器从需方返回供方所形成的物流活动。如果对回收物料的处理不当，会造成资源浪费或环境污染。

（5）废弃物物流。废弃物物流是指将经济活动或人们生活中失去原有使用价值的物品，根据实际需要进行收集、分类、加工、包装、搬运、储存，并送达专门处理场所的物流活动。

4）按照物流的主体分类

按照物流的主体不同，可将其分为第一方物流、第二方物流、第三方物流、第四方物流和第五方物流。

（1）第一方物流。第一方物流是指卖方、生产者或者供应方开展的物流业务。

（2）第二方物流。第二方物流是指买方、销售者或流通企业组织开展的物流业务。

（3）第三方物流。第三方物流也称合同制物流，是指独立于供需双方，由专业的物流企业为客户提供专项或全面的物流系统设计或系统运营的物流服务模式。第三方专业物流企业以签订合同的方式为其委托人提供所有的或一部分的物流服务。

（4）第四方物流。第四方物流的概念首先由埃森哲公司提出，它将第四方物流作为专有的服务商标进行了注册，并定义为"一个调配和管理组织自身的及具有互补性服务提供商的资源、能力与技术，来提供全面的供应链解决方案的供应链集成商"。

（5）第五方物流。第五方物流是专门为第一方、第二方、第三方和第四方提供物流信息服务平台、供应链物流系统优化、供应链资本运作等增值服务的物流信息服务商，它是一个供应链系统的提供者、优化者和组合者。

10.3.2 物流管理基础

1. 物流管理的含义

物流管理是指在社会再生产过程中，为达到既定目标，应用管理原理和方法，对物流活动进行计划、组织、指挥、协调、控制和监督，使各项物流活动达到最佳协调与配合，降低物流成本，提高物流效率和经济效益。

物流管理的目标就是实现物流合理化，要在尽可能低的总成本条件下实现既定的客户服务水平，即以尽可能低的物流成本，提供让客户满意或可接受的物流服务水平，或以一定的物流成本达到尽可能高的物流服务水平，寻求服务优势和成本优势的一种平衡，并由此创造企业在竞争中的战略优势。

美国密歇根大学的斯麦基教授提出，物流管理目标应该由 7R 组成，即 right quality（优良的质量），right quantity（合适的数量），right time（适当的时间），right place（恰当的场所），right impression（良好的印象），right price（便宜的价格），right commodity（适宜的商品）。

2. 现代物流管理的主要内容

（1）物流作业管理。物流作业管理主要包括运输管理、储存管理、包装管理、装卸管理、流通加工管理、配送管理等，是现代物流管理的基础，其他层面的物流管理都是在此基础上进行的延伸。

（2）物流成本管理。物流成本主要以各种费用的支出体现。所谓物流成本管理不是管理物流成本，而是通过成本去管理物流，这对降低物流成本、提高物流活动的经济效益具有非常重要的意义。

（3）物流服务管理。满足客户需求，提升客户满意度是现代物流管理的第一目标，物流服务管理已经成为现代物流管理中的一项重要内容，现代物流强调服务功能，坚持以顾客需求为导向是其具体体现，在现代分销中发挥着极其重要的作用。

（4）物流质量管理。"向用户提供满足要求的质量服务"和"以最经济的手段来提供"是物流质量管理的目标，要使两者同时达到，必须要找到一条优化途径。物流质量管理是一个全面的质量管理，既包含物流对象质量，又包含物流手段、物流方法的质量，还包含工作质量和物流服务的质量。

（5）物流信息管理。物流信息管理在现代物流管理中的作用越来越重要，因为物流信息不仅能连接整合从生产厂家、经过批发商和零售商最后到消费者的整个供应链，而且能实现企业整个供应链活动的效率化。

3. 现代物流管理的目标

（1）快速响应。快速响应关系到企业能否及时满足客户的服务需求的能力。信息技术应用能力的提升，为企业创造了在尽可能短的时间内完成物流作业，并尽快交付所需存货的能力。快速响应的能力把物流作业的重点从预测转移到从装运到装运方式对客户需求做出迅速响应上来。

（2）最小变异。最小变异就是尽可能控制任何会破坏物流系统表现的、意想不到的事件。这些事件包括客户收到订货的时间被延迟、制造中发生意想不到的损坏、货物交付到不正确的地点等。信息技术的使用使得采取积极的物流控制手段成为可能，可以降低风险，提高物流的生产率。

（3）最低库存。保持最低库存的目标是把库存减少到与顾客服务目标相一致的最低水平，实现物流总成本最低。"零库存"就是这一目标的理想化体现，即以最低的存货满足客户需求，从而实现物流总成本最低。

（4）整合运输。运输是物流运作的主要功能，也是最重要的物流成本之一。一般情况，运输规模越大、运输距离越长，单位运输成本就越低。这就需要制订具有创新性的计划，把小批量的、分散的装运聚集成集中的、大批量的整合运输。

（5）产品质量强化。由于物流管理作业具有跨时间、跨地域的客户要求，产品质量强化是保证物流服务高水平的前提。通常，由于不正确的装运或运输中的损坏而导致物流公司信誉的下降，甚至客户的流失的现象时有发生，即使事后再重新补救，有时也是得不偿失的。

（6）生命周期支持。生命周期思想是贯穿 ISO 14000 系列标准的主题。它要求组织（公司、企业）对产品设计、生产、使用、报废和回收全过程中影响环境的因素加以控制。逆向物流需求既反映了人们消费观念的改变，也是社会环境的客观要求，因此在物流管理过程中必须要考虑这一需求。

4. 现代物流发展趋势

目前，我国物流业经过多年的发展已经取得了长足的进步，但我国物流业大部分还处于传统物流阶段，即物流业条块分割、互不联系，人员素质低下，物流技术水平落后，物流成本较高而运作效率低下，已经完全不能适应现代经济社会发展的需要。随着信息技术、网络经济日益发展，我国物流业面临着信息经济所带来的严峻挑战。面对这一挑战，物流业出现了以下几大发展趋势。

（1）系统化趋势。现代物流包含了产品从"生"到"死"的整个物理性的流通过程，即从采购物流开始，经过生产物流进入销售领域，还要经过包装、运输、装卸、仓储、加工配送，最终到达用户手中，最后还有回收物流。通过统筹协调、合理规划，控制整个商品的流动，在满足用户需求不断变化的同时，达到效益最大和成本最小，以此来适应全球"经济一体化""物流无国界"的发展趋势。物流的系统化可以减少流通环节、节约流通费用、提高流通的效率和效益，从而形成一个高效、通畅、可调控的流通体系，实现科学的物流管理。

（2）信息化和网络化趋势。电子数据交换技术和国际互联网的应用使得物流信息化成为可能。物流的信息化，是指商品代码和数据库的建立、运输网络合理化、销售网络合理化、物流中心管理电子化、电子商务和物品条码技术应用等。信息共享可以促进信息以更加方便、快捷、准确的方式进行传递，提高整个物流系统的经济效益。随着物流网络的逐步构建与完善，一个纵横交错、四通八达的物流网络，可以使物流覆盖面不断扩大，规模经济效益日益显现，社会物流成本不断下降。

（3）社会化趋势。随着市场经济的发展，专业化分工越来越细，合作与外包已成为现代企业发展一种必然趋势。专门的物流中心可以提供生产企业与零售商所需的原材料、中间产品、最终产品，从而使得"零库存"成为可能。物流中心既可以进行集约化物流，在一定半径之内实现合理化物流，物流费用大幅度降低，节约了大量的社会流动资金，使得资金流动更加合理化，既提高经济效益，又提高社会效益。显然，完善和发展物流中心是流通社会化的必然趋势。

（4）物流与商流、信息流一体化趋势。在社会经济运行过程中，一般情况下，物流、商流、信息流是三流分立的。在现代社会，不同产品形成了不同的流通方式与营销途径，这就要求物流随之变化。根据资料，许多国家的物流中心、配送中心已经实现了三流的统一，而且这种一体化趋势已逐渐为物流界人士所认可。

（5）标准化趋势。随着全球经济一体化的不断发展，各个国家都很重视本国物流与国际物流相衔接，在本国物流管理发展初期就力求使本国物流标准与国际物流标准化体系一致。通过标准化不但可以降低国际交往的技术难度，还能够减少外贸成本。因此，物流管理标准化问题将日益受到各国的重视。

（6）绿色化趋势。物流绿色化是指在物流过程中抑制物流对环境造成危害的同时，实现对物流环境的净化，使物流资源得到最充分的利用。为了实现长期、持续、稳定的发展，在物流活动中就必须采取各种措施来保护自然环境。在抑制物流对环境造成危害的同时，改变原来经济发展与物流、消费生活与物流的单向作用关系，形成一种能促进经济发展和人类健康发展的物流系统，即向绿色物流、环保型物流、循环型物流转变。

思 考 题

一、单选题

1. 供应链是一个（　　），包括不同环节之间持续不断的信息流、产品流和资金流。

    A. 动态系统   B. 固定系统   C. 独立系统   D. 复杂系统

2. 社会物流、行业物流和企业物流是按照（　　）分类得到的。

    A. 物流的层次   B. 物流的范围   C. 物流的主体   D. 物流的作用

3. 保护产品，方便储运和促进销售，是包装的（　　　）。

    A. 手段   B. 特点   C. 目的   D. 功能

4. 装卸搬运在物流系统活动转换中起（　　　）作用。

    A. 改变空间位置   B. 改变物的存放状态

    C. 承上启下的连接   D. 移动

5. （　　　）是指由物流的供应方与需求方以外的、专业的物流企业以签订合同的方式为其委托人提供所有的或一部分的物流服务。

    A. 第一方物流   B. 第二方物流   C. 第三方物流   D. 第四方物流

二、多选题

1. 供应链管理的目标是（　　　）。

    A. 总成本最低化   B. 客户服务最优化

    C. 总周期最短化   D. 物流质量最优化

    E. 供应链价值最大化

2. 供应链合作伙伴的选择方法包括（　　　）。

    A. 直观判断法   B. 招标法

    C. 采购成本比较法   D. 层次分析法

    E. 神经网络算法

3. 现代物流管理的主要内容包括（　　　）。

    A. 物流作业管理   B. 物流成本管理

    C. 物流服务管理   D. 物流质量管理

    E. 物流信息管理

4. （　　　）属于物流的功能。

    A. 运输   B. 储存   C. 包装   D. 装卸、搬运

    E. 流通加工

5. 供应链的特征有（　　　）。

    A. 复杂性   B. 动态性   C. 交叉性   D. 高科技的综合体

    E. 增值性

三、名词解释

1. 供应链 2. 供应链管理 3. 运输 4. 流通加工 5. 物流管理

四、简答及论述题

1. 供应链管理应遵循什么原则？

2. 供应链合作伙伴选择遵循的原则是什么？

3. 供应链合作伙伴选择的方法及步骤是什么？

4. 试论述现代物流管理的目标。

5. 试论述现代物流发展的趋势。

美国戴尔公司的物流管理

在全球计算机市场的激烈竞争中，美国戴尔公司（以下简称戴尔）始终保持着较高的收益，不断增加市场份额。1999年，戴尔在美国计算机制造市场的占有率达16％，名列全美第一；进入2002年，戴尔的年税后收入高达382亿美元，在全球个人计算机市场上，戴尔的占有率已经上升到了15.2％，成为该行业世界第二大公司。与其他计算机厂商不同，戴尔并不生产任何计算机配件，只从事个性化的整机组装。然而它却战胜了IBM、康柏、惠普等众多技术实力雄厚的公司。

论及戴尔的成功之道，大家几乎众口一词地归结为"直销模式"。但事实上，戴尔的成功源于其超乎寻常的高效率物流管理——建立起了一条高速、有效的供应链。"我们只保存5天的存货，而我们的竞争对手则保存30天、45天，甚至90天的存货。这就是区别。"该公司分管物流配送的副总裁迪克·亨特一语道破天机。

一方面，戴尔通过电话、网络及面对面的接触，和顾客建立起良好的沟通和服务支持渠道。另一方面，戴尔通过网络，利用电子数据交换连接，使上游的零件供应商能够及时准确地知道公司所需零件的数量和时间，从而大大降低库存，这就是戴尔所称的"以信息代替存货"。这样，戴尔就和供应商建立起一个"虚拟"的企业，一个能实现动态供需平衡的供应链系统，其主要特点如下。

1. 机动灵活、成本低廉的配送系统

戴尔的供应链中没有分销商、批发商和零售商，而是直接把产品卖给顾客并在网上支付货款，这样既可以一次性准确快速地获取订单信息，又解决了现金流问题。因为没有了中间商，公司将服务外包，又降低了一部分运营成本。这样，供应商、戴尔和服务商三者共同形成了一个完整链条。

2. 供应链系统的动态供需平衡

戴尔在供应链上最关键的特点在于通过一定的流程来和供应商进行不断的数据调整，这样就维持了供应链系统的动态供需平衡。

戴尔之所以能围绕直销实现生产，就是因为它有一个组织严密的供应商网络，并且严格遴选供应商，控制风险。所有来自于客户的最新信息都以最快的速度反馈给供应商，以便后者据此调整供应策略。与此同时，戴尔致力于同供应商建立长期的合作伙伴关系，特别是在一些流程和管理工具的开发上，充分考虑了与供应商的配合。

在库存管理上，戴尔以"物料的低库存与成品的零库存"而让人称赞，其平均物料库存只有约5天。在IT业界，与戴尔最接近的竞争对手也有10天以上的库存。能做到这一点是因为戴尔实际上并没有仓库，而是供应商在它周围有仓库。戴尔的工厂外围有很多配套厂家。戴尔在网上或电话里接到订单，收了钱之后会告诉用户要多长时间货物才能够到达。利用这段时间，戴尔对订单进行整合，对既有的原材料进行分拣，下订单给供应商购买所需原材料；下单之后，所购原材料到了生产线上才进行产权交易，之前

的库存都是供应商的。戴尔把库存的压力转移给了供应商，这是加入戴尔供应链的代价，但因为戴尔需要货物的量很大，加入戴尔的供应链就意味着拥有不断增长的市场和随之而来的利润。

3. 电子化贯穿整个供应链流程

电子工具的广泛应用是戴尔供应链管理的一个显著特征，戴尔电子化的供应链系统为处于链条两端的用户和供应商分别提供了网上交易的虚拟平台。戴尔有90％以上的采购程序通过互联网完成。有了与供货商的紧密沟通渠道，工厂只需要保持2小时的库存即可应付生产。除此之外，戴尔还推出一个名为 valuechain. Dell. com 的企业内联网，戴尔和供应商共享包括产品质量和库存清单在内的一整套信息。供货商可以在上面看到专属其公司的材料报告，随时掌握材料品质、绩效评估、成本预算及制造流程变更等信息。不仅如此，"电子化"还贯穿了从供应商管理、产品开发、物料采购一直到生产、销售乃至客户关系管理的全过程。戴尔实施电子商务化物流后取得的物流效果是：1998年成品库存为零；零部件仅有2.5亿美元的库存量；年库存周转次数为50次；库存期平均为5天；增长速度4倍于市场成长速度，2倍于竞争对手。

（资料来源：http：//dept. shufe. edu. cn/jikc/marketing/allanli/no14/dell. htm.）

? 思考讨论题

戴尔的物流管理有什么特点？我国企业该如何借鉴？

第 *11* 章

物资与设备管理

本章导读

俗话说："巧妇难为无米之炊。"企业从事生产经营活动，除了需要人力、财力、技术和信息资源外，还要具有一定的物质资源。企业物质资源的拥有量、管理状况及利用效率，是衡量企业生产水平高低的重要标志，也是企业降低成本、提高经济效益的重要物质条件。本章主要介绍物资管理过程和实现物资管理现代化的主要途径，设备的选购与评价、设备的使用、维护与检修，以及设备的改造与更新。

知识结构图

```
                                    ┌──────────────────────────┐
                          ┌────────→│       物资管理概述         │
                          │         └──────────────────────────┘
              ┌──────────┐│         ┌──────────────────────────┐
         ┌───→│  物资管理  │┼────────→│       物质管理过程         │
         │    └──────────┘│         └──────────────────────────┘
         │                │         ┌──────────────────────────┐
┌──────┐ │                └────────→│  实现物资管理现代化的主要途径 │
│物     │ │                          └──────────────────────────┘
│资     │ │
│与     │─┤                          ┌──────────────────────────┐
│设     │ │                ┌────────→│       设备管理的概述        │
│备     │ │                │         └──────────────────────────┘
│管     │ │                │         ┌──────────────────────────┐
│理     │ │    ┌──────────┐ ├────────→│       设备的选购与评价      │
└──────┘ │    │  设备管理  │─┤         └──────────────────────────┘
         └───→│          │ │         ┌──────────────────────────┐
              └──────────┘ ├────────→│    设备的使用、维护与检修    │
                           │         └──────────────────────────┘
                           │         ┌──────────────────────────┐
                           └────────→│       设备的改造与更新      │
                                     └──────────────────────────┘
```

白云机场携手学府　领跑行业资产管理

2011年以来，广州白云国际机场股份有限公司（以下简称白云机场）多次与广州学府设备管理工程顾问有限公司（以下简称广州学府）就合作事宜洽谈沟通，经过充分酝酿，双方就合作事宜达成一致，正式签署合作经济合同，这标志着广州学府团队正式介入机场运营咨询领域。

白云机场作为国家重点支持的三大枢纽机场之一，在我国航空运输业中具有举足轻重的地位。然而，随着我国生产力的飞速发展，以及人民生活水平的日益提高，航空出行的规模大幅度增长，给各大机场带来了发展契机，也带来了巨大压力。作为资产密集型企业，白云机场的资产管理状况将直接决定其服务水平。为了应对航班、旅客增长的压力，切实提升资产管理水平和服务水平，白云机场积极寻求先进的资产管理理念，率先低调与广州学府合作，引入以价值为中心的固定资产全寿命周期管理理念，系统性优化资产管理状况，创造服务价值。

广州学府作为我国设备资产管理的专业机构，有着多年的管理咨询经验和一批优秀的设备资产管理专家，在我国设备管理领域处于领先水平。广州学府与白云机场的合作必将促使其资产管理水平更上台阶，从而领跑行业资产管理。

截至目前，广州学府白云机场项目组正紧张有序地开展工作，管理体系框架和发展规划纲要草案已初步形成，美好的画卷正徐徐展开。随着项目的深入开展，日渐显著的成效将成为机场运营行业内的一道亮丽风景，为其他机场的资产管理树立典范，进而引领行业的整体进步。

（资料来源：http：//www.tnpm.org/news/TnPMdt/2011—12—21/5440.html.）

11.1　物　资　管　理

受计划经济的影响，我国企业的物资管理在相当长的一段时期内都带有"计划"的烙印。按照产量粗略制订计划，实施定额管理，无限加大库存等现象比比皆是[①]。这种物资管理，难以适应市场经济的发展。因此，企业必须革新物资管理模式，使其顺应市场发展潮流，才能在激烈的市场竞争中处于有利地位。

11.1.1　物资管理概述

1. 物资管理的含义

首先，对于物资的理解有广义和狭义之分。广义的物资是指生产资料和生活资料；而狭义的物资就是物资管理中的物资，仅指企业在生产过程中，所需要的各种生产资料，如原材

---

① 高飞. 现代企业管理学［M］. 北京：中国社会出版社，2010：380.

料、辅助材料、燃料、配件和工具等，不包括生活资料，也不包括土地、生产性建筑物、道路等生产资料。

物资管理是对企业所需各种物资进行采购、运输、储备，以及对节约使用和综合利用等一系列行为进行计划、组织和控制的总称。物资管理的好坏关系到企业的生存和发展，对物资进行有效的管理，可以降低企业生产经营成本，加快资金周转速度，提高企业经济效益，提升企业的市场竞争力。

2. 物资管理的任务

企业进行物资管理，必须严格遵守法规，健全物资管理制度和手续，严格按照制度进行物资的验收与发放，减少物资的损失，杜绝浪费。企业物资管理的主要任务有以下5项[①]。

（1）按时、按质、按量地供应企业所需要的各种物资，保证企业生产经营的顺利进行。

（2）做好物资的供应计划，在保证产品质量的前提下，尽可能地降低采购及运输费用。

（3）做好物资的合理使用，提高物资利用率，降低物耗成本。

（4）加强仓库管理，科学合理地控制库存，减少流动资金的占用。

（5）采用新材料、新工艺和新装备，创新物资管理模式，降低企业物资管理成本。

11.1.2　物资管理过程

1. 物资供应计划管理

物资供应计划是企业在计划期内，为保证生产经营正常进行所需各种物资的计划。它是企业进行物资采购和物资供应工作的依据，是保证企业生产经营正常进行的重要保证。

1）物资供应计划的主要内容

物资供应计划的主要内容包括：确定各类物资需求量；确定计划期初、期末库存量；进行综合平衡，确定计划期物资采购量。

（1）确定各类物资需求量[②]。物资需求量是指企业在计划期内为满足生产经营活动的各方面需要而消耗的物资数量。物资需求量应该按照物资类别及规格分别计算，其直接计算公式如下。

$$物资需求量＝计划产量×物资消耗定额＋物资合理损耗$$

（2）确定计划期初、期末库存量。

$$期初库存量＝编制计划时实际库存量＋期初前到货量－期初前消耗量$$
$$期末库存量＝期初库存量＋本期采购量－本期需求量$$

（3）进行综合平衡，确定计划期物资采购量。确定各种物资的需求量和期初、期末库存量之后，就要对每一种物资进行需求和供给平衡，编制物资平衡表。然后根据物资平衡表提出各类物资的采购量，编制物资供应计划。

$$物资采购量＝物资需求量＋期末库存量－期初库存量－企业内部可利用的其他资源$$

2）物资供应计划的编制及执行

瞬息万变的市场要求企业物资供应计划的编制应该综合企业内部各部门的信息，内容精

---

① 刘兴倍．企业管理基础 [M]．北京：清华大学出版社，2006：202.

② 陈义仁．现代企业物资管理 [M]．广州：广东经济出版社，2001：135.

准、科学，并具有可操作性，其具体要求有以下几个方面。

（1）物资部门组织人员对物资市场进行调研，掌握物资供应动态，并开展清查查库工作，核实库存。

（2）生产部门根据生产能力、生产任务、用户需求、物资消耗和储备等因素，估算所需物资的数量、种类，提交物资需求清单。

（3）财务部门负责提供流动资金的详细信息，以资金净流量约束物资供应计划的规模。

企业综合处理以上信息，根据信息内容统筹安排企业的物资采购、使用、存储等行为，编制科学、合理的物资供应计划。

物资供应计划制订之后，由物资部门负责其落实及监督的任务，通过定期的物资供应例会等形式，对物资供应计划的执行进行监督，发现问题及时解决。物资供应计划管理不但是其他物资管理环节的重要前提，也是有效避免物资浪费的重要保证。例如，施工企业在物资供应计划管理方面狠下功夫后：在工程招标阶段，物资部门就组织材料人员对当地的市场行情和资源状况进行调研，评估项目所需的材料数量和种类；中标后工程计划部门立即对单项工程、分布施工量进行预算分割，财务部门则根据预算分割控制各项费用的支出；经过多部门的协调合作，结果使企业所制订的物资供应计划既切实可行又达到了控制成本的目的[①]。

2. 物资采购管理

物资采购是企业组织生产、经营的首要环节，没有物资采购，就没有企业的正常生产经营。如果企业不能保质、适量、适价、及时地进行物资采购，将会影响企业再生产的顺利进行和企业的经营效益，甚至关系到企业的生存和发展，因此企业应当积极的采取措施做好物资采购工作。

1）物资采购的原则

在物资采购过程时，企业应该遵循以下4个原则。

（1）遵纪守法原则。在进行物资采购时，采购人员应该遵守国家法律、法规和公司的各项规章制度，不能徇私舞弊、贪污受贿等。否则，不仅会给企业带来经济损失，还有可能受到法律的制裁。例如，葛兰素史克事件是一个医药不合法采购的典型案例。葛兰素史克利用贿赂手段谋求不正当的竞争环境，导致药品行业价格不断上涨。因涉嫌严重商业贿赂等经济犯罪，葛兰素史克部分高管被依法立案侦查。

（2）以需订购原则。物资采购的目的是为了保证企业生产经营的顺利进行，企业应该根据生产需要适量、保质地采购相关物资，即需要多少物资就采购多少、需要什么类型的物资就采购什么类型的物资。采购过少，则不能满足生产需要，往往导致生产中断，影响企业的经济效益；采购过多，则导致物资积压，套住周转资金，增加物资存储费用。

（3）择优选购原则。企业在进行采购时，应该根据企业的生产经营范围、条件和特点，综合比较物资供应质量、价格、售后服务、供货商信誉等，购买"物美价廉"的物资。例如，中船仪表的供应部门在国内外原材料价格普遍上涨的情况下，积极开展比质比价工作；当原材料市场价格出现较大波动时，该部门本着"货出源头、质量优先、比质比价、价格合理"的采购原则，积极寻找合适的供应商，降低了采购成本。

（4）市场动态原则。由于很多物料的价格受季节及供需情况影响，企业在采购物资时，

① 高飞．现代企业管理学［M］．北京：中国社会出版社，2009：381.

应当注意市场的经济动态，掌握企业所需物资在市场中的变化趋势，选择采购的最佳时机。

2）物资采购的流程

物资采购是一项特别繁杂的工作，必须按照严谨、科学的采购程序进行采购，才能够保证企业生产经营的正常进行。尽管根据企业性质不同，采购的内容及方法也不完全相同，但采购程序一般都包括以下几个环节，如图11-1所示。

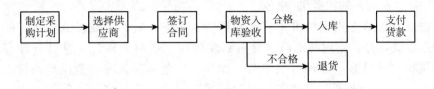

图11-1　物资采购的流程

（1）制定采购计划：根据各部门的物资需求计划，制定企业采购计划，包括拟购物资的品种、规格、质量要求、数量、进货时间等。

（2）选择供应商：对各供应商进行询价，综合评价各供应商。选择供应商常采用的方式有招标、行业刊物、供应商目录、互联网等方式。

（3）签订合同：与选定的供应商洽谈和协商，签订购销合同，明确双方的权利和义务。合同内容应该包括进货的名称、规格、单价、数量、交货时间、运输方式等。合同的制订非常重要，企业应高度重视合同管理。例如，某英商和我国某公司当面谈妥向该公司采购1 000公吨原材料，但由于该公司签约时只是笼统写了1 000吨，主观上认为合同上的吨就是公吨。后来外商来证要求按长吨供货，如果该公司照证办理则要多交原材料160.5公吨，折合人民币264 825元，双方发生争议。我国采用公制，平时常说的吨，其实指的是公吨，但在英国，吨一般认为是长吨，等于1.016公吨。为避免混淆及不必要的损失，合同条款的制订应受到高度重视。

（4）物资入库验收：在货物交接时，应该依据订货合同、销售发票和技术文件，对货物数量进行清点，对货物质量进行检验，检验不合格的货物应及时联系厂家退换货或索赔。例如，某化工厂引进国外水环离心压缩机，验收实验有异常声响，诊断发现振动超标，向外商成功索赔5万美元。

（5）支付货款：商品验收合格后，应该按照合同规定，及时办理货款结算手续。

3）物资采购的方式

企业一般采用合同订购的方式，批量购进物资，但在社会货源充足的情况下，也经常选用市场选购。按照物资采购内容及企业的组织结构可以将物资采购的方式分为以下几类。

（1）集中采购：由企业的供应处选定单一或少数几个供应商统一采购物资。由于采购批量大，容易获得价格优势。茂名石化不断尝试科学理性采购，对化工原辅料实施年度集中框架协议采购，收到良好效果，5天完成41项物资集中采购。

（2）分散采购：由企业下属的各单位自行实施的满足自身生产经营需要的采购。

（3）集中采购与分散采购相结合：是指企业根据不同的物资类型及需要时间分别采用集中采购与分散采购，这种方式具有两种采购方式的优点。

（4）联合采购：委托专业采购服务机构进行的采购活动，实行区域联合集中采购，使不同地区零散项目集合起来，形成大规模采购，以此来实现提高规模经济效益和降低采购成本的目标。

3. 物资的配送与消耗

1）物资配送

物资配送是指按用户的订货要求，将所需物资在物流据点（物流集结地）进行分货、配货，并直接送达用户的运输活动，一般包括销售配送和本企业内部的物资供应配送，在此处主要介绍的是企业内部的物资供应配送。

过去物资发放的方式主要采用"统一进货、集中存货、定点发放材料"的"多家到一家"配送方式，经常出现各部门材料员到库房排队领料的现象。这种管理方式常造成材料等待领料、材料搬运等环节的浪费。如今，企业不断提高物资配送、发放效率，提出了"即时配送""准时配送""变领料为送料"的"一家到多家"等新方式。企业高效的物资配送方式，有利于为企业的生产发展提供强有力的物质保障，从而提高企业生产运营的效率。

2）物资消耗

物资消耗定额是指在一定的技术经济条件下，企业单位产品或单位工作量所必须消耗某种物资的数量标准。企业在生产过程中的物资消耗量是决定企业生产成本的关键因素，企业应该将物资消耗控制作为管理的重要问题来抓。

（1）物资消耗定额的构成[①]。物资消耗定额主要包括产品或零件净重的物资消耗、工艺性物资损耗和非工艺性物资损耗。

产品或零件净重的物资消耗：是生产产品的物资有效消耗部分，由产品结构设计决定，如经检验合格的衣服上所用的布料等。

工艺性物资损耗：在生产过程中，不可避免发生的物资损耗，如机床加工的切屑等。

非工艺性物资损耗：是指工艺性物资损耗以外的其他损耗，如产品不合格导致的损耗，运输保管中的丢失、损坏等。

（2）物资消耗定额的制定方法。物资消耗定额的制定主要内容为"定质"和"定量"，即物资的使用不仅要确定物资的品质、规格和质量，还要计算所需物资的数量标准。物资消耗定额数量标准的制定方法如下。

技术计算法：就是根据产品图纸、工艺文件要求，计算出物资消耗定额的方法。

统计分析法：通过对已有的同类产品实际物资消耗的统计资料进行分析，确定物资消耗定额的方法。

经验估计法：根据专业人员的经验和已有资料，估计物资消耗定额的方法。

由于三种方法各有利弊，在实际工作中常根据情况联合使用多种方法。

（3）物资消耗降低的途径。物资消耗降低，有利于降低企业生产成本，增加企业产品的竞争优势。企业物资消耗降低的方式主要有节约资源、提高资源综合利用、做好废旧物资管理工作等多种途径。

4. 物资存储管理

俗语说"手中有粮，心中不慌"，在计划经济年代，人们认为"物资储备越多越好"。在物资相对紧缺的时代，充足的物资储备为扩大化再生产提供了动力和保障。但对于现

---

① 程云喜. 现代企业管理［M］. 郑州：河南人民出版社，2005：350.

代企业来说，过多的库存使企业承担了巨额的仓储费用，并占用了企业大量资金，严重降低了企业的竞争力，正如露华浓的前总裁迈克尔·C. 伯杰拉克所说的"每个管理上的失误最后都会变成库存"，因此对于每一个现代企业来说，要想生存、发展，都必须做好物资存储管理工作。

1）物资的储备管理

物资储备，是指社会生产过程中储存备用的生产资料。它是生产资料产品脱离一个生产过程，但尚未进入另一个生产消费过程时，以储备形式暂时停留在生产领域和流通领域某一个环节上。企业的物资储备大小对企业的发展有着极为重要的经济意义。物资储备量过小，可能造成企业供需不平衡，原材料不能及时供应，造成企业停产、供货不及时等问题。因此，企业应该利用现代企业的物资储备管理模式进行合理的物资储备管理。

2）物资的仓库管理

物资仓库是储存物资的场所。物资的仓库管理是对物资的储存、保管等业务进行有计划地组织监督和调节。物资的仓库管理需要保质、保量、及时、安全地供应生产所需要的各种物资，密切配合物资的进、销、调、运等经营活动，对保证物资供应、物资流通具有重要意义，企业应该做好物资的仓库管理。

物资的仓库管理的内容就是负责企业物资的入库、保管保养、出库、发放、回收等方面的工作。物资的仓库管理作业流程如图 11 - 2 所示。

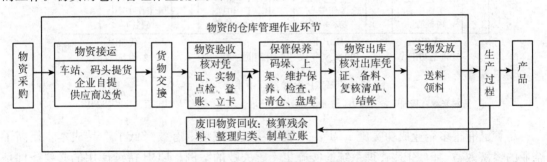

图 11 - 2　物资的仓库管理作业流程

企业为了顺利地做好物资的仓库管理工作，应该具备以下条件。

第一，仓库的布局要合理，仓库的设置应该与物资的运输、产品的流向相适应，保证物资的合理流向。

第二，建立必要的仓库设施，如库房、货架、装卸搬运工具、计量检验设备、消防设施等。

第三，应该具有仓库管理方面知识和经验的专业人员对仓库进行管理，并建立相应管理制度。

11. 1. 3　实现物资管理现代化的主要途径

1. 实施 ERP 系统全面提高物资管理效率

行业内流传着"不上 ERP 就是等死"，那么什么是 ERP 呢？ERP 即企业资源计划（enterprise resource planning），是一种包括物资、资金、人员、时间等全面企业资源要素，支持企业计划、组织和控制管理的全过程，实现企业采购管理、生产管理、库存管理、销售管理、资金管理、人力管理等企业生产经营各个方面的企业管理信息系统。ERP 由美国 Gartner Group 公司于 1990 年在 MPR Ⅱ 的基础上扩展到全企业资源要素的管理技法。纵观 ERP 的发展过程，可分为 4 大阶段：MRP、MRP Ⅱ 和 ERP、新一代 ERP，图 11-3 给出了 ERP 发展过程中主要功能的变化。ERP 在世界范围内得到普遍应用，是现代企业的必然选择。ERP 的成功实施可以显著降低库存，提高劳动生产率，降低生产经营成本。

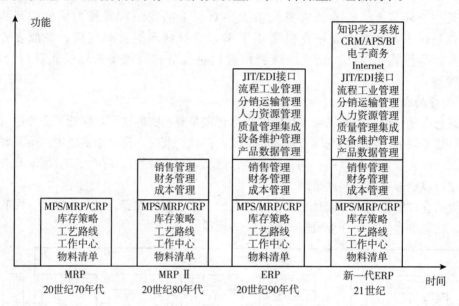

图 11-3　ERP 发展过程中主要功能的变化

资料来源：程国卿，吉国力. 企业资源计划 ［M］. 北京：清华大学出版社，2013：18.

尽管已有很多企业成功实施 ERP，并取得喜人的成绩，有效降低了产品成本，提高了企业的经济效益，但 EPR 管理系统的实施也不乏失败的案例。ERP 持续使用的必要条件是数据质量、系统质量、系统—业务对接、维护与支持，企业只有根据自身实际情况，并且满足以上 5 个方面的条件，才有可能成功实施 ERP。

2. 利用"零库存"物资储备模式对物资存储进行管理

"零库存"物资储备模式产生于日本。它并不是指仓库存储物资数量为零，而是通过一定的控制策略，将物资在采购、生产、销售和配送等流程中周转，最小化仓库物资的储备量。20 世纪 80 年代末期，"零库存"物资储备模式已广泛应用于日本制造业，其中，在丰田汽车公司的应用成效最为突出。当今，这种储备模式在世界范围内得到了广泛的推广。例如，我国的海尔、海信，以及美国的戴尔公司等众多大公司都在采用该种储备模式，降低存货的存储成本，提高生产效率，进而提高企业效益，增强企业的竞争能力。

"零库存"储备模式在降低企业生产成本、提高企业效益方面的突出表现，令许多企业心驰神往。然而，"零库存"储备模式并非任何企业都能够实施。首先，实施"零库存"储备模式不仅需要依靠强硬的管理手段，还要具有"零距离"供应商，实现供应链的共赢。从上述戴尔的案例中不难发现，其"零库存"储备模式是将库存转移给了供应商，而供应商之所以情愿如此，也在于其有利可图。其次，实施"零库存"储备模式需要企业在行业内具有较强地位，在同供应商谈判中有较重的话语权，占据优势。另外，企业要具有较强的应变能力，以便在遇到环境突变时，能做出及时调整。

3. 运用 ABC 分类方法对物资存储进行管理

物资存储 ABC 分类管理法同帕累托原理比较类似，就是对所要存储的物资按照所有数量及占用成本比例之间的关系进行分类，然后对不同类别的物资采用差异化管理。其中，A 类是指存货数量少，但价值却比较高的物资；B 类是存货数量一般，价值也适中的物资；C 类是存货数量多，价值却比较低的物资。通常，从数量上来看，A 类约占 10%，B 类约占 35%，C 类约占 55%；而从价值上来看，A 类能达到 70%，B 类约占 20%，而 C 类则不足 10%。

从管理的角度来看，库存类型不同时所采用控制方式也会有所差异。对于上述三类物资的存储控制，一般可采用如下方法[①]。

（1）对于 A 类物资，由于其资金占用量较大，不易多存。因此，要采用定期库存控制法，增加订购次数，尽量缩短订货间隔期，并且做到经常检查存货状况；

（2）对于 B 类物资，一般采用定量库存控制法，计算出最佳订货批量及订货点，当存量降到订货点时进行订购；

（3）对于 C 类物资，由于其资金占用量小，可以适量增加订货批量，减少订货次数。

4. 充分运用运筹学理论知识，改善、优化库存管理

运筹学是应用数学和形式科学的跨领域研究，利用数学模型和算法去寻找复杂问题中的最佳或近似最佳解，常用于解决现实中的复杂问题，特别是改善和优化现有系统的效率。其主要研究内容有：规划论（包括线性规划、非线性规划、整数规划及动态规划）、对策论、图论、存储论、排队论、网络分析、决策分析，以及随机模拟等。运用运筹学相应理论，能够改善和优化存储现状，提高存储管理水平。例如，应用规划理论，制订物资分配计划，优化调运方案；应用网络分析理论确定物资的发货量，改善仓储地点的选址和布局；应用存储理论计算物资的最佳库存量及进货时间和批量等。

5. 采用仓库管理系统

仓库管理系统（warehouse management system，WMS）是通过入库业务、出库业务、仓库调拨和虚拟仓库管理等功能，综合批次管理、物料对应、库存盘点、质检管理、虚仓管理和即时库存管理等功能综合运用的管理系统。该系统可以有效控制并跟踪仓库业务的物流和成本管理全过程，实现完善的企业仓储信息管理。WMS 将传统的信息录入转变成为信息采集，并能够兼容原有的信息录入方式，其中信息采集通过 RFID 技术对物资所对应的条形码进行识别来实现。因此，采用 WMS 能够使仓储管理更加准确、高效、快捷。

WMS 采用模块化设计，不同的模块对应不同的功能，主要有：功能设定、基本资料维护、采购管理、仓库管理、销售管理、报表生成及查询功能 7 个功能模块。通过这些模块，企业能够实现业务批次管理、保质期管理、质量检验管理、即时库存智能管理、赠品管理及仓位管理等诸多功能。总之，WMS 能够为企业提供可靠的存储信息，方便企业与供应链上其他企业之间信息的交流和共享，增加库存决策信息的透明性、可靠性和实时性。

---

① 张克俭. 企业管理概论［M］. 徐州：中国矿业大学出版社，2009：223.

6. 实现自动化仓库管理

自动化仓库是由计算机进行管理和控制，完成收发作业的仓库。该仓库依靠自动化技术实现物品的收发和装卸，不需人工搬运。自动化仓库主要由货物存取机、储存机构、输送设备和控制装置 4 个部分组成。

（1）货物存取机：自动化仓库中，可在水平方向及垂直方向移动，用于完成货物存取操作的设备。由于各种货物的装载特点及存储量不同，货物存取机的尺寸、结构也有差异。

（2）储存机构：一般又称货架系统。根据结构可将其分为整体货架和独立货架两种。整体货架是指货架属于建筑物的一部分，除储存货物外还要起到支撑建筑物的作用。独立货架则与建筑物没有联系，独立地建在建筑物内部，可以拆除，灵活方便。通常整体货架适用于高型的自动化仓库，而独立货架适用于高度不高的自动化仓库。

（3）输送设备：通常是指货物存取机作业范围以外的输送设备，用以将货物存取机与其他长距离的运输装置联系起来。常用的输送设备有铲车、引导车、地面有轨流动车、穿梭车和辊筒链条输送机等。

（4）控制装置：将自动化仓库的一切设备有机地联系在一起，使其按照预定的程序和要求动作，形成一个自动控制系统的装置。

同一般仓库比较，自动化仓库具有节省劳动力，节约占地，出入库作业迅速、准确，以及便于货物保管的特点，提高了仓库的管理水平。

11.2 设 备 管 理

工欲善其事，必先利其器。设备是企业进行生产的重要劳动手段和物质技术保证，其技术状态的好坏不仅直接影响企业产品质量、产量和成本水平，而且关系到员工的劳动安全、工作效率，最终影响到企业的竞争能力和经济效益。企业为了能够生产质优价廉的产品，提高经济效益，提升企业的市场竞争力，必须加强设备管理。

11.2.1 设备管理的概述

设备是供企业在生产中长期使用，并在反复使用中基本保持原有实物形态和功能的机械、装置和设施等，是企业固定资产的重要组成部分。机器设备是社会生产力的三要素之一，是现代工业生产的主要生产工具。

设备管理就是设备日常管理的全过程，是以设备为研究对象的一系列技术、经济和组织工作的总称。现代设备管理主要包括以下两个方面的内容：从规划、设计、选型、购置、安装、验收、使用、维修、改造、更新直至报废的全过程物质运动形态的科学管理；从设备的初始投资、维修费用、折旧费用、更新改造资金直至涉及设备的其他各种费用的筹措、积累、支出的价值运动形态的科学管理[①]。

加强设备管理，提高设备管理水平，有利于保证和提高企业产品质量、减低企业产品成本，提高企业的经济效益，加速实现企业生产的现代化。

---

① 张友诚. 现代企业设备管理［M］. 北京：中国计划出版社，2006：3.

11.2.2　设备的选购与评价

设备的选购是指新设备从企业外部经过选择、购买、运输、安装、调试进入企业的生产过程。我们应当正确选购设备，为设备后期管理打下良好的基础。

1. 设备的选购

设备的选购需要遵循生产上适用、技术上先进、经济上合理的原则，包括新设备从企业外部经过选择、购买、运输、安装、调试进入企业的生产过程。设备的正确选购是企业设备综合管理的首要环节。企业设备选型不当往往会造成严重的资源浪费。因此，为了使有限的资源发挥最大的技术经济效益，必须合理地选购设备。

设备选购的具体要求有以下几个方面。

（1）先进性：选购设备的目的是为生产选择最佳的技术装备，设备只有具有一定的先进性，才能适应现代化生产的要求，生产出高质量的产品，提高竞争力和生产效率。反之，不仅会造成企业资源浪费，更有可能导致人身伤害。

（2）生产性：即设备要具有较高的生产效率，同时产品质量也处于较高水平。

（3）可靠性：即设备的精度、准确度及安全可靠性。例如，某大型注塑机械生产厂充分考虑了设备的可靠性，引进了日本的数控加工中心。由于设备性能优良，可靠性高，在正确的操作和设备维护下，每天三班运转，设备基本不停，几年时间未出现故障，创造的价值早已将投资收回。

（4）可维修性：设备维修的难易程度。如果设备维修困难，会给企业带来很大麻烦并造成经济损失；如果设备维修简便易行或者尽管困难但企业可以自行维修，不仅可以节约维修费用，而且能够有效地提高效益。

（5）耐受性：即物质设备寿命的期限及耐磨损、耐腐蚀的程度。

（6）适应性：即设备可以适应不同的工作条件和环境。

（7）经济性：在设备选购时，经济分析是不可缺少的环节，企业应当考虑"需要与是否值得"的关系。

（8）环保性：选择设备时应该注意是否有噪音污染，是否排放有害物质等，防止对环境造成污染。

2. 设备的评价

选购设备时，企业应当充分考虑多个方面对设备进行综合评价和对比分析，包括设备技术性能、可靠性、经济性、可维修性、费用效率、投资回收期、供应商信誉等方面。只是关注设备价格或者对设备选购的某个指标设定较大权重，都有可能造成不合理设备的购买。例如，在设备选购招标时，可能出现一种状况：根据设备管理部门的评价，初步选择若干设备供应商，开标后往往是低价设备中标，而中标设备可能出现质量差、性能一般、可靠性不佳等问题。造成这些问题的原因就是企业仅仅关注价格或给予价格较大权重，而忽略了对设备可靠性、适应性、先进性等其他指标的综合考虑。

11.2.3　设备的使用、维护与检修

设备在使用过程中，总会发生磨损、劣化等情况。当磨损、劣化达到一定程度时，就会影响设备的精度、性能和工作效率。正确、合理地使用和维护设备，才可以改善设备的技术

状态，延缓设备磨损、劣化进程，延长设备的使用期限，保持良好的性能和精度。但设备的不合理使用及维护，可能造成机器设备的损害，甚至造成人身事故。

1. 设备的使用

企业应该遵循以下几点原则对设备进行合理使用。

（1）合理安排生产任务。根据各种设备的性能和技术要求及适用的工作范围，合理安排生产任务；切勿大机小用，否则不仅浪费能源，而且还难以达到工件的工艺精度要求。同时，还要防止"精机粗作"，影响精密机床的寿命。严禁超载使用，否则不但会降低设备寿命，甚至还会造成设备和人身伤害事故。

（2）选配合格的操作人员。对操作人员进行岗前培训，考核合格后，凭证操作。本着"谁使用、谁管理、谁负责"的原则，实行"定人、定机、定岗"的"三定"原则。

（3）建立健全设备管理规章制度。规定操作人员岗位责任制，设立设备检查员，设定设备使用规程、设备维护规程等管理规章制度。

（4）创建良好的工作条件和环境。应该根据设备的特殊要求，为其提供适宜的工作场地，创造良好的工作环境，如控制温度、通风、防潮、防腐装置等。

2. 设备的维护

1）设备的保养

"三级保养制度"是我国从 20 世纪 60 年代中期开始，在总结苏联计划预修制度在我国实践的基础上逐步完善和发展起来的，以操作者为主，对设备进行以保为主、保修并重的强制性维修制度。"三级保养制度"主要包括：日常维护保养、一级保养、二级保养。"三级保养制度"是依靠群众、充分发挥群众的积极性，实行群管群修，专群结合，搞好设备维护保养的有效办法。"三级保养制度"的有效实施，要求操作工人必须对设备做到"三好""四会""四项要求"，并遵守"五项纪律"，其中，"三好"为"管好、用好、修好"；"四会"为"会使用、会保养、会检查、会排出故障"；"四项要求"为"整齐、清洁、润滑、安全"；"五项纪律"为"遵守设备安全操作规程或作业标准，遵守设备清扫和清洁管理规定，遵守交接班检查规定，遵守设备事故报告规定，遵守设备管理标准"。

2）设备的检查

设备的检查就是对设备的运行情况、工作精度、磨损或腐蚀程度进行检查和校验。通过检查全面掌握设备技术状况的变化、设备劣化程度、磨损情况及存在故障，及时查明设备故障，有利于提高维修质量和缩短维修时间，及时消除设备隐患，防患于未然。

阅读资料 11－1

质量监督：关口前移，源头把关

2011 年 6 月，广州石化质量监督站组织设备、管道、无损检测专业监督工程师深入到设备制造厂家，分别对广州石化柴油加氢改质装置、加氢（二）B 装置改造项目的 10 台主要设备制造质量进行监督延伸检查。这是广州石化在集团公司内率先将质量监督延伸至设备制造环节，实现源头控制，严把设备质量关。

这次质量监督延伸检查涉及 3 家压力容器制造厂。检查人员采取"飞行检查"的形式，被检查单位都是在没有任何准备的情况下接受检查的。在检查中，检查人员通过对质保体系、过程文件的抽查，查出无损检测工艺文件编制不完善、部分制造工艺不正确、质量控制程序执行不严等质量问题；通过射线底片审查和超声波检测抽查，查出反应器筒体焊缝存在超标缺陷漏评漏检等实体质量问题；通过对合同和设计文件的检查，发现3个制造厂均未按图纸技术要求对设备内件进行预组装。这次检查共查出质量问题74项。对检查发现的问题，检查人员要求设备制造厂家及时整改。

广州石化把质量监督延伸到设备制造环节的做法，不仅及时查出设备在制造中存在的质量问题，将隐患消除在设备出厂前，而且向厂家传递了广州石化既重视设备出厂前的质量验收，又重视设备制造过程质量监督的信息，促使制造厂家增强质量控制意识，不断完善质量保证体系。

（资料来源：黄敏清，钟永富.在建工程不留瑕疵［N］.

中国石化报，2011-12-29（8））

3. 设备的维修

设备的维修是指修复由于正常的或不正常的原因引起的设备损坏，通过修理和更换已经磨损、腐蚀的零部件，使设备的效能得到恢复。人类使用的工具从简单到复杂，其维修方式也随着工具的进步而发展，设备管理体制大体经历了事后维修、预防维修、生产维修、维修预防和设备综合管理五个发展阶段。

1）事后维修

事后维修就是在设备发生故障后才进行修理。这种制度在 20 世纪 50 年代前是主导的维修模式，其特点是设备坏了才修，不坏不修理。对于结构简单、修理方便、修理时间较短、对生产影响小的非重点设备，一般采用事后维修的方式。但由于现代设备的技术水平高、作业连续性强，对于重点设备，事后维修可能造成设备停机、生产中断等问题，从而带来巨额的经济损失，如北京燕山石化公司乙烯设备停产一天，损失 400 万元。这类对生产影响较大的重点设备不适合采用事后维修的方式。

阅读资料 11－2

顺藤摸瓜检修让老设备焕发生机

一张游泳池的数据表显示：2013 年，全年累计用水 30 万立方米；一张地热站净水器运行数据表显示：2014 年 3 月 31 日，地热站地热水净水器水处理时间 36 小时。几天前，胜利油田临盘社区游泳池这个"用水大户"的两张报表，摆在社区用水管理项目组面前。

"一天 800 多立方米的水，不可能全都进了游泳池，这大大超出了游泳池的理论用量。"胜利油田临盘社区安全副总监马洪春撂下这句话后，就带着项目组人员，一头"扎"进地热站。

地热站净水器处理是利用 3 个大罐实现的。先通过地热水井，把地热水提升后进入罐体，再通过填料渗透进行净水处理。这 3 台设备已经服役 12 个年头，去年就属于计划更换的设备。

"问题会不会出现在设备自身处理能力上？"工作人员说。

他们先用水对填料进行冲透试验。大家发现净水很快就从填料下方流下来，速度与能力都属于正常值范围，这说明填料环节没问题。这时，有人发现预处理器溢流口溢出大量水。溢流口只有在水满的情况下才流水，怎么刚注入少量水，就溢走三分之二呢？难道进水口出现问题？

大家迅速对进水口进行检查。当打开大罐的进水口时，他们看到里面的设备因腐蚀而堵塞。他们把注意力放在一个外形像花洒的锈堵设备上。这是净水罐的进水装置，由于运行时间长，水腐蚀管线，3台进水装置全部堵塞并结满厚厚的锈垢，只能通过其中一个侧面锈蚀透了的漏洞维持进水。

维修人员对这个像花洒的家伙，用砂轮机、铲子进行除锈、打磨。将锈垢层除掉后，"花洒"露出最初的模样。他们又花了近一天时间，用电钻对3个"花洒"上近2 000个孔洞进行重新疏通，重新安装进罐。

"重启设备，进水，各项报表数据跟进记录！"随着设备重新启动，新数据出现了：注满游泳池用时15个小时；用水500立方米；处理1立方米地热水，从提升到处理入池共耗电0.6千瓦时。试验成功后，工作人员仔细调节进水量与设备处理流量，让溢流口基本不发生溢流，做到"颗粒归仓"。

此次"顺藤摸瓜"式的检修，让使用了12年的设备重新焕发生机，节约设备改造资金30万元。按维修后的运行结果，每年可节约用水20万立方米。

（资料来源：赵士振，田辉. 顺藤摸瓜检修让老设备焕发生机［N］.
中国石化报，2014－5－28（2））

2）预防维修

预防维修制度是20世纪50－60年代的主导维修模式，通常是指对重点设备及一般设备中的重点部位进行的预防性维修活动。国际上主要有两大预防维修体制，一个是以苏联为首的计划预修制，另一个是以美国为首的预防维修制。这两大维修体制本质相同，只是在形式和做法上有所不同，效果上有所差异。

计划预修制旨在通过计划对设备进行周期的修理，定期给设备"检查身体"，包括根据设备和使用周期不同安排的小修、中修和大修。一般设备出厂时即基本上确定了检修周期。该方法最大的好处是，能够防患于未然，延长机器寿命，大大减少修理的工作量和次数，有可能使原计划大修的变为中修，中修的变为小修。

预防维修制是通过周期性检查、分析来制订维修计划的管理方法。一般通过定期检查的方式对设备进行预防性修理，在故障处于萌芽状态时将其控制，采取"预防为主"，"防患于未然"的措施，以减少停工损失和维修费用。

3）生产维修

生产维修体制是以预防维修为中心，兼顾生产和设备设计制造而采取的多样、综合的设备管理方法。20世纪六七十年代，以美国为代表的西方国家多采用此维修体制。生产维修主要包括事后维修、预防维修、改善维修和维修预防四个方面，其中，改善维修是指为了消除设备的先天性缺陷或频发故障，对设备的局部结构或零件的设计加以改进，结合修理进行改装以提高其可靠性和维修性的措施。

4）维修预防

尽管设备的维护、保养和修理工作做得好坏对设备的故障率和有效利用率有非常大的影响，但其决定因素是设备本身质量的优劣。因此，人们提出维修预防的设想，就是在设备的设计、制造阶段就要考虑到设备维修的问题，提高设备的可靠性和易修性。

5）设备综合管理

基于设备维修预防的思想，结合系统理论和行为科学的观点，形成了设备综合管理的概念。设备综合管理是对设备进行全面管理的一种重要方式，是设备管理领域的一场革命。其在传播推广过程中，结合各国的实际情况和生产维修的经验，形成了众多设备综合管理的模式。其中，以在日本形成的全面生产维修制度最为著名。

全面生产维修（TPM），也可称为全员生产维修，是 20 世纪 70 年代初日本在吸收设备综合工程学的理论上逐步发展起来的，要求企业全体职工参加，讲求设备系统管理和追求设备综合效率的一种设备管理和维修制度。该制度在全世界，特别是今天的中国得到推广，目前已有很多成功实施全面生产维修的案例，如柯达公司、福特汽车公司、戴纳公司和海尔等。这些公司有关 TPM 的报告都说明了公司实施 TPM 后生产率有显著提高。

全面生产维修与原来的生产维修体制相比，主要突出一个"全"字，该"全"字有三个方面的含义，即全系统、全效率和全员参加。全系统是指生产维修的各个侧面均包括在内，如事后维修、预防维修、改善维修和维修预防。全面生产维修制度的主要维修方式如图 11－4 所示。全效率是指设备寿命周期费用评价和设备综合效率。全员参加是指这一维修体制的群众性特征，从公司经理到相关科室，直至全体操作工人都要参加。只有做到全系统、全效率和全员参加才有可能成功实施全面生产维修。

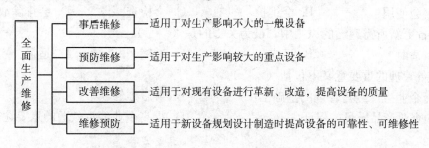

图 11－4　全面生产维修制度的主要维修方式

11.2.4　设备的改造与更新

无论什么设备，总会出现不断磨损和老化的问题，应该有计划、有重点地对现有设备进行改造和更新。

1. 设备改造

设备改造是应用新技术和先进经验对设备进行局部革新、改造，从而改善设备性能，提高生产效率和设备的现代化水平。设备改造一般包括设备改装和设备技术改造两种形式。企业在进行设备技术改造时，必须充分考虑设备改造的必要性、技术的可能性和经济的合理性。

2. 设备更新

设备更新是企业利用技术先进、经济合理的新设备来替换物质上不能继续使用或在经济上不宜继续使用的旧设备。其目的是为了提高企业技术装备水平和产品质量,降低能耗,增强企业在国内外市场的竞争能力。设备更新决策往往是企业成败的关键,在设备更新的具体实践中,必须遵循三项原则:第一是适时,即要选择适当的时间和机会;第二是适应,即要选择适宜的技术和装备;第三是要适度,即要综合考虑各种因素。其中,设备更新要适度,也就是要量力而行,最为关键。

思 考 题

一、单选题

1. 下列事项不属于物资管理的是 ( )。

    A. 企业根据生产订单制订原材料供应计划

    B. 企业为扩大生产规模进行的征地

    C. 对生产所需物资进行采购

    D. 企业仓储管理

2. 物资采购过程中,一般向供应商支付货款要在 ( ) 之后才能进行。

    A. 确定供应商　　　B. 签订供销合同　　　C. 检验入库　　　D. 采购物资发货

3. 对设备操作工人的"四会"要求不包括 ( )。

    A. 会使用　　　　　B. 会维护　　　　　C. 会检查　　　　　D. 会排除故障

4. 设备更新所需遵循的原则中,最为关键的是 ( )。

    A. 适时　　　　　　B. 适应　　　　　　C. 适度　　　　　　D. 适量

5. 设备管理的重要意义不包括 ( )。

    A. 企业生产经营管理的基础工作　　　　B. 事后维修

    C. 企业产品质量的保证　　　　　　　　D. 提高企业经济效益的重要途径

二、多选题

1. 物资供应计划编制的主要内容包括 ( )。

    A. 制订生产计划　　　　　　　　　　　B. 确定各类物资需求量

    C. 计算计划期初库存量　　　　　　　　D. 计算计划期末库存量

    E. 确定计划期物资采购量

2. 按照物资采购的内容及企业的组织结构可以将物资采购的方式分为 ( )。

    A. 集中采购　　　　　　　　　　　　　B. 分散采购

    C. 集中采购与分散采购相结合　　　　　D. 联合采购

    E. 定期采购

3. 自动化仓库的构成主要包括 ( ) 四个部分。

    A. 储存机构　　　B. 输送设备　　　C. 货物存取机　　　D. 控制装置

E. 动力设备

4. 下列属于设备的选购所需要遵循的原则的是（　　　）。

    A. 生产上适用　　　　B. 技术上先进　　　　C. 操作上简便　　　D. 经济上合理

    E. 通用性强

5. 下列属于设备管理体制所经历的发展阶段的是（　　　）。

    A. 预防维修　　　　B. 事中维修　　　　C. 事后维修　　　　D. 维修预防

    E. 生产维修

三、名词解释

1. 物资管理　2. "零库存"储备模式　3. 仓库管理系统　4. 全面生产维修　5. 设备改造

四、简答及论述题

1. 物资管理的目的及任务是什么？

2. 企业在进货采购时应遵守哪些原则？

3. 试述如何运用 ABC 分类法对物资存储进行管理？

4. 试述企业如何对设备进行合理使用？

5. 试述企业如何做好设备保养工作？

案例讨论

一次难得的技术攻关
——天津空管分局气象设备维修侧记

天津空管分局经过艰难的技术攻关，成功修复芬兰进口气象观测设备闪电探测仪。2013 年 11 月 13 日，闪电探测仪突然出现故障，经气象机务室机务员检查，属于主板故障，需要更换。机务员第一时间与芬兰厂家取得联系，希望对方能提供设备配件和技术指导。但厂家答复说，不提供该设备配件和维修服务，只提供整体主板，而且采购报价 10 余万元人民币，设备要从原产国美国购买，再经芬兰厂家测试后才能供货，供货期最快也要 1 个多月时间。面对国外厂家的设备垄断，天津空管分局气象机务室"精进"班组没有采取妥协与坐等的方式，而是主动出击，发扬班组敢于向难题挑战的一贯传统和迎难而上的精神，依靠团队的技术创新能力，组织班组成员进行技术攻关，决心自行修复设备故障，打破国外厂家对设备配件垄断的困局。

气象机务室"精进"班组成立技术攻关小组，大家凭借丰富的维修经验和扎实的业务知识，确定了设备故障的具体位置。为最终确定故障点，小组成员明确分工、群策群力，分头查阅相关技术资料，逐步缩小故障范围。在大家的共同努力下，经过反复测试，最终查找到了故障元件——供电单元上的氧化锌压敏电阻。

故障点找到了，但这种电阻的购买却成了另一个难题。相比较普通电阻，这种电阻国内厂商很少生产。技术攻关小组再次发挥团队的力量，大家分头通过网络进行查找，联系相关国内元器件厂商。功夫不负有心人，在联系了十几家厂商后，终于找到并成功订购了此型号的压敏电阻。

电阻到货后，技术攻关小组立即组织专人对其进行测试。经测试，电阻技术标准符合要求，接下来的另一个考验就是要在如此集成度高的电路板上进行电阻精确焊接。不过，这件事难不倒机务员，因为焊电路板是机务员入职的"必修课"。在技术攻关小组成员的默契配合下，顺利将电阻焊接。随后，大家对闪电探测仪进行了恢复安装，经过测试，仪器运行稳定。经过10多天的技术攻关，气象机务室"精进"班组成功修复了闪电探测仪，既缩短了设备维修周期，确保了设备运行安全，又节约了维修资金，摆脱了进口设备配件购买贵、维修慢的束缚，为气象设备维修保障工作积累了宝贵经验。

（资料来源：宋健．一次难得的技术攻关：天津空管分局气象设备维修侧记 [N]．中国气象报，2013-12-24（2））

？思考讨论题

结合案例，试分析进口设备对我国企业的有利和不利之处有哪些？如何实现进口设备的改造？

第 *12* 章

生产运作管理

本章导读

　　生产运作管理是指为了实现企业经营目标，提高企业经济效益，对产品（包括有形产品和无形产品）的变换过程实施计划、组织和控制而构成的一系列管理工作的总称。生产运作管理的目标可概括为"四适"和"三提高"，即"在适应需要的时候，以适合的品种、适宜的价格向顾客提供适当质量的产品和服务，从而达到提高顾客和社会满意度、提高竞争力、提高经济效益与社会效益的目的"。生产运作管理是企业经营管理的基础，做好生产运作管理工作，不仅可以保证生产的顺利进行，而且还可以优化企业资源配置，提高企业经济效益。通过对本章的学习，读者可以对企业的生产运作管理系统有一个较为全面的认识。

　　知识结构图

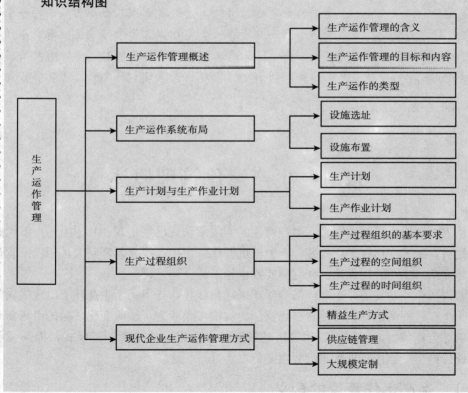

全球汽车生产方式的改变

多年以来，管理人员通过应用不同的管理哲学，使汽车的生产方式发生了巨大的变化。在 1900 年以前，工人组成生产小组相互协作，把各种零部件以手工的方式组装成汽车。这种小批量生产的成本是非常昂贵的。

组装一辆汽车需要花费大量的时间和精力；工人们一天只能够生产很少量的汽车。为了降低成本、提高销量，早期汽车厂的管理者需要具有较高的技能，以提高生产效率。1913 年，亨利·福特（Henry Ford）使整个汽车行业发生了革命性变化。他在底特律开办了"高地公园汽车厂"，生产 T 型车。福特与他的生产管理团队开创大批量生产系统，传送带将汽车传送到工人面前，流水线旁的每一个工人负责完成一项特定的工作任务。流水线的速度成为控制工人活动的主要方式。福特通过试验确定了使每一位工人完成其特定工作的最有效率的方式。工人的工作也因此变得非常具有重复性。到 1920 年，福特使汽车生产成本降低了 2/3，每年的汽车销量达 200 万辆。福特成为当时汽车行业的领头羊。

福特的许多竞争对手也竞相采取大批量生产技术。但通用汽车公司和克莱斯勒公司的 CEO——艾尔弗雷德·斯隆（Alfred Sloan）、沃尔特·克莱斯勒（Walter Chrysler）没有简单地模仿福特的方法。他们采用了一种新的战略：为消费者提供一个范围广泛的选择空间。

20 世纪 60 年代，丰田汽车公司在参观美国汽车生产厂家后，开创了精益生产方式。在此模式下，工人们在一个运动的生产线旁工作，他们被分成几个小团队，每一个小团队对某一特定的装配环节负责，小团队中的每一个成员都需要学习掌握他所在小团队所有成员的全部工作技能，并且每一个小团队的工作职责不仅是装配汽车，而且要不断发现可以提高效率、降低成本的办法。到 20 世纪 80 年代，日本汽车企业已称雄世界汽车市场。

12.1 生产运作管理概述

自从人类开始生产活动以来，生产管理的实践活动就已经出现。18 世纪 70 年代西方产业革命之后，手工作坊被工厂代替，人力被机器代替，生产规模越来越大，相应的管理实践也越来越复杂，生产管理理论的研究与实践也越来越受到重视。

随着现代企业的发展，企业内部分工越来越精细化，任何一个生产环节出现失误都可能导致整个生产过程无法进行。随着市场竞争的加剧，企业为了适应变化多端的市场需求，提升产品的综合竞争力，就需要采用先进的制造技术和先进的生产制造模式，提高劳动生产率，因此提高生产运作管理水平已势在必行。

12.1.1 生产运作管理的含义

在开始阶段，人们主要对有形产品生产制造过程的组织、计划与控制问题进行研究，并将与其相关的学科称为"生产管理学"。随着社会经济和科学技术的发展，社会生产模式越来越复杂，原本附属于生产过程的一些业务、服务过程被相继分离，有些业务或服务开始独立出现，形成了专门的商业、金融、房地产等服务行业。为了能够更好地组织企业的生产，必须要对这些提供无形产品的运作过程进行管理和研究。人们开始把有形产品的生产过程和无形产品的提供过程都看作是"投入—转换—产出"的过程，将其作为一种具有共性的课题来进行研究。在西方管理学界，将这种扩大了的生产的概念，即"投入—产出"的概念，称为"operation"，即运作。有形产品的生产过程和无形产品的提供过程，都被统称为运作管理。

生产运作活动是一个"投入—转换—产出"的过程，即投入一定的资源，经过企业内部转换，使其价值增值，最后形成产出，提供给社会的一系列过程。其中的投入包括人力、财力、物力、信息、技术、能源及土地等多种资源要素。产出主要包括有形产品和无形产品两大类。企业内部转换的过程就是使投入增值的过程，既包括物质转化的过程，即将投入的原材料经过加工以后，形成特定的产品，也包括组织管理实施的过程，通过行使计划、组织、领导、控制等管理职能，使得企业内部转换过程高效、有序进行，最后实现价值增值。一般情况下，将有形产品的转换过程称为生产过程；将无形产品的转换过程称为运作过程，有时也称为服务过程。

生产运作管理是指为了实现企业经营目标，提高企业经济效益，对产品（包括有形产品和无形产品）的变换过程实施计划、组织和控制而构成的一系列管理工作的总称。

12.1.2　生产运作管理的目标和内容

1. 生产运作管理的目标

生产运作管理的目标可概括为"四适"和"三提高"，即"在适当的时候，以适合的品种、适宜的价格向顾客提供合适的产品和服务，从而达到提高顾客和社会满意度、提高竞争力、提高经济效益与社会效益的目的"。

生产运作管理是一个"投入—转换—产出"的过程，也是企业向社会提供有用产品的过程，在这一过程中实现价值增值。而所谓"有用"的产品，无论是有形产品还是无形产品，都必须具有一定的使用价值，能够满足社会的某种需求。企业向社会提供的产品要能够满足市场需求或潜在需求，也能够满足客户的一般性需求及特殊需求，并且产品质量从使用功能、操作功能、社会功能、维护性能等方面体现其"适用性"本质，在合适的时间，以合适的价格将产品提供给有需求的客户，从而实现产品的使用价值；在这一过程中，企业才能实现价值增值，提升综合竞争力。因此，生产运作管理的目标必然是"四适"和"三提高"。

2. 生产运作管理的内容

具体来说，生产运作管理的内容可概括为以下两个方面。

（1）生产运作系统的设计。生产运作系统的设计包括对企业所提供产品领域或服务的选择与设计，生产运作具体实施地点的选择、内部设施的布置及具体工作的设计等内容。一般情况下，生产运作系统的设计要在设施建设阶段来完成，但是，随着新技术、新工艺的引入，以及对现有生产运作系统进行升级，需要对现有设施进行调整或重新设置，有时也需要扩建新设施，满足企业生产运作的需要。

生产运作系统的设计对其后期运作有着巨大的影响。如果产品和服务选择不当，将导致方向性错误。厂址和服务设施的位置选择不当，也将对企业后期的运作铸成大错。同时，位置和设施的布置会影响到产品和服务的质量，成本决定企业的利润空间，进而会对企业的生存与发展产生重大影响。例如，一个超级市场，虽然影响其营收的因素很多，但是超市位置的选择至关重要。超市周围的人群密度、可支配收入水平、交通条件等因素是影响客户购买能力的主要因素，而这将在很大程度上决定企业的经营收入。而对于仓储或配送中心来说，在进行设施选址过程中，运输费用是企业考虑的一个重要因素，越接近市场，运输成本越低，对市场的供应速度越快。而对于制造业的工厂选址，既要考虑原材料的运输成本与方便性，也要考虑产品距离市场的位置。此外，对于服务业来说，在选址过程中，与竞争对手的相对位置是一个非常重要的因素。在进行设施选址时，既要考虑竞争者的现有位置，还要考虑他们对于引进新设施后的反应。一般情况下，企业在选址时尽量避开竞争对手，但是随着现代企业的发展，企业间的合作越来越紧密，通过同类企业的集聚，可以形成产业集群，进而可以给企业带来集群效应，有时也有人称之为"聚焦效应"，而对于商店、快餐店等服务业来说，通过产业的集聚，同样可以带来集群效应。在这种情况下，可能因几个公司集聚在某地而吸引来的消费者，多于他们分散在不同地方的消费者。

（2）生产运作系统的运行。它主要包括生产计划、生产组织与生产控制这三个方面。生产计划主要解决企业生产的产品品种、数量、质量及何时生产的问题。生产组织主要解决如何合理配置各种人力、设备、材料、信息等生产资源，使有限的资源能够得到充分而合理利用的问题。通过对这些生产资源进行不同的组织和配置，就构成了不同的生产组织方式。生产控制主要解决如何完全按照既定计划完成任务的问题，通过对订货控制、投料控制、生产进度控制、库存控制和成本费用控制等过程按计划完成任务。

12.1.3　生产运作的类型

生产运作类型依据不同的标准有不同的划分方式，可以依据产品或服务的专业化程度来划分。通过产品或服务的品种数量、同一品种的产量，以及生产的重复程度对产品或服务的专业化程度进行衡量。产品或服务的品种数量越多、单一品种的产量越少、生产的重复性越低，那么，产品或服务的专业化程度就越低；反之，产品或服务的专业化程度就越高。按产品或服务的专业化程度的高低，可以将生产类型划分为大量生产、单件生产、成批生产三种。

1. 大量生产

大量生产的产品品种单一，产量较大，生产的重复程度和专业化程度高。一般来说，市场需求量大、通用性强、用途广泛的产品较为适合大量生产方式，如福特汽车在最开始引入生产线进行生产时，只生产单一品种的汽车，并且汽车的各种部件都采用标准化方式进行生产，那么这些标准件的生产就是典型的大量生产的例子。再比如电视机、洗衣机、电冰箱等产品的生产，也是大量生产的典型例子。

由于大量生产的产品品种少，产量大，产品结构和生产条件相对稳定，因而可以采用标准设计图纸和标准制造工艺，采用自动化和半自动化机床、专用设备及各种专用工艺装备提升生产效率，采用流水线、自动线等生产组织形式进行高效生产；并且，可以进一步进行更加精细化的专业分工，简化操作并推行标准化操作方法，工人在长期的重复作业过程中可以提高操作的熟练程度及操作技巧，从而可以极大地提高生产效率。应用大量生产方式，可以有效地提高生产效率和劳动生产率，加快资金的周转速度，缩短产品的生产周期，同时产生

"规模经济效益"，降低单位产品的生产成本，为社会提供高质量的产品，从而提升整个社会的劳动生产效率，促进社会经济的发展。

大量生产也存在着一些问题，比如产品品种单一，多采用对象专业化的生产组织方式，大量使用专用设备和专用工艺来提升生产效率，从而造成应对市场变化的能力及企业转产的能力较差，当选定的产品无法满足市场需要时，不能够及时地调整生产线进行转产。当市场需求发生改变时，需要进行重新投资采购新的设备，重新组建生产线，调整生产组织，因而需要经过较长时间才能恢复到正常生产、达到预定的生产能力和生产规模，不利于企业抓住市场机会。因此，企业一般多采用组合机床、组合式自动线和柔性较强的生产组织形式。

2. 单件生产

与大量生产相比，单件生产的品种较多，但是每一种只生产一件或少数几件，生产量较小，重复性较低，生产对象不断变化，一般采用通用性的生产设备和生产工艺，专业化程度低。单件生产的产品基本上是一次性需求或为满足个性化需求及一些特殊用途而定制的专用产品，一般不重复生产，有时虽然会重复生产，但是没有固定的生产重复期，如特种机床、专用模具、大型船舶、发电设备和某些重型机械等产品的生产，都是单件生产的典型案例。

在单件生产条件下，产品品种多变，数量极小，在客观上不具备采用单一对象流水线、自动线的生产组织形式，不具备大量采用专用设备和专用工艺装备的条件，只有在某些特殊的工艺、技术要求下，才采用必要的少量专用设备和专用工艺装备。一般情况下，多采用通用设备，设备布置通常是按同种类型设备集中在一起布置（机群式布置），成组排列，这就使得零件的运输路线长，生产周期较长，而且一个工作地上要执行各种不同的工序作业，工人要承担的工作内容较广，操作较复杂，生产效率和劳动生产率低，对工人的技术水平要求比较高，以适应多品种生产的要求。

3. 成批生产

成批生产的特点是产品相对稳定，品种较多，每一种产品的产量较大，介于大量生产与单件生产之间，生产具有一定的重复性，工作地进行成批的、定期或不定期的轮番生产，因此生产的专业化程度较低，当轮番生产时，工作地设备和工具要进行适当调整。

成批生产具有一定的生产稳定性和重复性，可以定期或不定期地轮番生产。在生产过程中，每种产品需要按批量进行分期、分批次的组织生产，不同产品进行轮番交替生产，与此同时，设备和工作地的作业安排也需要分期、分批次进行组织。在成批生产中，每台设备需要加工的零件种类和工序较多；在进行产品轮番生产时，需要根据生产品种的不同对设备进行调整，每台设备生产加工的零件种类和工序数目越多，需要对生产设备调整的次数就越多，因而调整设备占用的时间就会越多。成批生产的品种较多，产量变化范围又较大，则在生产中需要根据产量的大小及工艺的难易程度，在采用通用的设备和工艺装备的同时，可以有选择地采用自动化、半自动化的专用设备及工艺装备。与大量生产相比，成批生产的生产周期较长，生产效率和劳动生产率较低，资金周转较慢，生产成本较高，但适应市场需求能力较强，可以快速地适应产品品种的变化。

根据产量的大小及工作地专业化程度的高低，成批生产又可细分为大批生产、中批生产和小批生产。由于大批生产与大量生产的特点极其相近，习惯上合称大量大批生产。同样，小批生产与单件生产的特点相近，习惯上合称单件小批生产。但是有部分企业，生产的产品品种较多，批量大小的差异较大，习惯上称为多品种中小批量生产。

12.2　生产运作系统布局

12.2.1　设施选址

1. 影响设施选址的因素

影响设施选址的因素很多，其中主要有以下四个方面[①]。

（1）经济方面的因素。经济方面的因素一般包括以下七个方面：①原料及其供应条件，包括原、辅材料供应的质量、数量、价格、及时性、可靠性及其储存条件、运输距离、运费率等；②能源条件，包括电力、燃料供应的质量、可靠性、安全性和价格；③市场，包括市场对企业的主要产品和副产品的需求量、市场的购买力，以及市场是否接近顾客或供应商等；④交通运输条件，包括航空、铁路、公路和水路运输枢纽的质量与便捷性，或第三方物流服务质量，或企业总部与分厂之间是否有快速便捷的交通工具；⑤人力资源，包括人力资源的种类、数量、素质、价格、流动情况、每周工作时数限制等；⑥资金融通情况，包括创办初期和建成后的资金筹措情况及调度的方便程度；⑦区域经济及城市规划，包括区域经济现状、发展趋势及城市长期发展规划、优势与潜力。

（2）政治方面的因素。政治方面的因素主要包括以下三个方面：①政局和治安，包括拟选地政局是否稳定、治安是否良好；②政策和法律，包括企业所在地政府的政策和法律现状、连续性和稳定性，以及优惠策略等；③税费负担，包括拟选地的税种、税率及各种费用是否合理，汇率变化等。

（3）社会方面的因素。社会方面的因素主要包括以下四个方面：①社区条件，包括拟选地的学校、幼儿园、商店、影剧院、图书馆、医院等公共设施配备情况；②环境和生态保护，包括拟选地对风景及名胜古迹的避开限制，废液、废气、废渣等废弃物的排放与治理要求等；③科学技术环境，包括拟选地的大专院校、科研院所的数量和水平等；④风俗文化，包括拟选地的民族、文化、宗教、风俗习惯等各类因素。

（4）自然环境方面的因素。自然环境方面的因素需要考虑以下三个重要条件：①土地资源，包括土地的水文、地理位置、面积、地质、地形地貌、土地价格、建设费用、发展余地等；②气候条件，包括拟选地区的气温、湿度、风向、灾害性天气的种类、灾害程度及灾害发生的概率等；③水资源及供应条件，包括水资源的数量和质量、水资源供应现状和趋势。

2. 设施选址原则

在设施选址问题上，应将定性分析与定量分析方法相结合，定量分析以定性分析为前提。在进行定性分析时，应遵循如下设施选址原则。

（1）费用原则。企业作为经济实体，必须要考虑经济利益。企业建设初期投入的固定费

---

① 曾旗. 现代生产与动作管理［M］. 徐州：中国矿业大学出版社，2001.

用，企业投产后的变动费用及产品出售以后的年收入，都与企业选址密切相关。

（2）集聚人才原则。人才是企业最宝贵的资源，因此在设施选址过程中，要考虑企业地址是否有利于吸引人才。设施选址得当则有利于吸引人才的加入；设施选址不当，会给企业员工的生活带来一定的不便，由此可能导致员工的流失。

（3）接近用户原则。对于服务业来说，方便客户是主要的，所以几乎无一例外都遵循这条原则，如银行、储蓄所、电影院、学校和零售业的所有商店等。许多制造企业也会选择把工厂建到距离消费市场较近的地方，以降低运费和损耗。

（4）长远发展原则。设施选址关乎企业的未来发展，要有长远发展意识，具有一定的战略性。设施选址要考虑到企业生产力的合理布局和市场的开拓，同时要有利于企业获得新技术。在世界经济一体化趋势下，设施选址还需要考虑如何有利于参与国际竞争的问题。

3. 设施选址的方法

1）负荷距离法

在单一设施选址中，需要用到多种方法，一般包括定性分析法、定量分析法及定性与定量相结合的方法。而负荷距离法就是单一设施选址常用的定量方法。

负荷距离法就是在若干个候选方案中，选择一个可以使总负荷（货物、人或其他）移动的距离最小的方案作为目标方案的方法。当与市场的接近程度等因素对方案的选择至关重要时，应用负荷距离法选择的方案将最有吸引力。同时，负荷距离法也可以应用在设施布置中。

2）因素评分法

因素评分法也是使用较广泛的一种设施选址方法，它通过应用简单易懂的模式将各影响因素综合起来进行分析，选出最佳方案。因素评分法的具体步骤如下。

（1）选定一组相关的设施选址决策因素。

（2）根据各因素在选址决策中的重要程度，对其赋予一定的权重。每一因素的分值根据权重来确定。

（3）按照统一规定的评价尺度，确定各因素的评价标准，一般打分的取值范围为1～10，或1～100。

（4）邀请有关领导与专家对各备选地址的所有因素进行打分。

（5）计算各因素的加权值，即用各因素的得分乘以相应的权重，通过将所有因素的加权值相加得到各备选地址的最终得分。

（6）选择最终得分最高的候选地址即为最优方案。

运用因素评分法选址时应注意：在运用因素评分法的过程中，对于权数及每个因素的评分都具有一定的主观性，如果主观判断出现失误或者具有一定的偏好性，那么所得出的评分可能就会有偏差，从而可能会影响决策的正确性。所以，要正确应用因素评分法首先就要解决权数确定的方法问题，目前层次分析法是相对比较客观、准确的方法，并且该方法操作简单，有较为严密的科学依据，在进行多方案因素评价时应用较为广泛，也是目前最主要的一种评价方法。

3）盈亏平衡分析法

盈亏平衡分析法是设施选址常用的一种方法，也称生产成本比较分析法。盈亏平衡分析法的应用要基于以下假设：可供选择的各个方案均能满足厂址选择的基本要求，但是各个方案的投资额不同，并且投产以后原材料、燃料和动力等变动成本也不同。生产经营过程中总成本由固定成本和变动成本构成。固定成本是不随产量的变化而变化的成本，如企业管理费、办公费、机器和厂房投资。变动成本是随着产量的变化而变化的成本，如原材料费。因此，在进行选择决策时可利用盈亏平衡分析法的基本原理，将投产后的生产成本作为选择比较的标准进行设施选址。

4）线性规划法

线性规划法，是在各种相互关联的多变量约束条件下，解决或规划一个对象的线性目标函数最优的问题，是解决多变量最优决策的方法。通常一些大型企业拥有多个生产厂、多个仓储地点和销售地点，其选址决策问题就属于多点布局问题，可以采用线性规划法解决这一问题。线性规划法以总生产成本和运输成本最低为目标。数学模型如下所示。

目标函数：

$$\min z = \sum_{i=1}^{n} c_i X_i + \sum_{i=1}^{n} \sum_{j=1}^{m} D_{ij} x_{ij}$$

约束条件：

$$\begin{cases} \sum_{i=1}^{n} x_{ij} = R_i \\ \sum_{j=1}^{m} x_{ij} = X_j \\ \sum_{j=1}^{m} R_j = \sum_{i=1}^{n} X_i \end{cases}$$

$$i = 1, 2, 3, \cdots, n \qquad j = 1, 2, 3, \cdots, m$$

式中，X_i 为第 i 工厂的单位成本；x_{ij} 为第 i 工厂运往目标市场 j 的产品数量；R_j 为目标市场 j 的需求量；D_{ij} 为第 i 工厂向目标市场 j 运输单位产品的运费及其他流通费用。

假设各候选工厂的生产成本相同，则可得下式。

目标函数：

$$\min z = \sum_{i=1}^{n} \sum_{j=1}^{m} D_{ij} x_{ij}$$

约束条件：

$$\begin{cases} \sum_{i=1}^{n} x_{ij} = R_j \\ \sum_{j=1}^{m} x_{ij} = x_{ij} \end{cases}$$

5）重心法

重心法是一种布置单个设施时常用的方法，重心法通常既要考虑现有设施之间的距离，还要考虑要运输的货物量。这种方法多用于中间仓库或分销仓库的选择。它假设在运输过程中，运入和运出成本相等，也不考虑在非满载情况下增加的特殊运输费用。应用这种方法，首先在坐标系中标出各个地点的对应位置，以便于确定各点之间的相对距离。坐标系的建立没有具体的规定，具有一定的随意性。一般在设施选址中，采用经度和纬度来建立坐标。其次，根据各点在坐标系中的横、纵坐标值，求出运输成本最低的位置坐标 x 和 y，重心法的公式如下：

$$C_x = \frac{\sum D_{ix} V_i}{\sum V_i} \qquad C_y = \frac{\sum D_{iy} V_i}{\sum V_i}$$

式中：C_x 为重心的 x 坐标；C_y 为重心的 y 坐标；D_{ix} 为第 i 个地点的 x 坐标；D_{iy} 为第 i 个地点的 y 坐标；V_i 为运到第 i 个地点或从第 i 个地点运出的货物量。最后，选择求出的重心点坐标值对应的地点作为设施布置的地点。

12.2.2　设施布置

设施选址要解决的是生产运作系统的空间设计问题，如一座工厂、一所医院、一个大型超市的设施选址问题。而设施布置则是要解决在已经选定的场地内对组成生产运作系统的各种物质设施进行空间设计的问题，一般要求在设施选址前就要对设施布置进行大致的构想，从而使得设施选址和设施布置能够互动。所谓设施布置，就是将企业内各种物质设施在空间上进行合理安排，使他们有效地组合成一定的空间形式，从而使企业的生产运作服务更加有效，进而给企业带来最大经济效益。设施布置的优劣直接影响整个生产运作系统的生产效率、生产能力、生产进度、生产成本、安全运行等。布局合理，则有利于企业以最小的成本、最短的时间和最好的质量将原材料转化成成品，并且最大限度地降低库存。同时也能给操作者及管理者带来操作上、安全上、生理上、心理上的极大满足感。为了达到这一目标，须遵循以下几个原则：整体综合原则；移动距离最小原则；流动性原则；空间利用原则；安全原则；柔性原则等。而在实际工作中，对设施布置应依据企业的实际情况及未来发展的需要，有所侧重地对上述原则进行考虑。

1. 设施布置的基本要素

不同的生产运作系统其子系统构成一般具有较大的差别，但通常包括以下几个子系统。

（1）生产技术准备子系统。该子系统的功能包括对产品进行研究、设计、试制等，物质要素包括各种建筑物、设备、仪器等。

（2）基本生产子系统。该子系统的功能包括直接对劳动对象施以物理的、化学的或生物的作用，从而使之成为产品，物质要素包括各种建筑物、构筑物、生产设备等。

（3）辅助生产子系统。该子系统的功能包括为基本生产子系统提供辅助产品和劳动，物质要素包括各种建筑物和（辅助）生产设备。

（4）物料运输子系统。该子系统的功能包括将原、辅材料及在制品运送到需要它的地方或暂时存放的地方，物质要素包括各种运输设施和运输线路。

（5）物料储存子系统。该子系统的功能包括临时存放原、辅材料及半成品、产品和工具等，物质要素包括各级各类仓库、货场等。

（6）其他。除上述子系统以外，主要有能源动力子系统、照明子系统、安全消防子系统、信息子系统等。

2. 设施布置类型

1）工艺导向布局

工艺导向布局，也称作功能布置，是指按照工艺特征建立生产单位，将完成相同工艺的设备和工人放到一个厂房或一个区域内的生产布局方式，这样构成如铸造厂、锻造厂、热处理厂、铸造车间、锻造车间、机械加工车间、热处理车间、车工工段、铣刨工段等生产单位。依据预先设定好的流程路线，被加工的零部件从一个地方转移到另一个地方，使得每项操作都能够由适宜的机器来完成。

在进行工艺导向布局时，通过合理安排部门或工作中心的位置，从而减少材料的处理成本。也就是说零件和人员流动较多的部门应该相邻，缩短流通距离。应用工艺导向布局方法时，材料处理成本取决于两个主要因素：①两个部门在某一时间范围内人员或物品的流动量；②与各部门间距离相关的成本。一般情况下，成本可以通过构建部门之间距离的函数来表达。这个目标函数如下：

$$最小成本 = \sum_{i=1}^{n} \sum_{j=1}^{n} X_{ij} C_{ij}$$

式中：n 为工作中心或部门的总数量；i，j 表示各个部门；X_{ij} 表示从部门 i 到部门 j 的物品流动数量；C_{ij} 表示单位物品在 i、j 两个部门之间流动的成本。

工艺导向布局要求尽量地减少与距离相关的成本。C_{ij} 则综合考虑了距离及其他成本。由此可以假定：移动难度相等，装卸成本恒定。通常来说，它们并非总是恒定不变，但为了便于讨论，有时可以将这些数据（成本、难度和装卸费用等）表示为一个变量。

工艺导向布局更加适合于在小批量、顾客化程度高的生产与服务中应用，设备和人员安排具有灵活性是其优点；同时，其缺点也很明显：对劳动力的技术熟练程度及创新能力要求较高，并且在制品较多。

2）产品导向布局

产品导向布局，也称装配线布局，是指按照产品建立生产单位，将加工某种产品所需的设备、工艺装备和工人放到一个厂房或一个区域内的布局方式，鞋、化工设备和汽车清洗剂的生产都是按产品导向原则设计的。

产品导向布局适用于对生产大批量、相似程度高和少变化的产品进行组织规划。生产线和装配线是产品导向布局的两种基本类型。

产品导向布局的中心问题是如何平衡生产线上每一个节点的产出，使它趋于相等，得到所需的产出。作为管理者的基本目标，就是要在生产线上保持平滑且连续的生产状态，并减少每个节点的空闲时间，提升人员和设备的利用率，并保持雇员之间的工作量基本相等。

工作流程路线的不同是工艺导向布局和产品导向布局之间的主要区别。在工艺导向布局中，由于既定任务在生产周期内要多次送到同一车间进行加工，使得物流活动更频繁，物流路线高度变化。而在产品导向布局中，所有的设备或车间都服务于专门的产品线，能够实现物料的直线运动，避免物料迂回，减少运输次数，缩短物流路线。

产品导向布局较为适合大批量的、高标准化的产品的生产。其具有以下优点：协作关系简单，简化了生产管理；可使用专用高效设备和工艺设备；在制品少，生产周期短，物料处理成本低，对劳动力标准要求低。缺点是：投资巨大，对品种变化适应性差，不具有产品弹性，生产系统的可靠性较差，工艺及设备管理较复杂。

3）混合布局

混合布局是指将上述两种布局方式相结合，在同一生产单位内既应用产品导向布局，也应用工艺导向布局。而在现实中，混合布局也是比较常见的布局方式。比如有的企业，其产品具有一定的批量，但还无法形成单一的生产线；但是对于系统产品来说，他们具有一定的加工类似性，这就使得单件生产条件下完全"无序"的设施布局在某种程度上变得"有序"，因此可以采取工艺导向和产品导向两种布局相结合的方式。混合布局形式多样，比如柔性生产系统、成组生产单元都可以看作是混合布局。

4）固定位置布局

固定位置布局是指产品由于体积或重量过于庞大而不便于移动，固定在某一位置，将生产设备移到要加工的产品处进行加工的一种布局方式。比如造船厂、建筑工地等通常采用固定位置布局的方式。

在固定位置布局中，生产项目固定在一个地方，而将工作人员和设备移动到这个地点工作。但由于在建设过程中的不同阶段所需的材料也会有所不同，所以随着项目的进行，如何安排不同的材料变得非常的关键；另外，材料所需的空间也是处于不断变化之中的。这两个原因使得固定位置布局技术发展较为缓慢。

3. 设施布置类型选择的影响因素

在设施布置中，对布置类型的选择，除了受生产组织方式及产品加工特性影响以外，还应该考虑以下一些因素。

（1）所需投资。设施布置将对设施所要占用的空间、所需设备及库存水平产生决定性的影响，进而影响企业投资规模。对于产品产量不大的企业来说，更加适合采用工艺专业化布置，既可以节省空间，又能够提高设备的利用率，但是库存水平也可能会较高，因此，如何平衡是必须要面对的问题。如果只是对现有设施布置进行改造的话，则更需要考虑投资收益比，先看看是否能够获益，再决定是否进行改造。

（2）物料搬运。在对各个经济活动单元之间的相对位置进行考察时，主要考虑物流的合理性，即要使物流的搬运量尽可能小，也就要使搬运距离尽可能短，则搬运量较大的单元应尽量靠近，从而节省搬运时间及搬运费用。一般情况下，物料在企业内的运作过程中，从原材料投入到产品产出，物料只有大概15%的时间处于加工工位上，而其余时间都处于搬运过程中或库存中，总生产成本的25%～50%为搬运成本。由此可见，物料搬运在生产运作管理中占有重要地位，一个好的设施布置，可以减少物流总量，进而减少搬运成本。

（3）柔性。设施布置的柔性一方面是指对生产的变化具有较强的适应性；另一方面是指能够较容易地对设施布置进行改变，从而适应变化了的情况。因此，在对设施布置方案进行设计时，要对未来的需求进行充分预测，以适应后期发展的扩展需要，并且还要便于对现有方案进行改造升级。

（4）其他。其他比较重要的因素包括：劳动生产率，要使得不同单元操作的难易程度基本一致；设备维修，要保留足够的空间，保持设备之间的相对位置处于最佳；工作环境，如温度、噪声水平和安全性等；人的情绪，要考虑工作人员之间是否能有所交流，不同单元的人员是否具有相同的责任与机会，是否使他们能感到公平等。

12.3   生产计划与生产作业计划

12.3.1   生产计划

生产计划是组织和控制企业生产活动的基本依据，企业的一切生产活动都应事先计划。企业的生产计划一般分为长期生产计划、中期生产计划和短期作业计划。长期生产计划主要是对企业产品、生产能力及确立哪种竞争优势进行决策，一般时间期较长，要由高层领导者负责。中期生产计划是将已知的或预测的市场需求细化为企业的生产指标和产品任务计划，要求企业能充分利用现有资源及生产能力，合理地控制库存水平，最大限度地满足市场需求并取得最佳的经济效益。一般应由企业主管生产的部门负责。短期作业计划是在掌握顾客订单的情况下，合理地安排生产活动的每一个细节，使它们能够紧密衔接，从而保证按期保质保量交货。

1. 生产计划的主要指标

企业生产计划工作的主要内容之一就是确定生产计划指标。企业生产计划指标主要有产品品种指标、产品产量指标、产品质量指标和产品产值指标。这些指标从不同的层面反映了企业生产产品的要求。

（1）产品品种指标。产品品种指标是指企业在计划期内应该生产的产品品种、规格的名称及数目。这一指标既反映了企业在产品品种方面能够满足社会需要的程度，同时也是对企业的专业化协作水平、生产技术水平和企业管理水平的反映。

（2）产品产量指标。产品产量指标是指企业在计划期内生产的、可供销售的、符合质量标准的产品实物数量及工业性劳动数量，包括产成品数量、准备出售的半成品数量、工业性劳动数量等。在产品产量指标中，不应该包括企业生产的不合格品、外售废品及未经本厂加工而转售的产品，但应将计划期内生产的、供本企业内部各部门使用的成品和半成品包括在内。

（3）产品质量指标。产品质量指标是指企业在计划期内生产的产品应该达到的质量标准，包括内在质量与外在质量两个方面。内在质量是指产品的性能、使用寿命、工作精度、安全性、可靠性和可维修性等因素；外在质量是指产品的颜色、式样、包装等因素。在我国，产品的质量标准被分为四个层次，分别是国家标准、部颁标准、行业标准和企业标准。产品的质量标准是衡量产生使用价值的重要标志，也是衡量一个企业技术水平和管理水平的重要标志，也是企业在市场竞争中获得竞争优势，赢得市场的关键因素。

（4）产品产值指标。产品产值指标是用价值量表示的产量指标，能够综合地反映企业生产经营活动的成果。产品产值指标依据其作用和所包含的内容不同，可以分为商品产值、总产值和净产值三个指标。

① 商品产值。它是企业在计划期内生产的符合质量标准的可供销售的产品价值，也是企业能够获得的货币收入。通过对商品产值和企业的实际销售收入进行比较，能够反映出企业生产与市场需求的吻合程度。显而易见，两者之间的差距越小，说明生产的产品越符合市场需求。商品产值包括：企业利用自备材料生产的成品和半成品的价值；用订货者的来料生

产的产品的加工价值；完成承接的外单位的工业性劳动的价值等。

② 总产值。它是以价值量表现的企业在计划期内的生产总量，是对计划期内生产总规模和总水平的反映，是生产单位、生产部门、地区或整个国民经济在一定时期内所生产的全部产品的价值，是一些经济指标计算的主要依据。企业已不再对其进行考核，而将其作为计算指标。总产值包括：商品产值、期末期初在产品结存差额价值、订货者来料加工的材料价值。

③ 净产值。它是企业在计划期内通过生产经营活动新创造的价值。在净产值中需扣除部门间重复计算的产值，它反映了计划期内企业真正为社会提供的国民收入。净产值与总产值相比，对最终成果的确定范围不同。净产值以社会最终成果作为计算的依据，而总产值是以企业的最终成果作为计算的依据。净产值的价值构成是新创造的价值加固定资产折旧。净产值指标的计算方法有三种：生产法、收入法和分配法。

第一，用生产法计算净产值的公式为：

$$净产值 = 总产值 - 所有转移入产品的物化劳动价值$$

第二，用收入法计算净产值的公式为：

$$净产值 = 固定资产折旧 + 劳动者报酬 + 生产税净额 + 营业盈余$$

第三，用分配法计算净产值的公式为：

$$净产值 = 工资总额 + 福利基金 + 税金 + 利润 + 属于国民收入初次分配的其他支出$$

2. 生产计划的主要内容

（1）做好编制生产计划的准备工作。这项准备工作是对计划期市场需求的预测，以及对企业自身生产能力的核算，为生产计划的确定提供外部需要和内部可能的依据。

① 生产预测。生产预测属于市场预测的范畴，是一种侧重以一个企业作为基本出发点的微观预测。

② 核定生产能力。生产能力是生产系统内部各种资源能力的综合反映，直接关系到能否满足市场需要。

（2）确定生产计划指标。根据市场需求情况和企业生产能力，在综合平衡的基础上，确定和优化企业生产计划指标。

（3）安排产品生产进度。在编制完成生产计划，并确定了全年总的产量任务后，企业还需要进一步将全年的生产任务细分到各个季度和各个月份，完成对产品生产进度的安排。安排产品生产进度的总原则是：保证交货期，实现均衡生产，注意和企业技术准备工作及各项技术组织措施的衔接。企业类型不同，其生产特点也不同，则对产品生产进度的安排方法也会不同。

① 大量大批生产企业产品生产进度的安排。由于大量大批生产企业产品品种单一、产量大、生产稳定，对这类企业进行产品生产进度安排时，主要是将全年生产任务均衡地按季、按月进行分配。所谓的均衡地分配，并不是要求各季或各月的平均日产量绝对相等，而是可以采用平均分配、分期递增、小幅度连续递增、抛物线形递增等几种分配形式。

② 成批生产企业产品生产进度的安排。对于成批生产企业来说，由于产品品种多，并且各种产品交替生产，所以在进行生产进度安排时，既要合理分配产品产量，也要合理组织

在不同时期各种产品进行搭配生产。这是对产品生产进度进行安排的关键。在做具体安排时，对于产量较大的产品可采用"细水长流"法，而对于产量分淡、旺季或同系列产品可采取集中生产或集中轮番生产的产品，需要合理搭配新产品和老产品的生产，尽可能地使各季、各月的产品产值同该产品生产的批量相等或成整倍数，从而可以简化计划组织工作。

③ 单件小批生产企业产品生产进度的安排。单件小批生产企业由于产品品种繁多，并且每种产品产量很少甚至是一次性生产，而技术准备工作量较大且较为复杂，大多数的订货来得迟、要得急、变动多。那么，对这类企业进行产品生产进度安排时，要先安排已经明确的订货任务，对于新产品和需要关键设备加工的产品应尽可能地交错安排，并集中轮番生产小批生产的产品。企业在安排产品生产进度的同时，还要对各车间的生产任务进行安排。

（4）组织和检查生产计划的实施。生产计划还必须包括如何保证生产目标及生产进度的实现这部分内容。在进行生产计划的编制过程中，必须要有保证生产计划实现的方法、途径、措施等内容，如劳动组织措施、跟踪检查计划执行等。

3. 生产计划的编制

编制生产计划要以企业的经营目标为中心，遵循以销定产的基本原则，对企业在计划年度内生产的品种、质量、产量、产值和产品的出产期限等指标进行合理安排。编制生产计划会受到企业的销售能力及市场占有率、新产品开发速度和各项生产技术准备工作的进度、本企业的生产能力和外部的生产协作条件、劳动力资源、物资供应、动力生产与供应等因素的影响。而生产计划又是编制物资供应计划、辅助生产计划、成本计划、财务计划等的重要依据。生产计划的实施，还需要企业技术改造计划、设备更新改造计划和技术组织措施计划的支持与保证。所以，在编制生产计划时，需要协调、平衡企业经营计划的其他各项计划。一般通过试编，再反复修改、协调，最后能够达到综合平衡。

12.3.2 生产作业计划

1. 生产作业计划概述

生产作业计划是对企业生产计划的具体执行计划。生产作业计划从空间、时间和生产对象上对生产任务进行逐步分解细化。在空间上，把生产任务细分到车间、工段、小组、工作地以致个人；在时间上，把生产任务由年度细分到季、月、周、日、轮班、小时甚至每一分钟；在生产对象上，由整件产品分解到部件、零件甚至具体到工艺、操作。它具体包括以下内容。

（1）编制企业各个层次的生产作业计划，包括对产品进度计划、零部件进度计划和车间日程计划的编制。将企业全年分季的产品生产计划，进一步分解为厂级和车间的产品与零部件月度计划，并将零部件生产作业计划作为执行性计划，并对车间日程计划做出安排，将生产任务具体落实到车间、工段和班组甚至到每台机床和每个操作者。

（2）编制生产准备计划。它包括原材料和外协件供应、设备维修、工具准备、技术文件准备、劳动力调配等项内容。

（3）计算负荷率，进行生产任务和生产能力之间的细致平衡。

（4）日常生产的派工、生产调度、执行情况的统计分析与考核。对每个工作地与工人的生产任务和进度进行合理安排，并对关键工作和拖期工作进行跟踪检查与督促，抓好配套率，能够根据情况的变化及时对作业进度进行调整。

（5）制订或修改期量标准。这是编制生产作业计划所依据的一些定额和标准资料。

2. 生产作业计划的期量标准

期量标准是生产作业计划工作的主要依据，是对制造对象（产品、部件、零件等）在生产期限和生产数量方面，经过科学分析计算而规定的一套标准数据。实质上是对各生产环节在数量上和时间上内在联系的反映，据此编制生产作业计划，能够最大限度地保证产品整个生产过程的高度连续、统一、协调和衔接。

由于企业的生产类型、产量大小和生产组织形式不同，常用的期量标准也不同。大量大批生产一般用节拍、节奏、流水线工作指示图表、在制品定额等；成批生产一般用批量、生产间隔期、生产周期、生产提前期、在制品定额等；单件小批生产一般采用生产周期、生产提前期、产品装配指示图表等。

（1）批量和生产间隔期。批量是指一次投入或出产的同种产品的数量。生产间隔期也称作生产重复期，是指相邻两批同种产品投入或出产的时间间隔。批量和生产间隔期之间的关系如下：

$$批量 = 生产间隔期 \times 计划期平均日产量$$

（2）生产周期。生产周期是指从原材料投入开始到最后完工为止的整个生产过程所经历的全部日历时间。它既可以指产品的生产周期，又可以指某一工艺阶段的生产周期。在对一批产品进行加工时，制品在生产过程中的移动方式会直接影响产品的生产周期，即采用顺序移动、平行移动、平行顺序移动三种不同的移动方式，生产周期也会不同。

（3）在制品定额。在制品指从原材料投入开始，到产成品入库之前处于生产过程中尚未完工的所有零件、部件、产品的总称。在制品定额指在一定的生产技术组织条件下，为保证生产过程的正常进行所必需的、最低限度的在制品储备量。它是在正确划分在制品种类的基础上，分别分析、制定出来的。

（4）生产提前期。生产提前期有投入提前期和出产提前期之分，是指一批制品（毛坯、零件、产品）在各工艺阶段投入或出产的日期比成品出产日期应提前的时间长度。制品在各工艺阶段的生产提前期，都是以产品装配出产时间作为基准，按照反工艺顺序进行确定。即先确定装配阶段，其次是加工阶段，最后是毛坯准备阶段的生产提前期。在每一工艺阶段，要先确定出产提前期，然后再确定投入提前期。

某工艺阶段的出产提前期 = 后一工艺阶段的投入提前期 + 前后两工艺阶段之间的保险期
某工艺阶段的投入提前期 = 同一工艺阶段的出产提前期 + 该工艺阶段的生产周期

3. 生产作业计划的编制

生产作业计划包括厂级、车间级、班组级三种计划。在编制过程中，首先要做全厂分解到各车间的生产作业计划，然后在此基础上编制车间内部的生产作业计划。无论哪一级的生产作业计划，其编制方法基本相同。生产类型、企业规模和生产组织形式是生产作业计划编制的决定性因素。以制造装配型企业为例，生产作业计划编制方法主要有以下几种。

（1）在制品定额法。在制品定额法，是指运用在制品定额，结合在制品实际结存量的变化，从成品出产的最后一个车间开始，按照反工艺顺序连续计算，逐个往前推算各车间的投入、出产任务。在制品定额法较为适用于大批量生产的企业，其计算公式是：

$$某车间计划出产量 = 后车间计划投入量 + 该车间外销量 +$$
$$（库存在制品定额 - 期初库存在制品预计结存量）$$
$$某车间计划投入量 = 该车间计划出产量 + 该车间计划废品量及损耗量 +$$
$$（车间内部在制品定额 - 车间内部期初在制品预计结存量）$$

最后车间的出产量与车间半成品外销量不用计算，它们是根据生产计划任务规定的。车间计划废品量按计划规定的废品率计算。

（2）提前期法（或称为累计编号法）。提前期法是指根据预先制定的提前期标准，规定各车间出产和投入应达到的累计号数的方法。这种方法将预先制定的提前期转化为提前量，确定各车间计划期应达到的投入和出产的累计数，减去计划期前已投入和出产的累计数，以求得各车间应完成的投入和出产数。采用这种方法，生产的产品必须实行累计编号。累计编号法只适用于需求稳定而均匀，周期性轮番生产的产品。其计算公式为：

$$某车间出产累计号 = 成品车间出产累计号 + （该车间出产提前期 × 成品车间平均日产量）$$
$$某车间投入累计号 = 成品车间出产累计号 + （该车间投入提前期 × 成品车间平均日产量）$$

（3）生产周期法。生产周期法是指根据每项订货编制的生产周期图表和交货期要求，用反工艺顺序依次确定产品或部件在各生产阶段投入和出产时间的一种计划方法。

生产周期法根据产品生产周期进度表及合同规定的交货期，在生产能力综合平衡的基础上，编制出各项订货的综合产品生产周期进度表，并从中摘取各车间的投入时间和出产时间。它适宜用于根据订货组织生产的单件小批生产企业。

12.4　生产过程组织

生产过程组织是指为提高生产效率，缩短生产周期，对生产过程的劳动者、劳动工具、劳动对象，以及生产过程的各个环节、阶段和工序从时间和空间上进行合理安排，使它们能够相互衔接、紧密配合，形成一个协调的产品生产系统。生产过程组织包括空间组织和时间组织两项基本内容。生产过程组织的基本任务是保证产品内在生产过程中的流程最短，时间最少，占用和耗费最小，效率最高，并能够取得最大的生产成果和经济效益。在企业中，生产过程组织的实质是对生产过程中的空间组织与时间组织的一种结合。企业必须依据其生产目的和企业具有的条件，对生产过程的空间组织与时间组织进行有机的结合，按照适合企业自身特点的生产组织形式进行生产过程组织。

12.4.1　生产过程组织的基本要求

（1）连续性。企业产品生产过程的各个工艺阶段、各个环节、各个工序之间应相互衔接，连续进行，不发生或很少发生中断现象。

（2）比例性，又称协调性。它要求生产过程各基本生产与辅助生产之间，各工艺阶段、各生产阶段和各工作地之间，在设备生产能力、劳动力配备、物料、动力、工具等供应方面保持一定的比例关系，使之能够平衡协调地按比例生产。

（3）均衡性，又称节奏性。它要求生产过程的各个环节，从原材料的投入开始到最后成品完成为止，每个工作地的负荷保持均匀，避免时紧时松、前松后紧等现象，保证企业能够有节奏地均衡生产。

（4）平行性。要求企业生产过程的各个组成部分、各工艺阶段和各个工序在时间上实行平行作业，使产品的各个零部件的生产能在不同的空间同时进行，可以大大缩短产品的生产周期。平行性是生产过程连续性的前提。

（5）适应性。要求企业生产过程的组织设计能较好地适应市场的变化，能根据市场需求多变的特点灵活地改变生产组织形式，增强企业的适应能力，并能及时满足复杂多变的市场需求，即促使企业朝着多品种、小批量、具有一定柔性、应急应变能力强的方向发展。

12.4.2 生产过程的空间组织

生产过程的空间组织就是指在一定的空间内，对企业的各基本生产单位进行合理的设置，使企业的生产活动能高效地顺利进行。这里主要从生产单位的设备布置角度加以说明。

1. 工艺专业化形式

工艺专业化形式又称工艺原则，就是按照生产过程中各生产工艺的特点来设置生产单位。在工艺专业化的各个生产单位内，同种类型的生产设备和同工种的工人被集中在一起，每个生产单位完成同一工艺阶段的生产，即加工对象是多样的，而采用的工艺方法是相同的。每一个生产单位只完成产品生产过程中的部分工艺阶段和部分工序的加工任务，因此需要众多生产单位的协同努力才能完成对产品的制造。如机械制造业中的铸造车间、热处理车间及车间中的车工段、铣工段等，都属于工艺专业化生产单位。

工艺专业化形式具有以下优点：适应性强，可以充分利用设备；能够适应不同产品的加工要求，适应分工的要求；有利于工艺管理和提高技术水平；便于加强专业管理和进行专业技术指导；可替代性强，个别设备出现故障或进行维修，基本不影响对整个产品的生产制造。它的缺点是：产品加工过程中的加工路线长，运输量大；需经过多个车间才能完成生产，增加了交接等待时间，延长了生产周期；生产车间之间的协作较复杂，加大了管理的工作量，也增加了计划管理和在制品管理的工作难度。

工艺专业化形式适用于企业产品品种众多、变化较大、产品制造工艺不确定的单件小批生产企业，一般按订货要求进行组织生产，特别适用于对新产品的开发试制。

2. 对象专业化形式

对象专业化形式又称对象原则，是指按照产品的不同来设置生产单位，每一个生产车间能独立完成产品、零件、部件的全部或大部分工艺过程，整个工艺过程是封闭的。在对象专业化生产单位里，集中了各种类型的机器设备、不同工种的工人，通过对同类产品进行不同的工艺加工，能在本生产单位内完成产品的全部或部分的工艺过程，不需要跨越其他的生产单位。

对象专业化有两类主要的形式：以成品或部件为对象的专业化形式和以同类零件为对象的专业化形式。对象专业化具有以下优点：生产较为集中，加工路线短，运输量小；有利于强化质量责任和成本责任，为采用先进的生产组织形式（流水线、自动化）创造条件，提高生产效率；在制品较少，资金周转速度较快，同时车间之间协作关系较少，便于生产的组织。它的缺点是：对产品变动的应变能力差，对市场需求变化的适应性差；设备投资大，但利用率低；不利于开展专业化技术管理，工人之间的技术交流较少，不利于对工人技术水平的提高。

对象专业化适用于企业的产品品种及工艺稳定的大量大批生产，如家电、汽车、石油化工产品的生产。

在实际生产过程中，工艺专业化与对象专业化往往会结合起来应用。根据它们所占比重的不同，专业化形式又可细分为：在对象专业化基础上，局部采用工艺专业化形式；在工艺专业化基础上，局部采用对象专业化形式。

12.4.3 生产过程的时间组织

合理组织生产管理过程，既要求生产单位在空间上紧密配合，又要求劳动对象和机器设备在时间上能够紧密衔接，使得企业生产能够有节奏地连续进行，进而达到提高劳动生产效率和设备利用率、减少资金占用量、缩短生产周期的目的。生产过程的时间组织是指劳动对象在生产过程的各生产单位之间和各工序之间在时间上的衔接和相互配合。企业生产过程的时间组织同生产进度的安排、生产作业计划、生产调度等密切关联。劳动对象在生产过程中的移动方式体现了生产过程在时间上的衔接程度。劳动对象的移动方式与企业生产中一次投入生产的劳动对象的数量有关。以加工零件为例，当一次生产只生产一个零件时，零件在各道工序之间只能顺序移动；如果一次生产两个或两个以上零件时，零件在各工序间的移动方式就会有三种：顺序移动、平行移动、平行顺序移动，使用不同的移动方式，零件的加工周期也会不同。

12.5 现代企业生产运作管理方式

12.5.1 精益生产方式

1. 精益生产的概念

精益生产（lean production，LP），又称精良生产，其中"精"表示精良、精确、精美，"益"表示利益、效益等。精益生产是指以顾客需求为拉动，快速反应，即时制造，消灭故障，消除一切浪费，向零缺陷、零库存进军，企业以最少的投入获取最佳的运作效益和提高对市场的反应速度。研究人员在做了大量的调查和对比分析后，认为日本丰田汽车公司采用的生产方式是最适用于现代制造企业的一种生产组织管理方式，称之为精益生产。精益生产结合了大量生产与单件生产方式的优点，通过减少和消除产品开发设计、生产、管理和服务中一切不能产生增值的活动，提高对客户的反应速度，同时实现客户价值增值与企业价值增值，力求在大量生产中实现多品种、高质量、低成本的生产，增加企业利润率。

2. 精益生产的特征

（1）精益生产以简化作为手段，消除在生产过程中的一切不增值活动。

（2）精益生产杜绝一切浪费，对生产过程中不能直接增加产品价值的环节和工作岗位要毫不留情地全部撤掉。在物料的生产和供应中严格实行准时生产（just-in-time，JIT）方式。

（3）精益生产强调人的作用，充分发挥人的潜力。工作任务和责任最大限度地分配到人，以小组为单位，协作完成工作任务。为此，要求工人掌握多种技术，精通多项工作业务，精简人员，给予工人较大的生产自主权。当生产线发生故障时，工人有权自主决策，进行停机检查。采用小组协同工作方式，可以扩大工人的工作范围，激发工人的工作兴趣和创新精神，进一步促进了精益生产的推行。

（4）精益生产并不追求制造设备的高度自动化和现代化，而强调对现有设备的改造和根据实际需要采用先进技术，按此原则来提高设备的效率和柔性。在提高生产柔性的同时，并不拘泥于柔性，以避免不必要的资金和技术浪费。

（5）精益生产把"完美"作为不懈追求的目标，即持续不断地改进生产、消除废品、降低库存、降低成本和使产品品种多样化。富有凝聚力、善于发挥主观能动性的团队，高度灵活的生产柔性，六西格玛质量管理原则等一系列措施，都是追求完美的有力保证。完美就是精益求精，这就要求企业永远致力于改进和不断进步。

从上述特点可以看出，精益生产是一种适应现代竞争环境的生产组织管理方法。它有着极强的生命力，受到各国企业的极大重视。

12.5.2　供应链管理

供应链管理是一种新型的企业成本管理技术。它是在满足服务需要的同时，为了使系统成本最小化而采用的将供应商、制造商、仓库和商店有效地结为一体来生产商品，并把正确数量的商品在正确的时间配送到正确的地点的一套方法。

供应链可以按功能分为三部分：采购获取、制造支持和实体分销。供应链从整体上来说是一个由设计、生产、销售、物流、财务、核心企业构成的虚拟组织。实际上，供应链管理是通过前馈的信息流和反馈的物料及信息流，将供应商、制造商、分销商、零售商直到最终用户连成一个整体的管理模式。供应链管理的范围包括从最初的原材料直到产品最终达到顾客手中的全过程，其目标是总成本最低、总周期最短、总库存成本最小。

12.5.3　大规模定制

在新的市场环境中，企业迫切需要一种新的生产模式，大规模定制由此产生。1970 年，美国未来学家阿尔文·托夫勒在 *Future Shock* 一书中提出了一种全新的生产方式的设想：以类似于标准化和大规模生产的成本和时间，提供客户特定需求的产品和服务。1987 年，斯坦·戴维斯在 *Future Perfect* 一书中首次将这种生产方式称为"mass customization"，即大规模定制（MC）。

我国学者祈国宁教授认为，大规模定制是一种集企业、客户、供应商、员工和环境于一体，在系统思想指导下，用整体优化的观点，充分利用企业已有的各种资源，在标准技术、现代设计方法、信息技术和先进制造技术的支持下，根据客户的个性化需求，以大批量生产的低成本、高质量和效率提供定制产品和服务的生产方式。大规模定制的基本思路是基于产品零部件和产品结构的相似性、通用性，利用标准化、模块化等方法降低产品的内部多样性，增加顾客可感知的外部多样性，通过产品和过程重组将产品定制生产转化或部分转化为零部件的批量生产，从而迅速向顾客提供低成本、高质量的定制产品。

大规模定制生产方式包括了诸如时间的竞争、精益生产和微观销售等管理思想的精华。其方法模式得到了现代生产、管理、组织、信息、营销等技术平台的支持，因此具备了超过以往生产模式的优势，更能适应网络经济和经济技术国际一体化的竞争局面。

思 考 题

一、单选题

1. 生产运作活动一个是"投入—转换—产出"的过程，其实质是投入一定的（　　）在转换过程中发生增值。

    A. 原材料和部件   B. 信息、设备、资金

    C. 劳动力   D. 资源

2. 大量生产一般（　　）。

    A. 重复性小   B. 柔性高

    C. 设备利用率高   D. 产品品种少

3. 下列生产单位中，可以采用产品导向布局的是（　　）。

    A. 铸造车间   B. 汽车清洗剂生产车间

    C. 机械加工车间   D. 热处理车间

4. 对于大量生产方式而言，其生产单位布置应采用（　　）。

    A. 工艺导向布局   B. 产品导向布局

    C. 混合布置   D. 固定位置布局

5. 大量生产类型的企业，编制生产作业计划可采用（　　）。

    A. 在制品定额法   B. 累计编号法   C. 生产周期法   D. 线性规划法

二、多选题

1. 生产计划的主要指标有产品（　　）。

    A. 产量指标   B. 销售额指标   C. 产值指标   D. 品种指标

    E. 质量指标

2. 设施选址应遵循（　　）。

    A. 费用原则   B. 集聚人才原则   C. 接近用户原则   D. 长远发展原则

    E. 工艺导向原则

3. 按产品或服务的专业化程度的高低，生产类型可以划分为（　　）

    A. 大量生产   B. 成批生产   C. 服务性生产   D. 制造性生产

    E. 单件生产

4. 生产作业计划编制方法有（　　）。

    A. 在制品定额法   B. 提前期法   C. 线性规划法   D. 生产周期法

    E. 因素评分法

5. 生产作业计划的期量标准有（　　）。

    A. 批量   B. 生产周期   C. 在制品定额   D. 生产间隔期

    E. 生产提前期

三、名词解释

1. 生产运作管理　2. 单件生产　3. 工艺导向布局　4. 生产作业计划　5. 生产过程组织

四、简答及论述题

1. 生产运作管理的目标与内容是什么？
2. 影响设施选址的因素有哪些？
3. 设施选址的方法有哪些？
4. 生产计划的主要内容是什么？如何编制生产计划？
5. 试论述生产作业计划的期量标准及编制方法。

案例讨论

海尔的定制冰箱

设计生产出我国第一台定制冰箱的海尔集团（以下简称海尔），最近创造了市场奇迹：短短1个月的时间，就获得了100多万台定制冰箱的订单。

目前，个性化家电逐步在国外流行，一些发达国家从20世纪80年代末就开始逐步淘汰大批量的家电生产方式，一条生产线可以生产几十种型号的产品，以满足不同消费者的需求。

"你可以根据家具的颜色或者自己的品位，定制自己喜欢的外观色彩或内置设计的冰箱。这种冰箱对厂家来说，就是把'我生产你购买'转变成了'你设计我生产'。虽然两者都是做冰箱，但前者是典型的制造业，后者却有了服务业的概念。"张瑞敏说。

定制冰箱对企业的要求非常高。可以想象，几百万台各不相同的冰箱都要做得丝毫不差，将是一项多么浩繁的工程。然而，海尔从宣布要向服务业转移到推出定制冰箱，仅仅花了三四个月的时间。

事实上，海尔早在几年前就已经开始尝试生产定制冰箱。海尔产品出口的国家和地区达100多个，每个国家都有不同的气候带、电压状况及消费习惯，所以对冰箱的设计要求也大相径庭。海尔设计了数千种不同类型的冰箱产品，以满足不同国家和地区消费者的需求，这为定制冰箱的开发生产打下了基础。

更重要的是，海尔长期以来积累了雄厚的设计和科技实力。海尔六年前建立的海高设计公司目前已成为世界一流的工业设计公司，海尔在世界各地设立的6个设计分部、10个设计中心，能够整合世界范围内的设计资源。

目前，海尔已能做到：只要用户提出了定制需求，一周内就可以将产品投入生产。如今海尔生产线上的冰箱，一半以上是按照全国各大商场的要求专门定制的。

（资料来源：http://business.sohu.com/7I/00/article3370071.shtml.）

思考讨论题

海尔能够在短时间内推出定制冰箱业务的原因是什么？

第 *13* 章

质量管理

本章导读

　　质量是现代企业赖以生存和发展的保证，是企业管理的重要动力，提高质量能加强企业在市场中的竞争力，同时较好的质量会带给企业更多的市场份额与较高的利润回报。质量管理是公司品牌的保护伞，严抓质量管理一方面可以提高企业品牌的美誉度，另一方面可以降低企业成本、增加利润。本章将阐述质量管理的内涵，全面质量管理与 ISO 9000 等质量管理方法，同时还将介绍质量管理体系和质量改进等方面的内容。

知识结构图

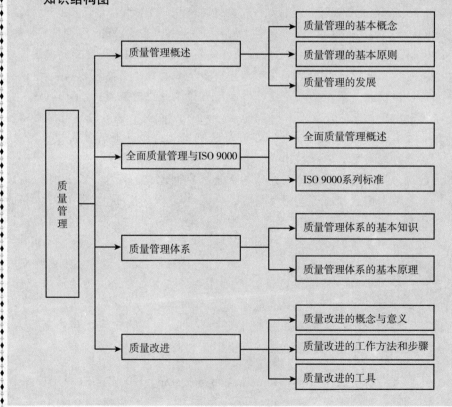

美国火石轮胎的覆灭

火石轮胎（Firestone）创始于20世纪初，其创始人美国人哈韦采取了许多有利于全面质量管理的策略，使火石轮胎很快发展起来，并占领了巨大的汽车轮胎市场。在以后的几十年里，火石轮胎始终掌握着美国轮胎制造业的主导权。哈韦采取的主要策略可以归结如下：

1. 策划、执行以顾客为关注焦点，"将每一位顾客视为座上宾"的经营理念。

2. 注意调动员工的积极性，关心员工的心声与福利，"把每一位员工当成自己的亲兄弟"。

3. 注重产品质量保证，提供优良到位的服务。

4. 在以顾客驱动、员工为本、照顾其他相关方的战略方针指导下，形成了一整套有效且高效的策划、运作管理体系。

显然，火石轮胎当时创造和执行的上述策略思想与今天的全面质量管理思想是相吻合的，也是火石轮胎几十年长盛不衰的原因。

20世纪60年代，法国汽车轮胎制造业新锐"法国米其林轮胎制造公司"崛起，他们以卓越的技术创造了"子午线轮胎"。技术上的领先使"子午线轮胎"迅速扩张，侵占了火石轮胎在欧洲的市场份额，总裁哈韦意识到市场变化，但这些变化还不至于波及火石轮胎在美国的市场地位。他们仍我行我素不改变传统轮胎生产，使火石轮胎产量极少，质量又差，无法与法国米其林轮胎制造公司的"子午线轮胎"相比。果然，法国米其林轮胎制造公司在经过10年的蓄谋准备之后，矛头直指火石轮胎的老巢——美国市场，1972年法国米其林轮胎制造公司一举得到美国福特汽车制造公司这个大客户的大批订单，一声惊雷，将传统轮胎市场炸得粉碎，"子午线轮胎"占统治地位的时代开始了。经过几年的挣扎，保守的火石轮胎终于垮了，拖到1988年被日本普利司通公司所收购。

（资料来源：岑咏霆．质量管理教程［M］．上海：复旦大学出版社，2005．）

13.1　质量管理概述

当今世界的经济竞争，很大程度上取决于产品和服务质量。质量水平的高低可以说是一个国家经济、科技、教育和管理水平的综合反映。当今市场环境的特点之一是用户对产品质量的要求越来越高。这种情况就更要求企业将提高产品质量、加强质量管理作为重要的经营战略和生产运作战略之一。

13.1.1　质量管理的基本概念

为了求得生存和发展，必须积极、有效地开展质量管理活动，这是成功企业的共识，也是一些发达国家的政府长期探索的结论。质量管理不再是企业的"专利"，政府及一些公共组织也开始开展质量管理活动。所谓质量管理，是指在质量方面指挥和控制组织的协调的活动。在质量方面的指挥和控制活动，通常包括制定质量方针和质量目标、质量策划、质量控制、质量保证和质量改进。

质量方针和质量目标：质量方针是指由组织的最高管理者正式发布的该组织总的质量宗旨和质量方向；质量目标是组织在质量方面所追求的目的，是对质量方针的展开，也是组织质量方针的具体体现。

质量策划：质量策划是质量管理的一部分，致力于制定质量目标并规定必要的运行过程和相关资源以实现质量目标。质量策划包括质量管理体系策划、产品实现策划及过程运行的策划。

质量控制：质量控制是质量管理的一部分，致力于满足质量要求。质量控制适用于对组织活动中任何方面质量的控制，不仅仅限于生产领域，还适用于产品的设计、生产原料的采购、服务的提供、市场营销、人力资源的配置，涉及组织内几乎所有的活动。

质量保证：质量保证是质量管理的一部分，致力于提供质量要求会得到满足的信任。质量保证的关键词是"信任"，对达到预期质量要求的能力提供足够的信任。一般的方法，顾客对供方的质量体系要求进行证实，以使顾客具有足够的信任。证实的方法可包括：供方和合格声明；提供形成文件的基本证据（如质量手册，第三方的型式检验报告）；提供由其他顾客认定的证据；顾客亲自审核；由第三方进行审核；提供经国家认可的认证机构出具的认证证据。质量保证分内部和外部两种，内部质量保证是组织向自己的管理者提供信任；外部质量保证是组织向顾客或其他方提供信任。

质量改进：质量改进是质量管理的一部分，致力于增强满足质量要求的能力。质量改进的对象可能会涉及组织的质量管理体系、过程和产品，以及组织的其他方方面面。

13.1.2　质量管理的基本原则

为了成功地领导和运作一个组织，需要采用一种系统和透明的方式进行管理。在实践中人们逐渐认识到，要使组织获得长期成功，就必须针对所有相关方的需求，实施并保持持续改进组织业绩的质量管理体系。组织为实现质量目标，应遵循以下八项质量管理原则。

1. 以顾客为中心

组织依存于其顾客。因此，组织应理解顾客当前的和未来的需求，满足顾客要求并争取超越顾客期望。对于企业来说，应该做好以下四个方面的工作：通过全面而广泛的市场调查，了解客户对产品性能的要求；谋求在客户和其他受益者的需求和期望之间达到平衡；将客户的需求和期望传达到整个企业；测定客户的满意度，并为提高客户的满意度而努力。

2. 领导作用

领导将本组织的宗旨、方向和内部环境统一起来，并创造使员工能够充分参与实现组织目标的环境，使组织的质量管理体系在这种环境下得以有效运行。

3. 全员参与

企业是由不同层次的人员组成，各级人员是组织之本。组织的质量管理不仅需要最高管理者的正确领导，还有赖于组织全体员工的参与。只有全体员工的充分参与，才能使他们的才干为组织带来最大的收益。

4. 过程方法

将活动与相关的资源作为过程进行管理，可以更高效地得到期望的结果。过程方法的原则不仅适用于某些较简单的过程，也适用于由许多过程构成的过程网络。在应用于质量管理体系时，管理职责、资源管理、产品实现、测量、分析与改进作为体系的四大主要过程，描述其相互关系，并以顾客要求为输入，提供给顾客的产品为输出，通过信息反馈来测定的顾客满意度，评价质量管理体系的业绩。过程方法的优点是对诸过程之间的相互作用和联系进行系统的识别和连续的控制，可以更高效地得到期望的结果。

5. 管理的系统方法

所谓系统管理是指将相互关联的过程作为系统加以识别、理解和管理，有助于组织目标实现的有效性和效率。在质量管理体系中所有过程都是相互关联的，要把组织内的各项活动作为关联的过程进行系统管理。

6. 持续改进

持续改进是组织的一个永恒的目标。由于质量最本质的含义是不断满足顾客的需求，而顾客的需求是随着社会的进步和科技的发展不断变化、提高的。所以质量的持续改进也是大势所趋，永无止境的追求。

7. 基于事实的决策方法

有效决策是建立在基于事实的数据和信息分析基础之上的。以事实为依据做决策，可防止决策失误。在对信息和资料做科学分析时，统计技术是最重要的工具之一。统计技术可以用来测量、分析和说明产品与过程的变异性，为持续改进的决策提供依据。

8. 互利的供方关系

通过互利的关系，增强组织及供方创造价值的能力。供方提供的产品将对组织向顾客提供满意的产品产生重要的影响，处理好与供方的关系，影响到组织能否持续稳定地提供让顾客满意的产品。对供方不能只讲控制，不讲合作互利。特别对关键供方，更要建立互利关系。这对组织和供方双方都是有利的。

13.1.3 质量管理的发展

随着社会生产力的发展，科学技术的进步，解决质量问题的方法与手段不断演变。每个组织或企业的存在都是为了向顾客提供他们所需要的产品，产品满足客户需求的能力涉及产品的质量，而质量管理是对质量的形成实施管理的一种活动。质量管理经过了100多年的发展逐渐完善，它的发展过程大致可以划分为三个阶段：质量检验阶段、统计质量控制阶段和全面质量管理阶段。

(1) 质量检验阶段。20世纪前，产品质量主要依靠操作者本人的技艺水平和经验来保证，属于"操作者的质量管理"。20世纪初，以泰勒为代表提出的科学管理理论，促使产品的质量检验从加工制造中分离出来，质量管理的职能由操作者转移给工长，是"工长的质量管理"。随着企业生产规模的扩大和产品复杂程度的提高，产品有了技术标准（技术条件），公差制度也日趋完善，各种检验工具和检验技术也随之发展，大多数企业开始设置检验部门，有的直属于厂长领导，这时是"检验员的质量管理"。上述几种做法都属于事后检验的质量管理方式。

(2) 统计质量控制阶段。1924年，美国数理统计学家 W.A.休哈特提出控制和预防缺陷的概念。他运用数理统计的原理提出在生产过程中控制产品质量的"6σ"法，绘制出第一张控制图并建立了一套统计卡片。与此同时，美国贝尔实验室提出关于抽样检验的概念及其实施方案，成为运用数理统计理论解决质量问题的先驱，但当时并未被普遍接受。以数理统计理论为基础的统计质量控制的推广应用始于第二次世界大战。由于事后检验无法控制武器弹药的质量，美国国防部决定把数理统计法用于质量管理，并由标准协会制定有关数理统计方法应用于质量管理方面的规划，成立了专门委员会，并于 1941—1942 年先后公布一批美国战时的质量管理标准。

（3）全面质量管理阶段。20 世纪 50 年代以来，随着生产力的迅速发展和科学技术的日新月异，人们对产品的质量从注重产品的一般性能发展为注重产品的耐用性、可靠性、安全性、维修性和经济性等。在生产技术和企业管理中要求运用系统的观点来研究质量问题。在管理理论上也有新的发展，突出重视人的因素，强调依靠企业全体人员的努力来保证质量。此外，还有"保护消费者利益"运动的兴起，企业之间市场竞争越来越激烈。在这种情况下，美国 A. V. 费根鲍姆于 20 世纪 60 年代初提出全面质量管理的概念。他提出，全面质量管理是"为了能够在最经济的水平上、并考虑到充分满足顾客要求的条件下进行生产和提供服务，并把企业各部门在研制质量、维持质量和提高质量方面的活动构成为一体的一种有效体系"。质量管理发展到全面质量管理阶段，是质量管理工作的又一个大的进步。统计质量管理着重于应用统计方法控制生产过程质量，发挥预防性管理作用，从而保证产品质量。然而，产品质量的形成过程不仅与生产过程有关，还与其他许多过程、许多环节和因素相关联，这不是单纯依靠统计质量管理所能解决的。全面质量管理相对更加适应现代化大生产对质量管理整体性、综合性的客观要求，从过去限于局部性的管理进一步走向全面性、系统性的管理。

阅读资料 13-1

质量重在预防

纵观许多企业，他们往往忽视了预防的重要性，不愿意花费少许的钱去提前预防不良结果的产生，而在市场告急大批返工、产品大批退回的时候花费超过预防成本十倍甚至更多的成本去围堵那个漏洞。下面的例子，正是这些企业的写照。

有位客人到某人家里作客，看见主人家的灶上烟囱是直的，旁边又有很多木材。客人告诉主人说，烟囱要改曲，木材须移去，否则将来可能会有火灾，主人听了没有做任何表示。

不久主人家里果然失火，四周的邻居赶紧跑来救火，最后火被扑灭了，于是主人烹羊宰牛，宴请四邻，以酬谢他们救火的功劳，但是并没有请当初建议他将木材移走、烟囱改曲的人。

有人对主人说："如果当初听了那位先生的话，今天也不用准备宴席，而且没有火灾的损失，现在论功行赏，原先给你建议的人没有被感恩，而救火的人却是座上客，真是很奇怪的事呢！"主人顿时醒悟，赶紧去邀请当初给予建议的那位客人来喝酒。

检验是在过程结束后把坏的从好的里面挑选出来，是"马后炮"，而不是促进从源头改进。检验告知缺陷工作已经产生，但是会遗漏一些缺陷，并且不能产生符合要求的结果。而预防则采取一切措施避免不良结果的产生，就像用免疫和其他预防的方法治疗疾病一样，防止产生不符合要求而付出过多代价的问题。传统的观念把重点放在产品完工后的检验（我们想要做的则是完善按产品服务的系统工作）。

"阿波罗"登月号共有 580 万个零件，如果以 1% 不良算的话，就有 5.8 万个零件有问题，即使以目前最好的公司的质量水平 99.999 66%（3.4PPM）来算，也有 6 000 个零件有问题，哪怕是一亿分之一的不良都会造成致命的危害。

13.2 全面质量管理与 ISO 9000

全面质量管理是以质量为中心的现代管理方式，是企业为保证和提高产品质量运用的一套质量管理思想、体系、手段和方法。而 ISO 9000 则是由国际标准化组织制定的一系列质量管理和质量保证标准；在技术合作、贸易往来上它是作为国际认可的标准规范。两者既存在一致性，也有差异性。

13.2.1 全面质量管理概述

全面质量管理的概念最早见于 20 世纪 60 年代美国通用电气公司质量经理费根鲍姆发表的《全面质量控制》一书，他注意到单靠统计质量管理难以满足社会和用户对产品质量的要求，希望能够建立一套有效的质量管理理论和方法，并首次提出质量体系问题，指出质量管理的主要任务是建立质量管理体系，这一全新的见解在日本、美国、欧洲各国和其他许多国家广泛传播，并在实践中得到发展。

1. 全面质量管理的概念

全面质量管理是为了能够在最经济的水平上，并考虑到充分满足用户需求的条件下进行市场研究、设计、生产和服务，把企业各部门研制质量、维持质量和提高质量的活动构成一体的有效体系。全面质量管理的基本核心是提高人的素质，调动人的积极性，人人做好本职工作，通过抓好工作质量来保证和提高产品质量或服务质量。

2. 全面质量管理的特点

与以往的质量管理相比，全面质量管理有如下特点：把过去的以事后检验和把关为主转变为以预防和改进为主；把过去的以就事论事、分散管理转变为以系统的观点进行全面的综合治理；从管结果转变为管因素，把影响质量的诸因素查出来，抓住主要方面，发动全员、全企业各部门参加的全过程的质量管理，依靠科学的管理理论、程序和方法，使生产（作业）的全过程都处于受控状态，以达到保证和提高产品质量或服务质量的目的。

3. 全面质量管理的基本要求

（1）全面质量管理是要求全员参加的质量管理，要求全体职工树立质量第一的思想，各部门各个层次的人员都要有明确的质量责任、任务和期限，做到各司其职，各负其责，形成一个群众性的质量管理活动，尤其是要开展质量管理小组活动，充分发挥广大职工的聪明才智和当家做主的主人翁精神，把质量管理提高到一个新水平。

（2）全面质量管理的范围是产品或服务质量的产生、形成和实现的全过程，包括从产品的研究、设计、生产（作业）、服务等到全部有关过程的质量管理。任何一个产品或服务的质量，都有一个产生、形成和实现的过程，把产品或服务质量有关的全过程各个环节加以管理，形成一个综合性的质量体系。做到以预防为主，防检结合，不断改进，做到一切为用户服务，以达到用户满意为目的。

（3）全面质量管理要求的是全企业的质量管理。可从两个方面来理解，首先从组织管理角度来看，全企业的含义就是要求企业各个管理层次都有明确的质量管理活动内容。上层质量管理侧重于质量决策，制定企业的质量方针、目标、政策和计划，并统一组织和协调各部门各环节的质量管理活动；中层的质量管理则要实施领导层（上层）的质量决策，运用一定的方法，找出本部门的关键或必须解决的事项，再确定本部门的目标和对策，更好地执行各自的质量职能，对基层工作进行具体的业务管理；基层管理则要求每个职工都要严格地按标准及有关规章制度进行生产和工作。这样一个企业就组成了一个完整的质量管理体系。再从质量、职能上来看，产品或服务质量职能，是分散在全企业的有关部门的。要保证和改善产品或服务质量，就必须将分散在企业各部门的质量职能充分发挥出来，都对产品或服务质量负责，都参加质量管理，各部门之间互相协调，齐心协力地把质量工作做好，形成全企业的质量管理。

（4）全面质量管理要采取多种多样的管理方法。广泛运用科学技术的新成果。要尊重客观事实，尽量用数据说话，坚持实事求是，科学分析，树立科学的工作作风，把质量管理建立在科学的基础之上。

以上所说的 4 个方面的要求，可归纳为"三全一多样"，都是围绕着"有效地利用人力、物力、财力、信息等资源，生产出符合规定要求和用户期望的产品或优质的服务"这一企业目标。这是我们推行全面质量管理的出发点和落脚点，也是全面质量管理的基本要求。

13.2.2　ISO 9000 系列标准

1. ISO 9000 系列标准

ISO 9000 是国际标准化组织（International Organization for Standardization，ISO）确定并颁布的国际标准。ISO 的宗旨是：在全世界范围内促进标准化工作的开展，以便于产品和服务的国际交往，并扩大在知识、科学、技术和经济方面的合作。其主要活动是制定国际标准，协调世界范围内标准化工作，组织各成员国和各技术委员会进行情报交流，以及和其他国际机构进行合作，共同研究标准化问题。ISO 技术工作成果是正式出版的国际标准，即 ISO 标准。1979 年 ISO 组织成立质量管理和质量保证技术委员会，专门负责制定质量管理和质量保证标准。在各国专家努力的基础上，ISO 在 1987 年正式颁布了 ISO 9000 系列标准（ISO 9000～ISO 9004）的第一版。ISO 9000 标准很快在工业界得到广泛的承认，被各国标准化机构所采用并成为 ISO 标准中在国际上销路最好的一个。

很多公司希望获得 ISO 9000 的认证，并给企业带来好处。ISO 9000 的认证不但从企业内部可强化管理，提高人员素质和企业文化，而且从外部可以提升企业形象和市场份额。具体内容如下。

（1）强化品质管理，提高企业效益；增强客户信心，扩大市场份额。对于获得认证的企业可以确信其能够稳定地提供合格产品或服务，从而放心地与企业订立供销合同，扩大了企业的市场占有率。

（2）获得了国际贸易绿卡——"通行证"，消除了国际贸易壁垒。许多国家为了保护自身的利益，设置了种种贸易壁垒，包括关税壁垒和非关税壁垒。其中非关税壁垒主要是技术壁垒，技术壁垒中，又主要是产品品质认证和 ISO 9000 品质体系认证的壁垒。特别是，在"世界贸易组织"内，各成员国之间相互排除了关税壁垒，只能设置技术壁垒，所以获得认证是消除贸易壁垒的主要途径。中国"入世"以后，失去了区分国内贸易和国际贸易的严格界限，所有贸易都有可能遭遇上述技术壁垒，应该引起企业界的高度重视，及早防范。

（3）节省了第二方审核的精力和费用。在现代贸易实践中，作为第一方申请了第三方的 ISO 9000 认证并获得了认证证书以后，众多第二方就没有必要再对第一方进行审核，因此不管是对第一方还是对第二方都可以节省很多精力或费用。此外，如果企业在获得了 ISO 9000 认证之后，再申请其他产品品质认证，还可以免除认证机构对企业的质量管理体系进行重复认证的开支。

（4）在产品品质竞争中永远立于不败之地。国际贸易竞争的手段主要是价格竞争和品质竞争。由于低价销售的方法不仅使利润锐减，如果构成倾销，还会受到贸易制裁，所以价格竞争的手段越来越不可取。20 世纪 70 年代以来，品质竞争已成为国际贸易竞争的主要手段，不少国家把提高进口商品的品质要求作为限制进口的贸易保护主义的重要措施。实行 ISO 9000 国际标准化的品质管理，可以稳定地提高产品品质，使企业在产品品质竞争中永远立于不败之地。

（5）有利于国际经济合作和技术交流。按照国际经济合作和技术交流的惯例，合作双方必须在产品（包括服务）品质方面有共同的语言、统一的认识和共守的规范，方能进行合作与交流；ISO 9000 质量管理体系认证正好提供了这样的信任，有利于双方迅速达成协议。

（6）强化企业内部管理，稳定经营运作，减少因员工辞工造成的技术或质量波动。

（7）提高企业形象。

2. 全面质量管理与 ISO 9000 的对比

（1）全面质量管理与 ISO 9000 的相同点。首先，两者的管理理论和统计理论基础一致。两者均认为产品质量形成于产品全过程，都要求质量体系贯穿于质量形成的全过程；在实现方法上，两者都使用了 PDCA 质量环运行模式。其次，两者都要求对质量实施系统化的管理，都强调"一把手"对质量的管理。最后，两者的最终目的一致，都是为了提高产品质量，满足顾客的需要，都强调任何一个过程都是可以不断改进、不断完善的。

（2）全面质量管理与 ISO 9000 的不同点。首先，期间目标不一致。全面质量管理的质量计划管理活动的目标是改变现状，其作业只限于一次，目标实现后，管理活动也就结束了，下一次计划管理活动，虽然是在上一次计划管理活动结果的基础上进行的，但绝不是重复与上次相同的作业。而 ISO 9000 质量管理活动的目标是维持标准现状，其目标值为定值。其管理活动是重复相同的方法和作业，使实际工作结果与标准值的偏差量尽量减少。其次，工作中心不同。全面质量管理是以人为中心，ISO 9000 是以标准为中心。最后，两者执行标准及检查方式不同。实施全面质量管理的企业所制定的标准是企业结合其自身特点制定的自我约束的管理体制；其检查方主要是企业内部人员，检查方法是考核和评价（方针目标讲评，QC 小组成果发布等）。ISO 9000 系列标准是国际公认的质量管理体系标准，它是供世界各国共同遵守的准则。贯彻该标准强调的是由公正的第三方对质量体系进行认证，并接受认证机构的监督和检查。

13.3 质量管理体系

13.3.1 质量管理体系的基本知识

1. 质量管理体系的概念

管理是一个组织（或企业）必需的活动，没有管理，一个组织就不可能正常运行。管理是多方面的，当管理与质量有关时，则称为质量管理，它通常包括制定质量方针和质量目标，以及为实现质量方针和质量目标开展的质量控制、质量保证和质量改进等活动。对一个组织来讲，要实现质量管理的方针目标，有效地开展各项质量管理活动，就必须建立相应的管理体系，这一管理体系称为质量管理体系。在国际标准 ISO9000：2000 中给质量管理体系下了明确的定义："指导和控制组织的关于质量的管理体系"。

2. 建立质量管理体系的方法和步骤

质量管理体系建立的方法是八项质量管理原则在 ISO 9000 族标准中的具体应用，具体包括以下步骤。

（1）确定顾客和其他相关方的需求和期望。要做到这一点，就要通过调研和分析全面把握客户的需求，包括客户的显在需求和潜在需求，帮助客户实现价值，争取能够为客户提供意外的惊喜。

（2）建立组织的质量方针和质量目标。根据组织的内外部环境和组织的发展规划，实事求是地建立组织的质量方针和质量目标，质量方针应与组织的经营方针相一致，且具有一定的激励作用，质量目标应具有可评价性和可分解性。

（3）确定实现质量目标必需的过程和职责。识别实现质量目标的过程和过程网络，按照质量保证的组织机构框架，确定各级各类人员的岗位职责和权限。

（4）确定和提供实现质量目标必需的资源。根据产品实现的要求，确定并组织所需要的各类资源。

（5）规定测量每个过程的有效性和效率的方法。制定各个过程的测量计划，包括所采用的测量方法。

（6）应用这些测量方法确定每个过程的有效性和效率。在质量体系的运行过程中，按照测量计划连续测量过程的有效性和效率，并对数据进行统计分析。

（7）确定防止不合格并消除产生原因的措施。利用各种统计工具分析不合格现象产生的原因，并提出消除措施。

（8）建立和应用持续改进质量管理体系的过程。按照持续改进原理对过程进行持续改进，对于完成的改进，应制定相应的标准。

上述方法也适用于保持和改进现有的质量管理体系。采用上述方法的组织能对其过程能力和产品质量建立信任，为持续改进提供基础。这样可以增加顾客和其他相关方的满意并使组织成功。

13.3.2 质量管理体系的基本原理

1. 质量管理体系的理论说明

建立质量管理体系的主要目的是帮助组织增强顾客的满意度。质量管理体系方法鼓励组织分析顾客要求,规定满足顾客要求的实现过程及相关的支持过程,并使其持续受控,以实现并提供顾客能接受的产品和服务。质量管理体系还能提供持续改进的框架,因而能不断增强顾客及其所提供产品的满意程度,同时也帮助组织提高竞争能力。质量管理体系还能使组织提供持续满足要求的产品,从而向组织及其顾客提供信任。

总之,是否采用质量管理体系,是关系到组织全局的重大决策,它不仅关系到组织的生存和发展,也对组织的总体业绩有着重要的影响。组织的最高管理者应当高度重视质量管理体系的建立,并认真对待,从而使其能真正帮助组织,为组织带来好的业绩和效益。

2. 质量管理体系要求与产品要求的区别

质量管理体系要求与产品要求是有区别的。产品要求是针对具体产品在性能、安全性、可靠性和环境适应性等方面的要求,它包含在如技术规范、产品标准、过程标准、合同协议和法规要求中,它不是通用的,而是具有鲜明的个性。质量管理体系要求则体现了一个组织管理产品实现及其支持过程的要求,是一种通用的要求,适用于所有行业或经济领域,不论其提供何种类别的产品。因此,ISO 9001:2000标准本身并不规定产品要求,它只是质量管理体系要求的具体而完整的阐述。

这里要说明的是,质量管理体系要求不能替代产品要求,只是对产品要求的补充。但是,一个组织如果仅有产品要求,而对其质量管理体系没有要求的话,则有可能出现由于缺少对产品实现过程的有效控制,而导致产品要求也不能实现的情况。

3. 过程方法

所谓过程就是通过使用资源和管理,将输入转化为输出的活动。在一个组织内部具有很多相互关联的过程,并且在一般情况下,上一个过程的输出可能就是下一个过程或多个过程的输入。可以说,组织内的所有工作都是通过过程来完成的,组织的质量管理实质上就是对组织内各种过程的管理来实现的。因此,过程方法首先要研究过程,即识别过程。

要识别一个过程,首先要明确一个过程的输入和输出,然后识别将输入转化为输出的资源,最后确定的是将输入转化为输出所必须的活动并明确活动的程序。因此,管理过程即对过程的输入、输出、资源和活动进行管理的过程。

在过程方法中应重点关注的是过程之间的相互作用,我们也将其称为过程网络。因为过程之间是相互影响的,一个过程的实现往往涉及到其他一些过程,如产品的检验过程就需要检测设备校准过程的支持。所以说,准确识别并有效管理这些过程的相互作用也是过程方法的重要内容。

在ISO 9001:2000标准中给出了过程方法的模式图,如图3-1所示。

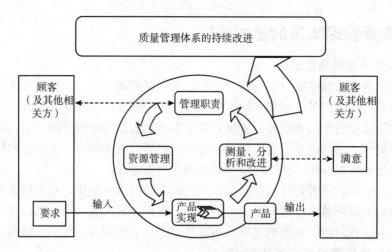

图 3-1　以过程为基础的质量管理体系模式

从图 3-1可以看出，一个组织的质量管理体系包含了四大过程：管理职责，资源管理，产品实现，测量、分析和改进，这四个过程互为输入和输出，共同构成一个完整的循环。作为组织的管理职责，该过程的首要任务之一就是要识别顾客和相关方的要求，并将识别到的要求作为资源管理过程的输入；资源管理过程据此输入组织所需资源，并将其作为产品实现过程的输入；产品的实现过程借助所提供的资源和顾客要求进行产品实现，并将产品实现的结果（即产品）交付给顾客；在顾客应用产品的过程中，测量分析和改进过程获取内部和外部的（主要是顾客）测量反馈信息，得出组织质量管理体系运行的结果（用顾客的满意度来衡量），并针对问题采取措施，将结果输出到管理职责过程，从而实现组织质量管理体系的持续改进。

图 3-1中的单向实线箭头代表了从顾客要求到产品实现到顾客满意一连串的活动是个增值的活动。圆圈中的四个箭头体现了：管理职责，资源管理，产品实现，测量、分析和改进的内在逻辑顺序；它们通过四个箭头形成闭环循环，表明质量管理体系是不断循环上升的。图中的两个双向虚线箭头表明，在管理职责与顾客要求及在测量、分析和改进与顾客满意之间存在双向信息流动。图中的大箭头则表示了一个组织质量管理体系的所有过程都应得到持续的改进，按照朱兰的质量螺旋，这一改进过程是一个不断完善的过程。

4. 质量方针和质量目标

质量方针是由组织的最高管理者正式发布的该组织总的质量宗旨和方向。质量方针的建立为组织确定了未来发展的蓝图，也为质量目标的建立和评审提供了框架。质量方针很重要，可以说它是组织未来在质量方面的追求，它通常不可以量化。在制定质量方针时，应具有长远的观点，它应该是组织经过努力可以达到的中长期的发展方向，它也是组织经营方针的一部分。

【例 3-1】某汽车公司的质量方针

以高效能管理、高科技手段、高水平服务，向社会提供高质量的汽车产品。

质量目标是组织在一定时期内，在质量方向应达到的具体要求、标准或结果。质量目标一定要反映出组织的质量方针，它是可测量的，根据质量目标管理还应逐级分解到组织的最低层。

【例3-2】某机床公司质量目标：

（1）产品出厂合格率100%；

（2）国家各级技术监督部门质量抽检合格率保持100%；

（3）主要产品全部采用国际标准；

（4）顾客满意度100%。

组织的质量方针必须通过质量目标来落实，质量目标的建立是以质量方针为框架具体展开的。因此，组织的质量目标应与其质量方针和持续改进相一致。质量目标的建立为组织的运作提供了具体的要求。质量目标的实现对产品质量的控制、改进和提高、具体过程动作的有效性及经济效益都有积极的作用和影响，因此也对组织获得顾客及相关方的满意和信任产生积极的影响。

5. 最高管理者在质量管理体系中的作用

最高管理者通过其领导作用和采取的措施可以创造一个员工充分参与质量管理的环境，并使质量管理体系能在这种环境中有效运行。最高管理者可将质量管理原则作为发挥其作用的依据，其作用如下。

（1）制定组织的质量方针和质量目标。

（2）确保整个组织关注顾客要求。

（3）确保实施适宜的过程以满足顾客要求并实现质量目标。

（4）确保建立、实施和保持一个有效的质量管理体系以实现这些目标。

（5）确保获得必要资源。

（6）定期评审质量管理体系，将达到的结果与规定的质量目标进行比较。

（7）决定实现质量方针和质量目标的措施。

（8）决定改进质量体系有效性的措施。

6. 质量管理体系文件的类型

质量管理体系是在质量方面指挥和控制组织的管理体系，质量管理体系文件是质量管理体系的文件化形态，是质量管理体系运行的依据。建立清晰的质量管理体系文件结构有助于体系运行的有效性。根据 ISO 9001：2000 标准的要求，组织的质量管理体系文件应按质量方针、质量目标、质量手册、程序文件、作业指导书、规范、记录等文件类型形成分层结构，如图3-2所示。

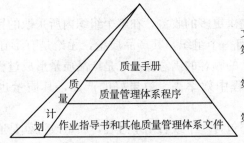

图3-2 典型的质量管理体系文件结构图

在质量管理体系中使用下述几种类型的文件。

（1）质量手册。质量手册就是规定组织质量方针、质量目标、质量管理体系的文件。它向组织内部和外部提供关于质量管理体系的一致信息。

（2）质量计划。质量计划是表述质量管理体系如何应用于特定产品、项目或合同的文件。

（3）程序文件。程序文件就是提供如何完成活动和过程的一致信息的文件。

（4）作业指导书。作业指导书是为某项活动的具体操作提供帮助指导信息的文件。

（5）记录。对所完成的活动或达到的结果提供客观证据的文件，这类文件称为记录。

每个组织的质量管理体系文件的详略程度和所使用的媒体取决于组织的类型和规模、过程的复杂性和相互作用、产品的复杂性、顾客要求的重要性、适用的法规要求、经证实的人员能力及满足质量管理体系要求所需证实的程度等因素。

7. 统计技术的应用

统计技术的重要作用在于帮助发现产品或过程存在的变异，或在有变异的情况下，通过对变异进行测量、描述、分析、解释和建立模型，使之更好地理解变异的性质、程度和原因，进而帮助组织完成以下任务。

（1）寻找最佳的方法以解决现存问题。

（2）提高解决问题的有效性和组织的工作效率。

（3）利用相关数据进行分析作出决策。

（4）持续改进。

13.4　质　量　改　进

企业的生存和发展依存于好的产品质量和服务质量，而好的产品质量和服务质量是由持续不断的质量改进取得的。世界上许多发达国家的经验已经证明了这一点。日本从第二次世界大战的战败国一跃成为经济强国，主要原因在于日本工业界的高级管理人员对产品质量永不满足，不断寻找质量改进机会，实施质量改进，从而提高了产品质量，降低了质量成本，使企业在市场竞争中得到主动权。欧美企业也同样重视质量改进活动，持续不断进行质量改进。

13.4.1　质量改进的概念与意义

质量改进是指为向本组织及其顾客提供更多的收益，在整个组织内所采取的旨在提高活动和过程的效益、效率的各种措施。任何一个组织，其产品质量，无论是有形还是无形产品，都由两个方面决定：一是使用其产品的顾客的满意度；二是产品质量形成过程中的效率和效果。凡是顾客满意，又在其形成过程中效率高、效果好的产品，其质量也好，否则就差。

组织中的每一项活动或每一项工作都包含一个或若干个过程，质量改进就是通过改进过程质量来实现的，它实际上是一种以追求更高的过程效果和效率为目标的持续的质量活动。开展质量改进活动时，应努力不懈地寻找改进的机会，而不是消极地、待出现质量问题后再去改进。质量改进活动的输出应减少或消除已经发生的某项问题，而预防措施和纠正措施却是消除或减少产生某项问题的原因，并在今后避免或减少再次发生问题。因此，质量改进的关键是预防和纠正措施。

开展质量改进对于企业有重要的意义主要体现在以下几个方面。

（1）质量改进具有很高的投资收益率。通过对产品设计和生产工艺的改进，更加合理、有效地使用资金和技术力量，充分挖掘企业的潜力。质量损失是一座没有挖掘的金矿，而质量改进正是要通过各种方法把这个金矿挖掘出来。

（2）推动企业不断开发新产品、改进产品性能的同时，认真进行老产品的改进，改善产品组合的深度，经济合理地延长老产品的经济寿命周期。

（3）通过对产品设计和生产工艺的改进，推动产品固有质量水平的突破和企业科学实验、科技情报、工艺试验研究等方面工作的开展，更加合理、有效地使用资金和技术力量，充分挖掘企业潜力。

（4）通过产品的符合性质量水平的不断突破，不断提高产品制造质量，减少不合格品的发生，降低内部损失费用，从而增加产量提高工作效率，降低成本、增加利润，从而提高企业产品的市场竞争力。产品的符合性质量水平，是指通过制造过程的一系列质量控制活动达到的质量水平。

（5）有利于发挥企业各部门的质量职能，提高工作质量，为产品质量提供强有力的保证。

13.4.2　质量改进的工作方法和步骤

1. 质量改进的工作方法

美国质量管理专家戴明先生首创的 PDCA 循环，不仅是管理工作的一般方法或解决一切问题的基本工作思路，更是质量管理和质量改进工作的基本方法和基本工作思路。PDCA循环又叫戴明环，它是全面质量管理所应遵循的科学程序。PDCA 是由英语单词 plan（计划）、do（执行）、check（检查）和 action（处理）的首字母组成的，PDCA 循环就是按照这样的顺序进行质量管理，并且循环不止地进行下去的科学程序。

P（plan）：计划，包括质量方针和目标的确定，以及质量活动规划的制定。通过市场调查、用户访问等，摸清用户对产品质量的要求，确定质量政策、质量目标和质量计划等。

D（do）：执行，实施上一阶段所规定的内容。根据已知的信息，设计具体的方法、方案和计划布局；再根据设计和布局，进行具体运作，实现计划中的内容及计划执行前的人员培训。

C（check）：检查，总结执行计划的结果，分清哪些对了，哪些错了，明确效果，找出问题。主要是在计划执行过程之中或执行之后，检查执行情况，看是否符合计划的预期结果效果。

A（action）：处理，对检查的结果进行处理，对成功的经验加以肯定，并予以标准化；对于失败的教训也要总结，引起重视。对于没有解决的问题，应提交给下一个 PDCA 循环中去解决。

以上 4 个过程不是运行一次就结束，而是周而复始的进行；一个循环完成后，解决了一些问题，未解决的问题进入下一个循环，这样阶梯式上升。有人称其为质量管理的基本方法。

2. 质量改进的步骤

从企业内部来看，需要开展质量改进的地方很多，质量改进可应用于生产经营活动的所有过程。质量改进是一个过程，要按照一定规则进行，否则会影响改进成效，甚至会徒劳无功。质量改进的基本过程是 PDCA 模式（大环套小环不断上升的循环）。在前面已经对该模式做过介绍，此处不再论述。

（1）选择课题。企业需要改进的问题会有很多，经常提到的，不外乎质量、成本、交货期、安全、激励、环境六方面，选择课题时通常也围绕这六方面来选。

（2）掌握现状。质量改进课题确定后，就要了解把握当前问题的现状。

（3）分析问题原因。分析问题原因是一个设立假说，验证假说的过程。

（4）拟定对策并实施。原因分析出来后，就要制定对策，加以实施。对策一定要消除引起结果的原因，防止其再发生。

（5）确认效果。对质量改进的效果要正确确认，确认的失误会使人误认为问题已经得到解决，从而导致问题再次发生。反之，也可能导致对质量改进的成果视而不见，从而挫伤了持续改进的积极性。

（6）防止再发生和标准化。对质量改进有效的措施，要进行标准化，纳入质量文件，以防止同样的问题再次发生。

（7）总结。对改进效果不显著的措施及改进实施过程中出现的问题，要予以总结，为开展新一轮的质量改进活动提供依据。

13.4.3 质量改进的工具

1. 因果图（石川馨图）

1953 年，日本东京大学教授石川馨第一次提出了因果图。过程或产品出现问题可能是由很多因素造成的，因果图通过对这些因素进行全面、系统的观察和分析，可以找出其因果关系。因果图又叫鱼刺图，用来罗列问题的原因，并将众多的原因分类、分层的图形。绘制因果图应注意集思广益，充分发扬民主；确定原因尽可能具体，质量特性有多少，就要绘制多少张因果图；质量特性和因素尽可能量化。

2. 排列图（柏拉图）

质量问题是以质量损失（缺陷项目和成本）的形式表现出来的，大多数损失往往是由几种缺陷引起的，而这几种缺陷往往又是少数原因引起的。因此，一旦明确了这些"关键的少数"就可以消除这些特殊原因，避免由此引起的大量损失。排列图又叫帕累托图（柏拉图），它是将各个缺陷项目从最主要到最次要的顺序进行排列的一种工具。排列图可分为两种：①分析现象用排列图；②分析原因用排列图。

3. 直方图

直方图是从总体中随机抽取样本，将从样本中获得的数据进行整理，根据这些数据找出质量波动规律，预测工序质量好坏，估算工序不合格率的一种工具。直方图是用来分析数据信息的常用工具，它能够直观地显示出数据的分布情况。

4. 检查表

用来检查有关项目的表格，一是收集数据比较容易，二是数据使用处理起来也比较容易，因此检查表成了非常有用的数据记录工具。检查表又叫调查表、统计分析表等，用来系统地收集资料和积累数据，确认事实并对数据进行粗略整理和分析的统计图表。

5. 分层法

通过分层可以获得对整体进行剖析的有关信息。但有时由于分层不当，也可以得出错误的信息，必须运用有关产品技术知识和经验进行正确分层。

6. 散布图

在质量改进活动中，常常要分析研究两个相应变量是否存在相关关系。散布图的做法就是把由实验或观测得到的统计资料用点在平面图上表示出来，根据散布图，就可以把握二者之间的关系。散布图是用来发现和显示两组相关数据之间相关关系的类型和程度，或确认其预期关系的一种示图工具。

7. 控制图（休哈特图）

控制图是休哈特于 1924 年提出来的，其目的是消除产品质量形成过程中异常波动。产品在制造过程中，质量波动是不可避免的，质量波动包括异常波动和正常波动，在质量改进过程中，控制图主要是用来发现过程中的异常波动。控制图用来对过程状态进行监控，并可度量、诊断和改进过程状态。

思 考 题

一、单选题

1. 20 世纪初，以（　　）为代表提出的科学管理理论，促使产品的质量检验从加工制造中分离出来，质量管理的职能由操作者转移给工长，是"工长的质量管理"。
   A. 泰勒 　　　　　　　 B. 法约尔 　　　　　　 C. 戴明 　　　　　　　 D. 明茨伯格

2. PDCA 循环的方法适用于（　　）。
   A. 产品实现过程 　　　　　　　　　　　　　B. 产品实现的生产和服务提供过程
   C. 质量改进过程 　　　　　　　　　　　　　D. 构成组织质量管埋体系的所有过程

3. （　　）是从总体中随机抽取样本，将从样本中获得的数据进行整理，根据这些数据找出质量波动规律，预测工序质量好坏，估算工序不合格率的一种工具。
   A. 因果图 　　　　　　　 B. 排列图 　　　　　　 C. 直方图 　　　　　　 D. 检查表

4. 质量管理体系可以（　　）。
   A. 帮助组织实现顾客满意 　　　　　　　　　B. 为组织提供实现持续改进的框架
   C. 向顾客提供信任 　　　　　　　　　　　　D. 以上全部

5. 在八项质量管理原则中，（　　）是将活动和相关的资源作为过程进行管理，从而更高效地得到期望的结果。
   A. 过程方法 　　　　　　　　　　　　　　　B. 管理的系统方法
   C. 持续改进 　　　　　　　　　　　　　　　D. 基于事实的决策方法

二、多选题

1. 实现全面质量管理全过程的管理必须体现（　　）的思想。
   A. 预防为主、不断改进 　　　　　　　　　　B. 严格质量检验
   C. 加强生产控制 　　　　　　　　　　　　　D. 为顾客服务
   E. 企业利益至上

2. 现代质量管理发展经历了（　　）三个阶段。

    A. 质量检验阶段　　　　　　　　　B. 统计质量控制阶段

    C. 质量改进　　　　　　　　　　　D. 全面质量管理阶段

    E. 职能工长监督

三、名词解释

1. 质量管理体系　2. 质量策划　3. 质量控制　4. 质量保证　5. 全面质量管理

四、简答及论述题

1. 学习质量管理的意义是什么？

2. 质量改进的工具主要有哪些？

3. 质量改进的工作方法有哪些？

4. 试论述质量管理的基本原则。

5. 试论述质量改进的概念与意义。

案例讨论

三鹿奶粉事件

2008 年 9 月初，不断有媒体报道婴幼儿患肾结石的病例且多数食用过三鹿集团生产的奶粉，三鹿集团被怀疑与婴幼儿患结石有关。2008 年 9 月 11 日晚，三鹿集团声明其2008 年 8 月 6 日前出厂的婴幼儿奶粉受到污染，市场上大约有 700 吨，并决定召回受污染的奶粉。这是三鹿集团首次公开承认自己的奶粉有问题，"三鹿问题奶粉"事件由此开端。2008 年 9 月 16 日，22 家婴幼儿奶粉厂家 69 个批次的产品被检出三聚氰胺，伊利、蒙牛、光明等榜上有名，至 2008 年 9 月 19 日 9 时，全国下架退市的问题奶粉已达 3 215.1 吨。至此，"三鹿问题奶粉"事件波及整个乳制品行业。

"三鹿问题奶粉"事件共造成全国 29.4 万余婴幼儿致病，至少有 6 643 名重患婴幼儿，三名婴幼儿因此死亡。三鹿集团因此破产，问题奶粉所造成的经济损失巨大，行业遭受的经济损失和信誉损失难以估量。其一期的损害赔偿数额巨大，重患婴幼儿的后遗症问题仍难以确定。受"三鹿问题奶粉"事件影响，中国 2008 年 10 月乳制品出口量锐减 9 成多，其中奶粉更是成为乳制品中出口下降幅度最大的品种，10 月出口同比下降99.2%。企业质量管理问题分析：首先，由于近年来我国乳制品行业扩张过快导致企业奶源短缺与质量过低是这次事件爆发的根源。2007 年全国奶类总产量 3 633.4 万吨，是2000 年的 4 倍之多，年均增长 21.7%。到 2008 年企业为了保证生产就降低了对原料乳的质量要求，使得不法分子有机可乘认为加入三聚氰胺既可以通过检验，又可以虚增奶量。另外，因为三鹿集团严重缺乏产品质量安全意识、对产品质量和消费安全极不负责任，才使得其产品在已经出现问题时得不到应有的重视和及时的处理，使"问题奶粉"继续销售并导致巨大的危害。最后，企业各环节质量管理存在严重不足，负责检验产品质量的人员没有按照规定进行认真检查各项指标。三鹿集团原料乳的收购环节质量管理松懈。三鹿集团在产品质量的检验上，过于依赖产成品的质量检验忽视了全过程的质量管理。在事故出现前，三鹿集团没有真正对自己的产品进行过从源头到生产再到出厂的全过程检查，而是按照以前的标准对产成品进行出厂质量检验，从而做出了产品"合格"的错误检验结论，让"三鹿问题奶粉"大量在市场上销售。

（资料来源：http：//wenku. baidu. com/link？url＝mQ2EjWmY＿OFqurn9iIymqI8
EkzM＿Sq8X0QuVHvZ7WOvFg4EULg9n6HLEiEPnFYCWtaco4y8
B5lacVynjurLOhUsJ77pFjajbn0BankQxqhy.）

思考讨论题
造成三鹿奶粉事件的深层次原因是什么？我们从中应吸取怎样的教训？

第 *14* 章

财务管理

本章导读

　　企业财务，是指企业在生产经营过程中客观存在的资金运动及其所体现的经济利益关系。财务管理是利用价值形式对企业生产经营过程进行的管理，是组织财务活动、处理财务关系的一项综合性管理工作。本章主要介绍的内容如下：财务管理的有关概念、资金时间价值、企业筹资的渠道和方式、影响投资的因素、成本费用管理、收入和利润管理、财务报表等会计要素，以及财务分析的目的与方法。通过对本章的学习，读者能够对企业财务管理有一个比较清晰的认识。

知识结构图

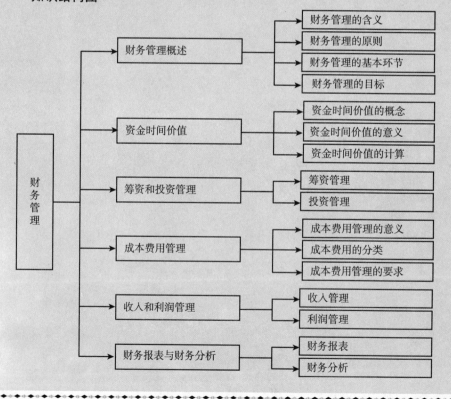

一个小企业的财务管理之道

南京仁杰电子公司是南京电子一条街上一个不足20人的小企业，但它能在电子产品竞争激烈的环境下始终保持较高的盈利水平，这与其财务理念有很大关系。

1. 成本控制有张有弛

南京仁杰电子公司是一家成立于1995年的私营企业，注册资金300万元人民币。该电子公司的经营范围是代理国内和国际品牌的通信产品，属于商品流通单位，也负责终极用户的安装业务。

成本控制是许多中小企业所普遍重视的，但成本的节约应该是一种有取舍、有原则的节约。为了节约人员的开支，该公司对成本的控制采取了不同情况不同对待的方法。对于少量终极用户的安装业务，多采用临时聘请熟识的工程队；对于机器的日常小规模维护，则采用对业务人员进行普及技术培训的方法；而针对高端机器的紧急修理则采取和上游厂商签订维护协议的方法。

中小企业应树立不断通过技术创新来降低产品成本的观念。从短期看，技术改造需要投入，开发新产品也需要投入，这些都是增加成本的因素。但从长期看，它们不仅可以获取更大的效益，而且有利于争取竞争的主动权，其所带来的增利因素要大于其投入的成本因素。

2. 人人参与财务管理

这个公司财务部只有4名会计，但他们的财务工作却对公司的整体运作起了强大的约束作用。南京仁杰电子公司推行的是"人人参与财务管理"的模式。在公司的走廊，财务人员每天以板报的形式按照合同的具体条目更新现金回收状况。这种形式的出现，引起了公司每个人的关注：业务人员经常来查对、讨论，并通过它来跟进自己负责合同的收款进度；主管也可以通过它来获得对二级经销商回款情况的估计。在公司，应收账款在收回前只不过被看成是一项市场费用，如果还没有收到货款，就不能算销售已经完成，也没有客户满意度而言，当然也不会给相应的销售人员支付佣金。"人人参与财务管理"的模式，极大地调动了销售人员的积极性，杜绝了销售人员只管签订合同而不管实际收款的情况。

3. 重视存货管理

南京仁杰电子公司对每月的销量进行细致的统计记录，并设定了管理软件中的库存模式，一旦存货低于警戒线就立即补货。长期经营的经验使他们公司的存货占用资金非常低。因为他们的业务大体是订制机器，所以和厂家的协调非常重要。该公司和长期合作的生产企业均有详细的协议。对于设置的付款比例是按照与买方合同的收款比例同步的，这样就大大降低了由于付款时间差距引起的对现金大量占用的风险，也对厂家为机器设备安装期间提供的售后服务起到了一定的牵制作用。对于小型设备突然出现的需求量浮动，他们采用向同行调货的方式实现，虽然比直接从供货商调货价高，但由于次数少，相比起来也比囤积大量库存占用流动资金要合算得多。该公司规模不大，却注重吸收先进技术，运用管理软件进行库存管理，在保证存货供应的同时，节约了存货上占用的资金。

（资料来源：http://www.17coolz.com/caiwuguanli/12641_2.html.）

14.1 财务管理概述

14.1.1 财务管理的含义

企业财务是指企业在生产经营过程中客观存在的资金运动及其所体现的经济利益关系。财务管理是利用价值形式对企业生产经营过程进行的管理，是组织财务活动、处理财务关系的一项综合性管理工作。

1. 财务活动

企业的财务活动是指以现金收支为主的企业资金收付活动的总称，包括资金的筹集、投放、使用、收回及分配等一系列行为。企业财务活动一般包括以下 4 个方面。

（1）筹资活动。在一定量资金的支撑下，企业的建立和经营活动才得以开展。企业进行经营活动的基本条件便是筹集必要的资金。由于各企业性质和组织形式会有所不同，使得企业的筹资渠道和筹资方式也存在一定的差异，一般常用的方式有以下两种：①筹集主权资金，包括吸收直接投资、发行股票、企业内部留存收益等方式；②筹集债务资金，包括银行借款、发行债券等方式。企业资金的流入是企业筹集资金的具体表现，企业资金的流出表现为企业偿还借款本金，支付利息、股利及付出各种筹资费用。这种因资金筹集而产生的资金收付活动，就是由筹资活动引起的财务活动。

（2）投资活动。企业投资分为广义和狭义两种投资形式。其中，广义投资又分为对内投资和对外投资。对内投资指的是企业将资金投放于企业内部的过程，如购置流动资产、固定资产、无形资产等投资行为；对外投资是指企业将资金投放于企业外部的过程，如购买其他企业的股票、债券或对其他企业进行的直接投资。狭义投资则仅指对外的证券投资。广义的投资与狭义的投资共同之处在于都需要企业支付资金，都以获取投资报酬为目的。当企业投资变现时，则会产生资金的收入。这种资金的收付，就是由投资活动引起的财务活动。

（3）资金营运活动。企业在日常生产经营活动过程中，会发生一系列的资金收付行为。首先，企业需要从外部采购材料或商品，用于生产和销售活动，另外还需要支付工资及其他营业费用；其次，在将商品或产品售出后，企业取得收入，从而达到资金的回收；最后，在资金不能满足企业经营需要时，则需要筹集所需资金，一般采取的方式为短期借款。营运资金是指为满足企业日常经营活动的需要而垫支的资金。因企业日常经营而引起的财务活动，也称为资金营运活动。资金的营运活动涉及以下 3 个方面的资金运动：供应阶段、生产阶段和销售阶段。

（4）分配活动。企业通过投资和资金营运活动在取得相应收入的同时实现了资金的增值。在补偿了成本、缴纳了税金后，企业取得的各种收入还要依据有关法律对剩余利润进行分配。进行分配时要注意两种资金分配报酬的不同之处：权益资金的报酬是按照税后利润来进行分配的；负债资金的报酬是按照税前利润来进行分配的。从广义上讲，分配是一种对企业各种收入进行分割和分派的行为活动；从狭义上来说分配则仅指对企业净利润的分配。

上述四个方面的财务活动不是相互割裂、互不相关的，而是相互联系、相互依存的。正是这些相互联系而又有一定区别的几个方面构成了一个完整的企业财务活动。

2. 财务关系

企业的财务关系是指企业在组织财务活动过程中与有关各方所发生的经济利益关系。与企业各方面有着广泛的财务关系的是企业资金的投放，分别在投资活动、资金营运活动、筹资活动和资金分配活动中有所体现。财务关系主要包括以下几个方面。

（1）企业与投资者之间的财务关系，主要是指投资者向企业投入资金，企业以投资报酬的方式向投资者支付报酬而形成的经济关系。企业在接受投资者的投资之后，将其用于企业的生产经营活动，并按投资者的出资比例对产生的利润进行分配，形成一种经营权和所有权的关系。

（2）企业与债权人之间的财务关系，主要是指企业向债权人借入资金，并按合同规定进行还本付息形成的经济关系。

（3）企业与被投资单位之间的财务关系，主要是指企业通过购买股票或直接投资的方式，向其他企业注资而形成的经济关系。

（4）企业与债务人之间的财务关系，主要是指企业将其资金以购买债券、商业信用等形式出借给其他单位所形成的经济关系。

（5）企业与供货商、企业与客户之间的财务关系，主要是指企业在购买供货商的商品或劳务，以及向客户销售商品或提供服务的过程中所形成的经济关系。

（6）企业与政府之间的财务关系，政府通过向企业收缴各种税款的方式而与企业发生的经济关系。

（7）企业内部各单位之间的财务关系，是指企业在实行内部经济核算制度下，企业在生产经营过程中，内部各单位之间由于互相提供产品或劳务而形成的经济关系。

（8）企业与职工之间的财务关系，主要是指企业向职工支付劳动报酬而形成的经济利益关系。

14.1.2　财务管理的原则

在正确组织财务活动和处理财务关系的前提之下，进行企业财务管理需要遵循以下几条原则。

1. 收益与风险均衡原则

在市场经济条件下，不可避免的是财务活动会遇到各种各样的风险。从理财主体角度进行分析，主要包括市场风险和企业特别风险。市场风险是所有企业必须共同面临的风险，而企业特别风险是个别企业需面对的风险，即企业因生产经营和举债经营的不确定性，而使得企业对预期财务成果具有一定的不确定性。风险与收益相伴，要取得收益，不可避免的就要面对一定的风险。作为企业来讲，如何达到收益与风险均衡是企业必须面对的问题，这就要求企业对每一项具体的财务活动进行收益性和安全性的分析，按照收益与风险均衡原则，趋利避害，力争做到以较低的风险获取较高的收益。

2. 利益关系协调原则

企业在组织实施财务管理过程中，应做好债权人和债务人、所有者和经营者、企业和个人、投资者和受资者之间的各种利益关系的协调与兼顾。

3. 资金时间价值原则

在资金筹集、运用和分配时遵循货币时间价值原则能够有效地提高财务管理水平，是搞好融资、投资、分配决策的有效保证。财务管理中必须考虑的重要因素是货币时间价值，它是以商品经济的高度发展和借贷关系的普遍存在为存在基础，且是一个客观存在的经济范畴。运用货币时间价值原则需要将企业投资项目未来的成本和收益通过现值来表示，如果未来收益的现值大于成本现值，并且未来风险投资收益高于无风险投资收益，则该项目可以实施，否则予以拒绝。

4. 战略管理原则

战略管理是为实现财务目标而进行的长远规划和控制的过程，包括以下四个环节：制定战略目标、确定战略规划、实施战略部署和业绩评价。战略管理原则要求企业应从财务目标的角度出发，在对经济周期、经济政策、税收政策、同行业竞争对手等财务环境进行充分分析研究的基础上，结合企业的实际情况制定出长远规划，掌握企业的发展方向，并能积极开展具体的运营活动。

5. 财务收支平衡原则

在财务管理工作中，收支平衡是其必须遵循的原则。如果企业资金出现收不抵支，则可能会导致资金链的中断或停滞。如果一定时期的收支总额是平衡的，但是收支不同步，出现先支出后收入的情况，也可能会影响资金的顺利周转。企业想要做到收支平衡，首先要做到增收节支。其次，企业要积极运用短期投资和筹资行为来调剂资金的短缺。一旦发现企业资金发生短缺，则应通过办理借款、发行短期债券等方式进行融资；当企业资金宽裕时，可以选择合适的项目进行短期投资。

14.1.3 财务管理的基本环节

财务管理的环节是指财务管理的一般工作步骤和程序。财务管理的环节是否严密、科学和完善，将直接关系到企业管理工作的成功与否。实践表明，一个健全的财务管理系统至少应包括以下五个基本环节：财务预测、财务决策、财务预算、财务控制、财务分析。这五个环节相互配合，联系紧密，最终形成周而复始的财务管理循环。

1. 财务预测

财务预测是根据企业财务活动的已有资料，结合企业现实条件及管理要求，对企业未来一段时间内的财务活动和财务成果进行科学预计和测算的过程。财务预测是为企业财务决策、财务预算、财务控制、财务分析提供较为可靠的依据。比如可以通过对财务收支发展变化的预测，估算企业融资规模、结构和经营目标；通过对各项定额和标准的测定，为编制预算提供服务。财务预测工作一般应遵循以下步骤：①明确预测对象和目的；②收集和整理相关资料；③确定预测方法，建立预测模型；④确定并提供预测结果。

2. 财务决策

财务决策是指在财务目标的总体要求下，财务人员运用专门的决策方法从众多备选方案中选出最佳方案的过程。在现代企业财务管理系统中，财务决策为核心环节，对企业未来的发展方向起决定作用，也关系到企业的兴衰成败。财务决策一般应遵循以下工作步骤：①确定决策目标；②提出备选方案；③选择最优方案。

3. 财务预算

财务预算是指运用先进的技术手段和方法，对预算目标进行综合平衡，最终编制出主要计划指标的过程。财务预算必须以财务决策确立的方案和财务预测提供的信息作为基础进行编制，是对财务预测和财务决策所确定的经营目标进一步的系统化、具体化，也是控制、分析财务收支的基本依据。财务预算一般应遵循以下工作步骤：①分析财务环境，确定预算指标；②协调财务能力，组织综合平衡；③选择预算方法，编制财务预算。

4. 财务控制

财务控制是财务管理机构及人员以财务制度或预算指标为依据，采用特定的技术手段和方法，对各项财务收支进行日常的计算、审核和调节，将其控制在制度和预算规定的范围之内，发现偏差，及时进行纠正，以保证企业财务目标实现的过程。财务控制一般应遵循以下工作步骤：①分解指标，落实责任；②计算误差，实时调控；③考核业绩，奖优罚劣。

5. 财务分析

财务分析是以会计核算资料为依据，对企业财务活动的过程和结果进行分析研究，评价预算完成情况，分析影响预算执行的因素及变化趋势的过程。通过财务分析，企业可以掌握各项财务预算和财务指标的完成情况，检查国家有关方针、政策及财经制度、法规的执行情况，以不断改善财务预测和财务预算工作，提高财务管理水平。财务分析一般应遵循以下步骤：①收集资料，掌握信息；②计算对比，做出评价；③分析原因，明确责任；④提出措施，改进工作。

14.1.4 财务管理的目标

企业财务管理的目标是财务管理活动所期望实现的结果，也是对财务管理活动进行评价的基本标准。利益主体不同，因而他们对财务管理目标的追求也会不同：比如出资者与经营者之间、所有者与债权人之间所追求的目标都不尽相同。财务管理的目标不同，因此财务管理运行机制也应有所区别。财务管理的目标总体上有以下几种。

1. 利润最大化

利润最大化是指通过合理经营，采用最优的财务决策，在考虑资金时间价值、投入产出和风险价值的情况下，使企业的总价值达到最高。此原则也是企业财务管理人员在进行管理过程中决策和管理的根本。企业财务管理以利润最大化作为目标，具有一定的合理性，即对企业经济效益的提高具有促进作用，但同时也存在以下几点问题。

（1）没有考虑利润的时间价值。

（2）没有考虑所取得的利润与投入资本的关系。

（3）没有科学地考虑获取利润的风险因素。

（4）企业在追求利润时容易产生短期行为，不利于企业的长远发展。

2. 每股盈余最大化

这种观点综合考察了企业的净利润和股东投入的资本。以每股盈余最大化作为企业财务管理的目标，可以回避追求"利润最大化"存在的缺点，但也存在以下几个问题。

（1）没有考虑风险因素。

（2）没有考虑每股盈余的时间价值。

（3）带有短期行为倾向，不利于长远发展。

3. 股东财富最大化

股东财富最大化目标是指通过财务上的合理经营，使企业股东的财富达到最大。股东财富的多少是由其所持有的股票价格决定的，即股票价格最高时，股东财富也最大。与利润最大化目标相比，股东财富最大化具有以下几个优点。

（1）股东财富最大化目标便于计量、考核和奖惩。

（2）股东财富最大化目标能够克服企业在追求利润上的短期行为。

（3）股东财富最大化目标能够科学地考虑风险因素。

但是，股东财富最大化目标也存在以下问题。

（1）适用范围小，只适合上市公司。

（2）考虑问题的范围窄，主要考虑股东的利益，忽视了股东以外的企业其他关系人的利益。

（3）对收益的计量存在困难。

4. 企业价值最大化

企业价值最大化目标是指通过企业财务上的合理经营，采用最优的财务政策，充分考虑资金的时间价值和风险与报酬的关系，使企业的整体价值达到最大。企业价值最大化目标，具有以下几个优点。

（1）企业价值最大化目标考虑问题更加全面，并且注重在企业发展中考虑各方利益关系。

（2）企业价值最大化目标科学地考虑了风险和报酬的关系。

（3）企业价值最大化目标考虑了取得报酬的时间，并能用时间价值原理进行计量。

（4）企业价值最大化目标能够克服企业在追求利润上的短期行为。

（5）有利于社会资源的合理配置。

企业进行财务管理活动，就是要对报酬与风险之间的得失进行正确比较，力争实现二者之间的最佳平衡，从而使企业价值最大化。所以，企业价值最大化目标，体现了企业对经济效益的更深层次的认识，也成为现代财务管理的最优目标。

14.2　资金时间价值

14.2.1　资金时间价值的概念

在不同的时间节点上，一定量的货币资金具有不同的价值。年初的 1 万元在加以运用之后，其年终价值要高于 1 万元。例如，甲企业拟购买一台设备，如果采用现付方式，设备价款为 40 万元，如延期至 5 年后付款，则设备价款为 52 万元。假设 5 年期银行存款年利率为 10%，试比较现付同延期付款，哪个对企业有利？假定该企业目前已经筹集到 40 万元资金，但是采用延期付款方式，将已筹集到的资金存入银行，按单利计算，五年后的本利和为：$40×(1+10\%×5)=60$ 万元，通过比较可知，企业能够得到 8 万元（60 万元减去 52 万元）的利益。由此可见，延期付款比现付对企业更为有利。这也说明，今年年初的 40 万元，5 年以后，其价值就为 60 万元。随着时间的推移，周转使用中的资金价值将会增值。

由此可以看出，资金在周转使用过程中，由于时间因素而产生的差额价值，即资金在生产经营过程中带来的价值增值额，称为资金时间价值。

资金时间价值既可以用绝对数来表示，也可以用相对数来表示，即以利息额或利息率来表示。但是在实际工作中，通常以利息率进行计量。利息率实际就是社会资金利润率。根据社会资金利润率来确定各种形式的利息率（贷款利率、债券利率等）的水平。但是，一般的利息率既包括资金时间价值，也包括风险价值和通货膨胀因素。在利润平均化规律作用下，资金时间价值一般被认为是在没有风险和没有通货膨胀条件下的社会平均利润率。

14.2.2　资金时间价值的意义

（1）资金时间价值是进行筹资决策、评价筹资效益的重要依据。筹资是企业资本运动的起点。在企业筹资活动中，资金时间价值是对筹资决策、筹资效益进行评价的重要依据。第一，在选择筹资时机时，要考虑资金时间价值。一般来说，筹资时间和投资时间需要紧密衔接，即筹集资本之后需要尽快进行资本的投放，才能使所筹集资本能及时地进行运作，从而避免资本的闲置浪费。但是在实际操作过程中，受到多方面因素的影响，筹资时间和投资时间并不完全一致，因此企业必须树立资金时间价值观念，对各项因素进行综合考虑，尽可能保持筹资时间与投资时间的一致。第二，举债期限的选择要考虑资金时间价值。举债期限选择一般遵循以下原则：长期占用的资本用长期资金解决，短期占用的资本用短期资金解决。如果没有资金时间价值观念的话，可能发生短期占用的资本用长期资金来解决的情况，就会闲置浪费资金，增加了企业的筹资成本，加重了企业的财务负担。第三，时间价值是对资本成本及资本结构进行决策的重要基础。企业要取得和使用资金必须要付出一定的代价，即存在资本成本。资金时间价值和风险价值的统一是资本成本的一个重要属性，即资金时间价值是资本成本的重要组成部分。在进行资本结构决策时，必须要考虑建立在资金时间价值基础上的资本成本。因此，没有资金时间价值观念，就无法正确确定资本成本，也不能做出正确的资本结构决策。

（2）资金时间价值是进行投资决策、评价投资效益的重要依据。首先，利用资金时间价值原理，能动态地对各种投资方案在不同时期的投资成本、投资报酬进行比较，避免了只是进行静态的简单比较，从而可以提高投资决策的正确性。目前进行投资决策时采用的主要方法基本都考虑了资金时间价值。其次，树立资金时间价值观念，投资者会有意识地加强投资经营管理，从而可以降低投资成本。最后，树立资金时间价值观念，投资项目建设期将大大缩短，争取早日投产，为项目获取更大的效益。

（3）资金时间价值是考核经营成果的重要依据。资金时间价值是在不考虑风险及通货膨胀的情况下社会平均利润率。企业资金的利润率必须要不小于资金时间价值，即资金时间价值是企业资金利润率的最低水平，必须满足资金出让者对资金投入收益的最低要求。一般情况下，企业资金收支不会同时发生，为了对经营的最终成果进行正确评价，必须要利用资金时间价值原理，将发生在不同时间点上的资金收支进行比较，从而得出正确的经营效益。

14.2.3　资金时间价值的计算

根据资金时间价值理论，可以将某一时点的资金金额折算成其他时点的金额，以便于比较分析不同时点的资金量。

为方便起见，本节在对资金时间价值的计算方法进行介绍时，将有关变量用以下字母表示：

F——终值（本利和）；

P——现值（本金）；

A——年金；

i——利率（折现率）；

n——计息期数。

i 和 n 应相互配合，如 i 为年利率，n 应为年数；如 i 为月利率，n 应为月份数。

1. 单利的计算

单利是指只按本金计算利息，不对应付而未付的利息计算利息。例如，某人将 1 000 元钱存入银行，存款年利率为 5％，一年后本利和为 1 050 元。若存款期限为 3 年，则每一年利息都是 50 元（1 000×5％），则 3 年后的本利和为 1 150 元。目前我国银行存贷款业务一般都按单利计算利息。

1）单利终值的计算

终值是指一定数额的资金在经过一段时期后所得到的价值，即资金在其运动终点的价值，在商业上也称作"本利和"。如前例中的 1 150 元（1 000＋1 000×5％×3），就是按单利计算的 3 年期存款的终值。单利终值的计算公式如下：

$$F = P + P \times i \times n = P \times (1 + i \times n)$$

式中，$(1 + i \times n)$ 为单利终值系数。

【例 14 - 1】某人持有一张带息票据，票据面额为 5 000 元，票面利率为 6％，出票日期为 8 月 12 日，到期日为 11 月 10 日，共 90 天，则该持有者到期后可得到本利和为多少？

$$F = 5\ 000 \times (1 + 6\% \times 90/360) = 5\ 000 \times 1.015 = 5\ 075(元)$$

2）单利现值的计算

现值是指将未来某一时点上的一定数额的资金折合成现在的价值，即资金在其运动起点上的价值，在商业上也称为"本金"。单利现值的计算公式如下：

$$P = F \times \frac{1}{1 + i \times n}$$

式中，$\frac{1}{1 + i \times n}$ 为单利现值系数。

可见，单利现值的计算同单利终值的计算是可逆的。由终值计算现值的过程称为折现。

【例 14 - 2】某人想在 3 年后购买一套公寓，价值为 1 500 000 元，则在利率为 6％、单利计算的条件下，此人现在应存入银行多少金额？

$$P = 1\ 500\ 000 \times \frac{1}{1 + 6\% \times 3} \approx 1\ 271\ 186(元)$$

2. 复利的计算

复利是指在计算利息时，要把上一期的利息并入本金中一起计算利息，即"利滚利"。如某人将 1 000 元钱存入银行，存款利率为 5％，若存款期限为 3 年。依据复利计算，则第 1 年的利息为 50 元（1 000×5％），第 2 年利息为 52.5 元（1 050×5％），第 3 年利息为 55.125 元（1 102.5×5％）。在一般情况下，资金的时间价值按复利计算。

1）复利终值的计算（已知现值 P，求终值 F）

复利终值是指一定量的本金按复利计算若干期后的本利和。

【例 14-3】 某企业将 80 000 元现金存入银行，存款利率为 5%，如果存款期为 1 年，按照复利计算，则到期后的本利和为：

$$F = P + P \times (1 + i) = 80\,000 \times (1 + 5\%) = 84\,000(元)$$

假设该企业不提取现金，将 84 000 元继续存入银行，则到第二年的本利和为：

$$F = [P \times (1 + i)] \times (1 + i) = P \times (1 + i)^2 = 80\,000 \times (1 + 5\%)^2 = 88\,200(元)$$

若该企业将所得本利和继续存入银行，则第三年的本利和为：

$$F = \{[P \times (1 + i)] \times (1 + i)\} \times (1 + i) = P \times (1 + i)^3$$
$$= 80\,000 \times (1 + 5\%)^3 = 92\,610(元)$$

同理，第 n 年的本利和为：

$$F = P \times (1 + i)^n$$

上式就是复利终值的计算公式，其中 $(1 + i)^n$ 一般称作"复利终值系数"，用符号 $(F/P, i, n)$ 表示。例如，$(F/P, 5\%, 3)$ 表示利率为 5%，第 3 期的复利终值系数。因此，复利终值的计算公式也可写作：

$$F = P \times (F/P, i, n)$$

为了便于计算，复利终值系数可以通过查阅"1 元复利终值系数表"获得。"1 元复利终值系数表"的第一行是利率 i，第一列是计息期数 n，则 $(1 + i)^n$ 的值在其纵横交叉处。通过该表可查出，$(F/P, 5\%, 3) = 1.157\,6$，即在利率为 5% 的情况下，现在的 1 元和 3 年后的 1.157 6 元是等值的。

【例 14-4】某企业将 250 000 元存入银行，存款利率为 6%，则按复利计算，5 年后本利和为多少？

$$F = 250\,000 \times (F/P, 6\%, 5) = 250\,000 \times 1.338\,2 = 334\,550(元)$$

2）复利现值的计算（已知终值 F，求现值 P）

复利现值是指在未来某一时点的资金按复利计算的现在的价值，也可以说，为取得将来某一时点上一定量的本利和现在所需要的本金。

复利现值的计算公式如下：

$$P = F \times \frac{1}{(1 + i)^n}$$

式中，$\frac{1}{(1 + i)^n}$ 一般称作"复利现值系数"，用符号 $(P/F, i, n)$ 表示。例如，$(P/F, 5\%, 3)$，表示利率为 5%，第 3 期的复利现值系数。因此，复利现值的计算公式也可以写作：

$$P = F \times (P/F, i, n)$$

为了便于计算，复利现值系数可以通过查阅"1 元复利现值系数表"获得。该表的使用方法与"1 元复利终值系数表"相同。

【例 14-5】某企业欲投资某项目，预计 5 年后可获得收益 6 000 000 元。假定年利率

（折现率）为 10%，则这笔收益的现值为多少？

$$P = 6\,000\,000 \times (P/F, 10\%, 5) = 6\,000\,000 \times 0.620\,9 = 3\,725\,400(元)$$

3. 年金的计算

年金是指定期或不定期的时间内相等金额的现金流入或流出。在年金问题中，系列等额收付的间隔期只要满足相等的条件即可，因此间隔期完全可以不是一年。

年金有多种形式，根据第一次收到或付出资金的时间不同和延续的时间长短，一般可分为普通年金、即付年金、永续年金和递延年金。

1）普通年金的计算

普通年金，也称后付年金，即在每期期末收到或付出的年金。

（1）普通年金终值的计算（已知年金 A，求年金终值 F）。普通年金终值是指其最后一次收到或支付时的本利和，它是每次收到或支付的复利终值之和。

如果年金相当于零存整取储蓄存款的零存数，那么年金终值就是零存整取的整取数。普通年金终值的计算公式可根据复利终值的计算方法计算得出：

$$F = A + A \times (1+i) + A \times (1+i)^2 + A \times (1+i)^3 + \cdots + A \times (1+i)^n \qquad (1)$$

等式两边同乘 $(1+i)$，则有：

$$F \times (1+i) = A \times (1+i) + A \times (1+i)^2 + A \times (1+i)^3 + \cdots + A \times (1+i)^n \qquad (2)$$

式(2)－式(1)：

$$F \times (1+i) - F = A \times (1+i)^n - A$$
$$F \times i = A \times [(1+i)^n - 1]$$

即

$$F = A \times \frac{(1+i)^n - 1}{i} \qquad (3)$$

式（3）就是普通年金终值的计算公式。式中的分式 $\dfrac{(1+i)^n - 1}{i}$ 称作"年金终值系数"，记为 $(F/A, i, n)$，可通过直接查阅"1元年金终值系数表"求得有关数值。因此，普通年金终值的计算公式也可写作：

$$F = A \times (F/A, i, n)$$

即

普通年金终值 ＝ 年金 × 年金终值系数

【例 14-6】假定某企业计划在 5 年建设期内每年年末向银行借款 2 000 万元，借款年利率为 10%，则该项目在竣工时应付的本息总额为多少？

$$F = 2\,000 \times (F/A, 10\%, 5) = 2\,000 \times 6.105\,1 = 12\,210.2(万元)$$

（2）年偿债基金的计算（已知年金终值 F，求年金 A）。偿债基金是指为了在约定的未来某一时点清偿某笔债务或积聚一定数额的资金而必须分次等额形成的存款准备金。偿债基金的计算实际上是年金终值的逆运算，其计算公式为：

$$A = F \times \frac{i}{(1+i)^n - 1}$$

式中的分式 $\frac{i}{(1+i)^n - 1}$ 称作"偿债基金系数"，记作 $(A/F, i, n)$，可直接查阅"偿债基金系数表"获得有关数值。因此，年偿债基金的计算公式也可写作：

$$A = F \times (A/F, i, n)$$

即

$$年偿债基金 = 年金终值 \times 偿债基金系数$$

年偿债基金的计算公式还可通过年金终值系数的倒数推算出来，即

$$A = F/(F/A, i, n)$$

即

$$年偿债基金 = 年金终值 / 年金终值系数$$

【例 14-7】某企业有一笔 5 年后到期的债务，该债务本息共计 1 200 万元。该企业打算从现在起每年等额存入银行一笔款项。假定银行存款利率为 8%，则每年应存入多少金额？

$$A = 1\,200/(F/A, 8\%, 5) = 1\,200/5.866\,6 \approx 204.55(万元)$$

（3）普通年金现值的计算（已知年金 A，求年金现值 P）。普通年金现值是指为在每期期末取得相等金额的款项，现在需要投入的金额。

普通年金现值的计算公式为：

$$P = A \times (1+i)^{-1} + A \times (1+i)^{-2} + A \times (1+i)^{-3} + \cdots + A \times (1+i)^{-(n-1)} + A \times (1+i)^{-n}$$

根据上式整理可得到：

$$P = A \times \frac{1 - (1+i)^{-n}}{i}$$

式中的分式 $\frac{1 - (1+i)^{-n}}{i}$ 称作"年金现值系数"，记为 $(P/A, i, n)$，可通过直接查阅"1 元年金现值系数表"求得有关数值。上式也可写作：

$$P = A \times (P/A, i, n)$$

即

$$普通年金现值 = 年金 \times 年金现值系数$$

【例 14-8】某企业租入办公楼，租期 3 年，每年年末支付租金 960 000 元。假定年利率为 9%，则该企业 3 年内应支付的租金总额的现值为多少？

$$P = 960\,000 \times (P/A, 9\%, 3) = 960\,000 \times 2.531\,3 = 2\,430\,048(元)$$

（4）年资本回收额的计算（已知年金现值 P，求年金 A）。年资本回收额是指在给定的

年限内等额回收初始投入资本或清偿所欠债务的金额。年资本回收额的计算是年金现值的逆运算。其计算公式为：

$$A = P \times \frac{i}{1-(1+i)^{-n}}$$

式中的分式 $\frac{i}{1-(1+i)^{-n}}$ 称作"资本回收系数"，记为 $(A/P,i,n)$，可通过直接查阅"资本回收系数表"或利用年金现值系数的倒数求得。因此，上式也可写作：

$$A = P \times (A/P,i,n)$$

即

$$年资本回收额 = 年金现值 \times 资本回收系数$$

或

$$A = P/(P/A,i,n)$$

即

$$年资本回收额 = 年金现值 / 年金现值系数$$

【例 14-9】假设某企业计划以 10％的利率借款 3 000 万元，投资于某个寿命为 10 年的项目，则每年至少应收回多少钱才是可行的？

$$A = 3\ 000/(P/A,10\%,10) = 3\ 000/6.144\ 6 \approx 488.23(万元)$$

即每年至少要收回 488.23 万元，才能还清贷款本利。

2）即付年金的计算

即付年金，也称先付年金，即在每期期初收到或付出的年金。它与普通年金的区别仅在于收付款时间的不同。

（1）即付年金终值的计算。n 期即付年金与 n 期普通年金的收付款次数相同，但由于其收付款时间不同（普通年金是在每期期末收到或付出相等的金额），n 期即付年金终值比 n 期普通年金的终值多计算一期利息。因此，在 n 期普通年金终值的基础上乘以 $(1+i)$ 就是 n 期即付年金的终值。或者，在普通年金终值系数的基础上，期数加 1，系数减 1 便可得对应的即付年金的终值。计算公式如下：

$$F = A \times (F/A,i,n) \times (1+i)$$

即

$$即付年金终值 = 年金 \times 普通年金终值系数 \times (1+i)$$

或

$$F = A \times [(F/A,i,n+1)-1]$$

即

$$即付年金终值 = 年金 \times 即付年金终值系数$$

【例 14-10】某公司决定连续 3 年于每年年初存入 200 万元作为住房基金，银行存款利率为 8%，则该公司在第 3 年年末能一次取出的本利和为多少？

$$F = 200 \times (F/A, 8\%, 3) \times (1 + 8\%) = 200 \times 3.2464 \times 1.08 = 701.22(万元)$$

或

$$F = 200 \times [(F/A, 8\%, 3 + 1) - 1] = 200 \times (4.5061 - 1) = 701.22(万元)$$

（2）即付年金现值的计算。同理，n 期即付年金现值比 n 期普通年金现值多计算一期利息。因此，在 n 期普通年金现值的基础上乘以 $(1+i)$ 就是 n 期即付年金的现值。或者在普通年金现值系数的基础上，期数减 1，系数加 1 便可得对应的即付年金的现值。计算公式如下：

$$P = A \times (P/A, i, n) \times (1 + i)$$

即

即付年金现值 ＝ 年金 × 普通年金现值系数 × $(1+i)$

或

$$P = A \times [(P/A, i, n - 1) + 1]$$

即

即付年金现值 ＝ 年金 × 即付年金现值系数

【例 14-11】某人购房，现有两种付款方式可供选择：一是现在一次付清，房款为 100 万元；二是分期付款，于每年年初付款 24 万元，付款期为 5 年。假定银行利率为 9%，此人应选择哪一种付款方式？

$$P = 24 \times (P/A, 9\%, 6) \times (1 + 9\%) = 24 \times 4.4859 \times 1.09 = 117.35(万元)$$

因为 100＜117.35

所以应选择一次付款方式。

3）永续年金的计算

永续年金，即无限期等额收入或付出的年金，可视为普通年金的一种特殊形式，即期限趋于无穷的普通年金。存本取息可视为永续年金的例子。此外，也可将利率较高、持续期限较长的年金视同永续年金计算。

由于永续年金持续期无限，没有终止的时间，因此没有终值，只有现值。通过普通年金现值计算可推导出永续年金现值的计算公式：

$$P = A \times \frac{1 - (1 + i)^{-n}}{i}$$

当 $n \rightarrow \infty$ 时，$(1+i)^{-n}$ 的极限为零，故上式可写成：

$$P \approx A/i$$

【例 14-12】某学校拟建立一项永久性的奖学金，每年计划颁发 20 000 元的奖金。若银行存款利率为 8%，现在应存入多少钱?

$$P = \frac{20\,000}{8\%} = 250\,000\,(元)$$

4) 递延年金的计算

递延年金，即第一次收到或付出发生在第二期或第二期以后的年金。即第一次收付款与第一期无关，而是隔若干期后才开始发生的系列等额收付款项。凡不是从第一期开始的年金都是递延年金。

(1) 递延年金终值的计算。递延年金是普通年金的又一种特殊形式。递延年金终值只与 A 的个数有关，与递延期无关，因此递延年金终值的计算与普通年金计算一样，只是要注意期数。

【例 14-13】某投资者拟购买一处房产，开发商提出了三个付款方案：方案一是现在起 15 年内每年年末支付 10 万元；方案二是现在起 15 年内每年年初支付 9.5 万元；方案三是前 5 年不支付，第六年起到第 15 年每年末支付 18 万元。

假设按银行贷款利率 10% 复利计息，若采用终值方式比较，问哪一种付款方式对购买者有利?

方案一：$F = 10 \times (F/A, 10\%, 15) = 10 \times 31.772 = 317.72(万元)$

方案二：$F = 9.5 \times [(F/A, 10\%, 16) - 1)] = 9.5 \times (35.95 - 1) = 332.03(万元)$

方案三：$F = 18 \times (F/A, 10\%, 10) = 18 \times 15.937 = 286.87(万元)$

从上述计算可得出，采用第三种付款方案对购买者有利。

(2) 递延年金现值的计算。递延年金现值的计算方法有 3 种：

方法 1：$P = A \times [(P/A, i, m+n) - (P/A, i, m)]$

方法 2：$P = A \times [(P/A, i, n) \times (P/F, i, m)]$

方法 3：$P = A \times [(F/A, i, n) \times (P/F, i, m+n)]$

式中，m 表示递延期；n 表示连续实际发生的期数。

上述方法中，方法 1 是假设递延期中也进行收付，先求出 $(m+n)$ 期的年金现值，然后扣除实际并未收付的递延期 m 的年金现值，即可得出最终结果。

方法 2 是把递延年金视为普通年金，求出递延期末的现值，然后再将此现值调整到第一期期初。

方法 3 是先求出递延年金的终值，再将其折算为现值。

三种方法第一次发生均在 $(m+1)$ 期期末。如递延期 $m=2$，第一次发生在第三期期末 $(m+1=2+1=3)$。

【例 14-14】某人向银行贷款的年利率为 8%，协议规定前 3 年不用还本付息，但从第 4 年至第 10 年每年年末偿还本息 40 000 元，问这笔贷款的现值为多少?

递延年金的支付形式，前三期没有发生支付，即递延期 $m=3$。第一次支付在第四期期末 $(m+1)$，连续支付 7 次，即 $n=7$。$m+n=3+7=10$。

$$P = 40\,000 \times [(P/A, 8\%, 10) - (P/A, 8\%, 3)] = 40\,000 \times (6.710\,1 - 2.577\,1) = 165\,320(元)$$

或

$$P = 40\ 000 \times [(P/A, 8\%, 7) \times (P/F, 8\%, 3)] = 40\ 000 \times 5.206\ 4 \times 0.793\ 8 = 165\ 314(元)$$

或

$$P = 40\ 000 \times [(F/A, 8\%, 7) \times (P/F, 8\%, 10)] = 40\ 000 \times 8.922\ 8 \times 0.463\ 2 = 165\ 322(元)$$

三种计算方法产生的尾差系小数点后数字四舍五入所致。

14.3 筹资和投资管理

14.3.1 筹资管理

企业筹资是指企业为了满足投资和用资的需要，通过一定的渠道，采取适当的方式，获取资金的一种行为。企业自主经营要求企业享有筹资的自主权，企业要生产发展需要充分利用社会的资金潜力。横向经济联合将会引起资金的横向流动，社会闲散资金逐步成为企业筹资的可靠来源。企业在进行资金筹集时，首先要对筹资的具体动机有所了解，依据筹资的基本要求，对筹资的渠道与方式进行合理选择。

1. 企业筹资的动机

企业筹资的基本目的是企业自身的维持与发展。特定的动机驱动企业的具体筹资活动。筹资动机对筹资行为和结果具有直接的影响。筹资动机有些时候是单一的，而有些时候则是多个动机的结合，归纳起来主要有以下 3 类。

（1）扩张筹资动机。扩张筹资动机是企业因扩大生产经营规模或追加对外投资的需要而产生的筹资动机。一般来说，具有良好的企业发展前景、处于成长时期的企业通常会产生此种类型的筹资动机。

（2）偿债筹资动机。偿债筹资动机是企业为了偿还某些债务而形成的筹资动机，即借新债还旧债。偿债筹资动机一般有两种情形。一是调整性偿债筹资。即企业虽然有能力偿还到期的旧债，但为了对原有的资本结构进行调整，仍然举债，目的是使资本结构更加合理。二是恶化性偿债筹资。即企业现有的支付能力不能偿付到期债务，而被迫举债还债，这种情况表明了企业的财务状况已经恶化。这种筹资动机的结果不能扩大企业资产总额和筹资总额，只是会改变企业的债务结构。

（3）混合筹资动机。企业因同时需要长期资金和现金而形成的筹资动机，称为混合筹资动机。通过混合筹资动机进行筹资，既能够扩大企业的资产规模，又能够偿还部分旧债。

2. 企业筹资的基本原则

企业筹资是一项重要而复杂的工作，为了有效地筹集企业所需资金，必须遵循以下基本原则。

（1）规模适当原则。在企业发展的不同时期对资金需求量会有所不同，企业财务人员要对生产经营状况进行认真分析研究，采用一定的方法，对资金的需求量进行预测，确定合理的筹资规模。

（2）筹措及时原则。企业财务人员在筹集资金时，对资金时间价值原理和计算方法必须熟知，以便于能够根据对资金需求的具体情况，合理安排筹资时间，适时获取所需资金。

（3）来源合理原则。不同来源的资金，对企业的收益和成本会产生不同影响，因此企业进行资金来源选择时，要认真研究资金来源渠道和资金市场的情况，合理选择资金来源。

（4）方式经济原则。企业在进行筹资时，不仅需要确定筹资数量、筹资时间、资金来源，还必须认真研究各种筹资方式。企业筹集资金需要承担一定的风险，也需要付出一定的代价，使用不同的筹资方式，资金成本会不同。为此，就需要认真分析和对比各种筹资方式，选择较为经济、可行的筹资方式进行筹资，从而能够降低成本，减少风险。

3. 企业筹资的渠道和方式

筹集资金的渠道是指企业取得资金的来源。企业的资金来源主要有：接受投入资金、借入资金、企业内部积累和结算资金。

筹集资金的主要方式是指企业获取资金的具体形式，比如借入资金，有银行贷款和发行债券两种具体的筹资方式。因此，筹资的各种渠道与方式之间，既有联系，又有区别。企业进行筹资时，需要将各种筹资渠道和方式有机结合，做出合理的选择，从而能够满足企业筹资需要，提高投资的效果。

14.3.2　投资管理

1. 企业投资的概念和类型

企业投资是指企业将资金投入生产经营过程，期望能够从中获取收益的一种行为。在市场经济条件下，企业作为独立的经济实体，总是通过投资来对其经营规模和经营范围不断地扩大，不断地寻找新的收入及利润来源，并在投资中分散企业经营风险。因此，投资活动在企业的生产经营活动过程中占有非常重要的地位。

按照不同的标准，企业的投资可以被划分为直接投资与间接投资、短期投资与长期投资、对内投资与对外投资等不同类型。直接投资是将资金投放于生产经营性资产，以便取得投资利润的投资。在一般的工业企业中，直接投资所占比重较大。间接投资又称作有价证券投资，是将资金投放于证券等金融资产，以便获取股利或利息收入的投资活动。短期投资又称流动资产投资，是指能够在一年或者一年以内的营业周期里对资本进行回收的投资，主要是针对现金、应收账款、存货、短期有价证券等的投资。长期投资是指在大于一年的营业周期里才能收回资本的投资活动，主要是对厂房、机器设备等固定资产的投资，也包括对无形资产和长期有价证券的投资。对内投资又称内部投资，是指将资金投放于企业内部，用于购置各种生产经营用的资产的投资活动。对外投资是指企业通过多种方式对企业外的其他单位的投资活动。

为了谋取利润，提高企业价值，企业投资显得尤为重要。企业投资活动受到经济、政治、文化、法律、市场、技术等各种因素的影响，是一个复杂的、充满风险的管理过程。

2. 投资管理的基本要求

（1）认真进行市场调研，敏锐捕捉投资机会。企业投资活动是从捕捉投资机会，确定投资方向开始的。

（2）搜集和整理资料，认真对投资项目的可行性进行分析。要进行投资项目可行性分析必须以搜集和整理资料为前提，可行性分析也是进行投资决策的关键环节。

（3）进行投资决策，编制资本预算。根据经济学理论知识，当投资项目的边际收益等于边际成本时，其投资收益达到最大，投资规模达到最佳。一旦最佳投资项目被选定后，就需要开始编制资本预算，通过对项目财务进行评估，对选定投资方案分年度的用款额度和项目各年需要投入的资本总量进行科学预测，以此为依据进行资本的筹措，保证项目顺利进行，早日产生投资收益。

（4）监督投资预算的执行，对企业的投资风险进行适当控制。企业在进行投资时，一方面要考虑投资收益，另一方面也要考虑投资风险情况，只有在收益和风险达到最佳平衡状态时，才能够增加企业的价值，实现企业财务管理的目标。

3. 影响投资的因素

（1）现金流量。现金流量是影响企业投资的首要因素。在投资决策分析中，通常把投资方案的全部资金支出称为现金流出量，把项目建成后全部可收回的资金称为现金流入量。

（2）货币的时间价值。等量货币在不同时间上的价值具有差异，所以在进行投资决策分析时，货币的时间价值是必须要考虑的问题。

（3）投资风险及风险价值。所有的投资活动都需要承担一定的风险。而对于有风险的投资活动，在进行决策时既要考虑货币的时间价值，还要分析投资方案中相关因素对决策方案经济效果的影响程度，还需要进一步考虑投资的风险价值。

（4）资金成本。资金成本是指在企业筹集和使用资金过程中的各项支出及应付的利息和费用。在投资过程中，评价投资项目可行性的最主要的经济指标即资金成本。

（5）通货膨胀。在投资过程中，有无通货膨胀对企业的投资方案会产生重大影响。在没有通货膨胀的条件下，决策者可以使用货币对投资项目的投入和产出综合成现金流量进行计量。但在有通货膨胀的情况下，企业的收益会因通货膨胀率的不同而发生变化，另外，在评价投资方案时应该确定通货膨胀对使用贴现率的影响。

4. 长期投资管理

长期投资是指投资期限超过一年，不准备随时变现的投资活动。一般可分为内部长期投资和外部长期投资两种。

（1）内部长期投资，是指对企业内部的各种长期经营性资产的投资活动，包括对固定资产、无形资产及其他资产的投资。在进行固定资产投资决策时，需要充分地考虑风险因素。

（2）外部长期投资，是指企业为了获取未来收益或满足某些特定用途，以其货币资金、实物资产或无形资产等形式，投资于外部单位的经营活动。在市场经济条件下，投资的收益与风险并存。因此，企业在进行投资时，必须要掌握一定的投资原则，包括收益性原则、安全性原则、合法性原则和合理性原则等。

5. 流动资产管理

1）流动资产的特点

流动资产是指企业可以在一年或一年以内的营业周期内变现或运用的资产，其价值表现就是流动资金，包括现金、银行存款、短期投资、应收及预付款项、应收票据、存货等。流动资产具有以下三个主要特点：流动性大，周转期短；流动资产在不断周转循环中，存在着资金分部并存性和资金运动的继起性；随着资产的周转循环，流动资产不断改变其价值形态。

2）流动资产管理的原则

（1）以市场为中心，服务于生产和流通的市场经济原则。

（2）加强经济核算，提高经济效益。

（3）科学化管理，提高流动资产管理水平。

（4）贯彻责权利相结合，建立经营管理责任制。

3）流动资产管理的内容

（1）现金管理。现金管理包括三方面的内容：编制现金预算；建立最佳的现金余额；加强现金预算控制和检查。

（2）短期投资管理。短期投资的种类主要包括：对国库券、短期融资券、可转让存单、银行承兑汇票、公司股票和债券等进行的投资。

（3）应收账款管理。应收账款指企业通过对外销售产品、提供劳务产生的收益，被购货单位或接受单位占用尚未收回的资金。应收账款一般具有增加销售、扩大市场份额、减少库存积压等作用。应收账款管理主要包括以下内容：加强对信用条件的调查掌握；确定合适的信用方式和信用期间；加强应收账款的催收；监督应收账款回笼；必要时可以采用法律手段回收应收账款。

（4）存货管理。存货是指企业在生产经营过程中为销售或耗用而储备的物资。存货管理要求合理的处置存货数量、存货时间、存货结构和存货空间之间的关系。

14.4　成本费用管理

14.4.1　成本费用管理的意义

对企业生产经营过程中生产经营费用的发生和产品成本的形成所进行的预测、计划、控制、分析和考核等一系列管理工作被称作成本费用管理。

（1）加强成本费用管理是企业增加生产的必要手段。生产经营过程中物化劳动和活劳动的耗费体现在成本费用上，所以加强成本费用管理变得尤为重要。在节约了物化劳动和活劳动的耗费前提下，企业便可以用同样的耗费，生产出更多的产品来满足社会需要。

（2）加强成本费用管理是企业增加利润的根本手段。企业生产的最主要目标是提高经济效益，获取最大的利润。在产品的质量、价格相同的前提条件下，成本费用越低利润就会越多。因此，提高企业利润的根本措施有以下几个方面：加强成本费用管理，采取各种有效管理措施控制费用开支，降低产品成本。

（3）加强成本费用管理是提高企业竞争能力的重要手段。企业的生存和发展与企业的竞争能力息息相关。加强成本费用管理，是提高企业竞争能力的重要手段。提高产品质量和降低产品的价格是增强企业的竞争能力的有效手段。同时，在降低产品价格的基础和前提下，就必须要做到降低成本费用。

（4）加强成本费用管理是全面提高企业工作质量的重要途径。成本费用是企业综合性的经济指标。成本费用直接或间接地反映了企业经营管理中各方面工作的业绩，为了促使企业加强经济核算、提高管理水平，需加强成本费用的管理。

14.4.2 成本费用的分类

在企业生产经营过程中，成本费用以多种多样的表现形式体现，科学合理的分类便可加强其管理。

1. 按成本费用的经济用途分类

以工业企业为例，成本费用按经济用途可以划分为生产成本和期间费用两大类。生产成本和期间费用，按照企业的特点还可以进一步划分为若干项目，称为成本费用项目。

（1）生产成本，即制造成本，主要是指与企业生产产品直接相关的费用。它一般包括直接材料、直接人工、其他直接支出、制造费用4个成本项目。

① 直接材料，是指企业生产经营过程中实际消耗的原材料、辅助材料、备品配件、外购半成品、燃料、动力、包装物及其他直接材料。

② 直接人工，是指企业直接从事产品生产人员的工资、奖金、津贴和补贴。

③ 其他直接支出，是指直接从事产品生产人员的职工福利费等。

④ 制造费用，是指企业各个生产单位（分厂、车间）为组织和管理生产所发生的各种费用。

（2）期间费用，是指在企业生产经营过程中发生的，与企业的生产活动没有直接联系，属于某一时期耗费的费用。在工业企业当中，期间费用包括管理费用、财务费用和销售费用3类。

① 管理费用。它指企业行政管理部门为管理和组织企业的生产经营活动而发生的各项费用。

② 财务费用。它指企业为筹集资金而发生的各项费用。

③ 销售费用。它指企业在销售产品、自制半成品和提供劳务等过程中发生的各项费用及专设销售机构的各项经费。

2. 按成本费用与产品产量之间的关系分类

按照成本费用与产品产量之间的关系，可以将其分为变动成本费用、固定成本费用和混合成本费用3类。

变动成本费用是指随着产品产量增减变动而按比例变动的成本费用；固定成本费用是指不随产品产量的变动而变动的成本费用；混合成本费用是指同时具有变动成本费用和固定成本费用性质的费用。

14.4.3 成本费用管理的要求

（1）正确划分各种费用支出的界限，保证成本计算的正确性。一定时期内一定数量的产品成本承担的并非是企业在生产经营过程中发生的全部成本费用。对各种费用支出的界限进行分析及划分，对产品成本确定有利，也有利于收入与费用的合理配比。

（2）加强成本费用管理的基础工作。成本核算与控制是成本费用管理的前提，主要有以下几个方面：做好各项定额、预算的制订和修订工作；建立和健全各项原始记录；加强计量检测工作；完善内部结算价格等。同时，要在此基础上，建立和健全一整套成本费用的管理制度，从而使成本费用管理工作有章可循。

（3）实行全面成本费用管理。成本费用可以综合反映企业整个生产经营过程中的资金耗费情况，只有在实行全面成本费用管理的前提下，才能达到降低成本费用、增加企业赢利的目的。

14.5 收入和利润管理

14.5.1 收入管理

1. 收入的含义及构成

收入是指企业在生产经营活动中，由于销售产品或提供劳务等经营业务所取得的收入。收入是对一定时期企业生产经营成果进行衡量的重要标志，是企业实现利润的主要源泉。

企业收入的两大部分分别是主营业务收入和其他业务收入。在工业企业中，主要经济活动所取得的收入是主营业务收入，这是企业的一项基本业务收入，在企业的营业收入中占有重要地位。主营业务收入包括对商品、产品和自制半成品进行销售及通过提供工业性劳务所取得的收入。其他业务收入是企业基本业务以外不进行独立核算的其他业务或附营业务所取得的收入。

为了说明企业财务管理的重点，将营业收入划分为主营业务收入和其他业务收入，从而使企业分清主次、有重点地实施管理。为了扩大产品销售量、提高财务成果、优化财务状况，一定程度上，抓好收入管理具有重要的意义。

2. 收入的管理

(1) 收入预测。收入预测是指企业对本企业的商品在一定的时间和空间内可以实现的营业收入进行科学的预计和测算。其方法既有定性预测方法，如主观判断、经验分析、逻辑推理等，还有利用数学方法进行的定量预测方法，如简单平均法、移动平均法、加权平均法、回归分析法和模型预测法等。

(2) 收入计划。收入计划是在收入预测的基础上，对未来一定时期的营业收入进行的规划。企业的营业收入计划分别由基本业务收入计划和其他业务收入计划两个部分组成。编制营业收入计划主要用来确定计划期内营业收入，同时确定销售预算、生产预算、现金收支预算等其他方面，最终达到以此来控制企业整个生产经营过程的目的。

(3) 收入的日常管理。收入的日常管理包括以下方面的内容：及时签订销售合同，并按合同组织生产活动；加强对产品的保管，及时组织发运；做好结算工作，及时回收货款，加快资金周转；做好售后服务工作，及时对市场信息进行反馈，努力提高企业信誉，增强企业的市场竞争力；及时对营业收入进行分析、考核、评价。

14.5.2 利润管理

1. 利润形成

利润是一定期间内企业生产经营的综合成果，是企业纳税的基础，也是财务预测的重要内容。

企业的利润总额包括营业利润、投资净收益和营业外收支净额三个部分。在这里，我们以工业企业为例说明其具体内容。

$$利润总额 = 营业利润 + 投资净收益 + 营业外收支净额$$

(1) 营业利润。它是营业收入扣除成本、费用和各项流转税及附加税费后的数额，即

$$营业利润 = 产品销售利润 + 其他业务利润 - 管理费用 - 财务费用$$

式中：

产品销售利润 ＝ 产品销售收入 － 产品销售成本 － 产品销售费用 － 产品销售税金及附加

其他业务利润 ＝ 其他业务收入 － 其他业务支出

（2）投资净收益。它是指投资收益扣除投资损失后的数额。其计算公式：

$$投资净收益 ＝ 投资收益 － 投资损失$$

（3）营业外收支净额。它是营业外收入减去营业外支出的差额。其计算公式：

$$营业外收支净额 ＝ 营业外收入 － 营业外支出$$

2. 利润分配

利润总额减去缴纳的所得税后，即为企业的净利润，也就是可供分配的利润。

1）利润分配的内容及顺序

利润分配的内容及顺序如下。

（1）支付被没收的财物损失及各项税收滞纳金和罚款。

（2）弥补以前年度的亏损，即弥补超过国家规定税前利润抵补期限，应以税后利润弥补的亏损。

（3）提取法定盈余公积金，即按税后利润扣除前两项后的 10％提取。盈余公积金已达到注册资本的 50％时，可不再提取。盈余公积金可用于弥补亏损或用于转增资本金，但转增资本金时，以转增后留存企业的法定盈余公积金不少于注册资本的 25％为限。

（4）向投资者分配利润。企业以前年度未分配的利润，可以并入本年度向投资者分配。

股份制公司在提取法定盈余公积金后，按照下列顺序分配公司利润。

（1）支付优先股股利。

（2）提取任意盈余公积金。按照公司章程或股东大会决议提取和使用。

（3）支付普通股股利。当无利润时，不得分配股利，但在用盈余公积金弥补亏损以后，经股东大会特别决议，可按照不超过股票面值 6％的比率用盈余公积金分配股利。在分配股利后，企业法定盈余公积金不得低于注册资金的 25％。

2）股利支付方式及支付程序

（1）股利支付方式。

① 现金股利，是企业直接用现金的方式将股利支付给投资者。

② 财产股利，是企业用现金以外的资产对投资者支付股利。

③ 股票股利，是企业利用额外发行股票的方式将股利支付给投资者。

④ 负债股利，是企业利用债券、应付票据的方式将股利支付给投资者。

（2）股利支付程序。

① 股利宣告日，是企业董事会公告股利支付情况的日期。

② 股权登记日，是有权领取股利的股东资格登记截止日期。

③ 除息日，是领取股利的权利与股票相互分离的日期。

④ 股利支付日，是向股东发放股利的日期。

3）股利分配政策

企业采用不同的股利分配政策会产生不同的影响，在分配时，在关系到投资者的切身利益的同时也会对企业的理财目标产生一定影响。法律因素、企业因素和股东因素这三个方面决定了企业股利分配政策的制定。在进行股利分配的实务中，企业一般常用的股利分配政策包括以下几种。

（1）剩余股利政策。当企业的投资机会较好时，企业根据最佳资本结构，对投资所需的权益资本进行测算，先从盈余中留用，然后将剩余的盈余作为股利予以分配。

（2）固定股利或稳定增长股利政策。将每年发放的股利固定在某一水平上，并在较长时期内不发生改变，只有当企业认为未来盈余水平将会显著地、不可逆转地增长时，才会对每年股利的发放额进行提高。

（3）固定股利支付率政策。由企业确定一个股利占盈余的比例，在较长时期内按此比例分配股利的政策。

（4）低正常股利加额外股利政策。一般情况下，企业每年只支付固定的、数额较低的股利；只有在盈余较多的年份，才会向股东发放额外股利。

3. 利润管理的主要内容

利润是企业经营成果的综合表现。想要抓住企业生产经营管理的"牛鼻子"就需要抓住利润管理。在进行利润管理时，既要制订目标利润，也要不断寻求利润增加的途径。

1）目标利润的制订

目标利润是在一定时期内，要求企业必须实现的利润水平。常用的目标利润确定方法有以下几种。

（1）基期利润调整法。即在上年实现利润的基础上，依据计划期有关因素的变化及其趋势进行调整计算的方法。其计算公式为：

$$预期目标利润 = 上年实际利润 \times (1 \pm 有关因素影响的调整比率)$$

（2）量、本、利分析法。它是利用销售量、成本与利润之间的相互关系对计划期各指标变化趋势进行分析研究，进而确定目标利润的一种方法，其基本公式如下。

$$目标利润产销量 = \frac{固定成本 + 目标利润}{单位售价 - 单位变动成本}$$

$$目标利润销售额 = \frac{固定成本 + 目标利润}{1 - \dfrac{单位成本}{单位售价}}$$

在实际测算时，制定目标利润时可依据上述公式，要综合考虑销售数量、单位售价、单位变动成本、固定成本及产品结构等因素变化对利润的影响方向与影响程度等。

2）企业增加利润的主要途径

营业利润是企业利润总额的主体，一般情况下，产品（商品）销售利润占营业利润的绝大部分，因此增加企业利润的主要途径有以下几种。

（1）扩大产品或商品销售。在单位利润不变的情况下，扩大与增加销售规模和销售数量，是增加销售收入和利润总额的有效方法。

（2）努力降低经营成本。成本与利润互为反向影响。在收入不变的情况下，降低成本可增加利润；在收入增加的情况下，降低成本可使利润更快的增长；在收入减少的情况下，降低成本，也可对利润的下降产生抑制作用。

（3）提高产品质量，合理制定价格。企业通过应用现代技术，以合理的价格为市场提供高质量的产品，扩大市场销量，增加企业利润。

（4）优化产品结构。对现有产品结构进行优化，以期提高市场竞争力、扩大产品销售量、增加企业利润。

14.6　财务报表与财务分析

14.6.1　财务报表

为有关各方了解企业的财务信息和加强企业自身的管理提供帮助，企业需要定期地编制和报送财务报表，以反映企业的财务状况、经营成果及财务状况的变动情况。企业的财务报表主要包括资产负债表、利润表和现金流量表。

1. 资产负债表

资产负债表用来反映企业在会计期末的资产、负债和所有者权益的基本情况，一般在月末和年末编制。资产负债表按照会计等式编制，一般有两种形式：账户式和报告式。中国的资产负债表采用账户式。

2. 利润表

利润表也称损益表，是反映企业在一定期间生产经营成果的财务报表。利润表要求每月编报，并且要计算累计数。

3. 现金流量表

企业产生现金流的能力反映了企业的生产经营能否正常进行。企业在一定会计期间内的现金和现金等价物流入和流出的信息一般由现金流量表来进行反映，报表使用者能据此了解和评价企业获取现金和现金等价物的能力，并对企业的未来现金流量进行预测。

现金流量表中的现金是指企业的库存现金及可以随时用于支付的存款。现金等价物是指企业持有的期限短、流动性强、易于转换为现金、价值变动风险较小的短期投资。现金流量是指一定时期内企业现金流入和流出的数量。

14.6.2　财务分析

1. 财务分析概述

为改进企业财务管理工作和优化经济决策提供重要的财务信息，反映企业在运营过程中的利弊得失和发展趋势，财务分析以企业财务报告及其他相关资料为主要依据，对企业的财务状况和经营成果进行评价和剖析。

2. 财务分析的方法

在运用一定方法的基础上，可开展财务分析活动。财务分析的常用方法包括趋势分析法、比率分析法和因素分析法3种。

（1）趋势分析法又称水平分析法，是通过对比两期或连续数期财务报告中的相同指标，确定其增减变动的方向、数额和幅度，以此说明企业财务状况或经营成果变动趋势的一种方法。

（2）比率分析法是通过对各种比率指标的计算来确定经济活动变动程度的分析方法。

（3）因素分析法是依据分析指标与其影响因素的关系，从数量上确定各因素对分析指标影响方向和影响程度的一种方法。

3. 财务指标分析

总结和评价企业财务状况与经营成果的分析指标通常包括偿债能力指标、营运能力指标、盈利能力指标和发展能力指标 4 种。

1）偿债能力分析

偿债能力是指企业偿还到期债务的能力。偿债能力包括短期偿债能力分析、长期偿债能力分析（资本结构分析），以及偿债能力保障程度分析。

（1）短期偿债能力分析。短期偿债能力指企业以流动资产偿还流动负债的能力。常用指标包括流动比率、速动比率和现金比率三种。

① 流动比率。流动比率是企业的流动资产与流动负债的比率，是衡量企业偿付即将到期债务能力的指标。其计算公式为：

$$流动比率 = \frac{流动资产}{流动负债} \times 100\%$$

② 速动比率。速动比率是企业的速动资产与流动负债的比率，是衡量企业运用随时可变现资产偿付到期负债能力的指标。其计算公式为：

$$速动比率 = \frac{速动资产}{流动负债} \times 100\%$$

其中，速动资产＝流动资产－存货－预付账款－待摊费用。

③ 现金比率。现金比率是企业的货币资金和短期证券之和与流动负债的比率。其计算公式为：

$$现金比率 = \frac{货币资金 + 短期证券}{流动负债} \times 100\%$$

（2）长期偿债能力分析（资本结构分析）。长期偿债能力指标主要包括：负债比率、所有者权益比率、固定比率、固定长期适合率、长期负债对所有者权益比率等。

① 负债比率。负债比率又称资产负债率，是企业的负债总额与资产总额的比率。其计算公式为：

$$负债比率 = \frac{负债总额}{资产总额} \times 100\%$$

② 所有者权益比率。所有者权益比率是指企业的所有者权益总额与资产总额的比率。其计算公式为：

$$所有者权益比率 = \frac{所有者权益总额}{资产总额} \times 100\%$$

对于股份公司来说，所有者权益比率又被称作股东权益比率。其计算公式为：

$$股东权益比率 = \frac{股东权益总额}{资产总额} \times 100\%$$

所有者权益比率与负债比率之和应该等于1。

③ 固定比率。固定比率是企业的固定资产净值与所有者权益的比率。其计算公式为：

$$固定比率 = \frac{固定资产净值}{所有者权益} \times 100\%$$

④ 固定长期适合率。固定长期适合率是企业的固定资产净值与所有者权益和长期负债之和的比率。其计算公式为：

$$固定长期适合率 = \frac{固定资产净值}{所有者权益 + 长期负债} \times 100\%$$

⑤ 长期负债与所有者权益比率。这个比率是对长期债权人提供的资本和企业所有者权益的比例关系进行反映的指标。

（3）偿债能力保障程度分析。所谓偿债能力保障程度的分析，主要是衡量企业对固定利息费用所提供的保障程度。其计算公式为：

$$收益对利息保障倍数 = \frac{净利润 + 利息费用 + 所得税}{利息费用}$$

收益对利息本金保障倍数是企业一定时期的净现金流量与还本付息金额的比率。其计算公式为：

$$收益对利息本金保障倍数 = \frac{利息总额 + 利息费用 + 折旧费用}{利息费用 + 年度还本额 \times \dfrac{1}{1 - 所得税税率}}$$

2）营运能力分析

企业营运能力的强弱主要取决于资产与权益的周转速度，周转速度越快，资金使用效率越高，营运能力越强。

（1）存货周转率。存货周转率是指企业一定期间的销货成本与平均存货成本的比率。其计算公式为：

$$存货周转率 = \frac{销货成本}{平均存货成本} \times 100\%$$

（2）应收账款周转率。应收账款周转率是企业的赊销净额与平均应收账款余额的比率。其计算公式为：

$$应收账款周转率 = \frac{赊销净额}{平均应收账款余额} \times 100\%$$

反映应收账款变现速度的另一个指标为应收账款周转天数，计算公式为：

$$应收账款周转天数 = \frac{计算期天数}{应收账款周转次数}$$

（3）营运资金周转率。营运资金周转率是企业在一定期间的销售净额与平均营运资金余额的比率。其计算公式为：

$$营运资金周转率 = \frac{销售净额}{平均营运资金余额} \times 100\%$$

$$平均营运资金余额 = \frac{营运资金年初数 + 营运资金年末数}{2}$$

（4）固定资产周转率。固定资产周转率是企业在一定期间的销售净额与平均固定资产净值的比率。其计算公式为：

$$固定资产周转率 = \frac{销售净额}{平均固定资产净值} \times 100\%$$

（5）全部资产周转率。全部资产周转率是企业在一定期间的销售净额与平均资产总额的比率。其计算公式为：

$$全部资产周转率 = \frac{销售净额}{平均资产总额} \times 100\%$$

3）盈利能力分析

盈利能力是指企业获取利润的能力。评价企业盈利能力的财务比率主要有资产报酬率、股东权益报酬率、销售净利率和成本费用净利率。

（1）资产报酬率。资产报酬率，也称资产收益率、资产利润率或投资报酬率，是企业在一定时期的净利润与平均资产总额的比率。

$$资产报酬率 = \frac{净利润}{平均资产总额} \times 100\%$$

$$资产平均总额 = \frac{期初资产总额 + 期末资产总额}{2}$$

（2）股东权益报酬率。股东权益报酬率也称净资产报酬率、净值报酬率或所有者权益报酬率，它是一定时期企业的净利润与股东权益平均总额的比率。

$$股东权益报酬率 = \frac{净利润}{股东权益平均总额} \times 100\%$$

$$股东权益平均总额 = \frac{期初股东权益 + 期末股东权益}{2}$$

（3）销售净利率。销售净利率是企业净利润与销售收入净额的比率。

$$销售净利率 = \frac{净利润}{销售收入净额} \times 100\%$$

（4）成本费用净利率。成本费用净利率是企业净利润与成本费用总额的比率。

$$成本费用净利率 = \frac{净利润}{成本费用总额} \times 100\%$$

4）发展能力指标

分析发展能力主要考察以下五项指标：销售增长率、资本积累率、总资产增长率、三年销售平均增长率和三年资本平均增长率。

$$销售增长率 = \frac{本年主营业务收入增长额}{上年主营业务收入总额} \times 100\%$$

4. 财务指标综合分析

单独分析任何一项财务指标，都无法全面评价企业的财务状况和经营成果。所以通过相互关联的分析，能够对企业财务状况和经营成果有一个总的评价。一般可将营运能力、偿债能力、盈利能力和发展能力等诸方面的分析纳入一个有机的整体之中进行综合性的评价。应用比较广泛的财务分析方法有杜邦财务分析体系和沃尔比重评分法。

思 考 题

一、单选题

1. 如果一笔资金的现值与将来值相等，则（　　）。
　　A. 折现率为负　　　　　　　　　　B. 折现率一定为零
　　C. 折现率为正，且其值较高　　　　D. 不存在通货膨胀

2. 任何投资决策都需要考虑资金成本，资金成本在本质上是（　　）。
　　A. 企业的债务融资成本　　　　　　B. 企业的股权融资成本
　　C. 无风险收益率　　　　　　　　　D. 项目可接受最低收益率

3. 某校准备设立奖学金，现存入一笔现金，预计以后无限期地在每年年末支取利息2 000元。在银行存款利率为8%的条件下，现在应存款（　　）元。
　　A. 25 000　　　　　B. 20 000　　　　　C. 21 600　　　　　D. 22 500

4. 表示资金时间价值的利息率是不考虑风险、不考虑通货膨胀的（　　）。
　　A. 银行同期贷款利率　　　　　　　B. 银行同期存款利率
　　C. 社会资金平均利润率　　　　　　D. 加权平均资金成本率

5. 企业资金运动所形成的经济关系通常称作（　　）。
　　A. 企业财务环节　　　　　　　　　B. 企业财务活动
　　C. 企业财务关系　　　　　　　　　D. 企业财务管理

二、多选题

1. 企业的财务关系有（　　）。
　　A. 企业与政府之间的财务关系
　　B. 企业与投资者、受资者之间的财务关系
　　C. 企业与职工之间的财务关系
　　D. 企业与内部各单位之间的财务关系
　　E. 企业与债权人、债务人之间的财务关系

2. 利润最大化不是企业最优的财务管理目标，其原因有（　　）。
　　A. 没有考虑利润的时间价值
　　B. 没有考虑所取得的利润与投入资本的关系

C. 没有考虑企业成本的高低

D. 没有科学地考虑获取利润的风险因素

E. 企业在追求利润时容易产生短期行为

3. 财务管理的目标总体上有（   ）。

    A. 利润最大化   B. 每股盈余最大化

    C. 股东财富最大化   D. 企业价值最大化

    E. 财务收支平衡

4. 企业筹资是一项重要而复杂的工作，为了有效地筹集企业所需资金，必须遵循的基本原则有（   ）。

    A. 现金流充足   B. 规模适当原则

    C. 筹措及时原则   D. 来源合理原则

    E. 方式经济原则

5. 影响投资的因素有（   ）。

    A. 现金流量   B. 货币的时间价值

    C. 投资风险及风险价值   D. 资金成本

    E. 通货膨胀

三、名词解释

1. 财务管理   2. 现金流   3. 货币的时间价值   4. 财务预测   5. 财务控制

四、简答及论述

1. 企业财务管理应遵循哪些原则？

2. 一个健全的财务管理系统至少应包括哪些基本环节？

3. 企业财务管理活动的目标是什么？

4. 简述企业筹资的渠道和方式。

5. 简述企业的财务报表所包含的内容。

案例讨论

宏伟公司的股权风波

    宏伟公司是一家从事 IT 产品开发的企业。该公司由三位志同道合的朋友共同出资100 万元、三人平均分配股权比例共同创立。宏伟公司发展初期，创始股东都以宏伟公司的长远发展为目标，关注宏伟公司的持续增长能力，所以他们注重加大研发力度，不断开发新产品，这些措施有力地提高了宏伟公司的竞争力，使宏伟公司实现了营业收入的高速增长。在开始的几年间，销售业绩以每年 60% 的递增速度提升。然而，随着利润的不断快速增长，三位创始股东开始在收益分配上产生了分歧。股东王力、张伟倾向于分红，而股东赵勇则认为应将宏伟公司取得的利益用于扩大再生产，以提高宏伟公司的持续发展能力，实现长远利益的最大化。由此产生的矛盾不断升级，最终导致坚持宏伟公司长期发展的赵勇被迫退出，出让其持有的1/3股份而离开宏伟公司。

但是，此结果引起了与宏伟公司有密切联系的广大供货商和分销商的不满，因为许多人的业务发展壮大都与宏伟公司密切相关，他们深信宏伟公司的持续增长能力将为他们带来更多的机会。于是，他们威胁如果赵勇离开宏伟公司，他们将断绝与宏伟公司的业务往来。面对这一情况，宏伟公司两位股东提出他们可以离开宏伟公司，条件是赵勇必须收购他们的股份。赵勇的长远发展战略需要较多投资，这样做将导致宏伟公司陷入没有资金维持生产的境地。这时，众多供应商和分销商伸出了援助之手，他们或者主动延长应收账款的期限，或者预付货款，最终使赵勇又重新回到了宏伟公司，成为宏伟公司的掌门人。

经历了股权风波后，宏伟公司在赵勇的领导下，不断加大投入，实现了宏伟公司规模化发展，在同行业中处于领先地位，宏伟公司的竞争力和价值不断提升。

❓思考讨论题

1. 赵勇坚持宏伟公司长远发展，而其他股东要求更多分红，你认为赵勇的目标是否与股东财富最大化的目标相矛盾？

2. 拥有控制权的大股东与供应商和客户等利益相关者之间的利益是否矛盾，如何协调？

3. 像宏伟公司这样的公司，其所有权和经营权是合二为一的，这对企业的发展有什么利弊？

第 *15* 章

企业信息管理

本章导读

　　企业信息管理有利于企业管理者充分开发和有效利用信息资源，把握机会，做出正确决策，增进企业运行效率，最终提高企业竞争力。本章将介绍企业信息的含义，企业信息的特征、作用，企业信息管理的概念，以及信息管理的程序和方法，同时还将对管理信息系统的概念、组成、特点及对企业的影响等进行阐述。

知识结构图

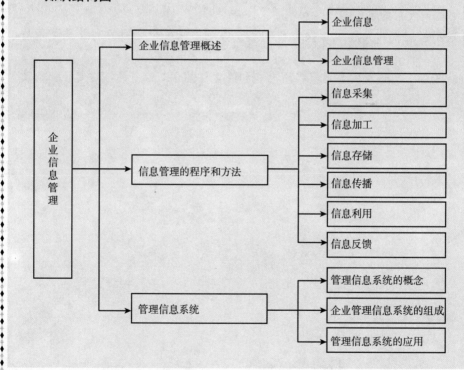

重视老客户信息管理，宝洁销量持续增长

宝洁公司（简称P&G）是一家美国日用消费品生产商，也是目前全球最大的日用品公司。它以寻求和明确表达客户潜在需求的优良传统，被誉为在面向市场方面做得最好的美国公司。宝洁公司CEO雷富礼在2000年上任时提出：客户的声音最值得倾听。宝洁公司也确实在新产品管理上是以客户为核心、以数据为基础的，从创意到概念，从产品测试、开发、包装、价格、广告、销售预测到销售跟踪，每个环节都在与客户互动，是典型的"兵马未动，粮草先行"。

为了能够更好地结合客户需求进行产品创新，宝洁公司除了开发新客户外，还格外关注与老客户保持良好的关系，及时了解并挖掘老客户对宝洁公司各类产品的需求。

在"生活家"官网上，宝洁公司设计了会员制活动。该活动规定，首次加入"生活家"的会员，可以获得价值200元的产品试用装，而成为会员更有每四个月定期派送的免费杂志、试用装、优惠券等。对于领取试用装的会员，则会要求其登记个人消费信息和对宝洁产品的意见等，如此一来，宝洁公司便可以获得完善的老客户信息。

此外，宝洁公司还特别开设了"顾客之家"，按照收入、性别、年龄等条件挑选一些老客户来这里生活一段时间，在洗澡、刷牙、洗衣服等过程中体验宝洁公司的产品，而宝洁公司的研发人员则通过实地观察老客户们的使用习惯、喜好等来发现老客户的深层次需求，继而发现产品创新与改进的空间。

宝洁公司坚持以各种方式与客户交流，以期更多、更准确地挖掘和总结客户的核心需求，甚至连宝洁公司CEO也会亲自到客户家中去了解客户为什么使用宝洁公司的产品，了解客户需要什么样的产品和对产品的建议。

宝洁公司收集和整理客户信息的方式有很多，而所有信息获得后，都被登记到客户信息系统中加以管理。这些集中有序的资料加强了宝洁公司全体人员对老客户的了解，并在此基础上做需求分析，为老客户提供个性化服务。例如，销售人员、服务人员根据老客户历次反馈的情况提供产品应用或产品创新的建议，并分析客户不满意之处，继而加以改善。可以说，每一次新产品得以投放市场，皆是宝洁公司有效应用老客户信息的结果。也正是基于此，宝洁公司被视为在面向市场方面做得最好的美国公司。

从上述案例可见，系统的老客户信息管理帮助宝洁公司深入挖掘了老客户的各类期望，继而创造出一系列能够表达老客户潜在需求的产品。因此，科学的客户信息管理应该成为企业客户期望管理的一大重点。如果企业能够越来越多地了解老客户的需求和喜好，并能够及时提供所需要的资源支持（创新产品类型、包装形式等），那么将更容易保有老客户，赢得老客户的忠诚。

（案例来源：孙科炎. MBA式案例训练教程：客户服务技能案例训练手册2.0［M］. 北京：机械工业出版社，2013.）

15.1 企业信息管理概述

企业信息管理是利用现代信息技术对企业生产经营过程中与各环节相关的各方面信息进行收集、整理、分析和提供利用的工作。它是传统企业管理与现代企业管理的主要区别之一。信息作为企业的宝贵资源，与原料、能源、设备和劳动力一样，已成为企业生产的一种主要资源。信息资源的占有、开发利用程度对企业的生产经营水平、开发能力等综合竞争能力的强弱起决定作用。因此，企业只有对信息资源进行合理、充分、有效的开发和利用才可能发挥其作用，信息资源的真正价值才能得到体现。企业信息资源是企业知识资源的重要组成部分，正在逐渐取代传统物质资源而成为企业生存和发展命脉，新时期企业竞争成败的关键是看其能否高效、充分、快速地创造、收集、开发、积累、分析和利用信息资源。

企业信息管理的核心是应用信息技术对企业信息资源的编码化与管理。编码化就是把现实中的实体、过程和关系数字化（计算机化）。根据编码对象的不同，编码化可分为数据（文档、图形、图像、结构关系、记录）的编码化、隐含知识和工具的编码化、经营决策的编码化、业务流程的编码化。编码化是对信息进行高效存储、传播、使用的基础，也是企业从战略层次上实现重大转变的关键。

企业信息管理以充分开发和有效利用信息资源为目标，把握时机，做出正确决策，提升企业运行效率，进而提高企业竞争力。

15.1.1 企业信息

1. 信息概述

"信息"作为科学概念，于 20 世纪 20 年代在通信理论中作为专业术语被首次提出。到 1948 年，信息论的奠基人香农在《通信的数学理论》中对信息进行了明确的定义。同年，控制论创始人维纳在《控制论或动物和机器中控制和通信的科学》中也给出了一个相对科学的信息定义。

此后，信息的概念被快速的延伸到了各学科领域，比如物理学、计算机科学、分子生物学、社会科学等领域，而信息概念在延伸的过程中也得到了扩展，从不同侧面对其含义进行了展现。不同的研究者对信息的定义有不同的理解，相应的也从自己熟悉的那个方面提出了信息的定义，而忽略了自己不熟悉的方面，所以给出的定义不可避免地存在欠妥之处，即使是某些被视为经典的定义亦是如此。

"信息是用来消除不确定性的东西"。这是信息论奠基人香农给出的定义，也经常被人们作为经典性定义加以引用，但这个定义同样存在着一定的局限性。

计算机科学家和网络专家们认为，信息是能被计算机处理的数字化的数据；物理学家则将信息理解为负熵；数学家认为信息只是概率论研究的对象而已；在电子学家和通信学家看来，信息是能够在通信线路中传输的信号。所以，到目前为止，信息的定义已有上百种之多。

这一现象的产生主要是因为任何一个信息都可以分为语法信息、语用信息和语义信息三个部分，不同的学者对其进行定义时，有的侧重语义信息，有的侧重语法信息，还有的侧重语用信息。对同一个信息来说，语义信息、语法信息和语用信息是由于人们对信息的认识层次不同造成的。不同学者对信息的研究会涉及不同层次类型的信息，由此也就会产生不同的定义。

概括而言，信息是对事物的本质、特征、运动规律的反映，也是对事物之间相互联系、相互作用的状况和规律的反映。而不同的事物具有不同的本质、特征及运动规律。人们对事物的认识，以及将某一事物与其他事物的区分就是通过接收该事物发出的信息来实现的。

2. 企业信息的构成

企业信息可分为企业内部信息、企业外部信息和竞争情报。

1）企业内部信息

企业内部信息指在企业内部所产生的各种信息，它是对目前企业基本状况和企业经济活动的反映。企业基本状况信息一般包括企业的基本情况，如人、财、物及企业规模等情况。企业经济活动信息包括供、产、销等与企业生产经营相关的信息，财务核算信息及生产工艺、设备、质量、安全、技术改造、新产品开发等相关信息。具体来说，企业内部信息包括生产信息、会计信息、营销信息、技术信息和人才信息。

2）企业外部信息

企业外部信息是指在企业外部产生但与企业运行环境相关的各种信息。企业外部信息是企业在进行经营决策时作为分析企业外部条件的依据来使用的，尤其是对企业中长期战略目标和计划进行决策时起着重要作用。企业外部信息主要包括宏观社会信息、科学技术发展信息、生产资源分布与生产信息、市场信息等。

3）竞争情报

竞争情报，也称"商业情报"或"竞争对手情报"，是指经过筛选、提炼和分析的，关于竞争对手和竞争环境的所有信息的集合。竞争情报是企业对外部信息收集的重要内容。竞争情报的兴起导致竞争环境急剧变化，是21世纪企业进行竞争的最重要的工具之一。

3. 企业信息的特征

企业信息具有信息的一般特征，如普遍性、客观性、依附性、可塑性、共享性、使用价值的相对性等。但是，企业信息还具有其自身独有的特征。

（1）社会性。企业是社会的细胞，企业的所有活动无法脱离其所在的那个社会，所以企业的活动都属于社会活动。企业为了生存与发展，需要不断地从外部获取各种信息并加以利用，与此同时，企业也会不断地向社会提供信息，以满足社会的需要。所以，企业信息在社会中传播，总会带有那个社会的烙印。

（2）经济性。企业是一种经济组织，企业所有活动的目的就是为了创造经济价值，赢得经济利益。因此，企业信息带有极强的经济性。

经济性特征主要表现在两个方面，一是指企业信息的来源，主要来自于经济组织、经济领域、经济活动；二是指企业信息本身具有一定的经济价值，企业信息在获取和利用过程中需要支付一定的费用；而企业通过利用所获取的信息又可以增加利润，为企业带来更多的经济效益。

企业信息虽然具有经济性特征，却并不表示企业信息都一定是经济信息。许多非经济信息，比如政治信息、科技成果信息等社会信息，以及水旱灾害、地震、台风等自然信息在某些特定条件下也可以转化为企业信息。

（3）时效性。企业信息对企业管理产生有效作用的时间是受到限制的。它包括两层含义，一是信息本身具有生命周期，信息生成以后，越早获取的信息价值越高。二是有些信息虽然属于较早生成的陈旧信息，但是这一信息在企业管理者进行决策时需要使用，则这一信息仍然具有使用价值。那么，获得这一信息的时间越短，则时效性就越强。

（4）连续性。企业的生存与发展，是企业持续通过与其内外系统相互协调、不断循环及螺旋式上升而实现的。企业信息管理活动过程是一个连续的过程。所以，企业信息的产生与流通不会中断，会持续进行。即使一个企业消亡了，也很快就会有新的企业诞生。

信息的连续性，既反映了事物发生、发展的过程，又反映了事物在不同的发展阶段的相互关系。因此，我们可以根据已有信息对竞争对手的状况进行分析，也可以根据已有信息对未来发展趋势进行预测。

15.1.2　企业信息管理基础

1. 企业信息管理的内涵

企业信息管理是为了实现企业目标而对企业信息和企业信息活动进行管理的过程。企业信息管理是利用先进的信息技术手段，对信息进行采集、整理、加工、传播、存储并加以利用的过程，以战略高度对企业的信息活动过程进行规划，对信息活动中的各要素进行管理，力求对资源进行有效的配置、协调运行、共享管理、以最小的成本获取最大的效益。企业信息管理将信息作为一种待开发的资源，把信息和信息的活动作为企业的财富和核心，是信息管理的一种形式。

企业信息管理的主要对象是信息和信息活动。企业所有活动的情况都要转化成信息，以"信息流"的形式在企业信息系统中流动，便于企业对信息进行传播、存储、共享、创新和利用。此外，传统管理中企业的信息流、物流、资金流、价值流等，也要进行信息化处理，转变成各种"信息流"在企业信息管理系统中流转。在企业信息管理过程中，必须要遵循信息活动的固有规律，通过建立对应的管理方法和管理制度，企业的各项管理职能才能被更好地履行。

企业信息管理过程同时也是信息采集、整理、传播、共享、存储、创新和利用的过程。通过对管理信息或产品信息的不断挖掘与分析，得到企业活动的变化情况；在信息活动中，企业的管理过程和管理意图追求创新，从而能够不断地满足信息管理者进行学习、创新和决策的一切需要。

2. 企业信息管理的任务

企业信息管理具有以下基本任务[①]。

（1）有效组织企业现有信息资源，围绕企业战略、经营、管理、生产等开展信息处理工作，为企业各层次提供所需的信息。

（2）不断地收集最新的经济信息，提高信息产品和信息服务的质量，努力提高信息工作中的系统性、时效性、科学性，积极创造条件，实现信息管理的计算机化。

---

① 魏厚清，孙娜. 管理信息系统实务教程［M］. 北京：北京大学出版社，2012.

3. 企业信息管理的内容[①]

（1）制订信息规划。企业信息管理过程中，首先要做的就是规划信息收集的过程或界定信息方向，也就是对企业需要什么样的信息，收集信息的范围及目的是什么进行明确的界定。

（2）收集信息。信息来源的渠道绝大多数是公开的，如果知道怎么进行信息收集，那么任何人都能获得自己所需的信息。这些信息源包括政府、行业协会、报刊、年度报告、书籍、广播电视、讲话、数据库、聊天、网络等公开发表的渠道，这也是企业收集信息的主渠道。在企业信息管理的实践中，很多时候都会忽略公开信息源，而是把重点放在对竞争对手商业秘密的收集与挖掘上。即使企业能够获得竞争对手的商业秘密，也不能保证一定成功。因此，企业收集信息工作一定要重视公开信息源的信息。

（3）处理信息。企业收集到的信息数量众多、杂乱无序，因此要对这些信息加以利用，必须先要对它们进行处理。处理信息时，首先需要将信息集中、记录和组合。这些工作一般由企业较低级的部门完成，公司的中级和高级信息分析人员主要将精力集中在分析工作上。需特别强调的是：原始信息的全文要始终保留在获取该信息的部门，但信息在送达管理层时，需要对信息做一些处理，使得信息更加简明扼要，越往上级，信息越应浓缩。此外，还需要对所获取的信息进行评级和分类。由于信息的来源渠道不同，收集到的信息质量良莠不齐，对信息的真伪要进行辨别，分出等级和归档。

（4）分析信息。分析信息是将所获取的基本信息转换成情报的过程。分析信息也是竞争情报最困难的环节，这一过程要求分析人员对信息的重要性进行权衡，并寻找到分析模式，提出分析方案。分析信息的过程需要对所有的资料进行综合、评价，并且要将所有资料组成具有一定逻辑性的整体，将评价的信息置入一定背景中，并提供完成的情报。

（5）提供信息产品。这一阶段是企业信息管理前期工作的最终结果。它可能是简短的口头汇报，也可能是以详尽的书面报告的形式呈现。企业管理者在获取相关情报后，可能会提出新的信息要求，那么新的信息周期由此开始。

15.2　信息管理的程序和方法

信息管理工作应该包括哪些内容？应该按照什么样的顺序进行？这需要遵循其内在规律。根据信息管理的理论和实践，信息管理工作一般应按照"采集—加工—存储—传播—利用—反馈"的内容和程序来进行。

这个程序规定了信息管理的 6 项工作和进行这 6 项工作的先后次序。一般来说，在一个企业或组织的信息管理工作中，这 6 项中任何一项都不能少，少了某一项，信息管理工作就会出差错；这 6 项工作的先后次序也不能颠倒，因为每一步骤都是在为下一步骤做准备，提前做下一步骤的工作，不是无法进行，就是浪费劳动。例如，提前进行信息的传播，结果传播的只是旧的信息，待采集到新信息之后，还需要再进行传播[②]。

---

①　许晶华，张艺全，李志宏. 管理信息系统［M］. 广州：华南理工大学出版社，2006.

②　司有和. 企业信息管理学［M］. 2 版. 北京：科学出版社，2007.

15.2.1 信息采集

1. 信息采集的含义

信息采集，是指根据特定的目标和要求，组织或企业的管理信息系统将分散蕴含在不同时空域的各种形态的有关信息，通过特定的手段和措施，采掘和汇聚起来，供自身系统或其他系统使用的过程。

2. 信息采集的方法

（1）直接观察法。直接观察法指的是信息采集者亲临信息源现场，在对客观对象不作任何干预的情况下，信息采集者通过视觉、感觉、听觉和基于上述感知的思维，也可以借助于录音机、摄像机等设备对所发生的事或人的行为直接观察和记录的过程。直接观察法又分为公开观察法和隐蔽观察法两种方法。

（2）社会调查法。社会调查法指的是信息采集者有目的、有计划、有系统地通过观察和询问，对客观实际进行深入细致的了解，以获取研究对象的社会现实状况或历史状况材料的方法。社会调查法主要方法包括：现场调查法、调查表法、直接面谈法、定点统计调查法。

（3）文献阅读法。文献阅读法就是信息收集者通过阅读各种文献资料获取所需信息的方法。目前人们获取信息的主要信息载体包括：图书、报纸、期刊、资料、文献等。文献阅读法是继承前人研究成果的最好途径。信息采集者一般都是通过购买、交换、索取、检索、委托复制、网上下载等渠道获得阅读材料。

15.2.2 信息加工

1. 信息加工的含义

信息加工是将采集到的信息，按照需求者不同的目的和要求，进行鉴别和筛选，去伪存真、去粗取精、由表及里、由此及彼，使信息条理化、准确化、规范化，以便于后续进行存储、传播和利用，使信息增值的过程。

信息加工是信息管理过程中必不可少的环节，而且也是最为关键的环节。信息加工关系到采集到的信息对企业或组织是否有用，如果没有这一步，采集到再多的信息都是无用的。

2. 信息加工的程序和方法

信息加工应该按"鉴别—筛选—排序—初步激活"程序进行。

1）鉴别

（1）鉴别的含义。鉴别是对信息内容的可靠性予以认定的工作过程。可靠性，包括信息事件本身的真实性，信息内容的正确性，信息过程表述的准确性，数据的正确性，信息有无遗漏、失实、冗余等情况。鉴别的目的，就是把那些多余的、虚假的、不可靠的、伪造的信息查找出来，在进行信息筛选时将它们剔除出去，保证信息真实可靠。

（2）鉴别的程序和内容。信息的鉴别工作是一个过程，一般分成以下几个步骤来进行。

第一步，内容鉴别。鉴别采集到的所有信息内容的可靠性和准确性。这是鉴别工作中工作量最大的步骤，也是最重要的一步。

第二步，方法鉴别。方法鉴别包括两个方面：一是对初始信息所做的方法鉴别。在进行内容鉴别后，获得了可靠的内容信息，对于这些信息，还需要对其在方法上做进一步的检查。换句话说，有的信息内容看起来可靠，但是这些内容无法用其使用的方法得出，那么这个内容就值得怀疑，需要对其做进一步的鉴别。比如，信息提供者通过虚构、拼凑、夸张、假象等手段提供的失真信息，如果只是从内容上加以鉴别，很难分出真假，通过进一步的方法鉴别就可以使其原形毕露。二是对加工后的信息所做的方法鉴别。信息管理者在进行信息加工时，也可能因为使用的方法不当，或者在使用某种方法时发生差错，从而造成加工后的信息失真。也就是说，经过内容鉴别后认为可靠的信息，经过信息加工后，也可能由于方法的不当而造成失真。在方法鉴别中，不论是对初始信息还是对加工后的信息进行的方法鉴别，首先就是要检查所选择的加工方法是否合适，只有在认定使用的方法合适的情况下，才能对使用这一方法的过程进行检查，最后再对加工过程中有无计算错误进行检查。

第三步，存疑。在鉴别过程中，有时会出现一些疑难问题，如果一时之间难以对其真伪进行判断，那么就不要马上做出结论。同样的，对于一些探讨性的问题，也不要轻易地妄下结论，这就是存疑。不过，在企业或组织的信息管理决策中，对于急需的信息，如果不能立即对其可靠性进行确定，也是不能存疑的，必须要想方设法地对其可靠性进行确定。

（3）鉴别的方法。鉴别信息的方法有：查证法、比较法、佐证法、核对法、逻辑法、信源法和作者法。

2）筛选

（1）筛选的含义。筛选，指的是在鉴别的基础上，对采集到的信息做出明确的弃取决定的工作过程。

筛选有以下目的。一是剔除那些无用的、虚假的、重复雷同的、没有实际内容的信息。二是保留那些真实、与采集目标要求相关、对决策有正面或反面参考意义的可用信息。同时，对于那些需要进一步调查、进一步加工的可用信息也可以保留下来。

筛选所依据的是信息管理者的主观需求。在筛选中，对于那些已经被确认为可靠的信息，还是需要做进一步检查。筛选主要解决的是信息的适用性问题，如果对于信息管理者没有用处，那么这些信息就必须予以剔除。而对于那些基本真实、部分失真的、比较模糊的信息，如果对管理者有用，就必须将其保留下来。

（2）筛选的步骤和方法。

第一步，真实性筛选。根据鉴别以后的结果，将不真实的信息剔除。但是，在信息剔除过程中，对于那些虽然失真但与信息采集目标具有一定的关联性的信息，需要对其进行仔细分析，如果发现其对管理决策有用，就不能轻易剔除，需要加以保留，再做进一步的调查核实。

第二步，适用性筛选。以适用性为依据，对于保留下来的真实信息，还需要通过比较、评估、调查等手段进行分析，主要分析其与采集目标及企业或组织发展的相关性，将那些虽然真实，但与采集目标和要求关联性不强的，或者虽然相关，但是已过时无用的、重复雷同的、没有实际内容的信息剔除掉。

第三步，精约性筛选。以精约性为依据，将那些虽然真实有用、但表述繁琐臃肿的信息剔除掉。

第四步，先进性筛选。以先进性为依据，将那些虽然有用、真实、精约，但内容落后的信息剔除掉。

3）排序

排序，就是指对筛选后保留下来的信息按照某一特征进行归类整理，分出等级、层次以便于使用。

4）初步激活

初步激活，指的是经过信息筛选后，将保留下来的信息进行开发、分析和转换，实现信息的活化以便于使用。

15.2.3 信息存储

1. 信息存储的含义

信息存储是指将获得的或加工之后的信息，科学有序地保存起来，以备将来应用，这不是一个孤立的环节，始终贯穿于信息处理工作的全过程。它包括两层含义：一是将获得的或加工后的信息，按照某种规则，记录在对应的信息载体上；二是按照一定的特征和内容性质，将这些信息载体组成系统有序的、可供自己或他人进行检索使用的集合体。

信息存储是信息管理工作的重要环节，其作用主要有以下 3 点。

（1）存储的信息能够被企业或组织的全体人员共享，并且能够重复使用，极大地提高了信息的利用率。

（2）在企业或组织需要相关信息时，能够及时地进行检索使用，为管理决策提供服务。所以，信息存储是信息管理工作能够顺利进行的重要保证，也是信息使用的前提。

（3）信息保存以后，为对同一事物不同历史阶段的信息进行分析、探讨该事物的发展规律提供了方便。

2. 信息存储工作的内容

企业或组织信息管理中的信息存储工作，与图书馆、档案馆、情报所等信息服务和信息生产部门的信息存储工作不完全相同，只包括编码、登记、排架和提供四个基本环节。

3. 信息存储的方法

信息存储的技术越来越先进，但是能够承载信息的媒介目前只有四种：口语、声音、图像、文字。但是，口语稍纵即逝，信息几乎不能以口语进行存储。随着多媒体技术的发展，声音、图像、文字在信息存储中被越来越多地应用，多媒体信息可以从多个角度、使用多种媒介进行存储，在后期使用过程中，更加的直观，因此这也是目前应用越来越广泛的一种方式。同样的，文字也是一种很好的存储媒介，以文字存储的信息，阅读使用十分方便，几乎不受存储空间和时间的限制，可以适用于所有的存储技术。

信息采集者以文字为媒介对其所采集的信息进行存储，常用的方法包括剪报法、笔记法、卡片法。

15.2.4 信息传播

1. 信息传播的含义

信息传播指的是信息从信源开始，经信道流向信宿的一个过程。在企业或组织的信息管理中，信息传播一般包括两个方面，一方面是企业或组织系统自身产生的信息在系统内部及向系统外部的传播；另一方面是管理者们依据自身的需要对专门采集的、经过加工处理后的信息有意识地在系统内外进行传播。

信息管理中的信息传播，是信息管理工作能够顺利进行的前提条件，也是信息发挥其作用和实现其使用价值的唯一手段。信息管理者只有通过传播相关信息，才能够把企业或组织捏合成一个有机的整体，广大被管理者的意图才能够被统一执行，从而实现企业或组织的既定目标。

2. 信息传播渠道

信息传播渠道指的是信息传播的通道。信息传播渠道的选择，对信息传播的及时性和准确性起决定性作用。

信息传播渠道越短、越畅通，则信息传播就越快，受到的干扰也会越少，信息失真的可能性就越低。如果信息传播渠道虽短却不太畅通，或者虽然信息传播渠道畅通，但较长，就会阻碍信息的传播，要么会延长信息传播时间，要么会增加对信息的干扰，进而影响信息的时效性，增加了信息失真的可能性，降低了信息的准确性。

企业或组织的信息传播渠道一般分为内、外两种。

（1）企业或组织内部的信息传播渠道。企业或组织内部的信息传播渠道包括两种：一种是正式传播渠道，另一种则是非正式传播渠道。

正式传播渠道一般是指通过正式组织层次和组织机构系统将信息传播给企业或组织的下级管理者或员工的传播渠道。非正式传播渠道一般是指通过正式组织以外的信息系统进行信息传播的渠道。

（2）企业或组织外部的信息传播渠道。企业或组织外部的信息传播渠道，包括邮政、电信、广播、电视、报刊、文件专递、网络、E-mail 等。

15.2.5 信息利用

信息管理中的信息利用，指的是在解决管理中遇到的具体问题时，要有意识地去运用存储的信息。

信息利用是信息管理过程中最重要的环节。运用信息进行管理工作是信息管理的根本目的。信息加工、信息采集、信息存储和信息传播，目的就是为了能够为企业或组织的管理工作服务。如果信息利用这个环节出现问题，前面各个环节所做的工作都将失去其意义。

15.2.6 信息反馈

信息反馈是指及时发现计划和决策执行中的偏差，并且对组织进行有效的控制和调节，以期获得该信息利用效果的结论，借以指导下一次信息利用的过程。

收集反馈信息是做好信息反馈工作的前提。从收集反馈信息的角度来看，信息反馈与信息采集工作是交织在一起的，信息采集工作也应该包括对反馈信息的采集。

控制是管理的主要职能之一，不加控制的管理，是不完全的管理，也注定是要失败的。信息反馈是进行管理控制的前提。通过信息反馈，可以使信息管理者清晰地了解信息利用的效果，了解管理工作的长处及存在的缺陷，便于对已有的信息管理方案做出相应的修订与完善，取长补短，将管理工作做得更好。

15.3 管理信息系统

15.3.1 管理信息系统的概念

目前，管理信息系统是一门正在蓬勃发展的新兴边缘学科，管理信息系统的定义也在逐渐发展和成熟之中，因此国内外对此也没有统一的定义。下面介绍几种较有代表性的定义。

1970 年，由沃尔特·肯尼万（Walter Kennevan）最早对管理信息系统给出明确定义：以书面或口头的形式，在合适的时间向经理、职员及外界人员提供过去的、现在的、预测未来的有关企业内部及其环境的信息，以帮助他们进行决策。

1985 年，管理信息系统的创始人戈登·戴维斯（Gordon Davis）给了一个较完整的管理信息系统的定义："它是一个利用计算机硬件和软件，手工作业为基础，利用分析、计划、控制和决策模型，以及数据库的用户—机器系统。它能提供信息，支持企业或组织的运行、管理和决策功能。"这个定义反映了管理信息系统当时已达到的水平，并且全面地说明了管理信息系统的目标、功能和组成。

管理信息系统经过多年的发展之后，在环境、目标、功能、支持层次、组成、内涵等方面均有了很大的变化，我国著名专家黄梯云教授对管理信息系统进行了重新定义："管理信息系统是一个由人、计算机等组成的能进行管理信息收集、传递、储存、加工、维护和使用的系统。管理信息系统能实测企业的各种运行情况，利用过去的数据预测未来，从全局出发辅助企业进行决策，利用信息控制企业的行为，帮助企业实现其规划目标。"这个定义说明管理信息系统是一个技术系统，同时也是一个社会系统。

15.3.2 企业管理信息系统的组成

企业管理信息系统，无论是人工操作系统还是电子计算机系统，都是由各种不同的子系统组成的。一般来说，企业管理信息系统的主要子系统有以下几种。

1. 计划和控制信息系统

计划和控制是企业管理的主要职能，贯穿于企业活动的始终，因此计划和控制信息系统必然成为企业管理信息系统的主要组成部分。在对计划和控制信息系统进行研制时，首先就需要对现有计划和控制的组织结构进行分析，清楚企业计划和控制对信息有哪些基本需要，这些信息如何获取及对其进行加工和传递的方式是什么？一般来说，建立计划和控制信息系统要达到以下基本要求：所提供的信息要有效、最优、可靠、前后一致、及时、反馈灵活等。

2. 生产信息系统

工业企业的基本活动就是生产。生产过程中对各种信息的掌握情况，将对领导、组织、控制生产过程产生非常重要的影响。随着企业生产过程自动化程度的日益提高，生产信息的作用也日益突出。所以，企业管理信息系统中不可缺少的子系统便是完善的生产信息系统。在对生产信息系统进行设计时，可按照以下几步进行：按生产过程中生产流程和物质流动形式来确定所需要的信息，研究生产信息的收集方式；设计生产信息的存取系统；建立生产信

息技术改造企业的管理已是刻不容缓的任务。但在改造过程中，会遇到各种困难和问题，对于主要困难和问题，可采用以下办法来解决。

（1）对信息技术应用投资有困难的企业进行分阶段实施，达到一定程度后，实施系统集成应用。

（2）要使信息技术应用达到预期的效果，必须配合企业组织管理结构和管理方法的改变，建立一种适应网络管理的组织结构，但这种无形的转变对于企业尤其困难。

（3）企业决策层必须把近期利益和长远战略结合起来考虑。企业所处的外部环境对信息技术应用的动力和效率有较大影响，可能会使企业难以下决心通过信息技术实施企业再造。

（4）结合员工利用信息技术技能的提高应用信息技术，否则利用效率会大打折扣。我国正在为企业利用信息技术提高绩效创造一些微小的条件，比如付诸实施的企业产权制度改革、市场体制培育、信息化基础设施建设等，有战略眼光的企业家应该把利用信息技术作为其企业发展的有效工具。

思 考 题

一、单选题

1. （   ）是信息高效存储、使用、传播的基础，企业在战略层次上实现转变的关键。
   A. 信息收集　　　　B. 编码化　　　　　C. 信息开放　　　　D. 程序化

2. （   ）是指从报纸、杂志、书籍、经剪辑的电视和广播节目、分析员的报告等提取的经加工过的信息。
   A. 一级信息　　　　B. 二级信息　　　　C. 三级信息　　　　D. 创造性信息

3. （   ）是信息管理过程中不可缺少的环节，而且是最为关键的环节。
   A. 信息收集　　　　B. 信息存储　　　　C. 信息加工　　　　D. 信息利用

4. 最早对管理信息系统给出明确定义的是（   ）。
   A. 沃尔特·肯尼万　　　　　　　　B. 戈登·戴维斯
   C. 香农　　　　　　　　　　　　　D. 泰勒

5. 信息最基本的性质是（   ）。
   A. 共享性　　　　　B. 可变换性　　　　C. 层次性　　　　D. 真伪性

二、多选题

1. 企业外部信息指企业以外产生却与企业运行环境相关的各种信息，以下（   ）属于企业外部信息。
   A. 宏观社会环境信息　　　　　　　B. 科学技术发展信息
   C. 市场信息　　　　　　　　　　　D. 人才信息
   E. 生产资源分布与生产信息

2. 竞争情报对企业的作用主要表现在（   ）方面。
   A. 预警作用　　　　B. 科学分析　　　　C. 决策支撑作用　　　D. 学习作用

E. 企业战略决策

3. 企业信息作为"企业"的信息, 自身所独有的特征有 ( )。
A. 社会性　　　　 B. 经济性　　　　 C. 时效性　　　　 D. 连续性
E. 客观性

4. 企业信息管理是企业管理者为了实现企业目标, 对企业信息和企业信息活动进行管理的过程。企业信息管理的内容包括 ( )。
A. 制定信息规划　 B. 收集信息　　 C. 处理信息　　 D. 分析信息
E. 提供信息产品

5. 企业管理信息系统由 ( ) 组成。
A. 计划和控制信息系统　　　　　　 B. 生产信息系统
C. 销售信息系统　　　　　　　　　 D. 财务信息系统
E. 人事信息系统

三、名词解释

1. 企业外部信息　2. 企业竞争情报　3. 企业信息管理　4. 信息采集　5. 信息利用

四、简答及论述

1. 企业信息有哪些特征?
2. 结合实际, 简述企业信息管理的内容与程序。
3. 简述信息加工的含义及信息加工的程序。
4. 信息反馈的要求是什么? 如何更加有效地进行信息反馈?
5. 试论述管理信息系统的特点及组成。

案例讨论

波司登的信息化之路

1. 项目背景

波司登网络分销系统主要的实施范围是全国 3 000 多家分销机构。波司登羽绒服销售量、市场占有率、市场覆盖率三项指标连续多年遥遥领先。全国有三个生产基地、五大品牌事业部、三十几家分公司、数十家办事处、3 000 多家专卖店和商超, 300 多家外协厂。

波司登是国内羽绒服龙头企业, 共有波司登、康博、雪中飞、冰飞、冰洁五大品牌, 从高端到低端, 连续九年全国销量排名第一。

波司登的管理模式采取营销中心、产品事业部、分公司、办事处、经销商的管理与核算体系, 主要营销模式为代销, 各分支机构负责本区域内的销售和管理业务。

2. 信息化动因

波司登要成为服装业的国际品牌, 就要从产品的多元化和开拓新市场这方面进行规划，通过在现有的价值链上仔细分析，分销是一个比较容易着手的地方，也是信息化工程的初始阶段。

3. 波司登用友网络分销解决方案

经过两个多月的选型以后，选择用友公司作为波司登分销的合作伙伴，从而开始了两年多的合作过程。分销系统有五个组成部分：销售采购管理、生产计划管理、物流库存管理、财务结算开票、领导综合查询。实施步骤是总公司先启动，分公司逐步推广，最后实现销售终端控制，具体规划分步实施。实施原则是：总体规划、分步实施，实用、适用效益驱动，树立典型、整体复制。实施过程是分阶段进行的。

第一个推广阶段（一个月试点2家分公司）。争取把主要的2家分公司的销售及相关业务数据在这个分销售管理系统中很好地管理起来，并总结项目运用的经验，逐渐提高业务数据的精确度和分公司的业务水平。

第二个推广阶段（两个月10家分公司）。在保证前一个阶段2家分公司的正常运行的基础上，争取推广10家分公司，续用第一个阶段的成果和经验，尽快地使这10家分公司的业务在这个分销系统中正常运营起来。

最后一个推广阶段（三个月30家分公司）。在以上两个阶段的实施成果上，尽快使余下的其他分公司的业务全部在这个系统中运营起来，最终实现整个公司销售业务的全面系统化。到目前为止，30多个分公司已经全部实施完毕。

4. 实施效果

(1) 全面实现条码化管理，提高了物流效率。

(2) 提高公司业务透明度，规范分支机构业务流程。

(3) 降低人为误差率，提高信息准确度，减少了公司直接经济损失。

(4) 满足异地化、财务、商务集中处理，实现公司信息共享。

(5) 及时把握各地库存，确保及时供货，同时降低库存资金及风险。

❓ 思考讨论题

1. 波司登的分销网络信息化建设是如何实施的？

2. 该分销系统对于提升波司登的市场竞争力有怎样的帮助？

参 考 文 献

[1] 黄顺春. 现代企业管理教程：理论、方法、技能 [M]. 3 版. 上海：上海财经大学出版社，2011.

[2] 王全喜. 企业学导论 [M]. 天津：南开大学出版社，2001.

[3] 周三多，陈传明，鲁明泓. 管理学：原理与方法 [M]. 5 版. 上海：复旦大学出版社，2011.

[4] 郭咸纲. 西方管理学说史 [M]. 北京：中国经济出版社，2003.

[5] 陈晓坤，蔡成喜. 企业管理学 [M]. 北京：清华大学出版社，2007.

[6] 李东进，秦勇. 管理学原理 [M]. 3 版. 北京：中国发展出版社，2014.

[7] 安景文. 现代企业管理 [M]. 北京：北京大学出版社，2012.

[8] 蔡荣先，冯鑫永. 企业管理 [M]. 北京：北京理工大学出版社，2006.

[9] 于莉，王吉方. 企业管理 [M]. 北京：电子工业出版社，2012.

[10] 秦勇，李东进. 管理学：理论、方法与实践 [M]. 北京：清华大学出版社，2013.

[11] 张蕾，闫弈荣. 现代企业管理：理论与案例 [M]. 北京：中国人民大学出版社，2010.

[12] 王钊. 现代企业管理概论 [M]. 北京：中国农业出版社，2003.

[13] 杜玉梅，吕彦儒. 企业管理 [M]. 上海：上海财经大学出版社，2012.

[14] 孔茨，韦里克. 管理学 [M]. 张晓君，译. 10 版. 北京：经济科学出版社，1998.

[15] 罗宾斯. 管理学 [M]. 孙健敏，译. 北京：中国人民大学出版社，2008.

[16] 罗宾斯，库尔特. 管理学 [M]. 李原，孙健敏，黄小勇，译. 11 版. 北京：中国人民大学出版社，2008.

[17] 鲁，拜厄斯. 管理学：技能与应用 [M]. 刘伯松，译. 北京：北京大学出版社，2006.

[18] 肖祥伟. 企业管理理论与实务 [M]. 广州：中山大学出版社，2007.

[19] 周占文. 新编企业管理学 [M]. 重庆：重庆大学出版社，2004.

[20] 朱国春. 核心竞争力与企业家文化 [M]. 北京：中国物资出版社，2003.

[21] 波特. 竞争优势 [M]. 陈小悦，译. 北京：华夏出版社，2005.

[22] 秦志华. 企业管理 [M]. 大连：东北财经大学出版社，2011.

[23] 嵇建珍，王义宏. 实用管理学 [M]. 南京：南京大学出版社，2008.

[24] 徐印州. 供应链管理 [M]. 2 版. 广州：暨南大学出版社，2011.

[25] 徐剑，王哲，余维田，等. 物流学 [M]. 北京：机械工业出版社，2012.

[26] 滕佳东. 管理信息系统 [M]. 大连：东北财经大学出版社，2011.

[27] 霍红，刘莉. 物流概论 [M]. 北京：中国人民大学出版社，2012.

[28] 孙永波. 面向大规模定制的供应链生产运作与物流管理研究 [M]. 北京：知识产权出版社，2012.

[29] 刘永胜，杜志平，白晓娟. 供应链管理 [M]. 北京：北京大学出版社，2012.

［30］吴菊华，莫赞，易法敏．电子商务与现代企业管理［M］．北京：北京大学出版社，2012.

［31］李陶然．物流管理基础［M］．北京：对外经济贸易大学出版社，2009.

［32］范丽君．物流基础［M］．北京：清华大学出版社，2011.

［33］张武，袁其谦．现代工业企业管理［M］．北京：北京理工大学出版社，2011.

［34］祁晓霞，郭建名．现代物流管理概论［M］．北京：航空工业出版社，2008.

［35］彭东华，徐红竹．物流管理基础［M］．北京：科学出版社，2010.

［36］李贞，杨红，李沛强．供应链管理［M］．北京：航空工业出版社，2011.

［37］张新国．管理学［M］．北京：中国人民大学出版社，2010.

［38］周建忠．现代企业生产与运作管理［M］．北京：科学出版社，2009.

［39］辛磊，易兰华．企业管理概论［M］．上海：上海财经大学出版社，2012.

［40］苗成栋，王喜雪．现代企业管理概论［M］．北京：北京大学出版社，2006.

［41］厉嘉玲．现代企业管理［M］．南京：江苏科学技术出版社，2009.

［42］冯洪江．企业管理基础知识［M］．北京：中国财政经济出版社，2007.

［43］陈国华，邹艳芬．生产与运作管理［M］．2版．南京：南京大学出版社，2006.

［44］孙维琦．生产与运作管理［M］．北京：机械工业出版社，2004.

［45］钱乃余．企业管理学［M］．济南：山东大学出版社，2004.

［46］尤建新，张建同，杜学美．质量管理学［M］．北京：科学出版社，2003.

［47］胡铭．现代质量管理学［M］．武汉：武汉大学出版社，2012.

［48］宗蕴璋．质量管理［M］．3版．北京：高等教育出版社，2012.

［49］岑咏霆．质量管理教程［M］．2版．上海：复旦大学出版社，2010.

［50］曲喜和．财务管理［M］．2版．北京：北京邮电大学出版社，2012.

［51］冯俊华．企业管理概论［M］．2版．北京：化学工业出版社，2011.

［52］秦颐．财务管理原理［M］．北京：清华大学出版社，2012.

［53］刘宁杰，梁儒谦．企业管理概论［M］．北京：人民邮电出版社，2011.

［54］王庆成，李相国．财务管理学［M］．北京：中国财政经济出版社，2004.

［55］刘伟．财务管理［M］．武汉：华中科技大学出版社，2011.

［56］陈玉菁，宋良荣．财务管理［M］．3版．北京：清华大学出版社，2011.

［57］杨欣，李向红．新编财务管理［M］．北京：北京大学出版社，2009.

［58］司有和．企业信息管理学［M］．2版．北京：科学出版社，2007.

［59］何斌，吕诗芸，李泽莹．信息管理原理与方法［M］．2版．北京：清华大学出版社，2011.

［60］魏厚清，孙娜．管理信息系统实务教程［M］．北京：北京大学出版社，2012.

［61］段爱玲，张德贤，等．管理信息系统［M］．北京：机械工业出版社，2005.

［62］许晶华，张艺全，李志宏．管理信息系统［M］．广州：华南理工大学出版社，2006.

［63］孙细明，金勇，曾小青．精编管理信息系统［M］．2版．武汉：武汉理工大学出版
社，2011.